图1 美洲文明

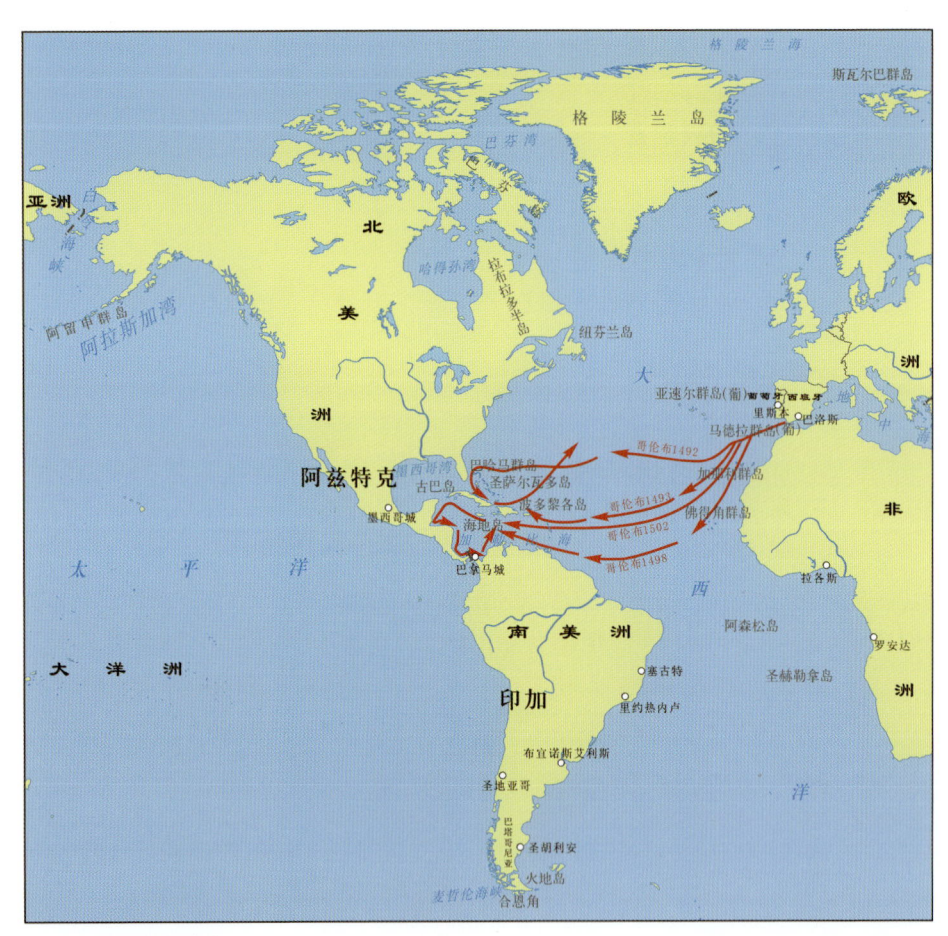

图2　哥伦布航行路线

图3 科尔特斯进军路线图

图4 皮萨罗进军路线

图5 "五月花"号航线

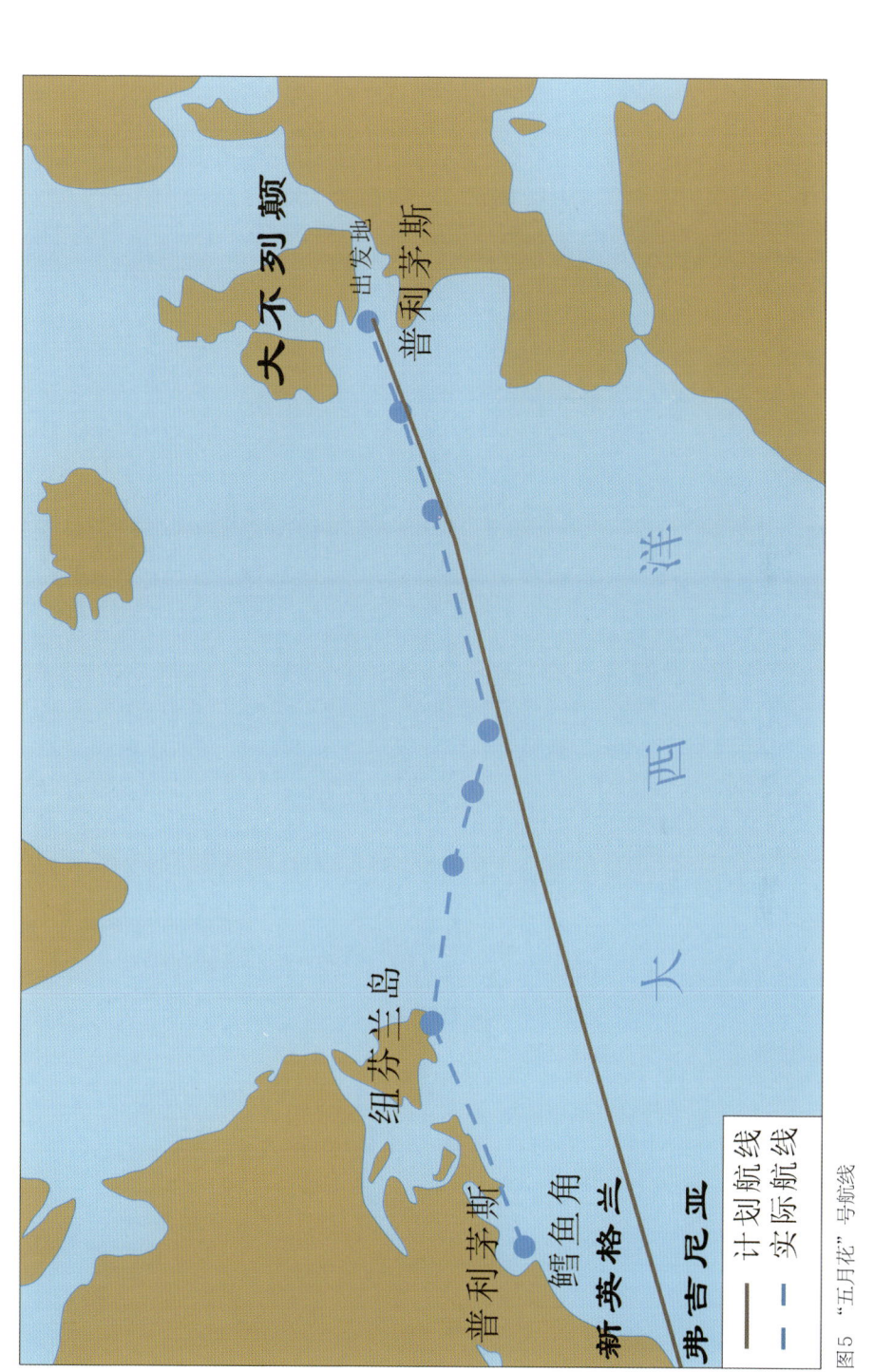

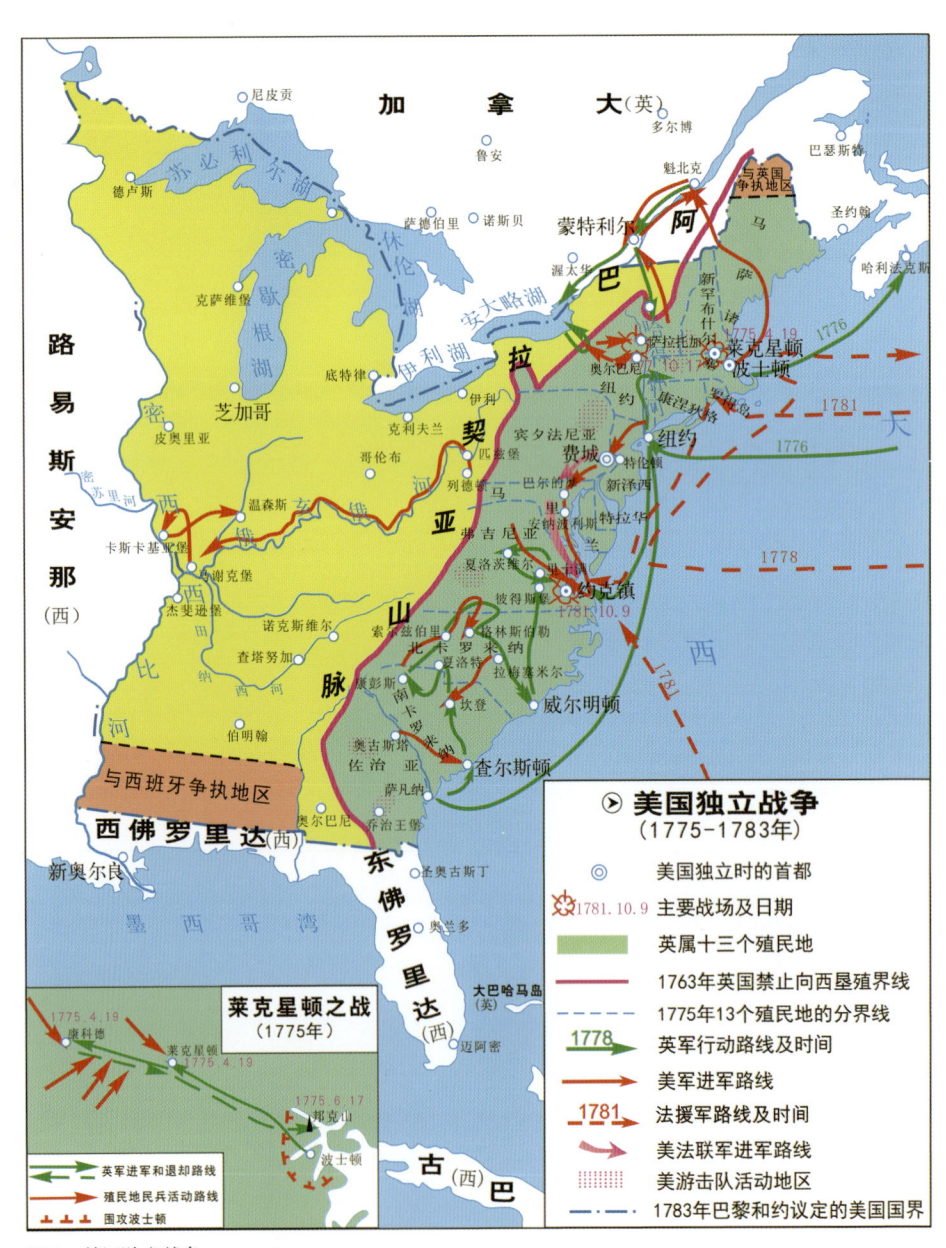

图6 美国独立战争

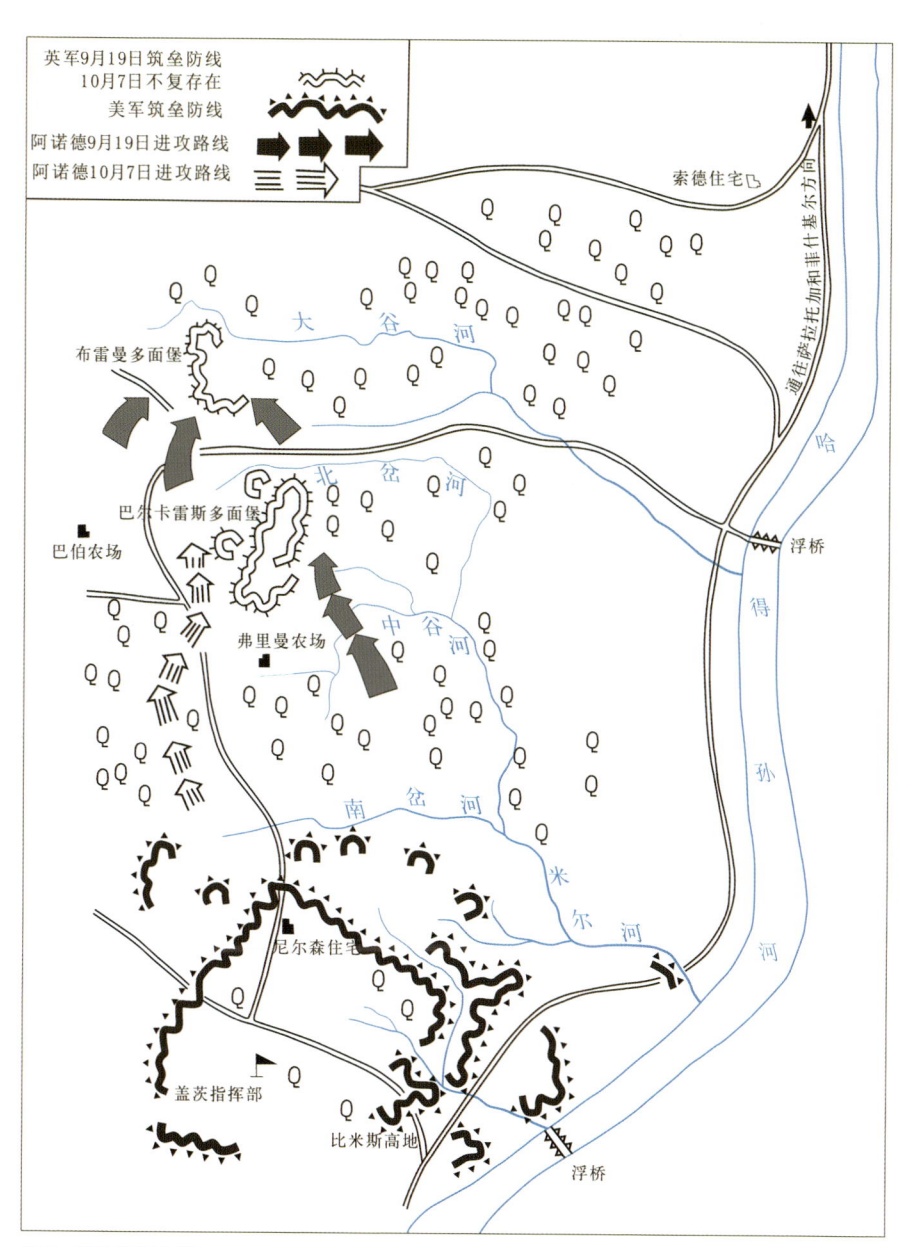

图7 萨拉托加大捷

图8　1783年的美利坚合众国

曲飞 —— 著

逐陆记

The Intercontinental WAR 3

近代卷

美洲文明的毁灭
与美利坚的崛起

民主与建设出版社
·北京·

跨过大西洋，走出中世纪
哥伦布、科尔特斯、皮萨罗，
两个世界不期而遇
华盛顿、富兰克林、杰斐逊，
一个国家悄然崛起
墨西哥的血祭，安第斯的日落，
美利坚升起星条旗

目录

Europe vs America
血祭墨西哥
阿兹特克文明毁灭记

❶ 适彼乐土		003
❷ 称霸大湖		006
❸ 列王纪		009
❹ 吃人的礼教		014
❺ 大时代		019
❻ 哥伦布出海		022
❼ 向西！向西！		026
❽ 第一次不亲密接触		031
❾ 恶兆		035
❿ 万里觅封侯		038
⓫ 墨西哥美丽传说		042
⓬ 无处遁形		046
⓭ 股掌之中		049
⓮ 沉舟侧畔		054

⓯ 硬面包		058
⓰ 强敌强援		063
⓱ 杀机四伏		067
⓲ 血洗礼		070
⓳ 兵临城下		076
⓴ 擒王		080
㉑ 变生肘腋		087
㉒ 文明的冲突		092
㉓ 国人渐已醒		097
㉔ 悲惨之夜		105
㉕ 天花乱坠		111
㉖ 鲸吞蚕食		116
㉗ 先知之死		119
㉘ 死水		123

Europe vs America
日落安第斯 印加帝国征服记

① 雾中的安第斯 139
② 青山遮不住 143
③ 「故为陛下自相驱除」 148
④ 卡哈马卡的日落 153
⑤ 太阳泪干 165
后记 阿兹特克印加合论 170

㉙ 最后的鼓声 126
㉚ 尾声：科尔特斯之惑 132

America vs Europe
星耀新大陆 美利坚合众国开创记

① 话说天下大势 177
② 宿命之敌 181
③ 开战时刻 185
④ 好风凭借力 190
⑤ 天倾西北 195
⑥ 刈杀蓬蒿来此土 198
⑦ 清教徒的誓约 204
⑧ 创业史 209
⑨ 开枝散叶 214
⑩ 原罪 221
⑪ 歧路 228
⑫ 盈极必损 234
⑬ 滔滔两岸潮 238
⑭ 虎狼入室 244

⑮ 喋血街头	248
⑯ 倾茶波士顿	252
⑰ 巨人三传	256
⑱ 沸城	265
⑲ 红魔	270
⑳ 莱克星顿，让子弹飞	274
㉑ 猩红山峰	279
㉒ 天降大任	284
㉓ 没有什么能够阻挡	288
㉔ 独立之声	294
㉕ 兵败长岛	301
㉖ 火烧曼哈顿	307
㉗ 美国危机	311
㉘ 冰河夜渡	314

㉙ 狐狸与猎人	320
㉚ 萨拉托加	324
㉛ 熔炉里的冬天	332
㉜ 南国烽烟	338
㉝ 浪漫复仇	346
㉞ 帝国解剑	350
㉟ 他的国	361
附表	
❶ 西班牙征服美洲大事年表	364
❷ 美国从草创到独立大事年表	368
参考书目	372

Europe vs America

血祭墨西哥
阿兹特克文明毁灭记

> 只要这个世界可以延续存在,阿兹特克人所创造的特诺奇蒂特兰这一名城的声威和光荣,就永远不会消失。
>
> ——墨西哥城国立人类学博物馆纪念碑铭文

1 适彼乐土

有个老人做个梦，梦中神对他降下启示，要他率领族人离开故土，去寻找神赐予他们的福地。当梦醒之后，这个虔诚的老人家就带着他的部落出发了。

这老人不是犹太人的先知亚伯拉罕，而是12世纪末的一位中美洲酋长，墨西卡部落的首领特诺奇（Ténoch）。他的神也没有像犹太人的耶和华那样为他们指明一个迁徙的目的地，只是很含糊地让他们"寻找乐土"。但是乐园何在？神却玩了一个神秘。于是，在那个没有GPS定位系统的年代，特诺奇只能带着整个部落，在中美洲红褐色的土地上用脚去寻找。

这一走就是100多年，老特诺奇早已作古，他的后人们也已是少年子弟江湖老。终于，在14世纪初的某一天，他们来到了南方的一个大峡谷之中，面前出现了一片广阔的水泽，那里湖面总是澄清，那里空气充满宁静，清风徐来，水波不兴，上下天光，一碧万顷。莫非这就是一直在寻找的乐土？旅人们问自己。这时，一只大鹰忽然从天而降，是今天已经销声匿迹的北美瓜达卢佩种，形体硕大，顾盼生威，只见它施施然地落在一株仙人掌上，巨爪中抓着一条沙漠响尾蛇。这景象让老特诺奇的后人灵光一闪，故老相传的梦中神谕忽然清晰起来，最后一丝疑虑也打消了，他向走了一个多世纪的族人们宣布，漫长的旅程到了终点——记住这只鹰。

特诺奇的族人就在这片今天称为特斯科科湖的水域边，找了个沼泽环绕的小岛安顿下来，他们在此兴建了一座村寨，命名为特诺奇蒂特兰，以纪念率领他们适彼乐土的特诺奇酋长。据考证，这一年是1325年。

新的家园土地丰腴，该地区所处的纬度带，适合各种中美洲独有的作物生长：玉米、甘薯、木薯、豌豆、南瓜、辣椒，还有烟草。墨西卡人凿井而饮，耕田而食，到了收获季节，全部落老少围坐欢庆，祭祀诸神，其乐也融融。

但墨西卡人天性尚武，这种恬淡的田园生活，注定不会成为他们的日常。墨西卡人很快发现自己并不是这里唯一的居民，至少已经有六个部落早于他们在此安家，按照先来后到的顺序分别是：居住在南边与特斯科科湖相连的另一片水域霍奇米尔科湖南岸的霍奇米尔科部落，别号"花籽人"；居住在将特斯科科湖与霍奇米尔科湖分隔开来的突出部分，扼守着两湖连接处的"湖口人"库尔华坎部落；距离墨西卡人最近的谷地西边的"路桥人"特帕内克部落；特斯科科湖东岸的"弯人"特斯科科部落；被排挤到谷地南部锡腊山以南的"锡腊山人"特拉特洛尔科部落；以及居住在东边谷地之外的"面包人"特拉斯卡拉部落。这六个部落都和墨西卡人一样，是从西北方迁徙至此的，说的语言都可归为纳瓦特语族。

好的地段已被这前六个部落瓜分殆尽（甚至后两个部落都已经搬出了谷地），但初来乍到的墨西卡人不是安分守己之辈，没过多久，墨西卡人开始挑战四邻，到处抢夺邻近部落。坐地户们也不是那么好欺负的，几个部落找到南边的"湖口人"库尔华坎部，请他们出头，后者自称是中美洲显赫一时的托尔特克人的直系后裔，他们居住的库尔华坎城在当时是特斯科科湖周边数一数二的强大城邦。于是，"湖口人"联合南边的"花籽人"和墨西卡的近邻"路桥人"，三军合围特诺奇蒂特兰。猛虎架不住群狼，墨西卡人大败，其首领和很多部众被库尔华坎酋长科克斯·科克斯抓回去当奴隶，在蚊蝇滋生的水边遭了不少罪。

按照中美洲的习俗，这批战俘迟早要被宰掉祭神，但墨西卡人命大，非但免于这种可怕的命运，而且很快时来运转，又重新获得了上战场的机会——"湖口人"和"花籽人"又打起来了。墨西卡人的战斗力让科克斯·科克斯印象深刻，他把这伙奴隶放出来，让他们去帮忙对付"花籽人"。

重操黑曜石制的刀斧，这个彪悍民族如鱼得水，在一场伏击战中大显神通，打败敌军后还抓了30名"花籽人"俘虏。在带他们去见科克斯·科克斯之前，墨西卡人首领盼咐手下用石刀将每名战俘的左耳都割下来。科克斯·科克斯见了残缺不全的战利品，有些不解，问为什么专挑残障人士来抓，这时墨西卡人打开皮袋，把30只血淋淋的耳朵倾倒在地上，在场的库尔华坎人无不惊叹：果然够狠。

经此一战，墨西卡人名声鹊起，他们就改做雇佣兵，为科克斯·科克斯效力。14世纪中期，墨西卡人获得了与雇主通婚的权利，墨西卡与库尔华坎的联盟关系得到了进一步的稳固，地位也有所提升。取得了强有力的靠山，加上自己能打，墨西卡人在特斯科科湖一带的根基越发牢靠，实力也在飞速地积蓄着。

14世纪中叶，旧大陆在日复一日地折腾着——

从东往西数去，本就蜗居海岛国境颦蹙的日本，南北朝正在对峙，互有攻杀；大元帝国倒是疆域辽阔，但水旱蝗灾层出不穷，很快就会有人偷偷地把一个缺一只眼睛的石头人埋到黄河河道里，等这件艺术品被掘出来时，观众们不会像欣赏断臂维纳斯那样赞叹它的"残缺之美"，而是将这视为亡国之兆。

再往西，伊斯兰世界里老的老小的小：奥斯曼刚开始领着土耳其人进入欧洲艰难创业，尚不成气候；未来奥斯曼帝国的大敌跛子帖木儿，此刻还是一个健全的儿童，正在中亚慢慢长大；印度的德里苏丹国，暴君、战争、大旱、蝗虫、苛捐杂税、种族歧视，要什么有什么；埃及的马木留克王朝里，开创王朝的"河洲派"已经没落，新贵"碉堡派"正酝酿着谋朝篡位；蒙古征服者在波斯建立的伊儿汗国里，可汗不赛因也在逊尼派和什叶派间举棋不定，他叔父合赞汗的改革成果，将在他的摇摆中逐渐归零。

不争气的欧洲也好不了多少：俄罗斯还在对蒙古人卑躬屈膝；拜占庭几乎只剩了一座君士坦丁堡；西班牙北边的基督徒和南边的摩尔人打得热闹；原本沾亲带故的英国和法国，正在打百年战争，直到下个世纪都打不完……欧洲其他地区，也在专与灵性和智慧作对的天主教会控制下，局面稳定得如同一潭死水，很多人吃不上饭，黑死病却在泛滥，伟大的文艺复兴高潮还要等等才来，所幸已经有薄伽丘，他正在以道貌岸然的教士修女们为主角，猛编黄段子，这是那个灰暗年代的文化生活中为数不多的亮色。

可当地球厌倦了这没完没了的吵吵嚷嚷之后，便优雅地扭动屁股，把自己的另一半拿到太阳下来晒。此刻，日光所及之处，立时呈现出一幅完全不同的风貌：墨西卡人的事业，正在蒸蒸日上。

2
称霸大湖

到了15世纪，库尔华坎人在墨西卡人的辅弼之下，渐渐有了成为特斯科科湖老大的趋势，两个部落的关系也日益亲密融洽。

然而，金鳞不是池中物，墨西卡人不甘心一直做库尔华坎人的打手和附庸。这一天，墨西卡人的首领去向科克斯·科克斯提亲，希望迎娶他的爱女，让两族亲上加亲，科克斯·科克斯欣然应允。

库尔华坎人的公主，正憧憬着"我的心上人是一个盖世英雄，会踏着五彩祥云来娶我"，却不知最可悲可怖的命运在等着她。在新婚之夜，新郎官竟命人将她的一整张皮剥了下来，制成一件皮衣，给祭司作为法器。随后，科克斯·科克斯应邀来探望女儿女婿，墨西卡人将他引入祭祀堂。火把昏暗的光线中，老酋长看见墨西卡人的神职人员正在摆弄着一张人皮，定睛一看，那皮却分明是自己女儿的，科克斯·科克斯当场崩溃。

早有准备的墨西卡人则乘机逃入特斯科科湖中，向北边他们此前的居住地驶去，待得狂怒的科克斯·科克斯想起命人追赶，为时已晚，墨西卡人已经逃回了四面是水的特诺奇蒂特兰。科克斯·科克斯遭遇了强烈的心灵创伤，没过多久就郁郁而终。

祸乱让库尔华坎大伤元气，而墨西卡人又重新投靠了他们最初的邻居"路桥人"特帕内克部落，此消彼长，库尔华坎人也无力对他们报复。随后，一位有库尔华坎血统的墨西卡人阿卡玛皮奇特利出任首长，双方关系有所缓和。

回到特诺奇蒂特兰的墨西卡人虽然仍要向邻居"路桥人"纳贡，但现在总算有了自己的地盘，他们收敛了一些锋芒，开始务实求发展。阿卡玛皮奇特利请来大湖周边各部落的技术人员，让他们指导族人大搞城市建设，据后人们口头传说，墨西卡人就是在这个时候学会了搭建石头房子。他们还排干沼泽、筑坝蓄水、挖掘河道、修建栈桥，此时，他们还有了一个天才的发明。由于特诺奇蒂特兰坐落于湖中小岛，土地有限，人口渐多，耕地便渐渐不够了，墨西卡人想出了一个奇妙的办法——他们在湖中打上大木桩，用绳索相连，在中间结网搭板，覆盖沙土，形成一个个人工岛，在上面种植作物。这种人工岛被称为"奇昂帕"，不但扩大了耕地面积，解决了吃饭问题，还使城市规模拓展数倍，而且水陆相依，宛如梦幻，特诺奇蒂特兰这座沼泽中的小村寨开始有了点城市的样子。

阿卡玛皮奇特利死后，墨西卡部落又接连出现了两位低调的领导人，分别是维齐利维尔特和奇马尔波波卡，他们是一对同父异母的兄弟。维齐利维尔特很有政治头脑，在"路桥人"和四周邻居的战争中，他出于盟约义务派兵助战，但出手讲分寸，很审慎地保存实力，同时通过联姻等手段，稳固和周边强力部落的良好关系，后来又看准时机在"路桥人"和湖对岸的"弯人"特斯科科部落的大火并中挂帅，漂亮地大败对手，阵斩特斯科科酋长，"弯人"都被他打直了，特斯科科部落臣服于湖西的特帕内克—墨西卡集团。

随后轮到弟弟奇马尔波波卡，可惜他在位的10年间天灾不断，他没来得及有什么作为，就被特帕内克部落的酋长马斯特拉干掉了。马斯特拉是前任特帕内克酋长特索索莫克（维齐利维尔特的岳父）的幼子，他在老爹死后发动政变杀了作为"王储"的兄长，雄心勃勃地准备征服整个特斯科科湖。可惜他的才能与野心并不匹配，连自己的部落都无法统一，特帕内克人的一个分支，与特诺奇蒂特兰隔水相邻的特拉科潘部落不满马斯特拉的所为，与之决裂。

几代墨西卡领袖韬光养晦的策略这时体现了成效，奇马尔波波卡虽死，但留下的家底已很殷实，他的叔叔伊兹柯阿特尔继任酋长之后，准备趁着当前的乱局把大湖地区的霸权从宗主特帕内克人手里夺过来。他联络当初的手下败将——逃入山里的特斯科科残部——一起来打昔日盟主特帕内克人。他们两家，加上特拉科潘人，三伙人合击马斯特拉，经过几个星期的血战，大获全胜。据后来的西班牙研究者考证，这是1428年的事。

凭此一战之功，伊兹柯阿特尔威震特斯科科湖。战后他趁热打铁，先是将"路桥人"从前的地盘据为己有，又收降了特诺奇蒂特兰北边的重要贸易城市特拉特洛尔科城。至于战时的两个小弟特斯科科部落和特拉科潘部落，也被伊兹柯阿特尔收编为永久性同盟。根据盟约，三族以墨西卡人为盟主，一致对外作战，战利品的分配比例为墨西卡人40%，特斯科科人40%，特拉科潘人20%。看上去特斯科科人是与墨西卡人平起平坐的，但伊兹柯阿特尔还留了一手：解释权归他所有。这就意味着墨西卡人是真正的最大赢家，他们吃肉，另外两家只是跟着喝点汤而已。

再盘点一下当年的大湖七雄："弯人"被收编，"路桥人"一半被收编一半被灭门，"湖口人"被严重削弱，"锡腊山人"和"面包人"早就被赶出谷地，就剩个半死不活的"花籽人"霍奇米尔科部落，最终也不得不俯首称臣。至此，纳瓦特语系七部落中的资历最浅者墨西卡人后来居上，从依附于人的小弟一跃成了该地区的头号实力派，他们所在的这个大峡谷，也从此称作墨西哥谷地，直到今天。

打倒马斯特拉的军事胜利和确立三族同盟的政治胜利，让墨西卡人扬眉吐气。现在发迹了，伊兹柯阿特尔也出于常见的暴发户心理，打算杜撰一些祖上的光鲜事迹。如前所述，他们在墨西哥谷地的最初几代人混得比较落魄，他们的历史书记员笔下画出来的祖先形象（墨西卡人还没有文字，用图画记录历史）也都是惨兮兮的。伊兹柯阿特尔认为这种写实派的历史观不利于恢宏士气、培养民族自豪感，他下令书记官们将鹿皮手抄本全部呈缴上来付之一炬，说"吾之属民无需此等书籍"，然后下达指示：历史应该可以写得好看。

在伊兹柯阿特尔焚书的火光中，墨西卡人以往积弱不振的记忆灰飞烟灭，征服的激情与冲动也随之熊熊燃烧。有这样强有力的主心骨，墨西卡人很快建立起了民族自信心，这从他们编出的辉煌历史中可以窥见。根据最新版本的记录，墨西卡人本来居住的地方叫作阿兹特兰，意为"白鹭之地"，是个类似于伊甸园的人间仙境。后来在神明的指引下，墨西卡人肩负着神圣的使命，离开故土，来到墨西哥谷地，带领当地人民开创未来……

阿兹特兰这个美丽但不太经得起推敲的传说很快深入人心，于是，后来其他部落的人们逐渐转而把墨西卡人叫作阿兹特克人，这片土地的新霸主有了新名字。

在本书中，我们也就此改用这个更为响亮的名号来称呼他们。

3
列王纪

1440年，阿兹特克人真正意义上的开国之君伊兹柯阿特尔去世。

趁着阿兹特克人的治丧委员会忙着为他料理后事的时候，让我们插入一个简单的讨论，即"阿兹特克是否能被称为一个帝国"。

从伊兹柯阿特尔时代起，阿兹特克人以墨西哥谷地为中心，向四周拓展势力和影响，确立了在中美洲各部落中的绝对优势，周边的部落，基本上不是加入他们主导的联盟，就是向他们纳贡称臣。这种霸主地位使得后来初次与他们接触的欧洲人以为，阿兹特克人实行的是他们熟悉的欧洲式封建帝国体制，于是，"阿兹特克帝国"这类的字样在欧洲人的早期记述中频频出现。

对此后世有学者提出过异议，最具代表性的是19世纪的美国人类学家路易斯·亨利·摩尔根，他在巨著《古代社会》的第七章《阿兹特克联盟》中写道：

> 必须从美洲土著的历史中删除"阿兹特克君主国"，因为这是虚妄的，而且也是对美洲原住民的歪曲，他们既不曾发明，也不曾发展过君主制，阿兹特克人组成的政府不过是一种部落联盟，仅此而已……谈到这个组织时，只要用军事酋长、酋长会议、首领和酋帅这些词来区分他们的公职人员就足够了。

摩尔根这个结论的依据概括起来主要有：第一，阿兹特克人首领的职权主要体现在军事领域，另有一个酋长会议掌管内政，首领不具备君主国元首的权柄与威望；第二，阿兹特克人的领袖嬗变过程中，没有明确的世袭规则，有父死子继，也有兄终弟及，其中后者还有时是同母异父兄弟间传承，这是原始的母系氏族的遗迹；第三，阿兹特克人虽然打败了很多其他部落，但无法将战败者的土地变成直属领土，被征服者通常能保留很大程度的自治权，包括世俗政务方面和宗教方面；第四，阿兹特克同盟的结构是一个强者（阿兹特克人）统治着若干弱者（特斯科科人、特拉科潘人，以及其他被征服部落），双方的关系仅靠纳贡来维系，阿兹特克的行政力无法直接渗透到联盟其他成员处，而这些归附部落的恭顺程度也有不同；第五，阿兹特克人没有做出把墨西哥诸部落整合成一个民族的努力，他们的政府机要部门不向三族同盟以外的部落开放，也没有推广普及自己的语言、文化、价值观，远不具备维系一个帝国所需要的国家概念和意识形态；第六，阿兹特克人的生产力水平低下，连"文明三要素"中的文字和冶炼金属这两项都不具备，其领土、人口、科技、文化等诸多软硬指标，也都达不到一个"帝国"应该具备的水准。

综上，摩尔根对阿兹特克人政治形态和社会发展程度的定位是：中等野蛮人社会。他还做了附注：基本相当于希腊人打特洛伊战争时的那个水平。

摩尔根先生论之有据，但不可否认的一点是，他在用旧大陆的标准衡量新大陆（尽管他本人生在新大陆）。以这个标准来看，将阿兹特克称为帝国确乎欠妥，但是，这个考核标准本身是否适当，似乎还可从其他角度理解。

恩格斯的著作《家庭、私有制和国家的起源》，基本可以算是摩尔根《古代社会》的读书札记，其中就谈到，限于没有驮兽和缺少铁矿石，以及地形狭窄不适于同纬度气候带之间横向交流等客观因素，再加上东西半球的居民彼此相对隔绝，因此"由于自然条件的这种差异，两个半球的居民……便各自循着自己独特的道路发展，而表示各个（社会发展）阶段的界标在两个半球上也就不尽相同了"。

举例来说，如果以中国人的眼光审视欧洲，难免觉得欧洲那些帝王们也都名不副实。根据中国式理念，君王是什么？是普天之下莫非王土，率土之滨莫非王臣；是君要臣死臣不得不死；是乾纲独断，一言以为天下法；是后宫佳丽三千。以这个标准来看欧洲，那些要受教会腌臜气，要以王冠和土地为抵押向商人甚至农民借贷，要和常人一样遵守一夫一妻制的君主们，难免觉得他们怎么也好意思称孤道寡？

同理，阿兹特克人的政治与社会发展程度，和欧亚大陆不具可比性，但在当时的中北美洲已堪称翘楚。他们的首领有足够的力量对部落民众以及周边予求予取；他们的建筑、文化、艺术都是中美洲千年以来的集大成者；他们的武力和势力范围在中美洲鹤立鸡群；他们的都城特诺奇蒂特兰，鼎盛时期有25万居民，非但在美洲首屈一指，和同时期的欧洲城市相较也不逊色，最早到此的西班牙人称这座巨城有"三个塞维利亚那么大"。这些固然还不足以让我们将它们与欧洲和亚洲的君主国等量齐观，但换上美洲原住民的标准（如果有的话）来衡量，或许阿兹特克人的部落或城邦，也算得上是有美洲特色的帝国了吧。所以，"帝国""皇帝"之类的措辞固然应当克制使用，但也不宜完全弃绝，此既为从俗，也算是依照"横看成岭侧成峰"的研究视角。

接着讲阿兹特克人的故事。伊兹柯阿特尔死后，部落的长老会议选出军功卓著的蒙特祖马一世作为继任人。这位出身行伍的新首领有个外号叫"易怒者"，脾气火暴可想而知。当军头的时候，脾气大点，顶多像张飞那样鞭挞士卒，而现在做了部落首领，发起"天子之怒"来就不得了，那可是要"伏尸百万，流血千里"的。蒙特祖马在任内不断地向周边发泄他的愤怒，先后征服了谷地北部和东部的诸多部落，阿兹特克人声势愈盛。

在众多征服地中，有个名叫普埃布拉的部落格外引起蒙特祖马的兴趣。该部落在"事人"方面没什么建树，"事鬼"却非常在行，不但广修庙宇，还发展出了一套完备的宗教系统。普埃布拉人经常进行一种称为"荣冠战争（xochiyaoyotl）"的军事行动，具体内容就是到其他部落境内劫掠活人，抓回来以后，经过一系列复杂而神圣的宗教仪式，屠宰祭神。

在中美洲文化里，以活人献祭的现象是很普遍的，但杀人杀得这么有条理这么形而上的，还不多见。蒙特祖马也很重视文化事业，认为普埃布拉的做法代表了先进，以"道之所存，师之所存"的良好求学态度，将手下败将的宗教思想和仪式全盘继承过来。

由于战争以抓获俘虏为首要目的，因此不到万不得已时阿兹特克战士不会在战场上结果敌人，他们通常选择用黑曜石刀未打磨的一面将敌人击倒生擒。军功的考核，不是看杀敌而是看俘获，因此阿兹特克战士特别注重留活口。据说他们抓获对手后，会对其说："你是我心爱的儿子。"而被俘者要答道："你是我心爱的父亲。"这条战争法则约定俗成，颇有些以战为礼、愿赌服输的气度。在蒙特祖马统治的中后期，"荣冠战争"不断上演，成批的俘虏在金字塔上成为祭品。祭台下，阿兹特克的臣民们在被鲜血浸润的宗教感情中如醉如痴。直到15世纪60年代中叶，阿兹特克人连续遭遇了几年严重的飓风灾害，农业减产，人民陷入饥饿，无力再去打草谷。

1469年，蒙特祖马一世去世，他的儿子阿萨亚卡特尔子承父业。他在恢复了部落生气之后，继续向南向西拓土，颇有斩获，但他也创造了一项不光彩的纪录——在西征米乔坎部落时遭到惨败，成了欧洲人到来之前唯一一位有过败绩的阿兹特克首领。

可以令他挽回颜面的是，在他任内，特诺奇蒂特兰北面的小岛特拉特洛尔科，从阿兹特克的附庸变成了直属领土，而这一场吞并战的导火索既荒唐又略带香艳。作为传统商业城镇，特拉特洛尔科一向不太瞧得起四肢发达的阿兹特克暴发户。在一次阿萨亚卡特尔造访特拉特洛尔科时，该城的妇女们集体向阿兹特克统治者表达了轻蔑，具体方式是：排成一排，集体冲着他亮出臀部。这本是旖旎风光，奈何阿萨亚卡特尔不解风情，指责特拉特洛尔科人太过三俗，他还借题发飙，于是引发了血案。

除了开疆拓土的事业，阿萨亚卡特尔还继承了老爸的宗教情怀，现存的墨西哥镇国之宝"阿兹特克日历石"（又称"太阳石"，经常被一知半解的人误当成玛雅文明的产物），就是他任内的杰作。这块巨型石盘直径4米，重20余吨，雕刻精美大气。从这件法器可以窥见，阿萨亚卡特尔时代阿兹特克人的宗教更加繁盛，当然，这也意味着更多的人祭、更多的血。

阿萨亚卡特尔当政10年之后死去，1479年，他的弟弟蒂索克被选中继位。

蒂索克是个浑身充满艺术细胞的统治者，他上台以后大搞市政建设，修筑了美轮美奂的战神庙和雨神庙，这两座庙也成为阿兹特克建筑艺术的巅峰之作。他的另一项发明是"祭祀石"，这是一种烧烤用的石质器皿，具体用途是：烧烤祭品们被活剖出来的心脏。

蒂索克把主要精力花在了营造上，却没有拿出足够的军事成果，尤其是足够的祭品，因此有些镇不住场子。执政7年之后，他被一些不满他的首领们密谋毒死了。

蒂索克死后又是兄终弟及，新任酋长阿维索特尔鉴于哥哥不得善终的命运，决定举办一场空前的人祭大典。

继位当年，阿维索特尔就联合盟友特斯科科部，南下瓦哈卡，展开了一场超级大猎捕。经过历时两年的通力合作，1488年，两族联军带着拿获的2万名俘虏，浩浩荡荡地凯旋。随后特诺奇蒂特兰的金字塔上大张旗鼓地摆开祭坛，俘虏们被押解着鱼贯登台。后来的欧洲研究者根据阿兹特克人的描述推算，这支献俘长队排出了足足3000米。金字塔顶，两族领导人隆重出场，亲自献技，用黑曜石刀为这些俘虏们做活体心脏摘除术。接下来双方的祭司、官员、勋戚们按照品阶次第上台，轮番从事这项圣洁的事业。最终，整整2万名俘虏全部被挖心斩首，这个数字成了一个血腥的纪录，整个金字塔被染成了暗红色。

阿维索特尔在大屠杀之后继续南征北战，一直向南打到今天的危地马拉境内，在北面也深入今天的韦拉克鲁斯地区，阿兹特克疆域达到顶点，中美洲诸部莫敢不从。除了若干边远地区，在中美洲唯一敢于无视阿兹特克人权威的是他们的同宗，当年纳瓦特语系七部落中硕果仅存的"面包人"特拉斯卡拉部。

特拉斯卡拉人居住的谷地四周都被阿兹特克人及其盟友、附庸的领地包围，但他们硬是凭着地利之便和顽强的个性苦撑不倒，杀人冠军阿维索特尔也拿他们没辙。1503年，正当阿兹特克首领准备再次攻打特拉斯卡拉部落时，一场罕见的大洪水席卷特斯科科湖，特诺奇蒂特兰被淹。阿维索特尔不得不把精力转移到防汛工作上，他向擅长筑坝的盟友特斯科科人求助，后者造好堤坝请他去验收。当阿维索特尔亲临现场指导工作时，不知从哪杀出一个刺客，用石头敲开了阿维索特尔的脑壳。

从阿萨亚卡特尔到蒂索克再到阿维索特尔，阿兹特克的宝座已在同一代屁股下坐了三朝，随着阿维索特尔的遇刺身亡，权杖终于该传给下一个世代了。这个接棒的人，就是阿维索特尔的儿子，阿兹特克人历史上知名度最高的末代君主，蒙特祖马二世。

4
吃人的礼教

从蒙特祖马一世到蒙特祖马二世，阿兹特克人的生活并没有多大的改变，耕种、渔猎、繁衍和战争，但最重要的社会活动仍然是祭祀。金字塔顶上祭司们庖丁解牛般地手起刀落，一批批战俘或奴隶被进献诸神，金字塔下的观众们则沉迷于这份血色浪漫，手舞足蹈，如醉如痴。杀杀人，跳跳舞，阿兹特克的子民们就这样度过一个个或饥馑或丰裕的年份。

在以阿兹特克为代表的中美洲文明体系中，血浆的味道格外浓重。诚然，从希腊到中华，从希伯来到腓尼基，各种文明在其初级阶段，人祭、人殉之类的现象都时有发生，但像这样规模化、经常化、程序化、神圣化的大批量活体献祭，却是中美洲独有的招牌景观，要理解这一诡异的文化现象，需要先对中美洲人的精神世界做一了解。

中美洲人的创世纪传说是这样的：世界不断被创造又被毁灭，在我们这一茬的人类出现之前，世界上曾经有过四代人类，又相继毁灭，我们是第五代。然后，我们的历史开始了。当时时值远古，混沌未分，世界是一片漆黑的大海，唯一的生物是一只硕大无朋的"大地怪物"（earth monster），名叫希帕克特里，性别女。这一天，地怪女士正像往常一样，漂浮在海上，肩负着再造世界使命的羽蛇神兄弟魁札尔科亚特尔和泰兹卡特里波卡从天而降，双方于是不可避免地发生了冲突。地怪不好对付，两神以二敌一，又显出巨蛇本相，这才勉强取胜，可怜的地怪女士惨遭肢解。她的身体被羽蛇神兄弟用作了创造世界的原材料，轻清者上浮为天，重浊者下凝为地，其他的五脏六腑、四肢百骸、身体发肤、气血魂灵，也都幻化成世间的河岳日星。

就这样，地怪女士和盘古、梵天一样，死后以其一身滋养了世间万物，有益于人民。但她毕竟没有这两位大神那么高尚纯粹、脱离低级趣味，对自己的无端身死颇有不甘，一缕冤魂，跑到天界去讨说法。众神也觉得羽蛇神兄弟做得有些过分，难逃司法人员滥用职权之嫌。于是神仙们特准地怪死后灵魂不灭，仍能控制她那已变成地球的身体，也就是说，地上的万物生长，都要由她一念而决。鉴于地怪女士生前是肉食者，后来的地上居民不得不经常奉献血食来取悦她，以期种豆得瓜。

除了创世故事，美洲神话体系中人类的诞生，也和血浆密不可分。

话说羽蛇神兄弟消灭地怪，成功创造了世界，但起初地上并没有居民。两兄弟想想，觉得还是要以人为本，于是开始制造人类。但具体该把人类造成什么样子，他们心里也没谱，最终决定整旧如旧，还是按照已经灭绝的上一个世界的人类模样来造。但上一个世界（第四个世界）的人类，早已死得一个不剩，模板地上难寻，于是羽蛇神兄弟只能求之于地下。

魁札尔科亚特尔深入地府，向阎王求取一具上一个世界的人类骸骨。小家子气的阎王非要羽蛇神先吹着海螺号角绕地狱跑四圈才有商量。他交给羽蛇神一个没有指孔的海螺，羽蛇神察觉了海螺的猫腻，念动神通招来蛀虫，在螺壳上蛀出孔，又招来蜜蜂飞入螺壳中，狭小空间产生的共鸣效应，使得嗡嗡蜂鸣变成巨响，传遍了地狱每个角落。阎王斗法失败，只好交出了人类骸骨。魁札尔科亚特尔将其带回众神之都，生命女神从诸神身上逐一提取了血样，滴在骨头上，神的血液果然有白骨生肌的奇效，骸骨滴过血液以后就活了过来，成为第五个世界居民的始祖。

此外，不得不提的是中美洲神话对轮回的看法。阿兹特克人认为他们所处的时空是有史以来的第五个世界，此前曾相继有过四个世界，第一个世界被美洲豹吞噬，第二个世界毁于飓风，第三个世界在火雨洗礼中灭亡，第四个世界则被洪水淹没，所以，第五个世界也注定要灭亡，人类应该做的是通过献祭延缓末日的到来。不但宏观的世界如此，天地间的万事万物，不分巨细，也都要经历从毁灭到重生的轮回。比如太阳，每天的朝升夕落，就是从生到死的过程。中美洲人认为太阳没入地平线后，就被黑暗怪物吞噬，变成"夜太阳"去照耀幽冥世界，而次日的太阳则是前一个太阳的儿子，重新到人类世界服役。要保证太阳家族的新陈代谢、生生不息，就必须每月奉献足够的祭品——活人的血液和心脏是首选。就这样，万物生长靠太阳，太阳生长靠喝血，在这种思想灌输下，非但祭司们充满使命感地锥心刺血奉献上苍，而且据说连被献祭者都没

4 吃人的礼教　015

有"时日曷丧，予与汝偕亡"的念头，而是满怀虔诚地任人披肝沥胆，以保证太阳照常升起。

从这些传说中可以看到中美洲人对人类和宇宙的认识，他们认为，血在创造世界和维系世界正常运转的过程中是不可或缺的。在这种世界观下，血液注定在宗教仪式中扮演着重要的角色。

现在已知的中美洲文化由奥尔梅克人肇始，特奥蒂华坎时代达到第一个巅峰，图兰时代的托尔特克人将其复兴。阿兹特克人崇拜托尔特克人，将他们这种血淋淋的宗教文化和意识形态全盘继承下来，又融合了一部分玛雅文明的元素，从而开创了独一无二的血腥与瑰丽。

在阿兹特克时期，人祭是生活的一部分，而每逢水旱、蝗灾之类的糟糕年景，祭司们会将这归结为神明对祭品不满意而降下责罚，于是加大人祭的规模，以求诸神转嗔为喜，那时的献祭仪式更是蔚为大观。初见他们的欧洲人记录下了这骇人的场景：

> 情况是这样：他们（俘虏们）被押到金字塔顶的战神维辛洛波切特利殿前，大家把一个个的俘虏四肢摊开按在献祭石上，用一把刀身很宽的燧石刀切开他们的胸部，把心脏取出来，高举过顶献给太阳神，（祭司们）把心脏称为"神鹰仙人果"……被挖出心脏切下头颅的尸体，被从金字塔上推下来，沿着坡面翻滚跌下，堆积在金字塔底层的平台上……祭司和武士还会把死者的皮剥下来，整整20天穿在身上，直到其溃烂殆尽臭不可闻，这是宗教仪式的一部分。

以上是16世纪西班牙神父伯纳狄诺·迪·萨哈冈记述的阿兹特克人祭见闻，这样的场面后来曾出现在梅尔·吉布森2006年的电影《启示》（*Apocalypto*）中（电影讲的是玛雅人的故事，但人祭场面基本参照文献中记载的阿兹特克模式）。该影片的血腥度在当时一度引发争议，由此更可以想见当年欧洲人初次见识这种仪式时惊怖的表情。而且据萨哈冈神父说，祭典结束后，祭品的遗体会被送到抓获他们的军人家里，分发下去充作粮食。

不过武士本人是不吃人祭的。这是一种特殊的伦理观念，这些牺牲品大多数是从战场上捕获的，曾经与他们一样有着武士的身份，这多少会让他们怀有一丝兔死狐悲之感，而且以抓捕牺牲品为目的的战争在中美洲极为频繁，兵凶战危，这些武士也难保证不会有朝一日沦为俘虏，摆上餐桌，这种现世报更令他们担心，他们常说的一句话就是"万一有一天我吃了自己怎么办？"

武士对人肉宴敬而远之，军属们却不会顾虑这么多。每当领取了人肉，他们会将这种特殊福利品和玉米粒炖在一起，象征人血灌溉作物生长，然后撒上盐，蘸着红辣椒，全家人围坐一起"怀着崇敬、礼貌的心情，一丝不苟地去吃，就像是享用来自天堂的食品"。阿兹特克人只吃人的四肢，躯干部分则用于喂养贵族家的豹子和狗。据说，在他们的观念里，吃掉俘虏象征着将对方的智慧和人格与自己同化，而跟这种观念互为表里的，则是中美洲农业生产力欠发达的现实。总的来说，中美洲终年气候温和，雨季降水丰沛，又有很多高产作物，适于发展农业，但不利条件在于当地居民缺乏金属农具和畜力，此外地形狭窄、多沙漠和雨林、受加勒比海周期性灾害气候影响较严重，这些弊端在人口增多、耕地和猎物减少的情况下愈发凸现。加之美洲先天缺乏可供畜牧业驯养的牛马等大型食草类动物，这使得阿兹特克人必须把同类相食作为补充蛋白质的必要途径。更有研究者用马尔萨斯主义的眼光来看待这种人祭与食人的风俗，认为这是经常处在人口膨胀和农业超负荷的情况下，中美洲人用以控制人口、平衡生态的一种有效手段。

中美洲文明中的人祭与食人俗，对文明本身无疑是破坏性的，而更糟糕的是，阿兹特克人的神话世界比希腊的奥林匹斯山还要热闹，他们崇拜的神祇数量庞大，除了太阳神、雨神、玉米神等自然系的诸神，还有蛇首人身、掌管生死簿的死亡女神，可化身为老鹰和美洲豹的战神，以及花卉神、蜂蜜神、盐神……可以说是三百六十行，行行出神仙。这些神的口味又各有偏好，比如玉米神偏爱少女，雨神喜欢婴儿，商业保护神则对"洗过澡的奴隶"情有独钟。这份庞大的神明菜谱，需要人类的血浆和心脏来奉养，不仅是战俘，有时阿兹特克本族的人，甚至祭司和君主也要走上祭台，用龙舌兰的棘刺挑开血管礼敬上苍（取血部位通常是让人想想都疼的舌尖、指尖，以及生殖器）。为了祭祀用途而进行的战争和杀戮，让中美洲流了太多无谓的血。甚至在后来，当阿兹特克印象已被遗忘之后，在墨西哥文化中仍能觅到这种死亡崇拜的遗迹。比如众神之都特奥蒂华坎的"亡灵大道"、神秘莫测的"水晶头骨"，至于蜚声世界的"亡灵节"——尽管已剔除了血腥气息——更是外方人眼中墨西哥文明的突出代表，在苏联导演"蒙太奇之父"爱森斯坦的遗作《墨西哥万岁》中，曾专用一个章节来表现这光怪陆离的景象。

在中美洲嗜血的众神当中，还有一位难得的"素食"主义者，他就是托尔特克神话中羽蛇神转世的图兰王子，魁札尔科亚特尔。相传他统治图兰城的时候，为了不牺牲自己的子民，下令废止了人祭，代之以蛇、鸟和蝴蝶。但这样的人道主义改革得罪了杀人为业的祭司集团，于是他们设下圈套，用龙舌兰酒灌醉了王子和他的妹妹，使二人酒后乱性。良久，晓风残月中王子睁开眼睛，不知酒醒何处，这时，埋伏好的祭司们冲出来抓了他的现形。完美的品行遭到败坏，王子痛悔不已，他决定离开王城自我放逐，独自走向了东方的茫茫大海。这正中祭司集团的下怀，因为王子走后他们就可以恢复人祭，不过王子临行前很酷地甩下了一句话，让他们如芒在背。

王子说的是《终结者》里施瓦辛格那句招牌台词：I'll be back.

祭司们毕竟心虚，他们后来留下遗言告诫子孙：王子终有一天会以羽蛇神的身份回来，索回属于他的王座。这就是中美洲神话中最著名的预言——羽蛇神归来。

当阿兹特克人称雄墨西哥谷地后以托尔特克人继承者自居，也就把这个关乎法统的预言一并继承了过来，后来，这个神话故事终于演变成了人类历史上最残酷的一个黑色幽默。

5 大时代

新旧大陆间的大西洋，几千年来，它将世界分成东西两半。

对古代欧洲人来说，大西洋令人敬畏又神往，早在柏拉图时代就有关于遗失的大陆亚特兰蒂斯的神秘传说，可惜早期欧洲人稚嫩的航海技术，使得他们只能在浩浩汤汤横无际涯的大洋面前望而兴叹。好在世界不会永远隔绝，大西洋东边凸出来的是伊比利亚半岛，西边凹下去的是墨西哥湾，就是这天造地设的轮廓让后来的德国地理学家魏格纳受到启发，提出了著名的大陆漂移说，而生活在这两个地区的人也似乎有着某种特殊的缘分，注定要代表自己所在的世界，率先与对方相遇。

等待的过程却是漫长的。1031年，统治伊比利亚半岛的科尔多瓦后倭马亚王朝分崩离析，近三个世纪来被穆斯林挤压在半岛北部山区苟延残喘的基督徒们这才迎来了转机，空喊多时的复地运动（Reconquista）开始被付诸实施。此后，12—13世纪席卷欧洲的十字军运动也为伊比利亚人提供了助力，在这两百多年的斗争中，近东巴勒斯坦方向上的十字军主力由盛而衰，最终偃旗息鼓（详见本书第二卷），伊比利亚方面不太起眼的西路军反倒收获了惊喜。到了13世纪中期，当阿兹特克人的祖先还在中美洲乱转的时候，伊比利亚半岛的势力对比已发生了根本性的逆转：北部建立起了一批基督教王国，其中最强大的三个，由东向西依次是阿拉贡、卡斯蒂、葡萄牙，而穆斯林的领地仅剩南边的格拉纳达等若干小邦。基督徒们夺来了土地，但这并不足以抵偿常年战争以及黑死病对经济的破坏，加之复地运动产生了因军功而获得部分世袭免税特权的新贵阶层"伊达戈"（hidalgo，意为"了不起的人物之子"，在葡萄牙称"菲达戈"，fidalgo），这更使得军事胜利不能充分地转化为民富国强。此外，在东方，奥斯曼土耳其帝国的崛起也使欧洲人获得金银、香料等亚洲商品的成本激增数倍，这种种情况，让伊比利亚居民将目光投向了大西洋。

最先下海的是葡萄牙人，这个国家处在欧洲大陆最边缘，历来靠海吃海，指南针、六分仪等航海仪器的传入，以及三桅快帆船的发明，使得他们的航海本领突飞猛进。14世纪后期，葡萄牙阿维什王朝的开国君主若昂一世摆平了国内外的一系列大小麻烦之后，开始和他的儿子"航海家亨利"一道致力于海洋事业。他们不但开办航海学校、发展造船技术、资助海外探险，还身体力行，充当欧洲向外扩张的急先锋。1415年，这对父子率两万大军，从摩洛哥的摩尔人手中夺取了北非的重要港口休达，将地中海通往大西洋的咽喉直布罗陀海峡掐在手里。这也同时宣告，欧洲人开始热情满满杀气腾腾地走上了征服世界之路。

接下来的半个世纪中，葡萄牙人成绩斐然，他们先后在大西洋中"发现"了加那利群岛（现属西班牙）、马德拉群岛和亚速尔群岛。这些岛屿是天赐的蔗糖生产基地，甘蔗种植不但满足了本土的需求，更给葡萄牙人带来巨利，而其中的马德拉群岛还将在500多年后为葡萄牙出产身价9400万欧元的克里斯蒂亚诺·罗纳尔多。不过比起西方，南方海域才是葡萄牙人开拓的重点，他们航海战略的核心构想，就是沿着非洲海岸继续向南，找到绕过这片大陆去印度的航线，并为此百折不挠。到了15世纪中叶，葡萄牙人在西北非沿海地区的经营已颇具规模。

葡萄牙人热火朝天的航海事业刺激了他们的西班牙邻居，尽管后者拥有更强的国力，但当时他们还正在忙着将复地运动进行到底，一时腾不出精力来下海经商，只能看着葡萄牙人折腾，品味着酸葡萄的味道。

1469年，卡斯蒂公主伊莎贝拉和阿拉贡国王费迪南经过一年的鸿雁传情，终于在巴拉多利德拜堂成亲。婚后，伊莎贝拉凭借夫婿的军事实力，很快打败了其他觊觎者，夺回了卡斯蒂的王位继承权。这对人中龙凤的结合使得西班牙两大王国也合为一体，实力大增，夫妻档君主加大了对格拉纳达穆斯林政权的攻势。

1492年的春天，西班牙人团团包围了格拉纳达。伊莎贝拉和费迪南发动的历时十年的长围久困作战到了总攻阶段，格拉纳达城中的末代埃米尔艾布·阿卜杜拉（正式头衔是穆罕默德十二世，西班牙人称之为Boabdil）眼看再也抵挡不住，带着一家老小和残兵败将弃城献降，他们获准离开西班牙去投奔北非的摩尔人同宗，至此，穆斯林在伊比利亚半岛的最后一个钉子户被起除。相传逃难路上，阿卜杜拉目睹"国破山河在"的崩离之惨，忍不住大放悲声，他的老母亲叹道："你当初就不曾像个男人一样保家卫国，现在又像个女人一样哭哭啼啼，身为人君懦弱至此，国家安得不亡。"阿卜杜拉无言以对，唯有加大哭嚎的分贝。

历史对失败者向来没有什么怜悯可言，但见新人笑，哪闻旧人哭。在这个西班牙史上最激情浪漫的春天，卡斯蒂和阿拉贡的王师开进格拉纳达。这场胜利奠定了现代西班牙的版图，同时也宣告伊比利亚半岛全境回到了基督徒的手中，整个欧洲的基督教堂为之鸣钟庆祝。

强烈的宗教感情是维系西班牙人的精神纽带，凭着这股力量，他们在异族统治下苦撑七百年不倒，现在扭转了乾坤，西班牙人更加无所顾忌地宣泄宗教使命感。境内残留的阿拉伯人、摩尔人、犹太人被驱逐或被强迫改宗，人数多达百万，仅死于途中者就有十万以上。伊斯兰教和犹太教典籍被焚毁，科尔多瓦和格拉纳达等地宏伟的清真寺被改建成基督教堂，恶名昭著的宗教裁判所也在不久后挂牌营业。这一轮的清洗如此彻底，以至于一切异教的痕迹都被完全抹去了，如《剑桥伊斯兰世界史》所说，伊比利亚是唯一一个穆斯林统治过却没留下痕迹的地区。而这种宗教狂热将在西班牙人日后的大征服中贯穿始终。

完成了统一西班牙的伟业，伊莎贝拉和费迪南终于可以像葡萄牙人那样，向海洋进军了。恰在此时，一个外邦人来到格拉纳达进谒两位君主，他带来了一个惊世骇俗的计划，将掀起大航海时代新的高潮，并彻底改变世界历史的进程，使各个大洲和文明连接起来不再孤立，更使得欧洲人后来居上，变成了诸大洲诸文明赛跑中的领跑者。

这位访客就是热那亚人克里斯托弗·哥伦布。

6
哥伦布出海

1451年，夏末的某一天，克里斯托弗·哥伦布降生在意大利北部的热那亚，确切的出生地可能是昆托村。民政部门关于他身世的记载，在他成名之后全部离奇失踪。

但不管怎样，身为一个航海城邦的孩子，哥伦布不可避免地对海洋产生了兴趣。其时，热那亚和威尼斯还是地中海贸易的执牛耳者，但热那亚人的贸易路线主要依靠黑海克里米亚半岛作为中转站。随着土耳其人的强力介入，地中海通向黑海的博斯普鲁斯海峡愈发多阻，地中海贸易渐已风光不再，倒是葡萄牙人开拓大西洋捷报频传，让哥伦布对海外新世界倍加向往。

据哥伦布本人称，他14岁那年就曾乘船出海，24岁起，他又在父亲开的书店中打杂，借工作之便阅读了很多关于航海方面的书籍，当然也包括马可·波罗等人以魔幻主义笔法写成的东方游记。因此，可以说哥伦布在成为水手之前，航海的理论基础和实践经验已经兼而有之。1477年，26岁的哥伦布移居葡萄牙，正式开始了船员生涯，并娶了一位家道中落的航海世家女青年堂娜·菲利帕为妻。在葡萄牙期间，他曾作为测绘人员数度往返于葡萄牙本土与马德拉群岛之间，这段遭际虽然辛苦，却是了不起的历练。哥伦布在船上学到了不依赖罗盘而凭借天文星象导航的本领，他还能根据空气的味道、海鸟的行迹、海水的温度、漂浮的船骸等蛛丝马迹，来读懂大海，这都为他日后的伟大探险生涯提供了难以估量的助力。哥伦布还曾远航到冰岛，那里是古代维京海盗开发的殖民地，当地人知道在冰岛西北有个叫格陵兰的大岛，而在更远处还有叫作"文兰"的神秘岛屿。有历史学家认为，哥伦布就是从冰岛人口中风闻西方有陆地存在，并对此深信不疑。不过，从哥伦布后来的表现来看，他很可能觉得那陆地就是马可·波罗笔下幅员万里的"震旦"（中国），以及遍地白银的"希盘谷"

（日本）。

15世纪后期，成批的葡萄牙航海家以磁石般的劲头，前赴后继地涌向非洲南部沿海，但大自然的阻力使得他们的努力收效甚微——在赤道以北的热带，东北风将他们吹到远离海岸吉凶难测的远洋，而当他们奋力靠近陆地，又会被卷入几内亚湾诡异难测的湾流中。好不容易摆脱这些，到了赤道无风带，一丝风都没有，船儿在海上，风也不动帆也不动，急得水手只剩心动。因此，直到15世纪80年代，葡萄牙人最远也只到过赤道以南的刚果河河口（1483年），离他们理想中的目的地西天印度，差得何止十万八千里。

此时，一个异想天开的念头，正在哥伦布的脑海中酝酿：既然地球是圆的，那么无论向东还是向西，最终都会殊途同归。与其挤在越来越多的葡萄牙探险家行列中向东寻找印度，莫不如反其道而行之，向西航行，从另一个方向到达传说中的印度，乃至日本和中国。

如果得不到国家力量的支持，这样的构想将只能是空谈，因为除却远洋航行的高额费用，还有对发现地宣示主权、设立殖民政府、颁布法律、监督开发、武力保护等一切程序，都不能通过个人行为来解决。为此，1484年，哥伦布觐见葡萄牙国王若昂二世，献上了这个充满浪漫主义色彩的宏伟计划，并请这位以贯彻航海精神为国策的君主慷慨解囊，提供赞助。

若昂二世将这个计划交付他的御前顾问机构"地理事务公会"讨论。早在古希腊时代，欧洲人就认识到地球是圆的，到了2世纪，托勒密天文学的普及使得西方人普遍认同，我们是生活在一个球体行星上。基于此，"西出东至论"从理论上讲是成立的。但理论归理论，理论与现实之间隔着的是浩瀚的大西洋，西面而视，不见水端，甚至很可能是根本无法逾越的。在当时的航海技术特别是补给条件下，贸然派出船队向某个方向不回头地航行，其结果要么无功而返，要么泥牛入海，第三种可能性微乎其微。加之哥伦布提交的计划书中采用了当时已被证谬的托斯坎内里理论，该理论对经度的计算有误差，严重低估了地球的体积。这个漏洞被公会抓到，他们认为哥伦布理论知识不过关，他的想法是个不切实际毫无价值的空想。哥伦布无限失望地在日记中写道："葡萄牙国王陛下拒绝赞同我的航海发现计划。"

次年，在向法国和英国兜售了航海计划并接连碰壁后，已经丧偶的哥伦布移居西班牙塞维利亚，一面修正他的计划书，一面上下活动，准备把西班牙作为下一个游说对象。1486年，哥伦布获得了觐见西班牙君主的机会，伊莎贝拉和费迪南听取了他的构想后，没有马上表示实质性的支持，毕竟当时格拉纳达还没拿下来，但伊莎贝拉流露出一些意向性的兴趣，她请哥伦布在巴拉多利德安置下来。这是个好兆头，因为谁都知道，这位"白衣女王"才是这家王室夫妻店真正的大掌柜。

可能是好事多磨，1487年，伊莎贝拉女王的母校萨拉曼卡大学的圣公会，以和葡萄牙人同样的理由毙掉了哥伦布的计划书。此时的哥伦布已走投无路，他在葡萄牙债务缠身，在西班牙又经历了第二次婚姻，这些都使他认准了西征大西洋的计划只许成功，不许失败。

1492年，格拉纳达的陷落标志着西班牙历史开启新篇，而哥伦布也在这一年迎来了他人生的重大转折。他再次获得了觐见的机会，这一次的造访恰逢其时，古老的西班牙刚以年轻的姿态迎来新生，这个国家的上上下下也都充满着探索的激情。王座上那对金童玉女也不例外，他们对大西洋的另一边是什么怀有强烈的兴趣。当时葡萄牙人已在航海之路上领先了不止一个船位，早赚得盆满钵盈，在这种赚钱效应的刺激下，柏拉图笔下那神秘而瑰丽的大西洋，现在似乎比以往任何时候都更引人神往。而尤其令西班牙王室感到紧迫的是，葡萄牙人的地理发现是与贸易垄断同步进行的，此前一年他们的探险家巴托洛缪·迪亚士船长，已经找到了非洲大陆的尽头好望角，绕过非洲到达印度只是时间问题，趁着他们没把东方贸易完全独占之前下海捞钱，已显得愈发时不我待。

所以，尽管哥伦布在收益分配问题上狮子大开口，一度让伊莎贝拉对他下了逐客令，但最终在双方各自做出让步之后，在这一年的4月3日，从格拉纳达豪华的阿尔罕布拉宫中颁下了一道旨意。奉天承运，女王诏曰：

> 汝克里斯托弗·哥伦布，将依照朕等之旨意，与朕等之船只及船员一道，发现并占领大洋所有岛屿及陆地。而且希望借由上帝之手，上面提及之大洋所有岛屿及陆地，用汝之想法与办法加以发现并占领……

至于哥伦布的个人收益要与效益挂钩，女王将新发现之地的"海军上将、钦差和总督"头衔预支给他，以这种效益奖金作为他远涉重洋的酬劳，同时颁给他在新发现之地的特许权、特赦权、优先权、豁免权等全套特权。此外哥伦布还拜领了"堂·克里斯托弗·哥伦布"的世袭贵族头衔，从此登"堂"入室，跟情圣堂·璜、骑士堂吉诃德、教父堂·克里奥尼等名人并列堂字辈。

宣诏已毕，哥伦布领旨出朝，着手筹备他酝酿了近十年的伟大航海计划。8月3日，41岁的哥伦布和他的两个副手，经验丰富的航海家平松兄弟，率领由武装商船"圣玛丽亚"号和轻型多桅快帆船"品塔"号、"尼尼亚"号组成的小舰队，共计86名船员（包括他本人），从西班牙南部的巴洛斯角维尔瓦港扬帆起航驶向大洋，开始了他的西行。

7
向西！向西！

沧海茫茫，并没有多少故事，哥伦布航海日志前几天记载的，都是每天航行了多少里格①这类的数据。船队的条件很艰苦，只有船长和领航员才享有一间狭小的舱房，其他的水手们不要说房间，连固定的铺位都没有，睡觉时只能把自己捆绑在船上某处，以防在颠簸中跌下海去。转眼之间，一个半月过去了，海上生活是单调的，没有陆地，当年奥德修斯曾遇到过的塞壬和卡吕普索这些海洋女妖们，这次也没露面来活跃气氛，漫无目的的航行让船队士气低落。哥伦布不得不每天瞒报航程，尽量使他的船员们觉得，自己和故土离得还不算太远。

到了9月14日，船队收获了重大利好消息，两只鹱鹚鸟造访了"尼尼亚"号。"何事鹱鹚偏傲我，时随帆顶过长天。"作为一种生活在近海的鸟，鹱鹚的出现说明近处必有陆地，整个船队为此欢欣鼓舞，就如同诺亚在方舟里看见鸽子飞回来一样高兴。随后的一星期里，船队又接连看见了鹈鹕、鲣鸟、海燕，还越来越频繁地捞到水藻和小螃蟹，这都表明附近有陆地或岛屿存在。"品塔"号的舰长马丁·阿隆索·平松建议停下来在附近搜索岛屿，但哥伦布志不在此，他对平松说，重中之重是尽快找到亚洲，至于这些可能存在的岛屿，"我们可以返航的时候再研究它们"。哥伦布下令他的船队全速向西，再向西。

9月23日，大西洋上巨浪滔天，让水手们惊惧不已，纷纷埋怨船长将他们引入险境，哥伦布则趁机抒怀："这样雄伟的浪涛是冲我来的，当年摩西带领犹太人出埃及，走到红海边上，正当疲惫的犹太人开始抱怨时，红海就突然掀起了这样的巨浪，就和今天的情况一样。"

---

① 1里格≈5.57千米。

到了10月10日，还是看不见陆地的影子，船员们的身心都已快接近临界点，哥伦布只能每天在甲板上久久长跪，祈求上帝的佑助，鼓起余勇给水手们做思想工作。

果然，就在次日入夜之后，船队的命运迎来了转机。22时左右，"品塔"号的瞭望哨罗德里戈·德·特里亚纳报告，他看见远方似有火光跳动，随后哥伦布也从他的坐船"圣玛丽亚"号上隐约看见了忽明忽暗的光亮，联想到当天白天曾捞起过有明显加工痕迹的木棒和木板，哥伦布确信他们要找的有人类居住的陆地近在咫尺。他召集全船水手到甲板上集合，齐唱《圣母颂》鼓舞士气，又拿出一件在当时极为珍贵的丝绸上衣，宣布将奖励给第一个发现陆地的人。其实当时在海上漂了两个多月，水手们都渴望尽早登陆，无须重赏，人皆勇夫。大家各显其能，寻找陆地可能的方位，到了次日凌晨2时，前方两里格之外，陆地的轮廓已依稀可辨，船队收起风帆，小心翼翼地靠将上去。

1492年10月12日凌晨5时，欧洲人终于踏上了大西洋彼岸的土地，换上盛装的哥伦布和平松兄弟打着王旗和十字旗，乘着武装登陆艇，共享了这一荣誉。这是这群远航水手的一小步，但对欧洲人来说，却是从一个时代迈进另一个时代的一大步。

全体登陆人员在海滩上列队，竖起十字架，哥伦布宣示对该岛的主权，并叫大家做见证人。当他念诵冗长的誓词时，这个岛上居住了不知多少代的岛民们闻声赶来，惊异地看着这些自封为新主人的不速之客。

自从15万年前走出非洲分道扬镳后，人类分居东西半球的两支，终于重逢了。在哥伦布的笔下，此次会晤是这样的：

> 我想到他们是将要被拯救的人，为了表明我们没有敌意，我们解除了武装，用仁慈和关爱使他们感到一定要皈依我们的圣教。他们中有些人得到我们赠送的几顶红色小帽和玻璃珠，非常开心，将我们视为朋友，他们带着鹦鹉、成团的棉线、梭镖游到我们的船上，换取我们的玻璃珠和铃铛等物品，他们把他们所有的物品都拿来了，将这些尽数送给我们……不管男人还是女人，他们全都如刚出娘胎般一丝不挂，看上去都不超过三十岁，非常健壮、漂亮，五官秀美。他们长着浓密的黑发，前边的头发仅及眉毛，背后则披散着从没修剪过的几绺长发，有的人把身体染成红色、黑色

或白色，但他们的真实肤色不黑也不白，颜色正合适……他们都没有带武器，甚至也没见过武器，当我们把剑递给他们的时候，他们用手去接剑刃，结果因此受伤。由于没有铁，他们的长矛只是些削尖的木棒，有的绑着鱼骨……他们非常机灵，很快就学会了我们的话，而且他们没有信仰，使他们皈依基督教看来并非难事，无疑，他们是当仆人的好坯子……他们的岛上除了鹦鹉没有其他动物，我把他们中的六个人留在船上，准备带回去供陛下观察。

哥伦布将这个岛屿命名为圣萨尔瓦多（并非今萨尔瓦多共和国），即今天的度假天堂巴哈马群岛，哥伦布首次踏上的这个小岛，现在被叫作瓜纳哈尼岛，而在当时，哥伦布却固执地认为他到达的就是日本的某个岛——只是没想到"日本人"竟长得这么帅。发现了地图上未经标明的新岛屿固然令人兴奋，但从这些岛上并没能搜刮到他最最热切期待的黄金，这难免有些美中不足。从那些岛民口中哥伦布得知附近还有更大的岛屿和陆地，他认为那就是中国或印度，又满怀希望地去淘金。两个多月间，他的船队航遍了今天的古巴、海地、多米尼加、特立尼达等地，见识了白薯、玉米、烟草等欧洲人闻所未闻的作物，但黄金并没有出现。而由于坚信这片陆地就是印度（哥伦布当时没发现古巴是个岛屿），他把当地人称为"印度人"。这个谬误一直延续到今天，哥伦布到达的加勒比诸岛，现在还被叫作西印度群岛，至于和印度没半点关系的新大陆原住民，我们也只是将其译作"印第安人"来加以区别。

再说哥伦布，在这个被他认为是印度的地区转到了年底。其间除了雄奇秀丽的异域风光，收获并不多，他们热望的黄金尤少，只用廉价物品从土著那里"交换"到了一点点——那已是后者的全部。当然，欧洲人还从"印度人"口中听到了点关于大陆黄金国的只言片语，但这些捕风捉影的情报，并不比他们此前在欧洲听到的那些更有参考价值。而哥伦布的旗舰"圣玛丽亚"号也不慎触礁损毁了，他不得不把船长室转移到"尼尼亚"号上。

1493年1月4日，哥伦布留下约40名船员，在据说出产黄金的埃斯帕尼奥拉岛（意为西班牙岛，即今海地岛）建设殖民地，寻找金矿，他自己和其他船员带着发现的喜悦和寻金未遂的些许怅惘扬帆归航。一路无话。3月4日，仅剩的两艘船先后抵达里斯本港口；3月15日，又在航程的起点巴洛斯靠岸。这趟往返于两个世界之间的旅行至此告一段落,前后历时7个月零12天。

4月,西班牙王室在巴塞罗那为凯旋的远征军举行了盛大的欢迎仪式,哥伦布从大洋那边带回来的6名印第安人组成了第一方阵,这些不着丝缕遍体文身的怪客,其拉风程度比今天的行为艺术家尤有过之。此外还有鹦鹉、貘等珍禽异兽,以及欧洲人从没见过的各种热带果蔬,这些稀罕玩意使得整个仪式就像一个博览会。

然而,当人们的目光落在哥伦布的水手们拿着的一个小匣子上时,所有的这一切都失去了光彩,那里面盛着的恰恰不是什么新奇对象,反倒是人们最熟悉不过的——黄金。

"这是从黄金国带回来的一点样品,在那里,金子俯拾皆是。"哥伦布如此宣称。这动听的说辞和炫目的金属光泽,使得天堂的幻象刹那间清晰地呈现在每个人的面前,这些虔诚的基督徒们马上对《新约·提摩太前书》里的"万恶之源"五体投地。金子就象征召令,让欧洲人义无反顾地投身到跨海淘金的大军之中,不管风吹浪打,不惜背井离乡,千万里我追寻着你。

这股狂热后来甚至上升为西班牙的国家战略,堂而皇之地写在费迪南国王的圣谕中:"占有黄金!无论是以极富人情味的巧取,还是甘冒一切风险的豪夺,总之,必须占有黄金!"

后来的航海家们逐渐发现,他们来到的并不是哥伦布所宣称的印度或日本,而是一片真正的全新大陆。当哥伦布还执着于他的观点时,他的意大利老乡航海家亚美利哥·维斯普奇于1499年老实不客气地用自己的名字为新大陆冠名:Americus。这个名字几经演变,成了今天的America,亚美利加,或曰美利坚。而"哥伦布"则只能屈尊,作为美国一些城市的名字,比如俄亥俄州的首府。

好在历史对哥伦布个人来说还算是公平的,是他而不是亚美利哥,被后人作为"新大陆的发现者"铭记。并且多年之后,当人们谈及哥伦布的发现时,为之赋予了太多的伟大意义。诚然,这趟旅行不但连通了新旧两个世界,也划分了新旧两个时代,对整个人类历史的深远影响已无须多言,但不能不看到,后来这一切"伟大"的原始动力,是对黄金的贪念。

> **按**
>
> 关于哥伦布的身世以及早年生活,有很多互相矛盾的记载,且都缺乏确凿证据,一般认为他是热那亚人。一些零散的考古发现证明,在哥伦布之前,北欧、非洲的航海者也可能曾横渡大西洋到过美洲,基本能确定的是11世纪时北欧的维京人曾到过格陵兰岛以及纽芬兰群岛,并一度建立定居点。此外,也有迹象表明可能有零星的来自东亚地区以及南太平洋地区的人,曾在哥伦布之前通过太平洋方向到达过中美洲或南美洲北部。但这些事件对东西半球交流的影响,都不及哥伦布的航行。

8
第一次不亲密接触

哥伦布载誉而归，优容备至，也引发了各种不服，一些老牌贵族认为他的成功实乃走运，于是有了下面这个流传甚广的故事。

据说，在一次宴会上，某贵族当面对哥伦布表达了不屑，说："你找到的那些岛，上帝创造世界的时候就已经在那儿了，你做到的事谁都能做到，只要把船一直往那边开就行了，你不过是运气好捡到了这个便宜而已，最烦你们这些撞大运的，一点技术含量都没有。"

哥伦布沉吟片刻，拿过一个鸡蛋，问座上诸公，谁能将之竖立在桌子上。众人以为他被说得难堪顾左右而言他，纷纷试着来竖蛋，无一成功，大家觉得这不是竖蛋而是扯淡。这时哥伦布出手，他把鸡蛋在桌上一敲，蛋破了，也就立住了。众人集体不忿：这不是投机取巧吗，有什么稀奇？

"是没什么稀奇的，"哥伦布睥睨众人，"可为什么你们就做不到呢？"

这个竖鸡蛋的故事，后来常被用于说明"停止空谈开始行动"的重要性。而在当时，除了那些养尊处优的贵族们，其他不安于现状的欧洲人不需要哥伦布的教育，就已经开始了行动。由于哥伦布对黄金夸大其词的渲染，全欧洲的淘金客、冒险家、殖民者、投机者、宗教狂热者，都一股脑涌向新世界，盼望着通过巧取豪夺一夜暴富。这股殖民狂潮彻底改变了美洲历史的走向，因此，对美洲的原住民来说，哥伦布打碎的不是鸡蛋，而是他们的整个世界。

美洲原住民的毁灭之路，几乎是与新航线同时铺就的。1493年，就有欧洲人移居新大陆。正如革命导师恩格斯描述的那样："黄金是白人刚踏上一个新发现的海岸时所要的第一件东西。"这些欧洲人的淘金手段无所不用其极，温和一点的通过"贸易"，用在欧洲一钱不值的玻璃珠等"工艺品"换取印第安人的金质饰品，土人们也很配合，毫不在乎用黄金去换洋垃圾。与之相比，更普遍的是直接抢掠，不只是土著手中为数不多的黄金，其他的纺织品、畜禽、食物，乃至妇女，看好什么抢什么，稍遇反抗，即执行"三光"政策。后来，殖民者又役使当地人为他们种植粮食、开采矿藏。超负荷的劳动、无休止的凌虐，以及传染病，使得西印度群岛的原住民在不到半个世纪的时间里彻底灭绝。

劫难中，首当其冲的是西班牙人最早的定居地海地岛。这段历史的亲历者，西班牙神父巴托洛梅·德·拉斯·卡萨斯在其著作《西印度毁灭述略》中的描述，可以作为抽样：

西班牙岛（即海地岛）是基督徒首先定居的地方，他们在那里屠杀了无数印第安人……刚一登陆他们便掳掠印第安人的妻小，奴役并蹂躏她们，吞噬他们辛苦耕种的食物，结果，西班牙岛全部被摧毁。西班牙人从不满足印第安人按照自己的标准——确实不多，但已足够印第安人自己一天之需——提供的免费食物，因为足够三个印第安人十口之家吃一个月的食物，还不够一个基督徒一天的食用和挥霍。

西班牙人的暴行使印第安人开始明白，这些外来者不是神祇下凡，于是他们中有的人开始藏匿食物和妇女，逃进深山老林……基督徒对印第安人动辄拳打脚踢棍棒相加，连头人也不放过，一个探险队长身为基督徒却把当地一个最有权势的酋长的妻子强奸了，于是印第安人开始试图把基督徒驱逐出自己的家园，但他们的原始武器不能用于进攻也不能用于自卫，基督徒用他们的战马利剑锐矛，对印第安人进行前所未闻的屠杀，他们闯进村庄，遇见孕妇产妇就挑破她们的肚子，然后剁成碎块，犹如宰割畜栏中的羔羊，歹徒们还打赌，看谁能一刀把人从中间劈开，看谁能一下子砍掉人头，他们从母亲怀中把吃奶的婴儿夺走，拿起双脚把头往石头上摔，还拿利剑把母亲和婴儿一同刺穿……他们还做了一些长架，把印第安人每13个一排吊在上边，双脚稍稍离地，下面堆上柴草，以耶稣基督和十二门徒的名义把他们活活烤死，对试图逃跑的人，暴徒们砍下其双手挂在他们肩上，让他们将其作为口信带给逃进山里的人。

一般西班牙人屠杀头人和贵族时，会把他们绑在火刑柱上用文火慢慢炙烤，头人和贵族们发出阵阵惨叫，他们的灵魂就这样离开了躯壳。有一次受刑者的叫声太大打扰了一位队长休息，他吩咐将他们尽快弄死，而行刑的警吏将木桩打进他们嘴里使他们叫不出声……为了躲避这群人类不共戴天的敌人，凡有机会逃跑的都躲进了深山老林，为此西班牙人训练了猛犬，它们看见印第安人就扑上去撕咬，能在几分钟内把人撕成碎块。有一些印第安人由于愤怒杀死了基督徒，尽管这种事情极其少见，但基督徒仍定下条例，印第安人每杀一个基督徒，就让他的100名族人偿命。

卡萨斯没有点出名字，他笔下这个恶棍首领名叫弗朗西斯科·罗尔丹，正是他鼓动叛乱，从相对杀人不多的哥伦布之弟巴尔托洛梅奥手中抢走了海地岛的控制权。而这段足以启发好莱坞恐怖片导演灵感的描述，只是美洲印第安人灭绝过程中的一个小小样本。从1493年到16世纪中叶，西班牙人掀起的殖民潮让北起加利福尼亚、南到巴塔哥尼亚的美洲土著都遭受了毁灭性的摧折。据卡萨斯估计，在此期间至少1500万原住民非正常死亡，更不用说这之后一直持续到19世纪的殖民统治。在漫长的年月中，原生态的美洲土著文明与生活方式也大多随之遗失，如是威尔斯评价道："最早到达美洲的欧洲人，都是些缺乏好奇心的西班牙人，这是科学的悲哀。"

此外，美洲的不幸还殃及了另一块难兄难弟的大陆：非洲。由于太多的美洲土著死亡，欧洲人的矿场和种植园面临严重的劳动力短缺，白人想出的办法是从大西洋对岸的西非抓捕或购买奴隶来填充，后来贩奴本身也成为收益可达10倍的"生意"。16世纪初期贩奴贸易就已出现，西班牙人是始作俑者，欧洲各国看见此中巨利，都起而效仿，这项罪恶贸易前后持续近400年，从非洲劫掠人口千万以上。黑奴们在海船上生存条件堪称非人，因疲病虐打而死于途中者往往达半数，侥幸生抵大洋彼岸的，余生也大多要在种植园内劳作到死，其中几多凄苦辛酸，直非笔墨能容。非洲人这番苦难很大程度上也可视作欧洲人发现美洲、殖民美洲的副产品，悲悯如卡萨斯神父者，也不免有意无意间起到了推波助澜的作用。博尔赫斯在《恶棍列传》的开篇不乏揶揄地写道：1517年，巴托洛梅·德·拉斯·卡萨斯神父十分怜悯那些在安的列斯群岛金矿里过着非人生活、劳累至死的印第安人，他向西班牙国王卡洛斯五世建议，运黑人去顶替，让黑人在安的列斯群岛金矿里过非人生活，劳累至死……（博尔赫斯并没把卡萨斯编入恶棍序列，本篇的传主也不是卡萨斯。）

美洲的发现，让整个人类的历史开始加速前进，除了西班牙人和其他欧洲人直接受益，美洲出产的黄金白银和农产品，也惠及了亚洲。比如大明帝国就是美洲白银最主要的流入地，高产作物的传入也让大明以及随后的大清基本解决了吃饭问题。而地理大发现更是其后至今500余年间科技发展、思想解放、人文昌明、经济腾飞等人类绝大多数伟大进步的最重要的基础和契机。

但不能因此讳言，时代巨轮前进中燃烧的燃料，正是美洲原住民的文明和生命，即便不用"反帝反殖"的眼光去看，印第安人的血泪斑驳仍在历史深处清晰可见。

1992年，当欧美文明社会高调纪念哥伦布发现美洲500周年时，南美洲七国的原住民社团"印第安妇女会"也组织了集会，该组织主席安娜·劳劳女士以美洲视角总结了"发现新大陆"的意义：

"发现个屁！对我们来说，这根本不是什么喜庆，对我们来说，这是苦难与抗争的500年。"（What discovery! For us it's not celebration, for us it represents 500 years of resistance.）

> **按**
>
> 卡萨斯神父《西印度毁灭述略》中关于殖民者罪行的描述过于文学化，而且伴有明显基于宗教情怀的谴责，因此其真实性一直受到质疑。而且他的描述也与同时代一些欧洲亲历者的记载有出入。不过确凿无疑的是，欧洲人到来之后的一个半世纪里，新大陆两大文明中心墨西哥和秘鲁的原住民人口分别下降了90%和60%，加勒比海诸岛上的美洲土著彻底绝种，美洲人的传统文化与生活方式也都被打破，从这个意义上看，说西班牙人毁灭了美洲，也并不过分。

9 恶兆

这一年,是基督纪元1519年,阿兹特克历法中的"一根芦苇之年"。

截至这一年,蒙特祖马二世的统治已历16个春秋。他年方壮盛,在他治下,阿兹特克人的霸业也在持续稳定发展。现在,除了特拉斯卡拉人等寥寥可数的几个老对头,几乎整个中美洲都已拜伏在阿兹特克人脚下,大小370个部落俯首称臣,其势力范围内的全部人口至少以百万计(最高的估计超过2000万)。每年,源源不断的贡品从中美洲各地流向特诺奇蒂特兰,包括7000吨玉米、4000吨大豆、200万套棉服衣甲,还有用来点缀庙宇宫舍的黄金、水晶,南部出产的绿松石,北方开采的石膏,来自沿海的食盐、珊瑚、贝壳,供王室赏玩的鹦鹉、美洲豹、猞猁以及各种蛇虫。阿兹特克在蒙特祖马手中臻于鼎盛。

但是这一年,特诺奇蒂特兰的气氛似乎有些不太对头了。有一个传言,越来越多地在街谈巷议中被人提及:据说在东方的大海之上,出现了从未见过的大船,大得令人难以置信,而更神奇的是船上的乘客,他们有着白色的肌肤、蓝绿的眼睛、浓密的胡须,他们还穿着闪耀金属光泽的服饰,骑着巨大而温顺的"不长角的鹿",拿着能轰鸣喷火的神器……这一切都和羽蛇神的预言不谋而合——在"一根芦苇之年",羽蛇神的化身魁札尔科亚特尔王子终将乘着巨筏,从东方的大海中归来。

一传十,十传百,这些传闻自然也传到了蒙特祖马的耳朵里。仙人降世的古老传说似乎就要应验,这或许让蒙特祖马有点儿期待,但更多的必定是惶恐。因为,事实上,他最近比较烦。这一年来,这位中美洲最有权势的统治者已经数次有了异样的预感。

据负责观测天象的祭司报告,近来的夜空中不断出现不祥之兆,有时,远方似有火光映天,那火宛如巨蛇在东方天际蜿蜒扭动,似乎要将暗黑的天幕划开两半，直到次日清晨太阳升起，才掩盖住这诡异的光亮。还有一次，一座神殿莫名其妙地着起大火，全力扑救仍无济于事，整座建筑都被烧成了灰；又有一回，云淡风轻的白天，忽然亮起一道闪电，循着电光望去，一座金字塔上的祭坛已被掀掉了顶盖，奇怪的是随后并没有响起雷声，一切都在静寂无声中发生着。接下来，几乎整个特诺奇蒂特兰的人都看见一颗骇人的血色彗星，从他们头顶划过，落向东方，闪烁的彗尾令人印象深刻，"就像是许多散落的烧红的炭块"。一向平静的特斯科科湖，也在某个下午忽然无风起浪，波涛如怒，似有一头巨兽在水下翻腾……种种异状引发的大恐慌终于达到了顶点，这一天，许多人忽然异口同声地声称，自己在前一天夜里听到了一个女人如泣如诉的呜咽声——

"亲爱的孩子，我们得走了，但是，我们能上哪儿去呢？"

幽壑之潜蛟，孤舟之嫠妇，全套恶兆都已出现。在中国"天人交感"的理论中，这些不吉利的现象是某种政治事件的预兆，俗语有云：国之将亡，必有妖孽。不知同为黄种的阿兹特克人是否也有这样的认识，但这些不寻常的征兆，确实让蒙特祖马二世忧心忡忡，寝食难安。

他招来臣属，特斯科科部落的老酋长内萨华尔皮利交换看法，结果这个饱经世故的老头没给他丝毫安慰，直言道，这预示着墨西哥谷地必将遭受外邦人统治。他还言之凿凿地表示，愿意为此与盟主打个赌，"如果我说对了，请给我3万只火鸡，而如果我的预言不准，我愿意把我的整个部落都献给你"。两位元首最后进行了一场用于占卜的一对一球赛，蒙特祖马连下两局，内萨华尔皮利却在后三盘全胜，3比2逆转，宿命般的结果和过程让特斯科科酋长的预言显得更有说服力，也让蒙特祖马陷入了更深的忧虑。

且不论这种种征兆真伪如何，此刻强烈的心理暗示已使蒙特祖马认定，将有超乎他认知能力的重大事件发生，那或许是神明归来，或许不是，蒙特祖马不能确定，但他明白，无论如何那不是他所能与抗的。蒙特祖马只想逃离这纷乱的世界，逃离这场噩梦和比噩梦更恐怖的不可知的未来。

终于有一天，蒙特祖马再也忍受不了，入夜后，他独自逃出宫殿，逃离他的国家与臣民，逃到能带给他安宁的荒野中去。忽然，前面闪出一排人影，火把照亮了他们的脸，是阿兹特克的祭司们，原来他们洞悉了蒙特祖马的心思，早就在此守候，准备劝返，果然，趁夜遁逃的君王被他们逮个正着。

不得不起驾回宫的蒙特祖马，此时再也没有了平常"狂躁易怒"的威仪，他放声大哭，坦言"对即将来到的陌生人怕得要死"，并对左右说预感到自己不久于人世，请侍从们在他死后妥善照顾他的家小。

不过，平静下来之后，蒙特祖马也就明白了，在可怕的现实面前，他无处可逃，不管这噩梦是什么，作为阿兹特克人的首领，他都只能挺身面对。

10
万里觅封侯

赫尔南多·科尔特斯成了蒙特祖马和全体阿兹特克人的噩梦。

1485年，他生在西班牙西南内陆埃斯特雷马杜拉区的麦德林，一个历史悠久、素有声望的贵族家庭，虽然此刻已算不上显赫，但其血统据说可以追溯到七到八世纪穆斯林入侵之前统治西班牙的西哥特王族某一支系。科尔特斯的童年，恰逢复地运动从一个胜利走向另一个胜利，西班牙军威正盛，自幼的耳濡目染，让他成了一个堂吉诃德式的骑士文化发烧友。年纪稍长，家人送他负笈北上，到伊莎贝拉女王的母校——在欧洲享有盛誉的萨拉曼卡大学，攻读法律。但法律学科的专业知识没有让科尔特斯变成一个安分守己的人，他好像也无心向学。这也难怪，当时的欧洲正步入兴奋时代，地理大发现的刺激下，殖民热、探险热、淘金热，一个比一个热。作为一名血气方刚的怀着骑士理想的小青年，身处这股热潮之中若是还能两耳不闻窗外事一心只读圣贤书，那反倒奇怪了。终于，17岁那年，科尔特斯离开校园。

此后他开始在西班牙四处游荡，寻找理想中的生活。然而两年之间并没闯出什么名堂，旧大陆似乎已难以容纳他，他当时的心态，多半就像《白鲸》的主人公以实玛利自述的那样：我在陆地上一文不名穷极无聊，于是决定乘船出海，去看看世界被水覆盖的那一部分。1504年，科尔特斯决定去大西洋那边的新世界一展身手。

就在这一年，科尔特斯来到了西班牙人在美洲的第一个落脚点海地，第一次踏上了日后使他名扬天下的新世界。

凭借他的贵族身份，当地殖民政府为他提供了种植园和奴隶，科尔特斯过上了衣食无忧的地主阶级生活，终日沉溺于声色犬马。但放浪形骸之余，科尔特斯并没忘记他漂洋至此的初衷，他曾对身边的人表示："我到这儿是来淘金的，不是来种地的。"

数年之后,感到光阴虚掷的科尔特斯离开海地,来到古巴。1511年,西班牙驻古巴的殖民当局对当地土著发动了屠杀式战争,科尔特斯也投军报效。这场绝对的不对称战争,以抵抗至最后一人的土著酋长阿多欧被绑上绞刑架而收场。临刑前,西班牙的神父按照惯例要为他洗礼,以使他的"灵魂升上天堂",这位酋长答道,如果在天堂里也会碰见西班牙人,那他情愿不上天堂。不知科尔特斯当时是否也在现场见证了这句惨痛的遗言,但可以肯定,他在这场战争中表现卓越,得到了古巴总督迭戈·贝拉斯科斯的赏识,随后成为圣地亚哥市长。

这期间科尔特斯还成了家,不过这原本并不在他计划之中。到了美洲之后他得到了大量印第安人奴隶,其中当然也包括若干美貌的女奴。科尔特斯万花丛中过,从来不负责。他与一位白人女士关系暧昧,但他忘了白人不同于土著,是不可以始乱终弃的,女方家族缠上来不肯罢休,最终贝拉斯科斯都出了面,科尔特斯只得走进结婚殿堂为这段露水姻缘做了合法性背书。[1]

尽管不太情愿,但婚姻使男人成熟。成家立业之后的科尔特斯也渐到了而立之年,不复当初的年少轻狂,开始踏踏实实地料理家业。由于经营有方,不论种植还是采矿,都为他带来了不少财富,同时也让他在移民社会中积累了声望。

截至此时,由于西班牙人的屠杀和传染病,西印度群岛的原住民已经死得差不多了,而殖民者的金矿和农场需要大量的劳动力。当时从非洲抓捕奴隶的贩奴贸易还没成为主流,还要靠就近取材——到邻近的未开发的岛屿和陆地上去抓奴隶。

1517年春天,贝拉斯科斯派出的三艘猎奴船(船员认为抓奴隶有悖天主教信仰,于是贝拉斯科斯告诉他们此行的目的是地理探索——顺便抓奴隶)经过21天的航行,在尤卡坦半岛登陆。从某种意义上说,这次航行堪与哥伦布比肩,因为此前欧洲人接触的美洲人都是处在半野蛮状态的原始人,而从发现尤卡坦开始,两个半球的文明才有了初次接触。当时的船员贝尔纳尔·迪亚斯·德尔·卡斯蒂略晚年时写了一本《征服新西班牙信史》(下文简称《信史》),其中记载了他们发现的新型"印第安人"。

---

[1] 美国人麦克·哈特所著《影响人类历史进程的100名人排行榜》中称,科尔特斯娶的是贝拉斯科斯的远房亲戚。

> 我们从船上看见一个大村落，离海岸约两西班牙里（约合11千米），那村落很大，无论在古巴还是埃斯帕尼奥拉岛（海地），我们都没见过那么大的村庄，我们把这里叫大开罗……3月4日早晨，十来条很大的独木舟向我们驶来，船上坐满印第安人，他们用桨划船，有的船还张着帆，许多船大到能载四十人……三十来个印第安人来到了我们的指挥船上，他们毫无害怕的样子……这些印第安人穿着短上衣，下身系着窄布片，我认为他们比古巴的印第安人开化，因为古巴土著一丝不挂。

迪亚斯当时并不知道，他笔下的这些"开化的印第安人"就是玛雅人。玛雅人的祖先曾是美洲的骄傲，他们不但是美洲唯一发展出文字的民族，还在天文、历法、数学、建筑、水利等方面，有着不逊于甚至领先于旧大陆的建树。比如他们不但准确推知了地球年的公转周期，还知道金星上一年的长度；他们使用二十进制，比欧洲人早8个世纪引入"0"的概念；他们的城市规模和下水系统，堪比同时期的罗马和君士坦丁堡。但是，从9世纪起，大概由于干旱，或是人口爆炸，或是蛮族入侵，或是其他某种我们今天无从知道的原因，处在巅峰时期的玛雅文明忽然无可挽回地迅速衰败。居民几乎举族出走，把繁华的城市遗弃给丛林，任其荒芜，如美国考古学家罗伯特·斯诺所说，"这是人类历史上最彻底最全面的一次文化失落"。如果玛雅文明得以传承，此时会不会已经发展成一个和欧洲不相伯仲的美洲文明，从而使新旧大陆有平等对话的条件？可惜历史没给美洲这样的机会，当西班牙人造访之时，这个伟大文明的继承者们已堕落蒙昧，只有那宏伟的金字塔和天文台，在热带雨林遮天蔽日的枝蔓掩映下印证着昔日辉煌，似是在对大洋彼岸的来客感叹："我生君未生，君生我已老。"

西班牙人在此登陆，他们根据土著人的发音，把此处命名为科托切角（在当地语言中"科托切"意为"请跟我来"）。短暂的和平相处后，玛雅人向不速之客发起进攻，众寡悬殊，西班牙人大半带伤，逃回古巴。但他们不虚此行，迪亚斯和他死里逃生的同伴们一口咬定他们找到的是一块全新的大陆，而不是此前想象的岛屿，比这个地理发现更重要的情报是：当地人说在西北内陆有个庞大的国度，盛产黄金！

黄金就是西班牙人探索未知世界的最大动力，贝拉斯科斯似乎看见了数不尽的财富在向他招手。1518年6月，他派遣同乡格里哈尔瓦重新组织一支船队，去寻找"黄金国"。这次的探险历时5个月，证实了去年的发现，但格里哈尔瓦为人过于谨慎，他的探索浅尝辄止，只带回了价值约合2万西班牙比索的黄金，远远满足不了贝拉斯科斯的胃口。于是，古巴总督决定加大投入，撤换探险队领队人选。他新物色的这个人，就是科尔特斯。

贝拉斯科斯随后又反悔了，由于担心科尔特斯心怀异志可能会不受控制，他在1518年底取消了对后者的任命。可惜为时已晚，法律系出身的科尔特斯并不看重合法程序，获得任命之后他就散尽家财招兵买马，他不但要为西班牙王国拓土开疆，为天主教会传播福音，同时更要把那块新大陆作为自己建功立业博取名利的舞台，不远万里漂洋过海，为的不就是这个？开弓没有回头箭，从科尔特斯将眼光透过茫茫大海射向远方未知大陆的那一刻起，他本人乃至整个墨西哥的命运，其实已悄然注定。

1519年2月18日，科尔特斯率领11艘大小船只、110名水手、553名士兵、200名印第安辅助兵以及仆役挑夫，携带10门重炮、4门轻炮和16匹战马，挥师出征。蒙特祖马和全体阿兹特克人的噩梦就要开始了。

按

"玛雅人"是后世对尤卡坦半岛到危地马拉低地的美洲原住民的泛称。由于欧洲人到达尤卡坦时，当地最强大的一个城邦名叫玛雅潘，欧洲人便把这个地区的居民统称为玛雅人，进而把后来在这一带发现的古文明遗迹称作"玛雅文明"，而该文明并不如此自称。由于玛雅在本文中属枝节情节，为便于理解，沿用这一有欠准确的通用说法。

11
墨西哥美丽传说

离开古巴之后,科尔特斯一行人分道进兵,先到前两批探险队曾来过的科苏梅尔岛集合。军头佩德罗·德·阿尔瓦拉多所乘的坐船率先抵达,他麾下有60余名士兵,其中包括日后写《信史》的迪亚斯。登陆以后,这伙人看见土著扑上去就抢,当地人大多逃进了山里,来不及带走的财物被搜罗一空,包括40来只鸡,以及若干祭祀用的帷幔。此外还有三个跑得慢的印第安人,两男一女,都被抓了作俘虏。

两天以后大部队也都到了。看见阿尔瓦拉多的战利品就是这么一堆不值钱的破烂,科尔特斯不禁大发雷霆,他训斥前者,我们是来开疆拓土的,不是来鸡鸣狗盗的,岂可为了这点蝇头小利破坏群众基础?况且现在已同贝拉斯科斯撕破脸,后退无路,因此争取土著人的支持异常重要。他命令将东西还给被抓来的三个印第安人,并象征性地赔给他们一些小工艺品,请他们回去代为转达自己的善意。

这一手果然高明,次日,先前躲起来的当地酋长拖家带口赶来致谢。送上一点给养倒在其次,对科尔特斯来说最有价值的是,他从这些人口中得知,邻近的某个村子里有和他们一样的"卡斯蒂兰人"。科尔特斯马上猜出所谓卡斯蒂兰就是卡斯蒂,也就是说,这附近有西班牙人。他深知自己进入这个陌生世界,犹如盲人,而若能有个在土著社会生活过的西班牙人做向导,那等于有了眼睛,这个情报太重要了,科尔特斯立刻差人按土著提供的线索去找。结果,虽然没在第一时间找到,但科尔特斯等人离开科苏梅尔岛不久后,那个西班牙人听到消息,还是自己划着独木舟赶了上来。

据迪亚斯的描述,此人粗看上去完全没有"文明社会"的模样,形容枯槁,遍体黝黑,头上蓄着印第安发型,披块破布权当上衣,下身裹着比上衣还破的兜裆布，脚蹬一只烂草鞋，另一只挂在腰间。除了那一口含糊不清的塞维利亚方言，唯一能证明他欧洲人身份的，是他上衣上"挂"着的一本书（不知是怎么挂的）。这是一本祈祷书，原来此人当年乃是神职人员，虽流落蛮荒却不弃信仰，主之福音时刻傍身，颇有点楚囚钟仪不易南冠的坚贞精神。

他自报家门，说自己名叫赫罗尼莫·德·阿吉拉尔，本是塞维利亚埃西哈人氏。八年前从巴哈马乘船出海，不想中途船搁浅了，他和几个同伴驾小艇逃生，被水冲到这片海岸上。一干人中除了一个叫冈萨洛·格雷罗的水手运气好，娶了土著媳妇生了混血娃，混进了所在部落的领导层，其他人都沦为土著酋长的奴隶。由于中美洲没有骡马之类的驮兽，酋长只能把人当牲口来用，他们终日从事超负荷的体力劳动，别的人不是累死就是被杀了祭神，现在只剩阿吉拉尔一个人，也已经累出了内伤，因此一直盼着能有同胞救他逃出这个血汗农场，回归文明世界。

八年时间让阿吉拉尔的土著语水平早就过了六级，正是科尔特斯急需的翻译。而此前他的队伍中充任此职的是个名叫乔尔梅雷霍的科托切角印第安人，是西班牙人上次探险时抓获的。

随后，科尔特斯的船队沿着上一次格里哈尔瓦的航线，绕过尤卡坦半岛折向西南行进，在一条河流的入海口处登陆。这条河也是上一次探险时发现的，因此被命名为格里哈尔瓦河，而当地人称之为塔巴斯科河。此处有几个较大的村寨，当地居民对不速之客满怀敌意，科尔特斯等人使用武力，抢滩登陆。3月25日圣母节这一天，西班牙人和塔巴斯科土著联军摆开阵势大战了一场，结果可想而知，这场火器时代对石器时代的战役，历时约一小时，阵亡比例为2比800+。战后，西班牙人从塔巴斯科人尸身上剃下脂肪，用于灼烧伤员和马匹的伤口。

技不如人，不服不行。见识了西班牙人压倒性的军事优势，塔巴斯科的酋长们只能低声下气地前来请和。此时，科尔特斯的狡黠再次发挥作用，他在上一场战役中就发现了对手对西班牙人的马匹、枪炮以及铁质刀剑深怀畏惧，这些从未在美洲大陆出现过的武器，已经超出了土著们的理解。因此科尔特斯决定利用这些土著对"神器"的敬畏，来慑服他们的精神。于是，一出好戏上演了。

科尔特斯对来和谈的酋长们不假辞色，厉声质问他们为何要轻启战端，并对他们说，他的战马、大炮和"特普斯克"（土著人对铁器的称呼）至今还为此耿耿于怀，准备杀光他们来解恨。为了加强效果，西班牙人不但放枪放炮，还弄来一匹发情的公马在院子里嘶鸣跳跃。酋长们就像东晋的士大夫王复把马当成老虎一样，怕极了这生猛的动物，争着向科尔特斯表示，自己是受了恶邻怂恿，小人蛊惑。原来让他们攻打西班牙人的，就是那个登陆后就跑掉的印第安向导乔尔梅雷霍，酋长们保证一定会抓住这个搬弄是非的家伙，严惩不贷。科尔特斯满意地回应，只要他们肯合作，自己可以宽大为怀。

恩威并用之下，塔巴斯科人彻底服了，献上鸡鱼水果、各种金质的小饰品，以及对他们来说很贵重，在西班牙人眼里却一钱不值的棉布之类，然而，用迪亚斯的话说，"比所有这些礼物贵重得多的，是一个印第安妇女"。在接受洗礼之后，她有了一个西班牙名字：多娜·玛丽娜。在西班牙人征服美洲的历史上，这是一个无法忽略的名字，一个未必美丽却注定经久不衰的传说。

迪亚斯笔下的玛丽娜"生就大酋长的气派，不但长得漂亮，而且练达大方"。玛丽娜是一个历经坎坷的女人，她的印第安名字叫玛丽娜莉（Malinali），是一个酋长的女儿，可惜不幸幼年丧父，母亲改嫁给另一位酋长，不久后，她的母亲怀了新丈夫的孩子，"亲娘改嫁没几年，生个弟弟比我强，弟弟吃面我喝汤，端起碗来泪汪汪"。玛丽娜的童年就在这样的凄风苦雨中度过。稍后，继父担心她威胁亲生儿子的继承权，就将她卖掉——这在印第安社会是极为常见的。玛丽娜接下来又转手了几个主人。这期间，出色的语言天赋让她学会了玛雅语和纳瓦特语，后一种正是阿兹特克的国语。被送给西班牙人之后，她很快凭借语言能力崭露头角，获得了科尔特斯的青眼，不但被收了房，还和阿吉拉尔共同担任翻译，她负责将纳瓦特语译成阿吉拉尔能听懂的玛雅部落语言，再由后者译成西班牙语。就这样，这个才貌双全的女人成了科尔特斯须臾不可离身的亲信，两年之后，还为他生了个儿子马丁。后来阿兹特克人尊称她为马林切（Malintzin），意为尊敬的玛丽娜。在阿兹特克人的绘画中，她的形象总是出现在科尔特斯身畔，科尔特斯的声音也必须通过她才能变为阿兹特克人能理解的语言，于是，在他们奇异的观念中，她与科尔特斯是同一个人。

在这段血浆味泛滥的历史中，有个美女点缀其间，自然足以吸引眼球，尤其是玛丽娜这样一个身处特殊时代，又具有特殊身份与才能的美女。美国人马丁撰写的《拉丁美洲史》中以玛丽娜为例写道：一些历史人物总能抓住公众的想象力，成为神话、幻想小说和电影的题材，即使充当了大众愤怒和挫折感的替罪羊亦然。在这个过程中，真实的人及其所处的历史环境已经消失在带有感情色彩的辩论之中了。

确实，与众不同的背景与事迹让玛丽娜在后人的记载中形象极度分裂。由于她作为一个印第安人始终站在西班牙人一边，因此《信史》等欧洲人的文史作品中给了她极高的赞誉。在迪亚斯的书中，她为西班牙人屡立奇功，倾心于科尔特斯并对他忠心耿耿，声称跟了科尔特斯之后就是让她回去做全美洲所有部落的酋长也不干，堪称弃暗投明追求进步的印第安人先进典型。而同样因为上述作为，在一些美洲人眼中她是一个出卖国家出卖民族的"印第安奸"，特别是在墨西哥民族主义思想汹涌澎湃的19世纪，"马林切分子"就是变节者的代名词。由于她曾与多个西班牙人有过肉体关系，并为他们生下孩子，在墨西哥民族文学中她又成了被入侵者引诱、强奸的美洲女性的代表形象。

欧洲人的笔调不足为奇，他们总是幻想自己的文明与魅力能轻易征服异族女子，从《蝴蝶夫人》到《风中奇缘》，这种白人对"第三世界"女性的习惯性意淫，我们已经见怪不怪。至于美洲人的非议，从感情角度来看是很可以理解的，但如果考虑到玛丽娜一生的遭际，则未免显得苛责。因为在她的父母之邦，她的身份是奴隶，被家庭弃之如遗的奴隶，被主人予求予取的奴隶，被当作商品或赠品甚至是潜在祭品的奴隶。须知，奴隶是没有祖国的。

"一千个读者有一千个哈姆雷特"，这话不仅适用于文学鉴赏领域，涉及对历史人物的评判时，也同样有效。一段历史，不仅在不同的记述者笔下会各有侧重与偏好，即便是同一份史料，也足以让不同的人得出不同见解。因此，脱离历史环境而单纯用道德眼光去对古人褒贬之臧否之，似乎不得要领。玛丽娜这个"墨西哥美丽传说"该怎样解读，还是让我们从这个奇女子接下来的传奇中，自己寻找答案。

12
无处遁形

先后得到阿吉拉尔与玛丽娜两位难得的翻译人才，科尔特斯在美洲的探索愈发顺畅，传闻中那个"黄金王国"的轮廓，也一点点变得清晰起来。而与此同时，他们的所作所为，尤其是对塔巴斯科人的征服事迹，也随着土著们的传颂，传到了特诺奇蒂特兰蒙特祖马的耳朵里。

西班牙人和阿兹特克人都正在从对方的传说中走出来，依照这个态势，他们终将面对面地站在一起。与前者的满怀期待不同，深感"怕什么来什么"的蒙特祖马对这个历史性接触的机会避之犹恐不及，他对西班牙人唯一的期待就是他们赶快走人。最终，他决定采取破财消灾的办法，用真金白银来表达其"送神"的诚意。蒙特祖马派出了一个使节团队，携带重礼去寻找那伙怪客。

这一天正是基督教的濯足节，科尔特斯的船队在圣胡安德乌卢阿港停泊，稍事休整。下锚不到半小时，忽然驶来了大批印第安人的独木舟，径直划向科尔特斯所在的旗舰。这些土著获准登船之后，表现得十分友善驯顺，对科尔特斯大礼参拜，口称主人（特拉托阿尼），他们自称是蒙特祖马王的臣属，奉王命前来接待贵客，告诉科尔特斯船队需要什么尽管吩咐。

有朋自远方来送礼，科尔特斯不亦乐乎，打赏了印第安使者们。两天之后，果然有大批印第安人箪食壶浆，前来慰劳西班牙客人。又过一天，到了复活节，科尔特斯迎来了他到目前为止见过的最有身份的印第安人：来的正是蒙特祖马的特使，大酋长滕迪莱。

于是，西班牙和阿兹特克两个国家之间的第一次外交会晤开始了。总的来说，这场两个不处于同一发展阶段的文明间的对话，是在和谐融洽的气氛中进行的。科尔特斯将西班牙国王卡洛斯一世①大大夸耀一番，说他是当世最伟大

---
① 即神圣罗马帝国哈布斯堡王朝的查理五世，伊莎贝拉与费迪南的外孙。其父是神圣罗马帝国王子腓力，其母是伊莎贝拉之女"疯女"胡安娜。1516年费迪南逝世后卡洛斯继承西班牙王位，领有西班牙、奥地利、西西里、那不勒斯、包括荷兰比利时在内的"低地国家"，以及美洲海外殖民地等多

的君主，自己就是奉他的旨意来到墨西哥，希望与蒙特祖马王建立友好的关系。滕迪莱则表示，蒙特祖马同样是一位伟大的国王，并以他的名义献上了许多做工精巧成色十足的金饰品。科尔特斯也依照惯例回赠玻璃珠子，并请求对方扩大这种以黄金换玻璃的贸易。对于西班牙人的要求，滕迪莱无不满口答应，唯一例外的是，当科尔特斯提出要去觐见蒙特祖马时，这位特使表现出了王家的高傲，略带不满地说："你们才刚来到这儿，怎么就想去见他？"

这是阿兹特克历代首领的自神之术起了作用，臣民将之视为神，不可让"夷人"轻易得见。科尔特斯却不信邪，你有神仙我有科学，随后他以技术交流之名向滕迪莱一干人演示了大炮。虽然之前滕迪莱已经风闻过这些神物的厉害，但真正见识了会轰鸣喷火的大炮，这位阿兹特克高官还是吓得面如土色，他的随员们更是纷纷伏在地上战栗不止。这一下"大炮开兮轰他娘"，滕迪莱的信念和骄矜都被震得大为动摇，不敢再与科尔特斯分辩。而西班牙人却不恃技而骄，科尔特斯温言劝慰滕迪莱，自己和一干手下都是蒙特祖马王的朋友，愿意到他身边听他差遣。话虽说得谦卑，但弦外之音滕迪莱听得明白：这一面非见不可，蒙特祖马是躲不过去了。

滕迪莱命携来的大批仆役好生侍奉西班牙贵客，又叫随行的画师将西班牙人尤其是大炮的形象画下来，答应回去通禀蒙特祖马，起身告辞。而科尔特斯最需要弄清楚的，就是"阿兹特克帝国"的黄金储备量究竟几何。此前滕迪莱曾对一个西班牙士兵的头盔表示过兴趣，分别之际，科尔特斯将这个头盔赠给他作纪念，并格外狡猾地"随口"说，想比较一下阿兹特克人的金子与西班牙人的金子有何异同，请滕迪莱下次再来时，带给他这么一头盔的金砂样品，以供研究。不明就里的滕迪莱随口答应，通过他这个毫不犯难的表态，科尔特斯已经认定，阿兹特克人确如自己所料，金子大大地有。

再说滕迪莱回到特诺奇蒂特兰，将在西班牙人处的见闻报知蒙特祖马，后者及其智囊团终于绝望地证实了一直以来的担忧，不论这些身怀绝技的不速之客是不是传说中的羽蛇神，反正他们的力量绝不是阿兹特克人所能抗拒的。蒙特祖马此时无力思考，唯一剩下的念头就是不惜一切躲开西班牙人的求见，具体的方式，硬的肯定不行，那就只有再下血本，既然西班牙人志在得金，那就

处领土。

加大金弹攻势的力度，以此来阻止他们向墨西哥内陆的推进。

大约一个星期之后，科尔特斯再次迎来了滕迪莱的造访。这一次，礼仪又有升格。阿兹特克的使者们对西班牙人焚香跪拜，甚至亲吻了科尔特斯脚前的土地以示礼敬，他们还煞费苦心地寻来了一个长相酷似科尔特斯的酋长，玩起了模仿秀，西班牙人看得津津有味。当然，最令西班牙人快意的还是滕迪莱等人献上的礼物，尤其是蒙特祖马的两件厚礼：一个是太阳状带有精美纹饰的纯金盘子，另一个是月亮状银盘，比金盘更大。据迪亚斯《信史》估算，仅金盘就价值1万西班牙比索。此外，还有金质的猴子、鳄鱼、鹿等动物形状的工艺品，镶有金银宝石的弓箭、权杖、扇子，外加若干做工考究的项链、棉布、羽毛饰品，以及托科尔特斯转赠西班牙国王的宝石。

阿兹特克人谦恭多礼，科尔特斯照单全收，会晤气氛十分融洽，宾主尽欢。于是滕迪莱等人开始谈正题，他们转达了蒙特祖马对西班牙国王的问候，以及对科尔特斯的善意，表示无论有何吩咐都乐意效劳，只是科尔特斯前番所言会晤一事，实在无此必要，请勿再提。

蒙特祖马越是想躲，科尔特斯就越是非见他不可，这不仅是出于他对未知世界的好奇，更重要的原因是他在阿兹特克人的一大堆礼品中发现了一件令他双眼放光的东西：正是滕迪莱如约带回的那顶西班牙头盔，里面果然正盛着科尔特斯点名索要的满满一头盔"研究样本"。这些金砂的重量和品相，让科尔特斯认定传说中的"黄金国"就在眼前，从那里可以开采出的利润，必定远不止眼前的这些。所以，必须夺取这个国家。为此，又必须控制这个国家的首要人物，当然也就是"伟大的蒙特祖马"。

科尔特斯回赠了一个欧洲工艺的镶金玻璃酒杯，外加几件荷兰衬衫，算是给蒙特祖马的礼物。他执意要去朝见阿兹特克之王，"不管伟大的蒙特祖马身在何方"，言语虽客气，态度却坚决。滕迪莱寻遍借口百般推托，科尔特斯佯作不解，不为所动。无奈的滕迪莱只好回去复命。

蒙特祖马察觉了西班牙人对黄金的贪婪，却低估了他们贪婪的程度，他想通过献金将科尔特斯挡在他的领土之外。殊不知，这样做正是抱薪救火，薪不尽，火不灭。科尔特斯并不是想分享他的金子，而是要完全占有之，在他渴求黄金与财富的目光之下，蒙特祖马和他的阿兹特克臣民们，终究无处遁形。

13

股掌之中

黄金已在眼前，虽然其间还隔着一个"帝国"，但对科尔特斯来说，蒙特祖马的推搪阻挠并不足道，真正的阻力不来自前方，而来自后方——他的身上还系着一根风筝线，那一端操在坐镇古巴的总督贝拉斯科斯手中，至少理论上是这样。尽管科尔特斯目前已脱出贝拉斯科斯的实际掌控范围，可以独行其是，但贝拉斯科斯毕竟代表西班牙殖民政府，这意味着他可以以国家的名义将科尔特斯在大陆上的所作所为定性为非法。况且，在科尔特斯的队伍中还有一些贝氏的亲信甚至亲族，这些人随时可能成为掣肘的力量。因此，科尔特斯也深知，在向内陆的黄金宝藏进军之前，必须将这些负担卸下，才好轻装前行。

滕迪莱等使者走后，西班牙人原地屯驻，科尔特斯一面派出心腹私下勘探地形寻找港口，一面筹划下一步的行动。再说迪亚斯等留守营地的普通士兵，虽然几乎每人都从土著手中弄到了一点金子，但当地经济实在太过欠发达，物资奇缺，大家空有黄金在手，却无法转化为购买力，连吃饭都很成问题。水手们出去捕鱼捉蟹，有的士兵进村偷鸡摸狗，品格好一点的向当地人换取食物，能克服困难的则以发霉生虫的木薯面饼果腹，不管用什么方式觅食，也都只能勉强混个半饱。而水土不服以及蚊虫叮咬又导致了疟疾之类的传染病，营房中躺倒一片，甚至有30来人病死，简直苦不堪言。

不满情绪逐渐浮现，尤其是队伍中贝拉斯科斯的人，他们与科尔特斯道不同不相为谋，现在更无意为了成就他的功业而挨饿忍饥。这些人找到科尔特斯，提醒他贝拉斯科斯组织此次探险队，目的仅在于换取金子，而并无进一步的授权，现在目的已达到，况且条件艰苦难以再进，又死了人，理当立刻返航。

科尔特斯已同贝拉斯科斯撕破脸，他知道现在回古巴面见这位总督，搞不好要上绞刑架。再说，黄金国已在眼前，岂可入宝山而空回？于是安抚反对者，要奋斗就会有牺牲,死人的事是经常发生的,但成功一定会到来。双方争执不下,贝拉斯科斯派又借口一些士兵不经许可擅自从土著手中换取金银,指责科尔特斯纵容手下违反法度,要求他禁止手下私换金银。

贝拉斯科斯派大概没有想到,他们此举正中科尔特斯下怀,因为后者有了机会,把他们推向"人民对立面"。科尔特斯表面上接受他们的指责,禁止部下换取金银,同时暗中造声势,说这是贝拉斯科斯的人想阻止大家发财,准备待探险队回古巴之后,把他们辛苦所得的金子全部独吞。要说贝拉斯科斯为人确实不太仗义,上一回格里哈尔瓦探险队寻获的2万比索黄金,基本都入了他总督府的账册,余人所得甚是微薄。此时科尔特斯的手下中,包括《信史》的作者迪亚斯在内的不少人都是上次探险的亲历者,有过切身体会,余人也多有所闻,因此科尔特斯这风声一放,不由得大家不信。探险队多数成员本为求财而来,贝拉斯科斯派只顾找科尔特斯麻烦,无意中挡了大家财路,自然犯了众怒,许多原本中立的士兵都开始站到了科尔特斯一边。

科尔特斯知道民意可用,又派出一干心腹四下串联,准备制造一场底层自觉运动,借机合法地摆脱贝拉斯科斯,真正独揽大权。科尔特斯的人在营中游走游说,迪亚斯也在被拉拢之列,据他本人记载,科尔特斯的人是这样做他的思想工作的:

> 先生,贝拉斯科斯隐瞒真相把我们大家弄到这里来,您觉得合适吗?他在古巴传告要到这里来开拓,我们这才知道,原来他并不是奉命来开拓,只是换取金银而已。现在有人想让我们带上全部换得的金银回古巴,这就坑苦了我们,贝拉斯科斯会像上次那样拿走全部金子。先生,算上这次远征,您已来了三次,花了钱,欠了债,多少次出生入死,弄得一身是伤,为了不再发生这种事,我们特意关照您:我们决议以国王陛下以及国王的代表科尔特斯的名义开拓这片疆土,一旦成功,立刻派人到卡斯蒂桌报我们的国王。先生,为了一致推举科尔特斯为统帅,请您务必投票赞成,因为这是为天主和我们的国王陛下效力。

科尔特斯用这样的说辞为自己拉票,这意味着,如果成功被拥立为首领,他可以凭借这次"民选"结果,名正言顺地踢开贝拉斯科斯,并直接争取西班牙国王的认可（机会很大）。而探险队员也可以从为贝拉斯科斯淘金的打工仔，一跃变成为西班牙王室拓土开疆的元勋，待遇前途自然不可同日而语。这样的结果足以令人动心，大家决定炒掉悭吝老板古巴总督，改追随科尔特斯。

夺取领导权的群众基础已经具备，科尔特斯成竹在胸。当贝拉斯科斯派再一次态度强硬地催促科尔特斯回古巴复命时，士兵们果然群起反对。众人齐称虽然总督的命令是换取金银，但大家本是为了开拓事业才来这里，事已至此，不能仅换了一点金银就半途而废，还要留下来为了殖民大业继续奋斗。

除了贝拉斯科斯的铁杆部下，其他士兵基本人人心存此想，大家决定不再接受古巴总督的遥控指挥，而就地推举一位有能力带领大家实现利益最大化的领头人。人选自然就是科尔特斯，舍此其谁？

西方版的黄袍加身顺利上演，一番扭捏作态的半推半就之后，科尔特斯当选为大执法官和统帅。为了表示勉为其难，他还让众人自愿通过了一项决议：让他本人享有探险获得的黄金的五分之一。时隔多年，迪亚斯醒悟后在《信史》中抱怨这个决议实在糟糕。

当选之后，科尔特斯遣出最有经验的水手充当信使，驾船赶回巴哈马，并从那里起航横渡大西洋，将众人具名的选举结果以及自己宏伟的计划和贝拉斯科斯短视的命令送往西班牙本土，征求王室的认可，以进一步增强他抢班夺权的合法性。他还说服大家，"自愿"把首批寻获的黄金献给西班牙国王，以此加大筹码。在这些西班牙臣民心目中，国王的地位毕竟不是古巴总督可比，加上科尔特斯极力阐明争取王家首肯的重要意义，又许诺大把捞金的日子都在后头，因此，大家尽管不太情愿，但最终还是都在"被自愿"的文书上签字具名。

同时科尔特斯决定，就地建立一座城镇，这就是西班牙人在墨西哥大陆上的首个殖民据点：比利亚里卡·德拉·韦拉克鲁斯镇。他还依照欧洲的组织结构，设立镇长、镇议会。为了缩小打击面，科尔特斯安排了几个与他素有嫌隙的人出任要职，这让贝拉斯科斯的嫡系更加孤立。

权力在手，科尔特斯准备大展抱负，他并没打算在这个新建立的根据地多作停留。在派人搜集给养、勘查港口的同时，他率领主力继续北上，寻找黄金国。沿途有崇拜他们的土著部落主动送上粮秣和向导，在他们的帮助下，探险队来到了一个名叫森波亚尔的村镇。

这是探险队迄今为止遇到的最大规模的土著聚居地。土地平旷，屋舍俨然，居民的文明程度也高于以往所见,他们用白色涂料粉刷整齐的墙壁,光可鉴人,以至于先期进村的西班牙探马误以为他们的墙都是用银子砌成的。想必是得益于相对富庶的条件,森波亚尔人的首领颐养得格外脑满肠肥,《信史》中把他叫作胖酋长。这位胖子对科尔特斯甚是敬畏,口称"大人",西班牙人也明白强龙不压地头蛇,科尔特斯表现得十分亲善,以至于胖酋长很快就跟他推心置腹,向他抱怨蒙特祖马对他们的横征暴敛。科尔特斯留心听着,此时他虽然还不能决定要站在森波亚尔人一边,还是站在蒙特祖马一边,但二者间显而易见的矛盾,让他嗅到了机会。

随后探险队离开森波亚尔村继续前进,胖酋长派了400名脚夫为西班牙人扛运辎重行李,下一站是位于险要山麓上的小村基阿维兹特兰。此处向阿兹特克人臣服之前,算是森波亚尔的附庸,当地人也热情招待了西班牙人。不久后森波亚尔的胖酋长也赶来了,领着当地和邻近的一干大小头人,围住科尔特斯开起诉苦会,述说阿兹特克人的压迫。

正当大会热火朝天时,忽然一队人出现在村口,咬牙切齿的酋长们立刻闭上了嘴巴,一个个面无人色噤若寒蝉。来的一群人中,为首的几个身着华丽斗篷,油光锃亮的发髻高高绾起,有的手捻鲜花,有的挥舞拂尘,一个个昂首阔步趾高气扬,看到西班牙人都视而不见,完全是领导的派头。

来的正是蒙特祖马派驻该地的税收官,由于背后有阿兹特克人强大的武力支持,他们一向在驻地横行霸道,土著们忍气吞声道路以目,刚才控诉的种种恶行,基本就是他们的事迹。阿兹特克人积威已久,西班牙人又没明说到底肯不肯帮忙,胖酋长等人不敢得罪税收官,好生招待,后者则质问他们怎么敢不经许可擅自与外来者打交道,他们诺诺称是,不敢申辩。

科尔特斯看在眼里,随后通过玛丽娜等人的翻译了解了前因后果,他开始评估当前的形势。虽然此前一直和蒙特祖马方面客客气气,但科尔特斯也并非对他有什么好感,对待阿兹特克人的态度是软是硬,全视获利多寡而定。眼下阿兹特克中央政府与当地人明显矛盾尖锐,如果对中央委派的官吏采取强硬手段,正是施惠于民,可以获得广泛支持,将当地人由阿兹特克人的臣属发展为自己在美洲大陆上的必要盟友,同时也算是对蒙特祖马敲山震虎,让他真正看清西班牙人的实力。

主意已定,科尔特斯招来胖酋长等人,要他们将五名税吏拿下。后者本来不敢，但在科尔特斯的鼓动下，自觉有了新后台的土著们终于照办，五名一贯颐指气使的阿兹特克官吏在毫无防备的情况下全被抓获，枷号示众。胖酋长等一干人忽然发现，原来造反这么容易。

科尔特斯进而命令当地诸村寨此后都不向蒙特祖马纳贡，这一解放宣言自然让当地的劳苦大众心花怒放，齐齐拥戴科尔特斯，认准了救世主降临。

而此时科尔特斯表现出他的狡猾。他先指使土著抓了人，后又接见了五名在押人员为他们压惊，说这起事件与西班牙人完全无关，又以自己的名义私下放了五名被俘的税吏中的两名，大概是从中挑选了格外笨的，派他们回特诺奇蒂特兰，带话给蒙特祖马，表示友善。由于抓人的时候西班牙人并没出手，这样一来他就把与蒙特祖马翻脸的责任全推给了当地人，两面讨好。胖酋长等人毫不知情，当次日他们发现犯人少了两个，大惊失色，深恐他们回去招来阿兹特克人大举报复，科尔特斯此时则站出来拍胸脯，说一定会为他们提供保护，于是土著们更加依赖于他，不敢稍有二心。

至此，科尔特斯用左右逢源的权谋手段将单纯的土著们玩弄于股掌之中，而且他利用彼此矛盾分化美洲人的大战略，此时已经初见成效，在日后不可思议的征服中，这项战略将是他成功的一大关键。

14
沉舟侧畔

果不出科尔特斯所料，被他先擒后纵的阿兹特克税吏按照他的口径，向蒙特祖马报告了基阿维兹特兰村发生的事情。虽然阿兹特克首领及其智囊团未必全部相信，但面对莫测高深的西班牙人，蒙特祖马还是决定继续怀柔，派使者再施金元外交，试图让科尔特斯与作乱者划清界限。

很快，科尔特斯就在又一次笑纳了阿兹特克使者的礼物后，一如既往地做出亲善表示，同时宣称森波亚尔以及基阿维兹特兰村等地已处在他和西班牙王的保护下，请蒙特祖马不要再与他们为难，使者们只好悻悻而归。听说"神使"和乱民站在了一起，这样的情况毕竟让蒙特祖马多少有些不悦，对付不速之客的B计划也已经在暗暗酝酿。至于胖酋长等当地豪强，看见强大的阿兹特克人都要对科尔特斯低声下气，自然崇拜更虔，供奉更勤。

有了可靠的补给基地，科尔特斯决定在继续进军之前，组织人力返回殖民据点韦拉克鲁斯加强建设。其间，土著们对他唯命是从，但未来导致西班牙人与中美洲原住民矛盾冲突的主要诱因，也已经浮现出来。

和中美洲其他地区一样，森波亚尔一带也是人祭风行，科尔特斯等人目睹了这些场景——《信史》中称有的村寨广场上堆积的尸骨足有十万具——惊骇之余决定废止这种可憎可怖的风俗，用天主教的阳光雨露来对一众生番加以度化。科尔特斯强令当地人关闭神庙取缔人祭，本土神像都被拆毁丢弃，随后他又派出随军的神父传经布道，在土著人当中推广天主教。胖酋长等人起初怕遭天谴，极不情愿，但毕竟天威遥远，西班牙人之威却近在咫尺，权衡之下，不得不就范，而随后他们担心的"众神的报复"也并没到来，于是心下稍宽，最终皈依了新的信仰。

中美洲的血腥人祭，确实残忍，对社会的破坏性极大。但是，这一风俗毕竟流传日久，已经融入了土著的生活方式与思维方式。由于力量悬殊，森波亚尔等地的诸小邦全面接受了改造，并未生出波澜，而后来随着西班牙人在墨西哥内陆的推进，他们带来的新的生活方式与宗教理念对中美洲传统社会的影响与冲击也越来越强烈，这种文明的冲突终将决堤爆发，这是后话，暂且不提。

科尔特斯一面在当地大搞移风易俗，一面筹备下一步的行动。虽说此时的探险队基本已经受他控制，但贝拉斯科斯派仍在队伍中，并未归心。而接下来的旅程必将愈加艰苦凶险，这些人就是定时炸弹，随时可能制造麻烦。此时的科尔特斯如同一个股票操盘手，在拉升之前必须震仓，将意志不坚定的浮筹清洗出场。

事实很快证明，科尔特斯的担心并非多余，他的队伍中正有几个人谋划离队回古巴。领头的四人都是贝派铁杆部下，包括一个司舵和一个神父，他们趁着回韦拉克鲁斯修港口的机会，煽动了一些心怀不满的水手，相约一起跑路，已经将食物给养运上了一艘船，准备起锚开溜。此时，一个与谋的水手又变了卦，向科尔特斯举报了此事，后者闻报火速赶到，在船开之前将他们全部拿下。

问明情由，科尔特斯决定从重从严。尽管科尔特斯在那个时代的殖民首领中并不算嗜杀者，但为了铲除异己威慑逃兵，此时他只能选择杀一儆百。他以大法官身份作出判决，将领头的四人绞死两个，司舵刖足，胁从者鞭笞，神父凭借神职免于刑罚，但遭到了严重警告。行刑前，法律系出身的科尔特斯半真半假地说了一句当时西班牙法官的通用台词："真不如不会写字，那样就不用签署死刑判决书了。"

经过这一番整肃，队伍中贝拉斯科斯派系的势力终于彻底瓦解。然而，港口里还有船，有船就有后退的路，有路，就难保不会再有人想走。包括迪亚斯在内的一些激进派都看到了这一点，他们找到科尔特斯进言，把船凿沉，让那些犹疑者彻底断了回古巴的念想，而当他们献策时才发现，这个破釜沉舟的计划科尔特斯早已成竹在胸。

在拥趸的支持下，科尔特斯更可以凭"公意"来作出沉船的决策。随着一声令下，除了若干只能用于近海捕鱼的小艇，探险队的大小船只都被凿穿，沉入海床，包括科尔特斯本人那艘排水量100吨的旗舰以及两艘80吨级的大船。至此，这些将最早一批欧洲征服者载来中美洲大陆的船，完成了历史使命。

次日上午，科尔特斯将探险队召集到海滩上，由神父主持做弥撒，将大家的情绪都调动起来之后，他做了最后的动员：

> 对于我来说，我已选择了我的立场：我将坚守这里，即便只有一个志同道合者与我一起担当。至于那些懦弱胆小畏缩不前的人，不敢分享我们冒险事业的无限荣光，而只闹着要回家的人，我以上帝之名起誓，我还给他们留了一条船，他们尽可以乘着它回到古巴去，然后他们可以告诉那里的人，他们是如何抛弃了他们的指挥官，抛弃了他们的兄弟袍泽。并且，此后他们能做的就只有在那眼巴巴地等着，看着我们带着从阿兹特克获取的丰厚战利品凯旋。

多年以后迪亚斯在《信史》中追忆这个场景，仍不免赞叹科尔特斯的演讲精彩动人，可惜时间久远，他已记不得原文。倒是美国史学家普列斯科特的《墨西哥征服史》中记载了上述说辞，或许这是普氏依照修昔底德老前辈的修史原则还原而成的——"让人物说出当时环境要求他说出的言辞"。

总之，这段演讲相当成功，精准地扣动了士兵们的心弦。对艰苦环境的抱怨、对未知前途的忧虑、对金子上缴的失望，队伍中的种种负面情绪一扫而空，本已黯淡的黄金幻象再次在大家眼前升腾，众人激奋地呐喊："去墨西哥！去墨西哥！"不光是士兵，被毁了船只的水手们也纷纷请缨，要科尔特斯带上他们一同上路。

沉舟侧畔，看着再无后路也再无犹疑的部众，科尔特斯知道，这支队伍已经足可使之赴汤蹈火。接下来，他们将与他一起亲历这史无前例的伟大征服，赢得无匹的财富与旷世的殊荣。踌躇满志的科尔特斯继续滔滔不绝地向士兵们演讲鼓劲，并用一句掷地有声的豪言作为结语：

The die is cast!

"骰子已经掷下！"这是一句西方名谚。相传，1500多年前，从高卢得胜班师，南下罗马决意夺权的恺撒，在挥兵渡过卢比孔河之后曾对他的军团说过这句话，以此表明自己问鼎之志已坚，一往无前。而此刻，摆在科尔特斯等人面前的局势，几乎与此同出一辙，破釜沉舟，有进无退，骰子已经掷下，一场事关千秋成败的豪赌，终于不可避免地开始了。

> **按**
>
> 　　本章节中引用的科尔特斯演讲，系由笔者译自普列斯科特《墨西哥征服史》第二卷第八章，普氏在书中并未交代原始出处，其中"还留了一条船"（There is still one vessel left）一句，与当事人迪亚斯所述不符，或者是科尔特斯虚言，或者是指他将船上的重要部件都卸下保存了起来，后文将提到此事。
>
> 　　"The die is cast!"一句，原文是拉丁文 alea iacta est，此语最早出自希腊剧作家以恺撒为主角的剧作中，并非出自恺撒本人之口，恺撒记述这段历史的《高卢战记》《内战记》中都没有提到。

14　沉舟侧畔　　057

15

硬面包

就在科尔特斯沉舟誓师之后不久，忽然接到报告，牙买加总督弗朗西斯科·加拉伊也派出了探险队来勘探大陆。他们的船已经在出现在韦拉克鲁斯港外的海面上。

竞争对手登场了，更须加紧行动。科尔特斯等人找来当地土著首领们，一起商讨最佳进军路线。当地人提供了两个选项：第一，走南线取道乔卢拉村，那里是一个大城镇，能提供足够的补给，而且道路开阔易行，但问题在于，该地和阿兹特克中央关系密切，并驻有蒙特祖马委派的官员，可能还有军队；第二条路线是穿行乔卢拉以北特拉斯卡拉人的地盘，该处地势险要，族人凶猛善战，不过好消息是，他们最首要的作战对象，就是阿兹特克人。

敌人的敌人是我的朋友，考虑到这一点，探险队最终选择了第二个选项，特拉斯卡拉。

前面提到过，特拉斯卡拉人和阿兹特克人同属纳瓦特语族，祖先都来自墨西哥中北部的高原地带。12世纪末，他们先于阿兹特克人来到墨西哥谷地一带定居，主要势力范围在特斯科科湖以东平均海拔超过2 000米的山脊以及山间谷地。该处土质气候俱佳，农业发达，特拉斯卡拉人也因此得名，据普列斯科特在《墨西哥征服史》中解释，"特拉斯卡拉"一词的意思就是"面包之地"。得益于地力，特拉斯卡拉人积累了相当的实力，如果说阿兹特克的政治模式接近"帝国"，那么特拉斯卡拉人的政体就更类似于斯巴达那样的早期的寡头共和制。全部的族人在20万上下，分为四大部落，各自的酋长管理本部内政，涉及全族的重大事务则由他们集体决策。阿兹特克人崛起后兼并中美洲各部族，唯独他们不肯奉命，一直苦斗不屈，历代阿兹特克首领都对他们无可奈何。长期的斗争生活锻炼了特拉斯卡拉人，他们的社会高度组织化，能够以极高的效率调集军队粮草，族人也大多性格彪悍，普列斯科特评价他们具有早期罗马人那样的尚武精神。总之，这群"面包人"绝对是一块难啃的面包。

面对特拉斯卡拉人，科尔特斯未必"知彼"，却一定"知己"。他此时的全部兵力也不满千数，其中西班牙兵大概500人，其余是从各土著部落招募的人手，而且大多数只能作为脚夫。因此，科尔特斯决定先礼后兵，派使者携去书信礼物请求借道放行，并寻求与特拉斯卡拉人结盟。

几名印第安信使奉命出发，见到特拉斯卡拉人之后，向他们大夸科尔特斯等"神使"神通广大，要特拉斯卡拉人赶快和他们一样归顺输诚。来路之上，许多部落一听到这样的宣传就闻风而降了，因此这套说辞使者们已经熟稔至极。可他们没想到，特拉斯卡拉人的反应迥异他人，这些泛海而来的"神使"在他们眼里不过是铁皮罐头装着的进口食品。他们告诉使者，要将之尽数拿下，生啖其肉！

本来那几个使者也上了特拉斯卡拉人的菜单，总算乘着他们动员备战疏于看管之机，逃回科尔特斯面前讲述了经过。西班牙人闻言大怒，决定去教训下这群狂妄的生番。1519年9月1日这天，科尔特斯整队杀奔特拉斯卡拉地界。但毕竟双方人数悬殊，战术上必须重视敌人，一路上他不断叮嘱部下，敌众我寡，要小心再三，战马要慢行，长矛要斜持……

走出二里，特拉斯卡拉人的石灰岩碉楼出现在视野里，片刻，又看见了数十个特拉斯卡拉的哨兵。西班牙骑兵赶上前去，准备活捉，但土人拼死抵抗，且战且退，骑兵杀死几人却抓不到活口，于是纵马追赶。科尔特斯担心队伍脱节，便指挥步兵跟上接应，追到一片玉米地前，忽然埋伏着的三千特拉斯卡拉军冲了出来。两军对垒，一场恶战开始。

一经交手，西班牙人才发现，此时的敌人完全不同于他们此前在塔巴斯科等处遇到的乌合部队。而此后西班牙人与特拉斯卡拉人的一系列战役，堪称当时欧洲与美洲两种战争模式的巅峰对决，也是西班牙人几乎没有借助土著盟军力量而与美洲正规作战部队进行的单挑，极具范例意义。因此，有必要对当时双方的作战方法和武器装备做一简单介绍。

先说西班牙人。地理大发现时代的欧洲正站在军事技术革命的门槛上，划分战争史新旧时代的热兵器越来越广泛地投入实战。西班牙人是欧洲最早使用近代意义热兵器的民族。1325年（特诺奇蒂特兰建城的同一年）在与摩尔人的战争中，他们见识了对手手中轰鸣喷火的枪支；并很快习得用法，西班牙军队从15世纪末开始大范围尝试把火枪作为重要武器。当时的火枪虽然具有划时代的革命意义，但限于技术条件，只能单发，而且是前膛装弹式，枪管是滑膛，子弹是1/20磅的铅弹，从发射效率到命中率都不太理想。但这样的火枪正好与一种武器相得益彰，那就是最传统的"百兵之祖"——长矛。

14世纪以来，从英格兰长弓到带齿轮的铁制弩，尤其是火绳枪等远程武器的不断升级，动摇了重甲骑士在此前中世纪时代的统治地位。虽然骑兵直到20世纪第一次世界大战之后才逐渐淡出战场，但铁甲骑兵在这个时候就已成为明日黄花。欧洲人的作战方式开始向他们希腊罗马时代的祖辈回归，步兵重新成为战场的主角。15世纪后期，以社区为单位、以6米的木杆铁头长矛为主要武器的瑞士步兵异军突起，很快打败了各种骑兵以及以2米长的纯铁戟为主要武器的步兵，各国竞相效仿，西班牙人也用瑞士人的方式训练了类似的部队。西班牙的军事天才，有"不朽的上尉"之称的冈萨洛·费尔南德斯·科尔多瓦，创造性地把火绳枪加入长矛方阵，把火枪手排列在长矛手外圈，利用射程优势压制对方以弓箭为主的远程武器，同时利用长矛的长度，有效保护火枪手不受敌方骑兵的冲击。其实在长矛方阵中加入远程武器的构想，早在公元前4世纪马其顿的腓力二世和亚历山大父子就曾提出并实践过。但那个时代的远程武器无论弓箭标枪还是投石器，士兵都需要较大的活动半径来拉弓、投掷甚至助跑，不利于保持方阵的阵形，而火枪则无此弊端，可以和长矛方阵形成绝配。此外，由于西班牙人在复地运动中与以轻骑打法著称的摩尔人周旋多年，他们也具有其他欧洲人难以比拟的战场适应能力，各兵种配合无间，再加之西班牙人热血豪胆的民族性格，使他们穿着的铠甲护具也少于其他民族，更增强了机动灵活性。1502年的巴莱塔战役中西班牙人青出于蓝，凭借轻装的长矛兵、剑手、火绳枪兵、弩兵的协同作战，大胜瑞士步兵。次年，冈萨洛亲自指挥以火绳枪手为主力的西班牙军，在堑壕的掩护下打得法国国王弗朗索瓦一世引以为傲的精锐骑兵团以及瑞士雇佣兵团一败涂地。此后，这种长矛与火绳枪为主的"冈萨洛模式"成为西班牙人最主要的作战模式，并进而发展成在近代军事史上值得大书一笔的"西班牙大方阵"（Spanish Tercio）。

随科尔特斯出征新大陆的西班牙人，多数都受过军事训练，他们的作战方法和武器配备，也基本是依照"冈萨洛模式"，长矛和火绳枪为主，辅以弩手、骑兵，以及炮兵。

再说特拉斯卡拉人。关于他们武器装备及作战方式的详细记载很模糊，但阿兹特克人的情况可以作为参照。中美洲当时还处在石器为主、铜石并用的阶段，不会冶铁（有少量陨铁制成的武器可以忽略不计）。阿兹特克人的肉搏武器，最有杀伤力的是一种称为"马夸特来"的木柄战斧，两侧镶有打磨过的黑曜石，长约80—90厘米，形状类似板球板。这种武器打击力极强，而磨尖的黑曜石，锋利程度堪比金属刀剑，堪称对敌利器，不过抡动这样的武器比较消耗体力，因此很难形成持续打击，此外也有相同材质的石矛、石刀。远程方面，有单体弓和投石器，以及标枪，不过石质或骨质的箭头，对穿戴金属盔甲的西班牙人杀伤力有限。护具方面，阿兹特克人有木质的圆盾，身上穿一种用植物纤维编制的夹层护甲，夹层中通常填充有编织过的约3—4厘米厚的棉花，盔甲经过泡晒等硬化处理。这项技术特拉斯卡拉人大概也掌握，但由于阿兹特克人长期对他们实施经济封锁，特拉斯卡拉地区棉花紧缺，可能很多士兵都没有护甲。迪亚斯在《信史》中还提到，特拉斯卡拉人习惯使用一种烤过的投枪，算是土制的热兵器了。

在当时中美洲普遍的技术条件下，特拉斯卡拉人的装备应该与老对手阿兹特克人相差无几。不过在作战习惯方面，他们更胜一筹，因为阿兹特克人对特拉斯卡拉人的战争以抓获人祭牺牲品为目的，不追求杀伤，但后者为了避免成为祭品，抵抗的时候自然要比对手更拼命，因此他们的作战更坚决也更实用。

面对武器装备领先不止一个时代的西班牙人，特拉斯卡拉人全无惧色，无论战马、铁制刀剑还是火绳枪，这些勇敢的土著都敢与之针锋相对。不过他们的石质武器难以有效杀伤西班牙人，好在他们的对手也心存顾忌，只守不攻。打到天色将晚，两下收兵，特拉斯卡拉方17人战死，西班牙方面数人挂彩，没有阵亡。在这样的技术差距下，特拉斯卡拉人的战绩已算可观。

次日再战，特拉斯卡拉人调集了规模更大的军队，人数之多，连一向骁勇的西班牙战士都看得头皮发麻，迪亚斯写道："他们每人扬一撮土就足以眯了我们的眼睛。"不过这一战特拉斯卡拉人为跨时代的武器知识差距所累，大概是本着人多力量大的想法，他们排出密集阵型，结果科尔特斯调来大炮轰击，炮弹在密集人群中开出一条条血渠，特拉斯卡拉人损失惨重。

而中美洲作战方式的另一致命缺陷此时也体现了出来。每个作战单位的统领者在背上插一杆旗，属下以此为导向攻守进退，而这就需要指挥者冲得靠前。而这些指挥者又多由部落贵族担任，他们身先士卒，伤亡率也就格外高。这一战下来，8个来自部落的贵族武士阵亡，特拉斯卡拉人指挥系统紊乱，终于支撑不住，撤下战场。

此时的西班牙人暗道侥幸，这场几乎是以一当十的恶战，他们拼到最后已经全靠意志力支撑，随时都可能崩溃，因此敌军撤走时，他们已经完全无力追赶。这一战西班牙人阵亡不多，但折了一匹战马，他们此时的马只有15匹，每减员一匹都是重大损失。特拉斯卡拉人撤退时依照习惯收走了阵亡将士的尸体，因此伤亡数字无法统计，可能数倍于西班牙人。但他们在自己地盘上，有着入侵者无可比拟的后备资源优势，因此现在西班牙人面临的局势已经十分凶险。

16
强敌强援

疲惫不堪的西班牙人进至特拉斯卡拉人抛下的村庄稍事休整，料理伤员。在接下来的两天里，为了不让敌人看出己方虚实，科尔特斯派手下将阵亡者的尸体秘密掩埋，不让特拉斯卡拉人发现原来"神使"也会死。他又命人将剩下的十余匹马赶到村边奔驰，以示尚有余勇，同时释放俘虏，派使者护送他们回营，重申自己绝无恶意，请求与特拉斯卡拉人罢战修好。而油盐不进的特拉斯卡拉人总是用同一句话作答："停战？可以，等我们吃了你们的肉再说。"与此同时，四大部落的援军正滚滚而来。

9月5日，当时特拉斯卡拉四大部落的最高军事指挥官小希科滕加亲至军前，各部落联军已聚到4万人有余。眼见形势日益堪忧，科尔特斯只好在敌人完成合围之前强打精神，再次整队出战，做拼死一搏。

西班牙人此时能出阵的只剩400余人，只要还能动的，都被拉回了火线，他们挺起长矛排出阵势。但见敌军漫山遍野，身上涂着红白颜料，头上的五彩羽饰摇曳，晃得人眼花缭乱。当先一将，身形魁伟、虎背熊腰，手持黑曜石战斧，头戴美洲虎头骨制成的战盔，背插一杆指挥旗，上绘着一只振翅欲飞的白鹭鸶，正是小希科滕加，其他三大部落的战士也着本部衣号列成队伍。看见对面的西班牙方阵，希科滕加战斧一挥，特拉斯卡拉战士杀声四起，卷地而来。

西班牙人也早就料到了这样的局面，出阵之前科尔特斯已经做了针对性部署——他要求部下收拢阵型，缩小受打击面，以长矛的长度作为屏障，阻挡敌军使其无法大批同时逼近；欺近身来的对手，则用铁制刀剑对付，发挥武器优势一击必杀，再辅以枪炮弓弩的远程火力掩护，以及骑兵的侧翼牵制。西班牙人用这样的阵法以守代攻，节省弹药和体力，以此消耗特拉斯卡拉人的兵力和意志。

毕竟从软件到硬件，特拉斯卡拉人的作战能力都全面落后于对手，这种差距尤其体现在杀伤效率上。他们前赴后继地冲向西班牙方阵，杀死了对方一些士兵，但简易的木盾挡不住西班牙人的利剑扎伤他们缺少护甲的身躯，每消灭一个对手都要付出牺牲数倍的代价。双方的阵亡比例太过悬殊，特拉斯卡拉人几乎是在用血的洪流去淹没敌人，这样的打法令他们无法承受。战斗持续了一个多小时，小希科滕加的神经依旧紧绷，不计代价地继续催兵猛攻，但他没察觉到，他也几近强弩之末。这次围攻西班牙人的行动是特拉斯卡拉四大部落联合出兵，眼见部属损伤太重，一位年轻的酋长世子不满小希科滕加的指挥，与之发生争执，随后竟命令自己所部撤出战斗，还鼓动其他部落也一起抗命。小希科滕加虽是联军总指挥，但特拉斯卡拉是联盟体制，他对其他各部酋长没有绝对的支配权，自己人使了一招釜底抽薪，小希科滕加只好罢手。

　　西班牙人再次逃过一劫，这一次他们战死45人，超过历次阵亡总和，生还者也几乎人人带伤，虽然在杀敌数字上依然大占上风，但毕竟以一当百，照这个形势拼下去，全军覆没只是时间问题，科尔特斯等人着实是已经一只脚踏进了鬼门关。入夜，心有不甘的小希科滕加又率兵夜袭，不过他们联军内部已生隔阂，其他各部并不配合，加之西班牙人有所准备，再次被打退。

　　昼夜两场胜利，科尔特斯手中和谈筹码又增，然而包括他在内的不少人染上了疾病，军中退堂鼓声又起。科尔特斯发着烧，头脑却清醒：别说现在已经沉了船，就算没沉，回到古巴等待他的也只有贝拉斯科斯的绞刑架；和谈才是唯一出路，现在西班牙人毕竟还没吃过败仗，威慑力犹在，必须趁此时机全力争取和议，片刻也拖延不得。他再次派出使者求和，并要求这些来自森波亚尔等地的土著不要再说"神使是凶神，专吃印第安人的心，战马猛犬都会捕杀印第安人"这类恐吓性言辞，改为突出和平意愿，强调愿与特拉斯卡拉人结盟对付蒙特祖马。西班牙人同时又释放俘虏，大摆友善姿态。特拉斯卡拉方面，小希科滕加是坚决的主战派，通过几次交手，他已经确信面前的陌生人绝不是"神使"，而是和自己一样的人，既然是人，就会有人的野心和贪欲。这帮人全副武装闯进自己的地盘，目的绝不会像他们宣传的"谋求和平"那么单纯。可惜其他几部的首领并无此观察力，他们慑于西班牙人的威力，感于科尔特斯释放俘虏的宽宏，更担心拼得两败俱伤让蒙特祖马有了可乘之机，纷纷主张接过西班牙人伸出的橄榄枝。联营之中，主和之声已经占了上风。

科尔特斯的使者一直奔走军前，前线的战和难决惊动了后方。两天之后，两位坐镇大本营的特拉斯卡拉政治大佬到来，分别是四大酋长中的马塞斯卡西和小希科滕加的父亲、年迈瞽目的老希科滕加。老年人稳健持重，他们评估局势后都认为力拼西班牙人虽然能够获胜，但代价势必惨重，而且除了得到一些稀有的外来祭品让他们以及他们供奉的神祇开开洋荤，并无显著收益，反而白白让虎视在侧的阿兹特克人捡了便宜；而西班牙人的强大战斗力，如能收为己助，倒正可以有效制衡阿兹特克宿敌。特拉斯卡拉高层基本达成共识，与科尔特斯和谈。随后，特拉斯卡拉人派出规格极高的贵族使团，携来大批火鸡、面饼之类的慰问品，来到科尔特斯营中，进行和平谈判。

科尔特斯此时已经大致摸清了美洲土著的脾气秉性。尽管这些原住民有着淳朴的心性，一旦与人缔交往往就会生死以之，但在最初，想获得他们这种友谊，只能通过展示实力，确切地说就是军事实力。因此科尔特斯知道决不能让特拉斯卡拉人看出己方其实已是强弩之末，必须强撑着，倒驴不倒架，虽然现在"神使"已经扮演不下去了，但一定要让特拉斯卡拉的和谈代表们以为自己余勇可贾。他强压怒放的心花，竭力摆出矜持的面孔，埋怨特拉斯卡拉人何以姗姗来迟，更何以竟敢擅起战端。使团成员们还真被他这架势震住了，只好讪讪地答道，因为看见他们和蒙特祖马的属民（指森波亚尔人）在一起，所以误以为他们是阿兹特克人的帮手。至于袭击，那不是特拉斯卡拉人的本意，而是他们下属的几个小部落有眼不识泰山……

场面话交代完毕，科尔特斯也不为已甚，答应给特拉斯卡拉人"将功补过"的机会，让他们的酋长赶紧来缔结盟约，使团满口答应而去。和谈期间，愤怒的小希科滕加要强行率兵再战，但包括他父亲在内的部落要人都严禁族人听命于他。这位特拉斯卡拉的悍将终于含忿作罢，最终，他也不得不亲自来到科尔特斯面前表示歉意与臣服。

接下来，马塞斯卡西和老希科滕加等四大酋长都来到西班牙人营中，力邀他们光顾特拉斯卡拉城。而此时蒙特祖马早听到风声，也派使者来劝科尔特斯不要与特拉斯卡拉人媾和。这样的局势更给了科尔特斯坐地起价的机会，他对双方都表示友善，但对他们联手攻打对方的要求，全都不置可否。两方于是各自加码竞价，阿兹特克人猛砸黄金白银，特拉斯卡拉是贫困地区，拿不出硬通货，就大送族中美女，包括老希科滕加等贵族的女儿。西班牙人一边停战疗养，一边财色兼收，最终在三番五次的延请之下，科尔特斯终于决定移驾特拉斯卡拉城。

特拉斯卡拉人在他们的都城（其实就是个大点的村子），用最盛大的仪式欢迎贵客，全族老少沿路跪拜焚香，随后双方正式确立了同盟关系。至此，科尔特斯等人来到新大陆后面临的最重大的一次危机终告化解，特拉斯卡拉由强敌变成强援。

在特拉斯卡拉城盘桓半月有余，休整已毕后患已绝，科尔特斯准备继续上路，向他理想中的黄金城特诺奇蒂特兰进发，并先去此前准备绕行的乔卢拉。几位大酋长极力挽留西班牙人，请他们留下来协助对抗阿兹特克人，最终苦留不住，他们又自告奋勇，派1万部队同去，以免西班牙人在乔卢拉遭了"狡诈的蒙特祖马"的暗算。科尔特斯婉言谢绝，只让他们出了1 000人随行，但特拉斯卡拉人的态度让他觉得心里十分踏实，现在终于有了空前强有力的臂助，真正可望和中美洲的主宰阿兹特克人一较高下了。

> **按**
>
> 希科滕加在普列斯科特的《墨西哥征服史》中写作Xicotencatl，应译为"希科滕卡托尔"，希科滕加之名系迪亚斯误记误传，《信史》注释中也确认了这一点。不过本文中为了避免人名过于冗长难记，仍采用"希科滕加"这一译名。

17

杀机四伏

特拉斯卡拉人与西班牙人的战和，其实一举一动都在乔卢拉人的注视之下，毕竟两地相隔不到50千米，搜集情报并不是难事。但对于乔卢拉人来说，难的是选择适当的立场。作为阿兹特克人的附庸，特拉斯卡拉人正是他们的敌对阵营，但他们也知道蒙特祖马对西班牙人的忌惮，因此对二者的争斗一直保持观望，并未支持任何一方。应该说这是一种明智的态度，不过当争斗的双方戏剧般地化敌为友之后，他们自然就都把乔卢拉人的审慎视为狡猾的骑墙。

很快，乔卢拉人等来了科尔特斯派来的使者，西班牙人遣来土著责问他们，这一路上遇到的大小部落见了"神使"无不望风归顺，送上黄金、粮食、姑娘，为何单单乔卢拉人如此目无尊长，近在咫尺却不派人来拜望。

与特拉斯卡拉人的一番争斗之后，科尔特斯已经深知对付有一定实力的土著部落，最好尽早立威，从气势上先声夺人，使其不敢反抗。自己毕竟人单力薄，实在是再禁不起上次那样的恶战了，他对乔卢拉人的指责，就带着这种不战而屈人之兵的意思。乔卢拉人听到了科尔特斯传来的口信，果然气为之夺，派人来辩白示好，力邀科尔特斯等人光临乔卢拉。

科尔特斯带着探险队，以及特拉斯卡拉人提供的1000名武士和若干脚夫，朝乔卢拉进发。走到城前，果然看见乔卢拉的酋长、祭司等人大张旗鼓焚香列队，举行了隆重的欢迎仪式。科尔特斯的计谋得手，不过外来者过于高调的态度，让乔卢拉人与他们接触之初，就留下了一点心理阴影。

西班牙人被请进城，特拉斯卡拉人以及森波亚尔人等仆从军则被安置在城外。西班牙人进城的头两天，主人大摆宴席款待贵客，极尽殷勤，除了在改信天主教的问题上一时没能谈拢，对科尔特斯提出的要求无不照办，宾主间气氛很是和谐。

乔卢拉是座大城，人烟稠密，商贸繁荣，富庶程度超过西班牙人此前在中美洲见到过的所有城镇，包括特拉斯卡拉城。而作为中美洲宗教圣地，传说中羽蛇神守护的城市，乔卢拉还有一处足堪作为中美洲原住民骄傲的名胜，那就是乔卢拉大金字塔。该塔垂直高度达54米，底座周长433.74米，尽管高度有所不如，但其周长已经两倍于举世闻名的埃及胡夫金字塔。普列斯科特的《墨西哥征服史》中详尽描述了这个乔卢拉的地标，迪亚斯等西班牙当事人的记载中尽管没有提到详细的数据，也称这座巨塔比他们后来在特诺奇蒂特兰见到的还高。不难想象，这个伟大建筑一定给他们带来了极为震撼的视觉冲击，塔顶神庙中的羽蛇神雕像也给他们留下了深刻印象，蜿蜒盘踞的蛇身，森然吐露的獠牙，无不令他们暗觉惊悸。这些基督徒眼中狰狞可怖的异教偶像，似乎透露出某种不祥的预兆。

果然，入驻乔卢拉城两天之后，西班牙人隐隐觉得，平静的气氛中似乎有某种东西正在酝酿。前两天的欢宴过后，第三天上乔卢拉人忽然断绝了西班牙人的营养供给。这让已经惯于饭来张口的不速之客们有些诧异，随后他们又发现了种种异状：他们住所附近的灌木丛中，影影绰绰似有人影闪现；原本阡陌纵横的城里，忽然多了许多路障，其中有些还是巨木垒成，似乎就是针对他们的马匹的；一些路面上看起来有刚动过工的痕迹，土质有别周遭，好像是刚刚铺撒上的，不免令人怀疑下面挖了陷阱；一些房屋顶上，忽然加筑了一圈掩体，有的还能看出里边堆放了石块，看样子正适合伏兵隐匿其间投石放箭；更重要的是乔卢拉人的态度，忽然转为冷淡，科尔特斯几番催问为何不送饭食，对方只是虚言敷衍，问得急了干脆只送来凉水。

科尔特斯等人此行终究是算计土著的黄金来的，迹近做贼，难免心虚，因此他们在土著人的地界时刻保持高度警惕，即便在享受盛大礼遇的时候都不敢稍有松懈。此时乔卢拉人态度突变，西班牙人自然立时起疑，联想到此前特拉斯卡拉人无数次警告他们，乔卢拉人阴险狡诈无信无义，现在越发觉得此言不虚。西班牙人觉得此时的乔卢拉城中已经杀机四伏，个个颈后似有冷风阵阵而吹。

随后科尔特斯接到了盟友的示警，被安排在城外的特拉斯卡拉人派来8名使者悄悄入城来见科尔特斯，说他们打听到蒙特祖马已经派来大军，就隐蔽在乔卢拉城外西班牙人必经的某处山谷之中，预谋伏击，乔卢拉人也准备与之联手，一举消灭西班牙人。科尔特斯决定做进一步的确认，现在已经见不到此前款待他们的乔卢拉高级要人，于是他严词质问被派来照料西班牙人起居的仆役，试图诈出实情。这些接待人员神色慌乱、支支吾吾的表现，更证实了西班牙人的怀疑。

科尔特斯派出他的王牌玛丽娜，携带礼物去找乔卢拉的大祭司探听口风。这位印第安美女果然是个出色的间谍，在她的巧言令色下，祭司竟然将绝密情报和盘托出：确如西班牙人所料，乔卢拉酋长们已经准备对他们动手，为此他们已将7名奴隶杀死，献祭给战神，以求神灵庇佑。此外玛丽娜还从额外渠道获取消息，印证了祭司们的说法。据说，有一位乔卢拉老贵妇，在此前的欢迎仪式上见过玛丽娜，十分欣赏她的美貌，打算让她做自己的儿媳，这位老妇从她的酋长丈夫那里得知了他们针对西班牙人的谋划，不想玛丽娜和西班牙人玉石俱焚，于是私下找到她报信，要她赶快离开西班牙人，并答应只要玛丽娜肯做她的儿媳，就为她提供保护。玛丽娜佯装答应，将此事报知了科尔特斯。

局势已经明朗，根据现有的种种证据，西班牙人有理由确信，乔卢拉人心怀不轨，决不可坐以待毙。探险队的骨干们纷纷主张先发制人，用雷霆手段粉碎酝酿中的阴谋，这不但为了自保，也是为了立威。最终科尔特斯拍板，抢在乔卢拉人行动之前施以辣手，对他们进行毁灭性的惩罚，并让整个墨西哥通过此事真正知道西班牙人的厉害。

魔由心生，心魔既起，自命天主使徒的西班牙人也即将变成嗜血的恶魔。

18
血洗礼

一缕晨晖投洒在西班牙人的驻地，日光所及之处，但见科尔特斯坐在马背上，披挂严整，手按剑柄，他身后是同样操戈露刃做好了战斗准备的西班牙士兵，他们等待着即将到来的乔卢拉要人。命令昨颁，科尔特斯已经决定就在今天大开杀戒。

天色渐明，人声渐起，营地之外乔卢拉的酋长祭司等，率着婢仆随从，一队队纷至沓来，前后不下百群。原来，此前一天科尔特斯已经派人通知他们，今天就将离开乔卢拉继续向墨西哥城进发，行前想邀乔卢拉的头面人物们都来聚聚，一叙别情。

乔卢拉人愉快地答应，科尔特斯更据此认定他们居心不良。不过，不论乔卢拉人是否真的怀有阴谋，他们都有足够的理由为西班牙人离去而高兴。这群不速之客须得好生招待，几天下来，接待任务繁重，乔卢拉人已感不胜其负，自然巴不得科尔特斯等人速去。于是，接到邀请后，他们全都欣然赴约，准备参加这为了告别的聚会。

毫无心理准备的乔卢拉人没有想到，这不是寻常的告别，而是永诀。

由于他们为西班牙人提供的居所甚大，房前庭院宽敞，各位酋长及随员都能在院子里找到立足之地。科尔特斯礼貌地与他们寒暄搭话，态度却似乎带着点距离感，并不像领情辞谢的样子，西班牙士兵们看似随意的站位，也有意无意间把住了各处进出口。待得院子里来人越聚越多，该到场的都各就各位了，科尔特斯忽然脸色一沉，一串疾声厉色的质问，对着乔卢拉的要人们劈面而来。

西班牙人带着蒙特祖马的善意和乔卢拉人的邀请，作为朋友而来，尊重乔卢拉人及其财产，尽力避免一切可能引发不快的事情，把大多数的军队都留在了城外（指特拉斯卡拉等盟军），可称仁至义尽。而乔卢拉人表面示好款待，使西班牙人以为他们好客友善，放松警惕，暗地里却酝酿阴谋诡计，实在卑鄙。而且乔卢拉人还杀人祭神，妄图借助邪神来对付基督徒，更是罪不可逭，西班牙人必将施以惩罚，而惩罚只有一种：死亡。

科尔特斯声色俱厉，从他的表情语调中乔卢拉酋长们就感到了不祥，而当玛丽娜传译了科尔特斯的指控，众人各个愣在当场。迪亚斯将此看作他们被揭穿后的震惊与惶恐，不知道西班牙人施了什么神通，竟然能读出他们心底的密谋。但事实上也可能是这些人完全想不到科尔特斯竟会忽然翻脸，也不知他的指责是从何说起。

不过科尔特斯显然并没打算给他们分辩的机会，霹雳一声，一位枪手按照事先的布置射出信号弹，院子里乔卢拉人顿时被震得鸦雀无声。但这平静只持续了一个瞬间，早就画好包围圈的西班牙士兵们已经拔剑而出，呼吼着刺向吓傻了的乔卢拉人，顷刻间院子里血肉横飞，惨呼声不绝于耳。

> 他们全都紧挤在庭院里，像驯服的羔羊跪在地上，武装的西班牙人把守大门，一切就绪之后，西班牙人便拔出利剑向羔羊刺去，一个都不放过。两三天后，一些浑身鲜血淋漓的印第安人从死人堆里活着逃了出来，他们向西班牙人流着泪乞求怜悯，请他们勿再杀人，但这些心狠手辣、没有一点良心的强盗又把这些印第安人剁成碎块。对那一百多名被捕的头人，队长下令将他们捆在柱子上活活烧死。一个头人，大概是那地方的国王，挣脱绳索与另外二三十人或四十人逃进一座他们称作"杜"的、外表很像一个城堡的大庙里进行了长时间的抵抗。由于这些人手无寸铁，西班牙人根本不把他们放在眼里。后来，强盗们把大庙付之一炬，在烈火中挣扎的印第安人高声叫道："啊！歹毒的畜生啊！我们怎么得罪了你们？为什么要屠杀我们？你们有本事到墨西哥城去吧，万能的首领蒙特祖马会给我们报仇的。"据说，那次西班牙人在庭院里用剑刺死了五六千人。当时，他们的队长一边杀人，一边还高声唱道：
>
> "尼禄在塔尔佩亚石丘上观望，
> 大火吞噬了罗马城，火海汪洋。
> 老人们苦苦呼救，孩子们呼爹唤娘，
> 而他却无动于衷，好像没看见一样。"

这是卡萨斯神父在《西印度毁灭述略》中对这场大屠杀的记述，文中"他们的队长"即是指科尔特斯，卡萨斯曾在西班牙与他有过一面之缘，不知是否出于此，隐去了他的名字。固然卡萨斯笔下一些过于舞台效果的描写，看起来有些失真——比如科尔特斯竟会去主动扮演古罗马大暴君尼禄以凸显自己的坏人形象——不过无论如何，乔卢拉确实在这一天经受了血的洗礼，以利剑火枪攻手无寸铁，以精心策划攻猝不及防。这已经完全称不上是战斗，而只是西班牙士兵的屠宰演习，至于屠杀的细节是否与卡萨斯的描写吻合，并不重要。

一些闻声赶来的乔卢拉人目睹屠戮情状惊怒交加，向西班牙人营地发起进攻，试图解救被围的同胞，但科尔特斯早就布下了重武器，增援的乔卢拉人只能成批地充当炮灰。

但科尔特斯的计划并不止此，他早计划得清楚，乔卢拉毕竟是大城，人口太多杀不胜杀，除掉敌对者之后，还要控制住这座城市，才是要紧。他率领人手杀出营地去占领乔卢拉的各处城市中枢，城外的特拉斯拉卡人也如约发起进攻。乔卢拉城投入蒙特祖马庇护以来，久疏战阵，城里的头面人物又几乎都被杀尽杀绝，已经没有人指挥防御，刚才西班牙人营地里的恐怖场景，旋即蔓延至整个乔卢拉。金刃劈风，枪械轰鸣，还有西班牙人激扬的呼喝，夹杂着乔卢拉人垂死的哀号与绝望的乞怜，前一种声音逐渐压过了后一种，直至将之完全掩盖，持续了几个小时的屠杀奏鸣曲，终于画上休止符。

乔卢拉城是中美洲土著的宗教圣地，庙宇神坛遍布，财宝供物甚多。西班牙人将这次行动视为先发制人的防卫，自觉理直气壮，在杀光了假想敌之余，老实不客气地将乔卢拉神庙中的财富洗劫一空。乔卢拉城供奉的主神就是羽蛇神，而毁灭这位神灵享祀之所的，恰恰就是一度被误以为是羽蛇神化身的西班牙人，这样的结局令人嗟叹。作为西班牙人的盟军，特拉斯卡拉人此前就曾报信示警，现在协助屠城又立新功，也分到了一些战利品。和其他中美洲民族一样，他们最重视的也是活捉奴隶，兴高采烈地拉走了大批躲过西班牙人刀枪的余生者。根据他们的积习，这些奴隶最终的归宿十有八九是走上祭坛，科尔特斯虽然对人祭深恶痛绝，但现在正仰赖特拉斯卡拉盟军用命，对此也就睁一眼闭一眼，不过他命令部下以及特拉斯卡拉人不得掳掠妇孺。

这个"盗亦有道"的命令，一方面是因为科尔特斯宗教层面的自律精神，同时也是出于他的远见，科尔特斯并不想把乔卢拉变成一座乱葬岗，使其恢复生气和秩序，变成西班牙人的附庸和基地，显然来得更划算。屠掠尽兴，科尔特斯开始着手布置善后工作。他命令特拉斯卡拉人掩埋死尸，冲洗被鲜血浸染的街道和广场，用鲜花装点劫后的城市，竖立十字架标榜基督徒的仁爱，抹去屠杀的印记，仿佛一切都没发生过。

后来科尔特斯在给西班牙国王卡洛斯一世的奏呈中称，此次事件中屠杀了乔卢拉居民3000人，而在前面的引文中可以看到，卡萨斯神父记录的数字两倍于此，其他书籍中对死难人数还有更高的估算。抛开难以稽考的确切数字，有一点可以确认，那就是乔卢拉社会的上层在此次事件中毁于一旦，除了先前通风报信的祭司以及蒙特祖马的使节得到了保护，年纪最长威望最重的酋长头领们全部被杀死。科尔特斯从剩余的贵族中物色了对西班牙人态度亲善的，扶植为乔卢拉首领，并通过他们命令乔卢拉人重开市场商铺，恢复以往的生活方式，召唤原来住在城外的居民进城，填充大屠杀造成的人口空缺，同时做思想工作，宣布西班牙人并无敌意，冲突完全是由于已故的酋长们暗怀鬼胎，西班牙人所做的，是为了将一场暴乱泯于无形……在他的一系列安抚措施下，民众情绪逐渐稳定，仅仅过了两个星期，大屠杀就仿佛成了遥远的记忆，乔卢拉基本恢复了往日的平静。

尽管科尔特斯的奏呈和迪亚斯的《信史》中都坚称，乔卢拉城的遭遇完全是他们咎由自取，但这掩不去屠杀的血案。科尔特斯等人的字里行间都透出这次屠杀带有明显的警示目的，这种动机下，证据让位于现实需要，一定程度上甚至算是有意为之。而比较屠杀前后的一些事实也不难发现，他们对乔卢拉人阴谋的指控并不充分：传言中已经挺进到乔卢拉附近的阿兹特克大军，事实上并没有出现；而乔卢拉酋长们招之即来、毫无戒心，这也不像是酝酿阴谋者应有的表现；乔卢拉人面对西班牙人突然翻脸时的手足无措，也足以说明他们完全没有做好战争的准备。

因此，西班牙人仅凭并不充分的证据就实施了大屠杀，这不能简单地归结为偏听偏信或猜忌紧张所致，他们这种行为更源自他们面对异常情况"宁可错杀"的有罪推定。而要理解这种思维方式，又要深入当时西班牙人的精神领域寻找答案。

在早期的殖民活动中，资源，尤其是黄金，固然是殖民者的首要诉求，但同时殖民者还不自觉地承担着为基督教世界输出意识形态的使命。据记载，殖民者每到一地，都会用西班牙语对初见的土著居民宣读称为"规则"的文件，以教皇和国王的名义要求土著人服从西班牙人统治，并接受天主教信仰，否则后果自负。这并不完全是故作姿态，对殖民者来说，他们很大程度上把宗教层面的意义作为自己征服甚至杀戮的合法性依据。为此，对于殖民地上的原住民，无论将他们视为奴仆还是自由民，都必须对其世界观加以改造，使其成为上帝的信徒。尤其最早实行海外拓殖的欧洲人，大多来自西班牙、葡萄牙这两个伊比利亚国家，两国几百年来是西欧与异教异族势力争斗的最前线，在斗争中锤炼出了格外强烈的以宗教为纽带的自我认同意识。与此同时，一神教那种先天的扩张性和排他性，以及非此即彼的、对异类不加宽容的世界观也根深蒂固。在这种斗争哲学指导下，伊比利亚人不但将半岛南部被摩尔人占领的领土视为应当收回的故地，还进而将全世界的一切土地、财富都视为自己应得的上帝之赐。至于这些土地、财富现在的拥有者，只不过是临时代管而已，基督徒有权力甚至有义务向其收回，为此动用剑与火，也都是理所应当。这种思想的极致体现，就是教皇亚历山大六世于1493年和1494年两度"划分世界"——将东西半球分别划归葡萄牙人和西班牙人去征服，其中包括了中国、印度、波斯、阿拉伯等历史悠久、实力强大的国家。16世纪占领菲律宾后，西班牙人还拟定过详细的"征服中国计划书"（被西班牙国王卡洛斯惊恐地否决）。这并不是个别人的狂想，而是当时刚刚步入殖民时代的欧洲主流世界观与意识形态，认为对殖民地的征服有着基于宗教的合法性和必要性，这种思维方式也就是普列斯科特所称的"征服权"（the right of conquest）。

因此，早期的殖民者都怀有神圣的宗教使命感，受过高等教育的科尔特斯更是如此。而他在中美洲一再遇到的人祭之类的土著风俗，更使他对这种"落后文化"深恶痛绝。当感到乔卢拉人准备对自己不利，并且杀人祭祀邪神以求保佑时，他本能地要摧毁这"滋生恶念"的宗教与文化。此时他眼中的乔卢拉人不但是策划阴谋的敌人，还兼具了异教徒的属性，他对他们的屠杀，不但是先发制人的正当防卫，也是对异教徒的"圣战"。一切残暴行为，不但是情势所迫，更是政治正确、法理无碍的正义之举。而且基督徒的道德观很强调诚信，当科尔特斯认定乔卢拉人两面三刀背地搞阴谋，他深感被欺诈，报复的手段也就格外酷烈。

而屠杀中，虽然几位祭司因为通风报信得以免死，但寺庙、神殿仍然遭到严重抢掠和破坏。事态平息之后，科尔特斯也派神父竖立十字架让乔卢拉人朝拜，借机推广自己的宗教来占领精神高地。

在这种情况下，血洗乔卢拉的理由已足够充分，阴谋论是否证据充分，已经无关紧要。

乔卢拉城中还驻有蒙特祖马的使节，科尔特斯也将屠杀作为给他们的明确警告，动手之前他将使节们招来，告知计划，并表示自己相信乔卢拉人的阴谋绝对与蒙特祖马无涉，自己的人也不会侵犯各位使臣，命悬人手的阿兹特克使节们只有唯唯称是。屠杀之后大约两个星期，眼见乔卢拉之事已了，科尔特斯决定继续去寻蒙特祖马，命这些使节们先行回去通禀，自己整顿好队伍，又从乔卢拉招募了2000名武士从征，一行人马启程，向着特诺奇蒂特兰进发。

19
兵临城下

特诺奇蒂特兰，夜色正深沉。这座城市的主人蒙特祖马辗转反侧。

使者已经向他报知了乔卢拉的遭遇，步步逼近的西班牙人正由可怕的传说变成可怕的现实。蒙特祖马心中对未知事物的恐惧感，也一点点变成了对宿命的无力感。破财消灾的计划失败了，假借特拉斯卡拉人阻敌的驱虎吞狼之计也失败了，甚至求助于超自然力量，也无济于事——蒙特祖马曾调集阿兹特克人中法力最高深的巫师，做法阻止西班牙人前进，但这些入侵者却丝毫没有放缓脚步的迹象。看来祖传的祛邪之法，镇不住新来的恶煞凶神，这简直让蒙特祖马有了一种天人共弃的悲哀。

现在他似乎只有一个选择了，那就是抛弃一切幻想，立刻调集阿兹特克的精锐大军，在西班牙人前往特诺奇蒂特兰的路上予以迎头痛击，以不胜则死的决绝姿态，跟入侵者真刀真枪一较高下，成则御敌于国门之外，败亦不失为轰轰烈烈。黑暗之中，蒙特祖马的牙关咬了又咬，几次下了这样的决心，但每一次，他紧紧攥起的拳头最终又都无力地摊开。

这不完全是他性格中的优柔寡断使然，更是情势所迫，只有在这样的情势下，"阿兹特克帝国"的真实面目才清晰地显现出来。这并不能算是一个真正意义上的帝国，其组织水平比之部落联盟仅仅高出一点而已，中央集权的程度远远不足以让辖下的各部族百分百服从，尤其面临着此刻的"美洲千古未有之大变局"，阿兹特克人凭武力打出来的威望已经大大地动摇；蒙特祖马也不是当时以及后世一些人想象中的那种全权君主，调集倾国之兵这样的军国大事，他也必须得到属下各级酋长、祭司的一致认可才能实行，固然此前他和他的前任们都发动过不止一次的大规模的"荣冠战争"，但这一回的对手不可同日而语，他们有着超出阿兹特克人认知能力的军事技能，还有"神使"的光环，要说服辖下错综复杂的各派势力团结起来去对付这样的敌人，蒙特祖马实在没有把握，而且如果逼令太急，搞不好还可能会引发更加难以收拾的局面。更兼当下已经入秋，正是一年中最重要的玉米收获季节，战时为兵耕时为民的阿兹特克人大多都在田里劳作，要在这个时候集结军队，难度更是不言而喻。此时的蒙特祖马纵然有决心，但能利用的战略资源究竟有几何，也着实难说，如果他此时知道了后世摩尔根"阿兹特克非帝国"的论断，想必要苦笑颔首。

就在此时，黑夜中仿佛闪过一个火花，愁肠百转的蒙特祖马灵光突现，犹如忽然看见一根救命稻草，他呼吸加快心跳加剧，思维也加速运转，一个前所未有的念头在脑中浮现，几经推敲，他愈发认定了这就是对付西班牙人的最佳计划。

再说前进路上的西班牙人。乔卢拉屠城的消息，很快传遍了墨西哥各个部落。这些传闻是科尔特斯有意放出的风，当然都采用西班牙人的宣传口径，说乔卢拉人心怀不轨，结果西班牙"神使"神目如电，一早窥破阴谋，乔卢拉酋长们遭到应有的严惩，结论是：不要试图对西班牙人耍阴谋，因为他们能轻易识破，并且严惩。得益于这样的宣传，他们一路行进比之前顺畅了许多。而且，更出乎他们意料的是，蒙特祖马方面似乎也没拿出防范措施，通往特诺奇蒂特兰的道路竟是异常的轻松，除了一些树木堆积的路障，几可算是畅通无阻。

但他们仍然不敢放松警惕。由于觊觎阿兹特克人的黄金，他们一早就将蒙特祖马锁定为头号假想敌，听了土著盟友太多的关于这位阿兹特克王强大武力的夸张描述，西班牙人也不敢怠慢，心里早就预备着与这位大BOSS的终极PK。

蒙特祖马方面的人终于来了，不过来的不是阻击的军队，而是欢迎的使节。这回的使团气派之大礼品之重规格之隆，皆是前所未见，领头的是蒙特祖马的四个族侄。虽然他们也像前几位使者一样，委婉地请求科尔特斯等人打道回府，但言辞间态度已不太坚决恳切，只像是走走过场而已。在科尔特斯再次明确了非见蒙特祖马不可之后，他们也就不再固请。此后又陆续有这样的迎宾团，出现在探险队的马前，劝返变成了事实上的引领。

果然再没有军队阻击，西班牙人平安地一步步深入中美洲腹地。道路渐宽，城镇渐密，不时有光怪又巍峨的巨石建筑出现在道旁，造型奇异，前所未见，让西班牙人们觉得身在梦境。几日行军，探险队接近了特诺奇蒂特兰的东南缘，海拔5000多米的波波卡特佩特火山竦峙在面前，苍山负雪，冷峻森严，令人

19 兵临城下

不敢逼视，一如吉凶莫测的阿兹特克都城。转过山去，就到了奇幻之旅的尽头，特斯科科湖碧蓝的湖水，映出了他们梦想中的黄金之城，水波荡漾，倒影中的城市也随之飘忽摇摆，万千风姿，亦幻亦真，更让人分不出梦境与现实的边界。

事后，这趟旅行的亲历者们在回忆录中分析，蒙特祖马将他们引入自己的都城别有用心。因为特诺奇蒂特兰是建在岛上的城市，很容易通过一些堤坝与闸门将城市的某一部分隔绝开来，迪亚斯认为这就是蒙特祖马的打算，他想将西班牙人引进城去，困死在城里。他的《信史》中还写道，不少土著已向他们提出警告，要提防阿兹特克人这手阴招儿。科尔特斯也深知特诺奇蒂特兰的凶险，并对自己挥军入城的魄力非常自得，日后在给西班牙国王的奏呈中夸耀，"世上更有何人能豪勇如此"？

这是西班牙人事后的判断，当然，已经无从考证作为当事另一方的蒙特祖马的真实意图是否如此，不过，如果站在他当时的立场上考虑，不得不承认，这几乎确实是他能采用的最合乎逻辑的应对方法。

如前所述，蒙特祖马出于诸多难处，无力在整个中美洲范围内对西班牙人发动起人民战争，但此时仅是阿兹特克本部的军力也相当可观，研究者对他们人口的估计，仅特诺奇蒂特兰一城就有超过20万。参照特拉斯卡拉人阻击西班牙人的事例，即便不依靠臣属和盟军，蒙特祖马也完全有条件向人数上处在绝对劣势的西班牙探险队开战，并且完全有可能战而胜之，或者最起码，依托着易守难攻的水上堡垒特诺奇蒂特兰，将他们拒之门外应该不成问题。

但值得蒙特祖马担心的也正在于此，抛开战场上的风险不谈，发起这样的军事行动代价无疑将过于高昂，甚至会让某些觊觎阿兹特克人地位的部族趁机捡了便宜。而且对蒙特祖马来说，西班牙人最令人忌惮的恐怕不是武力，而是他们强大的同化力。他们从沿海一路闯来，从阿兹特克人的附庸森波亚尔人到对头特拉斯卡拉人，无一例外成了他们的盟友，甚至被他们血洗的乔卢拉，如今也站在了他们一边。如果他们不能如愿进入特诺奇蒂特兰，必将继续游走在中美洲各地，如庖丁解牛般肢解阿兹特克人主导的部落联盟体系，招揽越来越多的部落叛离阿兹特克主人，投入他们的阵营，最终如瘟疫蔓延，不可收拾。

打也打不得，劝也劝不得，对付这种蒸不烂煮不熟捶不扁炒不爆的铜豌豆，蒙特祖马想出的主意只能是：把它吞进肚里，用胃酸溶解它。他们不是一心想来特诺奇蒂特兰吗？索性放他们进来，以金银财帛厚赂之，以湖水高墙隔绝之，使他们不能再四处从事颠覆活动，再收拾与他们通同一气的部落，稳住阿兹特克人在联盟中的霸主地位，然后待时而发。

　　这样的思路，大概能够还原蒙特祖马对西班牙人从百般躲避到开城相迎这个180度大转弯过程中的思维轨迹，这不失为一个良策，可惜，只是理论上的，最终蒙特祖马会绝望地发现，牙齿解决不了的问题，肠胃同样无能为力。

20
擒王

1519年11月8日，在全新的陌生世界里艰苦跋涉了大半年的科尔特斯和西班牙探险队，终于可以在他们梦想中的城市前驻足眺望。特诺奇蒂特兰就在眼前，盛大的欢迎队伍已从城中逶迤而出，黄金的光芒也仿佛在不远处的城墙后摇曳着诱人的召唤。这一天，距他们自古巴起航出征，整整过了8个月零20天。

最大规模的迎宾团来到眼前，几乎不用介绍，科尔特斯就认出了，远处几条堤坝交汇处的小广场上，一座金字塔下众人簇拥着的，绝对就是传说中伟大的阿兹特克君王，蒙特祖马二世。只见他约40岁，高高瘦瘦的身材，大概是保养周到不事劳作，肤色较其他印第安人白皙，头发刚刚盖过后颈，打理得乌黑油亮疏朗有致，脸颊狭长，目光灵动但表情和善，周身上下宝光流动，连鞋子都镶满宝石，四个同样衣着华贵的大酋长在他左右搀扶随侍，他们身后的仆从打着一顶翠绿色的大伞盖，用鸟羽织就，镶金饰银华丽非凡。一同前来迎接的，还有特斯科科部的酋长内萨华尔皮利及其部落要员，西班牙人前来特诺奇蒂特兰的路线，正是在他们的地盘上。

科尔特斯连忙下马，带同几位头领及翻译人员走上近前，施以参拜国君之大礼，蒙特祖马及其随员也还礼如仪，科尔特斯试图同蒙特祖马握手，却被后者的侍卫挡开了。彼此一大套客气寒暄，都是外交辞令，说者措辞考究，听者似懂非懂，仅仅明白对方的大致意思是表示友善，当然，双方也都不敢对这种示好过于当真。

欢迎仪式已毕，蒙特祖马命他的两个侄子引科尔特斯等人去早安排好的寓所好生款待，自己起驾回宫不提。西班牙人则随着迎宾人员，沿着另一条长堤进入特诺奇蒂特兰。

"神使"到来的消息，早已传遍全城，一城父老都赶来争睹这史无前例的奇景，人潮汹涌万头攒动。一路上西班牙人所到之处，街市边、窗棂里、渡船上，处处都有好奇的目光投射出来，每个西班牙士兵都体会了万众瞩目的明星感觉。行了一程，到了蒙特祖马为他们安排的住处，围观者热闹看够，也纷纷散去。这是一座占地广阔的宅院，坐落在湖中一处岛上，通过几条长堤与城市其他部分相连，周围有一圈一人多高的巨石垒成的不规则围墙，房舍多是平房，只有院中央有一座二层的石头碉楼，是俯瞰整个院落的制高点，布置陈设整洁大气，也摆放有很多金银器皿，整座院子足能容纳数千人。西班牙人被告知，此处是"先王"阿萨亚卡特尔，也就是蒙特祖马的父亲生前的宫舍，现在则作为供奉他的祠堂。之所以让西班牙人住在这里，就因为他们是"神使"，特意让他们与祖先神灵待在一起。随后，蒙特祖马又亲来看望，厚礼相赠。晚上，礼宾人员奉上盛宴，西班牙人大快朵颐，但酒足饭饱之余，科尔特斯仍是丝毫不敢放松警惕，命人在院墙上开凿射击用的枪眼，又将几门大炮架在院墙角上，对准四面，以备不测，全队上下，枕戈而眠。

接下来几日，科尔特斯又数度到蒙特祖马宫中进谒，进一步拉近关系，跟与其他土著首领打交道时一样，蒙特祖马对他索要的一切物品都毫不吝惜，就是在宗教信仰方面，一时转不过弯儿来，不过总的来说宾主之间还是愈发熟稔融洽。进城第四日，也就是1519年11月12日，除了住所和王宫尚未去过别处的科尔特斯率同手下出发，在特诺奇蒂特兰城中游览，后来他在给西班牙国王的第五封奏呈中陈奏了所见所闻：

> 该城有许多广场，广场上有连接不断的市场和买卖交易。还有一座相当于两个萨拉曼卡城那么大的广场，周围全用檐廊围着，每天都有六千多人在那里买卖东西，来自世界（指中美洲）各地的各种各样的商品：粮食和日用品；各种首饰：金的、银的、铅的、铜的、铁的、石头的、骨头的、贝壳的、羽毛的；有一条卖狩猎物的街，那里能买到大地上所有的各种飞禽：母鸡、石鸡、鹌鹑、野鸭、鸭、柳莺、斑鸠、鸽子、装在笼子里的小鸟、鹦鹉、长耳鸦、鹰、隼、雀鹰和红隼，还卖带有头、羽毛、嘴和爪子的飞禽皮，以及各种兔子、鹿和小狗，小狗是阉过的，长大了可以吃肉。有几条草药街，那里有世界上能找到的一切能入药的根和草，有一些药店出售成药，比如便于携带的药膏。有一些理发店，为人理发洗头。有几家

饭铺,卖食物和饮料,有很多人,像卡斯蒂人所说的搬东西的脚夫。有许多木材、煤、陶火盆和各种铺床的席子,还有一些比较薄的席子,用来当椅垫,铺客厅和卧室。有很多蔬菜,特别是葱头、韭葱、大蒜、独行菜、水田芥、玻璃苣、酸模、刺菜和洋蓟。有各种水果,如樱桃和洋李,和西班牙的相似。①

当时,迪亚斯也随主帅一同出游,不过他的《信史》中除了和科尔特斯一样关注了市集繁华百业兴旺的胜景,还着重描述了特诺奇蒂特兰令人压抑恐惧的一面。作为阿兹特克的文化中心,特诺奇蒂特兰有很多雄伟的宗教建筑,这些阿兹特克人眼中的神圣场所,是蒙特祖马最乐于向客人展示的,一方面彰显国力之强,另一方面也希望借重神力,震慑不速之客。就在这天,蒙特祖马邀请科尔特斯等人登上城中最宏伟的金字塔观光览胜,此处是特诺奇蒂特兰城中最高的人工建筑,气势磅礴,令人仰止,114级台阶通向塔顶的神庙,科尔特斯等人拾级而上,蒙特祖马已率一群祭司显贵迎候在那里。

蒙特祖马拉着科尔特斯,并肩站在塔上极目远眺,全城景象尽收眼底,但见金字塔前的大广场开阔平旷,似乎比西班牙驰名的萨拉曼卡广场还大。广场之外的城市街区,阡陌纵横,行人如织,房舍墙壁粉刷得雪白耀目,全城20余座大小金字塔林立,神庙祭台香火旺盛,远处环绕城市的大湖之中,人工小岛星罗棋布,无数船只穿梭其间,一道道堤坝与桥梁环环相扣,将水陆连为一体。西班牙人也对特诺奇蒂特兰的繁盛叹为观止,可是,当他们应邀进入金字塔顶的神庙内参观,顿时印象大变,仿佛从天堂一步跨入地狱。尽管这里供奉的神像巨大气派遍体金银,但可怖的造型以及无处不在的血腥人祭痕迹,让西班牙人大倒胃口:

……一个像大厅一样的房间,内有两个祭坛,天花板上安装着精美的木板。两个祭坛上各有两尊巨人像,身躯高大,而且都很胖。右手一尊据说是他们的战神,这尊神像脸很宽,眼睛又丑陋又可怕;浑身沾满宝石、黄金与大小珍珠……房间内放着几个焚香的火盆,这种香叫古巴脂,当天

---

① 科尔特斯《奏呈》,科尔特斯曾写给西班牙王室七封奏呈,讲述他在墨西哥的所为,本段引文出自其中第五封。

献祭的三个印第安人的心脏，同古巴脂一起焚烧，他们刚用烟与古巴脂祭过那尊神。神堂几堵墙壁溅满血污，结成一层黑色硬皮；地面也如是，整个房间散发出一股恶臭。

……战神像左手边的那个祭坛，立着另一尊大神像，脸像熊脸，眼睛闪闪发光，是用镜片般的东西镶成，神像身上也沾满宝石，与战神像一样，因为据说他们是兄弟俩，这尊神像是地狱之神，掌管人的灵魂；

……神庙的顶部还有一个木制的神龛，制作得十分精美。神龛内供着一尊半人半鳄鱼的像，浑身镶满宝石，一件斗篷罩住身体的一半，据说这尊神像浑身沾满当地出产的各种种子，是播种与收获之神。墙壁及祭坛上全是血迹，恶臭难闻，我们简直无法忍受到出去的时候。那里有一面非常大的大鼓，敲起来声音悲凉，犹如地狱里发出的响声，在二里以外的地方都听得见。据说鼓面蒙的是极大的蛇皮。在那个小平台上摆着许多看上去阴森可怖的东西——号角、小喇叭，还有大刀，还有已烧焦的印第安人心脏，他们是以焚烧时腾起的烟来熏他们那些偶像的。而且一切都血迹斑斑，我真要诅咒这一切。由于那里臭得像屠宰场，我们恨不得立刻走开，不想再闻到那种令人恶心的气味，也不想再看到那种丑恶的景象。(《信史》第五十八章)

以上是迪亚斯《信史》中的描述。看到这样的景象，科尔特斯不由得又生出宗教文化上的优越感，向蒙特祖马推销天主教，以期用此取代阿兹特克人血腥丑陋的落后文化。他建议蒙特祖马允许他们在大金字塔上竖立一个十字架和一尊圣母像，并声称那样一来，天主教与阿兹特克人的这些牛鬼蛇神将高下立判。

没想到，此前对西班牙人几乎有求必应的蒙特祖马闻言，勃然变色，要求科尔特斯不许再亵渎他们的神明，并且表示，因为西班牙人的狂悖言论，他要去向神像告解请罪。宾主不欢而散，科尔特斯一行讪讪地告辞下塔，路过塔前的塔特卢尔科大广场时，又看见了上面整齐码放的人颅骨、大腿骨，多得数不清，这可怖景象令他们对阿兹特克人的神明与宗教更添厌憎。

经过这趟游览，科尔特斯认识到，想用宗教给蒙特祖马洗脑，不战而屈人之兵，这个美好的计划并无可行性，起码短期内绝难奏效，而自己一方处在这样高度紧张压抑的环境下,也拖不起。再说十字架的事情只是个开头,自己这一干不速之客,迟早会与主人发生更多的摩擦。现在寄身他人檐下,一旦闹翻,不要说寡众悬殊全无胜算,对方就算不动手,只把连接他们寓所与外部的堤坝断掉,他们就只能守着金子饿死了。因此,虽然现在他们还享有蒙特祖马的优待和阿兹特克人的敬畏,但事实上是危如累卵。而要想改变这样的不利处境,只有一个办法:控制住蒙特祖马,使阿兹特克中枢无法做出伤害西班牙人的决定。况且,如果能让这位中美洲的统治者听命于己,那也就等于接管了他富庶得难以想象的"帝国"。"立国家之主赢几倍?无数!"

科尔特斯召集手下的阿尔瓦拉多等5位军官,将这个大胆的计划与他们说知,大家竟无一例外深表赞同。

科尔特斯等人密谋之际,又发生了一件意外,使他们不得不提前将擒王计划付诸实施。原来,两个特拉斯卡拉人的信使秘密混进城来,向科尔特斯报告,他海边的基地遭到袭击。一些效忠于阿兹特克人的部落攻打与西班牙人结盟的部落,科尔特斯留驻当地的军官埃斯卡兰特率一小队西班牙士兵赶去助战,也遭到了伏击,损失惨重,不但当场折损一人一马,埃斯卡兰特及手下另外6名士兵也身负重伤,逃回营地后不治身亡。

这个事件极大地刺激了科尔特斯,他认为这绝非寻常的部落争斗擦枪走火,而是有明确战略意图的阴谋,现在看来,好像他们入城之前听到的种种关于蒙特祖马的阴谋论都已坐实。从这个举动看,蒙特祖马确实是打算在城里稳住西班牙人,同时剪除他们的盟友,使其无论在城外还是城内都陷入彻底的孤立,待得扫清外围,就可以随时把困居城中的西班牙人变成笼中之鸟、瓮中之鳖。此时已是1519年11月下旬,距离西班牙人入城已过了将近一个月,科尔特斯等人愈发觉得,或许蒙特祖马此前的热情款待都是麻痹他们的迷魂汤,现在剂量差不多了,他酝酿已久的阴谋,似乎就要到了收网的时候。时间紧迫,人人自危,科尔特斯决定,抢在蒙特祖马之前,先发制人。这无疑是一个大胆到放肆的决定,但科尔特斯已别无选择,他和探险队骨干们连夜谋划最后的细节,同时祷告,以求上帝保佑。次日一早,科尔特斯命人依照前几次的惯例入宫通禀,说要求见蒙特祖马,获准之后,率领5名军官,佩剑携枪全副武装,直入宫中。

对蒙特祖马来说,西班牙人的造访已经不是什么新鲜事,每次来见,无非是讨要金银或者推销他们的十字架而已。或许就是基于这样的经验,这一回他也未加防范，照例请科尔特斯进来说话。

正是经验主义害死人，这一回，虽然开头的叙礼还是一如旧例，但见礼已毕，科尔特斯忽然把脸一沉，质问蒙特祖马既然声称愿把西班牙人当作朋友，为什么派手下攻打已向西班牙人效忠的部落，还杀死了西班牙人。蒙特祖马通过翻译明白了科尔特斯的指控，僵在当场，此刻他才察觉出气氛异常，来者不善。却不等他有所反应，科尔特斯已经道明了来意：他要求蒙特祖马离开王宫，随他们到住所去。这等于向蒙特祖马当面宣布，他现在已经是西班牙人的俘虏。

蒙特祖马是否真如西班牙人指控的那样，幕后操纵并已经发动了针对西班牙人的阴谋？由于阿兹特克方面资料的缺失，这个问题现在已经无从查证了。不过，即便他真的对科尔特斯等人不怀好意，此刻也一定尚未准备充分，他没想到反目的一天竟是这么突如其来，现在变生不测，局面完全脱出掌控，他的大脑也接近空白。阿兹特克王只能徒劳地辩解，一会儿诚恳地赌咒发誓自己绝对与袭击西班牙人之事无关，一会儿气急败坏地声称不肯离开王宫。

西班牙人凭借区区几人入宫擒王，这本是绝处求生的亡命之举，但蒙特祖马这样色厉内荏无计可施的表现，分明给科尔特斯壮了胆。他命令手下过去拉拽，蒙特祖马的近侍连忙阻止，都被西班牙人宝剑出鞘，刺死砍伤。现在蒙特祖马在自己的宫中被全副武装的西班牙人包围，空有庞大的军队和臣民，奈何性命垂于人手，随时可能伏尸一具，血流五步，一急之下，竟然放声哭了起来。西班牙人胆气更盛，几个手下故意高声对着科尔特斯叫道，不如索性就此杀了蒙特祖马。喊打喊杀虽然听不明白，对方言语间的腾腾杀气却能感受得到，蒙特祖马更吓得六神无主，最后还是玛丽娜上前和声安慰，劝说蒙特祖马不要再做无谓的挣扎，赶快按照西班牙人的命令随他们出宫，并表示科尔特斯一定会信守承诺，对他加以优待。

别无选择的蒙特祖马只能就范，在西班牙人的押解下，离开王宫。科尔特斯也意识到，不能对他加以折辱，以免他的臣民目睹之后再生变故。他和蒙特祖马达成默契，让他乘着平日的步辇，以"自愿"名义，跟随西班牙人前往他们的住所，说这是因为得了神明的启示。果然，一切顺利，至此，科尔特斯这次美洲冒险中最惊心动魄的一笔，平平静静地收场。不入虎穴，焉得虎子，西班牙人近乎妄为的勇气，最终也为他们带来了丰厚的回报。

此后，蒙特祖马一人身兼俘虏和君王二职，科尔特斯信守诺言对其好生安顿，礼敬如初，又把蒙特祖马的婢仆仕女都传唤来，让他们像平日一样服侍主人，同时他也严令西班牙士兵对蒙特祖马保持尊敬态度，甚至还公开鞭笞过被蒙特祖马认为对他不敬的一个西班牙水手。蒙特祖马也渐渐适应了新角色，他就在西班牙人的软禁之下，以阿兹特克首领的名义向族人发号施令，惩办袭击西班牙人的部族酋长、收缴供奉给西班牙人的金银财物，命手下大小酋长都宣誓向他们从没见过甚至未必清楚究竟是何物的西班牙国王效忠。特诺奇蒂特兰的权力中心转移到了西班牙人的驻地，而绝大多数阿兹特克人还没有意识到，他们的君王已成阶下囚，仍然一丝不苟地执行他的命令，不知今日之域中，竟是谁家之天下。

按

科尔特斯的这封奏呈中提到阿兹特克市场上有铁制首饰，不过中美洲人并没有掌握冶铁技术，此处可能是科尔特斯的误记。不过也有资料称，阿兹特克军队中有人使用铁材质的武器，研究者认为这是取材于天然的陨铁，总之这里算是一个疑点。

21
变生肘腋

孤注一掷的擒王计划大获成功，科尔特斯假手蒙特祖马，堂而皇之地聚敛钱财，清除异己。对他的要求，阿兹特克人令行禁止，莫敢不从，许多敌视西班牙人的军政人物，包括上次带兵袭杀埃斯卡兰特的那几个酋长，都被科尔特斯以蒙特祖马的名义用火刑公开处决，以儆效尤。

西班牙人成了阿兹特克及其治下的中美洲各部族的主宰者。不过，科尔特斯并没像蒙特祖马一样坐井观天地享清福。他居安思危，遣出手下四处勘查特诺奇蒂特兰和特斯科科湖，搜集地理水文资料，命令打造可以在特斯科科湖中航行的小型双桅帆船，以防阿兹特克人再寻机会将他们困在岛上。同时，他还派人出城寻访附近的金银矿藏，回沿海的远征基地比利亚里卡扩建城镇加固防御、传唤匠人来打造器械。1520年的春天在这样令人陶醉的气氛中过去了，然而，"统治帝国"的快意与成就感并没让科尔特斯忘记了外面的世界。4月的一天，一直让他惴惴不安的急报终于传来：贝拉斯科斯的人来了。

原来，远在古巴的贝拉斯科斯也没忘了科尔特斯。他深恨后者凭借自己的授权组队出征，还自立门户不听控制，更不经他许可直接越级接洽西班牙国王报功请赏，大说自己坏话，导致西班牙方面对他很是不满，全仗当时与他交厚的美洲殖民地事务主管丰塞卡大主教从中周旋，才将事情压了下来；而且，大半年来他也隐约听说了关于科尔特斯在中美洲大陆拓土开疆大发横财的传闻，眼红耳热，自是难免。现在距离科尔特斯出征已过了一年有余，贝拉斯科斯知道如果放任科尔特斯继续发展壮大，那他取代自己这个古巴总督成为西班牙王室在新世界的新宠，将只是时间问题，必须在这一天到来之前，干掉这个潜在威胁。现在贝拉斯科斯的优势，就是他古巴总督的合法身份，凭此，他可以宣布科尔特斯为违法者，组织部队前去中美洲大陆，对其实施抓捕。

猎捕队的领军人选，也让贝拉斯科斯颇费踌躇。几经考虑，他派出了自己当年征服古巴时的得力干将，素以心狠手辣著称的潘菲洛·德·纳瓦埃斯。此人年纪、功绩、门第、官职都高过科尔特斯，为人同样骄横，隐然也有不听指挥的危险。但为了对付棘手的科尔特斯，贝拉斯科斯也只好饮鸩止渴，派纳瓦埃斯出马，以毒攻毒。

贝拉斯科斯志在必得，亲自奔走招募人手、筹集粮饷，最终派给纳瓦埃斯的人手比科尔特斯出发时带的人马多了一倍有余：计有19艘船（途中遇风暴沉没1艘，但伤亡很少），1400名士兵，包括90名弩手、70名火枪手，外带80匹战马、20门大炮，以及大量弹药补给，随船的印第安以及非洲奴隶还不计在内。如果和科尔特斯此刻这支经过战斗和疾病减员的部队相较，纳瓦埃斯差不多有3倍的人数优势。

纳瓦埃斯的舰队威风凛凛地出现在海岸线上，正有3名科尔特斯派出寻金的西班牙士兵在附近，于是赶去看个究竟。偏巧这几人都是对科尔特斯心存不满的，他们得知了纳瓦埃斯的来意，立刻将科尔特斯的虚实和盘托出，告诉他科尔特斯的沿海基地比利亚里卡防御薄弱，只有其心腹冈萨洛·德·桑多瓦尔带着70余名老弱残兵驻守，不堪一击，并指引着纳瓦埃斯向该处驶去。

纳瓦埃斯资格老功劳高，本就没太把科尔特斯这个晚生后辈放在眼里，现在了解了对方实力与自己天差地别，更觉胜券稳操。他本来生性残忍，但毕竟这次要对付的不是美洲土著，而是西班牙同胞，纳瓦埃斯也不想做得太绝。他指挥舰队挺进比利亚里卡的同时，派出了随军的神父格瓦拉率领一个劝降团，带着盖有西班牙国王印章的文书先行登陆，要求桑多瓦尔投降，向他保证只惩办"首恶"科尔特斯，与他人无涉。

格瓦拉神父是贝拉斯科斯的亲戚，见到桑多瓦尔之后言语态度甚是高傲，要求他们立即投降。没想到桑多瓦尔不等他们宣读贝拉斯科斯以国王名义颁布的文书，就来了个君命有所不受，喝令手下的印第安武士将格瓦拉一干人拿下，用渔网罩着，背去特诺奇蒂特兰见科尔特斯，"要读当面对他读去"。

另一边，科尔特斯也在紧张备战。此前他以几百人对抗土著数万大军，还能凭借武器和战术上的优势以及对方对自己的不了解与之周旋，而现在面对兵齐将整、弹药充足的西班牙正规军，这些有利条件都已荡然无存。这种情况下，所能依仗的只有部下用命。科尔特斯将特诺奇蒂特兰城中的西班牙探险队士兵都召集起来，分发黄金，激励士气，告诉他们这座大金矿是自己开掘出来的，自己也乐意与弟兄们共享富贵，所以决不可被贝拉斯科斯平白夺了去。想到金子，众兵士人同此心，都决定要追随科尔特斯，誓死一搏。

科尔特斯挑选精兵260人，火速出发赶奔比利亚里卡。临行前，他委派最信任的副手阿尔瓦拉多带领100余名士兵留驻特诺奇蒂特兰，看守蒙特祖马，这些士兵大多有伤病在身。蒙特祖马也知道了此事，来为科尔特斯送行，两人还洒泪而别，但据说被羁押的阿兹特克王已经将新来的这一批"神使"视为自己的拯救者，已暗中派人与之接洽。

此时，科尔特斯还并不清楚领军者是何人，正要启程，桑多瓦尔派来告急的信使赶到，这才了解了具体情况。随后被抓获的格瓦拉神父一行被解到，科尔特斯忙为其松绑压惊，大说好话，同时送给他们许多从蒙特祖马处搞到的金银，夸耀特诺奇蒂特兰的富强，声称这座城市已完全在自己掌控之下，并发誓说要将之全部献给西班牙国王。科尔特斯口才了得，格瓦拉神父虽是贝拉斯科斯的亲戚，也被他说动了，答应帮他在纳瓦埃斯面前说好话。于是科尔特斯请神父带了一封写给纳瓦埃斯的亲笔信，内容极尽谦卑，表示愿将"阿兹特克帝国"与纳瓦埃斯共享。

神父带了信先走，科尔特斯丝毫没有懈怠，照旧带着做好战争准备的部队跟在后面，向沿海进发，一路上又从特拉斯卡拉等部落招了数千武士，跟在后面作为后备。

再说纳瓦埃斯。他听说桑多瓦尔拒降，还擒了使者，大怒攻城。桑多瓦尔完全抵挡不住，只好率部弃防而走，退往内陆去寻科尔特斯。纳瓦埃斯占了比利亚里卡，稍事休息，也在当地向导指引下进兵追击，很快到了与科尔特斯结盟的森波亚尔村，将当地一抢而光。

此时，科尔特斯也到了森波亚尔附近，行至距村子大约1里之处，正遇上桑多瓦尔的残兵败将，于是就地扎营，和纳瓦埃斯所部隔一条小河对峙。经过桑多瓦尔报告，科尔特斯更了解到了双方的实力差距，现在自己这300余人，仅比对方的零头多一点，这实在是令人沮丧。然而，科尔特斯并没有动摇，从离开古巴出征之日起，他的目标已经明确。他要的就是这片未知的大陆，要的就是这旷世的财富、功勋和荣誉，收服特拉斯卡拉、擒获蒙特祖马、掌控特诺奇蒂特兰，他正一步步接近这个伟大功业的最终实现。为此，一切障碍都要扫平，不管是阿兹特克人还是西班牙人——土著阻我大业者，必杀之！同胞阻我大业者，必杀之！

虽然自知兵力远逊，但科尔特斯也相信自己有一项优势是纳瓦埃斯无法比拟的，那就是他的头脑。不可力敌，就当智取。通过格瓦拉神父没有保留的介绍，他现在已经清楚纳瓦埃斯军中的主要人物，立刻对这些人展开分析：其中有的与他是旧交，比如当过贝拉斯科斯秘书的安德烈斯·杜埃罗，当初科尔特斯就是通过他的美言，获得贝拉斯科斯任命的；另外还有些人，平素与纳瓦埃斯不太合得来。这些人中哪些可以拉拢，哪些可以离间，很快都已在他的算计之中。

随后，科尔特斯派出使者送了丰厚的财物和言辞谦卑的信函给纳瓦埃斯，对后者极尽奉承，辩称自己并非叛逆，又表示愿意将财富和经验与纳瓦埃斯共享，平分"阿兹特克帝国"。同时，他也挑选了一些肤色暗淡相貌"野性"的西班牙士兵，赤身乔装扮成土著菜贩，挑了担子混入纳瓦埃斯营中，去暗中联络有异心的军官。

纳瓦埃斯也打探到科尔特斯带来与自己对垒的军队人数甚少，又见科尔特斯送礼递信，料定是降书无疑，连看都不屑看就打发使者回去，还把手下为科尔特斯求情的军官都骂了一通。科尔特斯又连派数拨信使，纳瓦埃斯这才肯勉为其难，拨冗展信，见了科尔特斯低声下气的言辞，更增骄矜。纳瓦埃斯宣布，对科尔特斯以及胆敢抗拒大军的桑多瓦尔决不宽恕，擒住必吊死，为这两人开出了每人1000比索的悬赏价码。

虽然没能说动纳瓦埃斯放弃武力，但科尔特斯的骄兵之计已获成功。现在纳瓦埃斯完全陷入自我陶醉，只想着怎么猫捉老鼠般将科尔特斯戏耍一番再最后干掉，并不急于发动进攻，警惕性也降到趋近于零，更没察觉到手下有人与科尔特斯暗通款曲。就在他为科尔特斯的人头定价的同时，那一边科尔特斯也设计好了他的命运："着桑多瓦尔捉拿纳瓦埃斯正身，该犯若敢违抗，格杀勿论，以申为天主及国王陛下效力之忱。"

科尔特斯之前驻留森波亚尔村时间不短，熟悉村中的地形，也打探清了纳瓦埃斯兵营的排布，着手制定针对性的奇袭方案。他兵分四路，每队60人：第一路突袭纳瓦埃斯的炮队，解决炮兵，夺取器械；第二队由桑多瓦尔带领，摸上设在村中高地神庙里的纳瓦埃斯指挥部，直接生擒主帅；第三、第四路，分别去对付军中两名主要将领——贝拉斯科斯的侄子小迭戈以及纳瓦埃斯的铁杆部下萨瓦提拉,科尔特斯自己带领剩下的20人作为接应。

天助科尔特斯。这几日阴雨连连,纳瓦埃斯的哨兵苦于雨淋,又料定敌人不敢来犯,纷纷开小差避雨歇神。这一天,大雨绵绵密密终日不停,科尔特斯知道他等待的最佳时机已经到来。入夜,他一声令下,四队人马分道而出,在夜色和大雨的掩护下无声无息,潜进森波亚尔村。村中果然守备松懈,迪亚斯所在的第一小队顺利突进炮兵阵地,以牺牲3人的代价缴下整个炮兵队携带的18门大炮。

这一动手,行藏已露。各队按计划擂起战鼓吹响号角,纳瓦埃斯的士兵乱作一团,桑多瓦尔的第二小队也很快攻上神庙,纳瓦埃斯的卫队慌乱中爬起来开枪放箭,只伤了7人。纳瓦埃斯拼死抵抗,一度逼退桑多瓦尔的攻势,但此时第一小队也赶来增援,而已与科尔特斯有了默契的军官都按兵不动,纳瓦埃斯终于力竭被俘,战斗中还被刺瞎了一只眼睛。

天还没亮,战斗已经结束。纳瓦埃斯所部剩余的1000多人全部被科尔特斯收编,他们携带的大量弹药马匹等战略物资也尽落入科尔特斯囊中,他们乘来的船只则被焚毁沉海,以免为逃兵所用。凭借有勇有谋的应对,科尔特斯再度化险为夷,将讨伐部队变成了增援部队,实力凭空增长两倍有余,不但对付落后的土著武装力量更加从容,就是贝拉斯科斯方面再派人来,也完全不怵了。不过对抗携有国王盖章文件的正规军,此事毕竟非同小可,科尔特斯擒了纳瓦埃斯,也不敢擅加杀戮,下令将他及他手下几个骨干分子送到比利亚里卡看押。一直关了三年,科尔特斯才放纳瓦埃斯回古巴,而此时两人地位早已不可同日而语。事后,科尔特斯在给卡洛斯一世的奏呈中为自己的先斩后奏辩解:"国王陛下,我确信,若上帝不能庇佑我们,而让纳瓦埃斯获胜,西班牙的损失将极为惨重。"

不管怎么说,这回总算又是因祸得福。然而就在得意之际,科尔特斯的运势再次跌宕,大喜之后,继以大忧。一个晴天霹雳般的消息从特诺奇蒂特兰传来:他留守城中的阿尔瓦拉多不知为何突然与当地人大打出手,屠杀了3600余人,其中600人是阿兹特克贵族。现在全城鼎沸,愤怒的阿兹特克人正在围攻阿尔瓦拉多,情势万分危急。

科尔特斯闻讯头大如斗,只好带着刚刚扩编到千人以上的军队再次急行军,赶回特诺奇蒂特兰城,一探究竟。

22

文明的冲突

特诺奇蒂特兰究竟发生了什么？原来，科尔特斯走后不久，这座都城迎来了一年一度的大日子——托斯卡特尔节。

美国学者乔治·瓦伦特在其著作《阿兹特克文明》中介绍，这是阿兹特克人每年最重要的节日，该节日一般在5月中下旬，正是雨露初降的时节，尤其需要虔诚地祭告上苍，以求风调雨顺。因此，阿兹特克人在这个节日祭祀他们庞大神仙谱系中排名最靠前的两位：维辛洛波切特利和特斯卡特利波卡。这两位名字繁复拗口的神，前者是阿兹特克人最崇拜的战神，也是特诺奇蒂特兰的城市守护神；后者则是他们最重要同盟特斯科科部落的主神，其名字意为"烟雾镜"。在阿兹特克神话系统中，前面数度提到过的羽蛇神，都要排在这两位后面，屈居第三。

西班牙人的到来，使这一年的托斯卡特尔节与以往任何一个都不同。尤其是按惯例应当亲自主持节日庆典的蒙特祖马被扣押之后，特诺奇蒂特兰的祭司和贵族们无所适从，于是他们来到西班牙人的住地阿萨亚卡特尔宫，请示机宜。受命负责的阿尔瓦拉多批准了庆典计划，不过，科尔特斯行前早有吩咐，要尽量隔绝被软禁的蒙特祖马与其臣民接触，因此他拒绝了请愿者让蒙特祖马出席典礼的请求。此外，阿尔瓦拉多还提出了两点指示：一、不许在节日仪式上进行人祭，二、庆典集会时不许携带武器。祭司等啧啧称是，退下准备节庆事宜去了。

托斯卡特尔节既然是祭祀最高贵的神明，自然要用最隆重的典礼、最丰厚的祭品，而我们不难想象这些祭品具体是什么。据《阿兹特克文明》介绍，这个节日上还会进行儿童的成人礼，适龄儿童身上要留下各种象征身份的刺痕和割痕，还要选出5月底6月初下一个祭祀风神雨神家族的节日上挖心献祭的童男童女。这些仪式在西班牙人看来都是血腥愚昧的，要加以禁绝。然而，正是他们，让这一年的托斯卡特尔节流了比以往任何一年都多得多的血。

阿兹特克人在加紧筹备，妇女悉心研磨各种香料，用来涂抹神像；工匠们为神像头顶戴上精美的羽毛冠，身上贴金，在眼口鼻等处饰以红宝石；祭司主持宗教活动为节日预热；商贩们置办各种食品饰物，准备在节日的集市上贩卖。终于，佳节来临，典礼也如期举行，地点就在紧邻西班牙人住所的特奥卡里宫，此处也是一个以神庙群为中心的大院落，可容纳数千人。

300名阿兹特克的教俗贵族涌入院子，各个身着盛装，遍插羽毛，身上也涂着油彩，斑斓炫目，脖颈上、手臂上、小腿上，都戴着金圈金镯。接着参加庆典的民众也蜂拥而至，足有几千人，同样是华丽又夸张的造型。演出开始，特诺奇蒂特兰的大鼓敲响，祭司领颂祷辞，众人唱和，接着香烟升腾，鼓乐齐鸣，各种杂技纷纷上演，在场者随之起舞，节日的狂欢气氛，渐入佳境。

西班牙人也应邀观礼，阿尔瓦拉多率领全副武装的部下到场，站在一旁观看，按剑攥眉。忽然，就在大家全情投入欢愉未央之际，阿尔瓦拉多忽然一声怒吼"为了上帝"，西班牙人齐声呼喝应答，拔剑冲向正载歌载舞的阿兹特克人。毫无征兆的大屠杀开始了，没有任何护具和武器的阿兹特克人猝不及防，西班牙人利剑过处，不是断手折足就是肚破肠流。欢庆的广场顿时血肉横飞，惨不忍睹，尖声惊叫中阿兹特克人四散奔逃，但又被满地的鲜血滑倒，被追上来的西班牙人杀死。而大屠杀持续了超过3个小时，恐怖的场面，让见惯了血祭的特诺奇蒂特兰居民都为之惊慌失色。据后来估算，死难者大约3600人，其中六分之一是特诺奇蒂特兰的贵族和祭司。

这就是托斯卡特尔节上特诺奇蒂特兰发生的事情。但至于为什么会突然生出这样的变故，由于西班牙人的说辞漏洞百出，阿兹特克人的记载又多已湮没无闻，故而始终难有完全令后世认同的解释。这里也只能根据各种零星的记载与推断，尝试还原凶案现场。

先说西班牙人方面的说法。根据阿尔瓦拉多后来对科尔特斯的交代，他之所以下令屠杀阿兹特克人，是因为他曾收到土著线报，说阿兹特克贵族预谋借庆典之机发起对西班牙人的"暴乱"，救出蒙特祖马，自己不得已才先发制人，出手镇压。这样的说辞显然与科尔特斯此前对乔卢拉事件的解释如出一辙，但问题是，这次屠杀和乔卢拉事件比起来，理由更加不充分。如果说上次还能找到些确切的消息提供者（尽管未必可靠），这一回则完全是捕风捉影，阿尔瓦拉多本人都说不清情报的确切来源。更令西班牙人尴尬的是，阿尔瓦拉多指称阿兹特克人准备暗藏武器进入庆典现场，但事实上来自两方面的记载都表明，被屠的阿兹特克人遵照了他不许携带武器的命令，完全是赤手空拳。科尔特斯也注意到了这一点，追问之下阿尔瓦拉多又改口说，武器藏在庆典现场附近的某处，但同样拿不出证据。

乔卢拉事件，一定程度上是由于特拉斯卡拉人的影响，他们提供情报并积极推动西班牙人下手屠城，事后也因此获得了不少实利，有挑唆之嫌。而比起乔卢拉，特诺奇蒂特兰显然更令特拉斯卡拉人仇视，那他们有没有可能故技重施，放风给阿尔瓦拉多，假手于他屠杀阿兹特克人呢？普列斯科特在《墨西哥征服史》中分析认为，这种可能性很大，他进而认为，阿尔瓦拉多正是学习了科尔特斯当初"宁可错杀"的原则，试图以屠杀作为警示，震慑特诺奇蒂特兰人，使其更加敬畏屈从，并没考虑到可能导致的严重后果，"把勇敢好战的阿兹特克人和怯懦的乔卢拉人混同看待，做了可悲的错误估计"。

但这个分析也未必能解释清楚全部，阿尔瓦拉多纵然为人鲁莽，毕竟也久经历练，说他会如此轻率地做出决断，似乎缺乏足够的说服力。

还有研究者认为，庆典上的奢华排场以及阿兹特克贵族遍体金银的招摇，刺激了西班牙人，从而见财起意，利令智昏。这种说法的主要依据是，西班牙人杀人之后，纷纷抢夺被害者遗体上的珍贵饰物。在阿兹特克人记录此事的手绘本图册里，清晰描绘了这样的场面。当时追随科尔特斯出战纳瓦埃斯而没在案发现场的迪亚斯，在《信史》中为阿尔瓦拉多等人辩白，说这种指控纯系捏造。这可能是为亲者讳，但要说西班牙人仅仅出于一时贪念就痛下杀手，这个解释似乎更难令人信服。

那么，除了对阴谋的担心，对财富的贪欲，以及一贯的自视高人一等的傲慢和视土著人生命如草芥的残暴，是否还可能有其他的因素，刺激了阿尔瓦拉多呢？

这个线索，可能要从阿兹特克方面去找。

《战败者的目光》是一本有关墨西哥历史的著作，该书取材于12份阿兹特克等墨西哥印第安人的文献及绘画。书中以美洲土著的视角解读了这场屠杀，称庆典开始时，"所有人，所有年轻的武士全心全意地整装待发，准备纪念自己的节日,以此向西班牙人显示,让他们惊叹,让他们亲眼看看这一切……这次的庆典埋藏着印第安人被压抑的淳朴的自尊心。"①

的确,西班牙人进驻特诺奇蒂特兰近半年来,阿兹特克人的生活被彻底改变了。原本傲视中美洲的阿兹特克人,现在处处要受到西班牙人的压制和歧视;原本被视若神明的蒙特祖马,竟成了任他们摆布的玩偶,在西班牙人的要求下公开处决忠于他的臣仆,甚至连位高权重又忠心耿耿的特斯科科酋长都被处刑;原本辛苦操持的粮食畜禽,现在要贡献一大部分给西班牙人享用;原本习以为常的宗教仪式,时常受到西班牙人的无理干涉。或许阿兹特克人已经觉得,故老相传的生活正在被这群外来者颠覆。

传统的世界观和自我认同意识受到外来者的挑战,这样的情况大概世界上每个民族都曾遇到,而面临这种挑战的应对态度,却有泾渭分明的两种:一种是迅速认识到挑战者的优势,积极靠拢,主动进行自我改造,师夷长技以自强,通过汲取先进文明的力量,来保护本民族的生存权,进而保护民族文化与传统,比如被美国黑船叩关打开国门的日本,最终用西化的明治维新完成了自我救赎;而另一种,更多为后进民族条件反射一般选择的路线,则是返身求助于传统,求助于祖先神灵的智慧,比如"兵法艺,都学全,要平鬼子不费难"的义和团。而越是长久以来享有地区优势地位、享有光荣历史的民族,越容易被残酷的现实刺激得不敢正视,而把传统、祖先、神灵之类作为精神寄托。

阿兹特克人此时尚未形成民族意识,因此,他们的认识大概也到不了这个层面,但是西班牙人强势进入他们的世界,带给他们的身心落差,却是不言而喻的。他们迫切地想恢复先辈的伟大声威,为此,他们就竭尽所能地效法先辈,一丝不苟地执行传统,试图以这种曾保佑他们祖先称霸中美洲的光荣与古老的力量,来向西班牙人证明自己,展示自己引以为傲的文化与仪式,重振那"被压抑的淳朴的自尊心"。

而这,又恰是他们悲剧的来源。

阿尔瓦拉多,是个怎样的人?他出身西班牙贵族家庭,此前在古巴顺风顺水,如今又是科尔特斯倚重的左膀右臂,这样的背景和履历,自然使他骄矜自大。他长相英俊,光彩照人,蒙特祖马和阿兹特克人都称他为"图纳蒂厄",意

---

① 转引自作家索飒女士《丰饶的苦难——拉丁美洲笔记》。

思是"太阳神之子",加上控制着蒙特祖马,他事实上成了科尔特斯出征后特诺奇蒂特兰的头号实权人物,自觉完全可以对土著的财产乃至生命予取予求而不必考虑后果,因此,他不像科尔特斯那样虑事周全。而典礼本身,也很可能刺激了西班牙人。如前所述,他们笃信天主教,鄙夷存在大量人祭行为的土著宗教,阿兹特克人崇拜"异教"偶像的行为,更为他们所深恶痛绝。

随着典礼的深入,歌愈热烈,舞愈奔放,西班牙人的不适感也愈加强烈:造型诡异的土著,俨然魑魅魍魉;近乎癫狂的舞蹈,无异群魔乱舞。这一切使得他们眼中本就丑恶的神像,越发狰狞可憎,他们的审美取向甚至道德取向都越来越难以忍受,加上对暴乱传闻的心悸、对满场金珠的眼热,种种情绪纠结缠绕,暗流汹涌。

看着阿兹特克人围着令他们生厌的"邪神"狂歌乱舞,可以想象阿尔瓦拉多终于忍耐不了,此时他脑海中闪现的,或许是《旧约》中的场景:西奈山下,愤怒的先知摩西砸碎了象征愚昧与狂信的异教偶像金牛犊;又或是另一位犹太先知以利亚,喝令部众杀向斗法失败的太阳神巴力信徒,"拿住他们,不容一人逃脱!"

"不容一人逃脱!"西班牙人终于暴起屠戮,于是一切被血淹没。

归根结底,这是两种彼此不兼容的文明的冲突。西班牙人不但觊觎着特诺奇蒂特兰的财富,还时刻想要征服他们的灵魂,同化他们的文明,于是,毁灭一切的惨烈碰撞,终将无可避免。

23
国人渐已醒

阿兹特克人确实不同于乔卢拉等处任人宰割的土著，他们对西班牙人的忍耐本就接近临界点，而后者毫无理由地突施暴行，更令一切愤慨集中发作。尤其暴行在他们最神圣的宗教节日上发生，在他们看来不但是对同胞的屠戮，也是对神明的亵渎，着实天人共愤。忍无可忍，无须再忍，被压抑已久的阿兹特克人全民皆兵，奋臂而出，向案发现场特奥卡里宫冲来。

忙着从死尸身上搜罗金银珠宝的阿尔瓦拉多等人，此时才意识到事态严重，众寡悬殊，他们也不敢硬拼，只能撤到自己的大本营阿萨亚卡特尔宫。愤怒的阿兹特克人追踪而至，阿尔瓦拉多指挥部下用早已架好的大炮还击，但即便是炮火也压制不住阿兹特克人的怒火，他们将阿萨亚卡特尔宫团团围住，标枪箭矢密集射击，七八名西班牙士兵被打死。情况万分危急，阿尔瓦拉多这才想起手中还有一张王牌：蒙特祖马。他命人将阿兹特克王戴上镣铐，用匕首逼着押到墙头上，逼他制止他的臣民们进攻，命悬人手的蒙特祖马只好遵照命令，向阿兹特克人喊话，呼吁他们保持克制。

对阿兹特克人来说，君王蒙特祖马是天神一样的存在，虽然这小半年来他沦为傀儡尊严大丧，毕竟往日积威仍在，加之也考虑到他的安全，投鼠忌器，阿兹特克人终于放缓了攻势。但他们坚决不肯撤走，而是将阿萨亚卡特尔宫围困起来，切断一切营养供给，同时，烧毁了此前科尔特斯主持修造的帆船，拆掉了西班牙人在金字塔上竖立的十字架和圣像。由于宫中没有干净的水源，储粮也不充裕，阿尔瓦拉多知道难以坚守，入夜，他派手下的土著混出城去，将情况火速报知科尔特斯。

那一边科尔特斯刚刚奇袭纳瓦埃斯得手，收编了其大量手下，闻报之后，忙向特诺奇蒂特兰疾驰。到了特拉斯卡拉城，科尔特斯说明情况要求支持，首长派了2000名武士随行，算上他们，此时科尔特斯手上的兵力达到3300人，其中有1300名西班牙人，包括骑兵96名，弩手和火枪手各100名。大军沿着上一次的路线，先到了特斯科科地界，当地人既不出兵接战，也不提供给养，只是躲开西班牙人，远远投来冷淡的目光，这态度与半年前的盛大欢迎仪式，实有天渊之别。科尔特斯顾不得搭理他们，直接穿过其领土，赶奔特诺奇蒂特兰。而令他诧异的是，通向城中的堤道也似乎没有设防，他们顺利进入城中，远远听见阿萨亚卡特尔宫方向一阵阵喧哗呼喊，夹杂着枪炮声传来，表明阿尔瓦拉多仍在坚守，科尔特斯稍感欣慰，率队沿着长堤，赶去接应。

　　围攻阿萨亚卡特尔宫的阿兹特克人见援军到来，领头的更是他们敬畏的科尔特斯，纷纷散开。科尔特斯来不及多想，就率领全体部下径直向宫中冲去，手下们也都人同此心，急于看看阿尔瓦拉多以及他们负责看护的金银战利品是否无恙，当下一股脑涌了进来。此时科尔特斯才暗叫不好，原来适才围攻的阿兹特克人虽然退避，但并没散去，现在自己和大部队也跟阿尔瓦拉多一样，被围困在阿萨亚卡特尔宫里了。

　　科尔特斯召来阿尔瓦拉多询问原委，后者作了前述陈述，科尔特斯越听越是面色沉重，怒骂阿尔瓦拉多不识时务，将事情搞砸，随即拂袖而去。不过用人之际，他也不能惩处爱将，还得和衷共济，谋划突围之计。现在他的大队人马进城后，阿兹特克人已不敢逼得太近，但攻势稍歇，城中的市场仍然关闭，西班牙人兵力剧增，补给压力也加大了，阿兹特克人无须硬拼，只需撤掉浮桥让他们自行饿死即可，这也是当初入城之时科尔特斯等人最为担心的。况且，就算不考虑浮桥的问题，科尔特斯也知道现在的手下三分之二都是新兵，尚未完全归心。而且当初拉拢他们时，他曾吹嘘自己在特诺奇蒂特兰君临天下，而当下的不利局面明显动摇了新兵们的信心和自己的威望，士气正低落，科尔特斯也不太敢逼令他们冒奇险强行突围。因此，最理想的办法，还是和平解决，这就需要借重蒙特祖马的影响力。

　　本来科尔特斯憋着一腔的火气无处发泄，不由得对蒙特祖马深感恼怒，觉得是他背后唆使臣民围困西班牙人，又想起此前他还曾与纳瓦埃斯勾搭，实在不可信，因此他归来之后蒙特祖马几次派人求见致意，都被他骂走。但考虑到局势，他终于还是与蒙特祖马展开谈判，要求后者出面调停，让阿兹特克人恢复给养供应。蒙特祖马现在和西班牙人拴在一根绳上，也表示要极力促成和解，答应安排手下去城中安抚民心。普列斯科特《墨西哥征服史》上说，正是在他的建议下，科尔特斯答应放蒙特祖马的堂弟奎特拉瓦克离开阿萨亚卡特尔宫，去办理此事。对西班牙人来说，这是个致命的错误。

原来奎特拉瓦克本是阿兹特克人中反西班牙派别的领袖人物，此前袭击西班牙人而被处死的几位酋长，据说都是他的同谋，科尔特斯也因此将他羁押，只是由于蒙特祖马力保，才没有杀他，也正因此，他才认为奎特拉瓦克能和反对西班牙人的头领们说得上话，于是派他出去收拾局面。然而奎特拉瓦克为人勇敢，胸怀大志，目睹西班牙人入城半年来堂兄蒙特祖马大权旁落的情形，一直有志驱逐外敌重振王纲。此刻他虽然和西班牙人一起遭到围困，却不改初衷，他佯作答应，出宫之后立即与围困阿萨亚卡特尔宫的酋长们接洽，将西班牙人缺水少粮的情况与他们说知，告诉他们消灭西班牙人，就在此一举。当下里众酋长推戴奎特拉瓦克接替任人摆布的昏君蒙特祖马，做阿兹特克的新主人，大家决定，不给西班牙人喘息之机，即刻发动总攻，毕其功于一役。

再说阿萨亚卡特尔宫中，奎特拉瓦克离开后不久，科尔特斯又派出信使，去让留守比利亚里卡的部队以及特拉斯卡拉、乔卢拉等处盟邦，火速前来支援。而他的使者刚出发半个小时，就带着重伤急急逃回，告诉科尔特斯，"整个城市都拿起了武器"。

紧接着，就听见低沉的鼓声响起，如同闷雷，在墙头瞭望的士兵惊慌地报告，四面八方都是敌人。果然，阿兹特克人成群结队地涌来，武士们全副披挂旗幡招展，一眼望不到尽头的队伍密密层层，水面上也划来无数载着战士的独木舟，阵型更是杂乱无章。但正是这样不讲章法的人海战术，透出一股充满野性的威压之感，看得人头皮发炸。西班牙人架起枪炮等待敌人进入射程，阿兹特克人围到近前，在一箭之地外停住，领头的一位酋长忽然捏唇吹哨，众人齐齐尖叫作和，高分贝的呼啸声直刺耳膜，令人无比难受。呼哨声中，阿兹特克人铺天盖地的箭镞石块标枪倾泻而下。西班牙人依托掩体躲避，同时鸣枪还击，战斗打响了。

很多阿兹特克人都听说过西班牙人手中有种喷火的神器，此时才第一次真正见识其威力，枪炮声盖住了他们的呐喊，枪弹飞来，中者立毙，但片刻的震惶迟疑后，他们很快缓过神来，继续迎着炮火发起冲击。先头部队几乎都被击毙于宫墙之下，后继者全无惧意，前仆后继，踏着阵亡者的尸体攀墙，与墙头据守的西班牙人及其特拉斯卡拉盟军展开肉搏。另一方面，阿兹特克人抬来巨木撞击宫墙，又投掷火把试图烧毁西班牙人的工事。可惜他们的祖辈将阿萨亚卡特尔宫的宫墙修得过于结实，无论木撞火焚，都不能奏效。西班牙人知道双方兵力悬殊，已经抱定了以守为攻的打算，双方一直拼杀到天黑，阿兹特克人才收兵，退到阿萨亚卡特尔宫所在的岛外休整。

头一天的战斗，西班牙人阵亡12人，另有三十几人带伤，还有数十名特拉斯卡拉盟军被打死，阿兹特克人的伤亡自然要重得多。虽然此前一贯恭顺的阿兹特克人骤然迸发出的勇猛让科尔特斯大感意外，但他还是料定，敌方久战无果损失惨重，军心必然动摇，决定第二天主动出击，还以颜色。

次日拂晓，正当西班牙人起身活动筋骨，准备出战时，阿兹特克人的喊杀声已由墙外传来。但见阿萨亚卡特尔宫外围拢的军队不减反增，整个墨西哥谷地，忠于阿兹特克人的各个部落都派来了援军。而且不同于前一天的乱斗，此时他们的营寨和队列已经排布得秩序井然，涂着各色颜料的战士分别在自己部落的旗帜下集结，其中更有阿兹特克人最精锐的两个兵种：美洲虎战士和雄鹰战士。前者是由军中最富勇力者组成的突击队，使用镶有锋利黑曜石的硬木棒，一击足以斩断马头，此前在和特拉斯卡拉人的战斗中，西班牙人已领教过这种武器的厉害，美洲虎战士的棉甲外面罩着美洲虎皮，同时将虎头作为头盔，故而得名。雄鹰战士的标记则是棉甲外面粘贴老鹰羽毛，同时用鹰嘴作为头饰，不同于美洲虎战士，他们的主要武器是标枪，枪头也是黑曜石质地，并且和美洲虎比起来，雄鹰也更加灵活机动。在他们身后，还有大批的祭司，在队伍中游行祷告，鼓舞士气，而在阵列后方还能隐约看到后勤部队正在运送给养。显然，这次阿兹特克人的组织水平比前一日大为加强。

科尔特斯绝望地意识到，他试图通过消耗战瓦解敌军的策略是行不通的，但也正因为如此，才更有必要在敌人进一步聚集之前，尝试主动突围。在用一轮枪炮弩箭逼退了阿兹特克人的进攻后，科尔特斯下令骑兵整队，大开宫门，一马当先冲向敌阵。骑兵们跟着主帅杀出，迅猛的冲击让阿兹特克人抵挡不住。眼见骑兵得手，步兵以及特拉斯卡拉人也跟着掩杀过来，阿兹特克人返身退走。但他们对西班牙人的反冲锋似乎早有准备，虽然很多人死于刀砍马踏，但队形不乱，退到一片街市之中，躲入早已准备好的木栅栏背后，以拒马匹。同时街边房屋上埋伏着的弓箭手也乱箭齐发，冲进埋伏圈的西班牙人进退不得，气急败坏的科尔特斯命令放火烧屋，但这些房屋彼此间隔较大，火势蔓延不开，也难有收效，只好撤退。这一回的作战计划又告失败，科尔特斯也伤了手臂，阿兹特克人的箭矢对他们的铁甲破坏力有限，才没遭受更大的损失。

两天打下来，西班牙人攻守两途都已试过，均不能奏效。虽然杀敌不少，奈何敌军势大，且悍不畏死，杀之不完，己方却人力资源有限，每个战斗减员都是重大损失。陷入危险的僵局，科尔特斯又想起了蒙特祖马。

再说那位被囚禁的阿兹特克之王，科尔特斯回城之后迁怒于他，令他很是心灰意冷，加上目睹了这两天的战况，看到自己的臣民成批地死在西班牙人手下，自己精心打理、美轮美奂的都城，也被战火摧残得不成样子，心中更是百味杂陈。当科尔特斯派两位随军神父来问计时，他颓然表示，无力再发挥作用，并且告诉西班牙人，"你们是绝对不会活着离开此地的"。神父们何尝不知，他们的前景多半就如蒙特祖马所预言的，因此更不能放过这根救命稻草，于是软磨硬泡好话说尽，最终，他们以科尔特斯的名义保证，只要阿兹特克人撤围让路，他们愿意自行离开特诺奇蒂特兰。蒙特祖马这才答应对他的臣民做一次公开讲话，尝试平息他们的怒火。普列斯科特在《墨西哥征服史》中认为，他这样做更多的是为了使自己的臣民、而不是西班牙人免于更大的牺牲。

两位神父得到满意答复，告辞退下。这一夜，蒙特祖马再次辗转难眠，阿萨亚卡特尔宫外，不时有一两声尖锐的嚎叫划过湖面传来，那是他所熟悉的军旅之声——勇士在向西班牙守卫挑战寻衅。现在他的臣民围困着他的敌人，而他的敌人又围困着他。作为这座城市的主宰，他本人的命运竟变得与全城的公敌休戚相关，而与自己臣民的福祉完全背离，实是造化弄人。回想半年前做出的迎接西班牙人入城的决定，他已无从判断那究竟是对还是错，但无论如何，事态竟至如此不可收拾，总是他当初不曾料到的。这是自己的软弱退让招致了人民的背弃，还是纵容外邦人亵渎神庙而引发了神灵的惩罚？蒙特祖马更是想不出答案，但看看眼下，流血漂杵，天怒人怨，自己也沦为臣虏，这总归是引狼入室，一招棋错。既然一切灾祸都始于自己让西班牙人入城，那么现在唯一能用以弥补的，大概就是让他们出城吧，臣民们会不会听自己的话让路放行？即使放行，西班牙人又会不会去而复返？过去的日子还能再回来吗？这些他都没有把握确知，也顾不上去想，总之，他要勉力一试，作为君王，尝试着弥补过失，让这由他一手造成的一切都在天亮之后，彻底结束。

次日清晨，蒙特祖马在侍臣们服侍下换上正装，蓝白两色的无袖外褂，用一条翠玉环带扣在胸前，背上披着用五彩斑斓的丝绸编织的大氅，头戴高耸的王冠，饰以华丽的鸟羽和金珠翡翠，穿起黄金鞋，手持象征王权的金杖。这是阿兹特克最高首领在正式场合的全副仪仗，蒙特祖马打扮得庄严隆重，在手下及一队西班牙卫兵簇拥下，登上宫墙。

墙外的阿兹特克人已经在鼓噪进攻，忽见久违的君王盛装登场，当下愣住，催动进攻的鼓角声也渐渐停息，人们立在当地，不知所措，更有人俯身拜了下去。大战在即的沙场逐渐安静下来，直至鸦雀无声，仿佛时间凝固。

臣民们对君王天神一样的崇拜之情，这是蒙特祖马再熟悉不过的，在位17年来，他已无数次体验过。但在这样的场合下重温，竟有隔世之感，终于，百感交集的蒙特祖马吐气开声，作了如下讲话：

我在这里看见我的臣民武装攻击我先祖的宫殿，这是为什么呢？是不是你们以为你们的君主身陷囹圄，而想来解救他呢？假若真是这样，你们就做得对。但是你们想错了。我不是一个被囚禁的人。这些外国人是我的客人。我和他们在一起是出于自愿，也可以随我的高兴离开他们。你们是想把他们驱逐出城吗？这没有必要，他们自己将会离开，只要你们让出一条路来就行了。你们各自回家去，放下你们的武器。要服从我的话，这些白人将返回故土，在特诺奇蒂特兰，一切都将恢复旧观。

以上的演讲内容见于普列斯科特《墨西哥征服史》[1]，不知蒙特祖马为何要宣称与西班牙人友善，是想掩盖自己不光彩的囚徒身份维护面子，还是想安抚臣民缓和其敌对情绪？如果他当时确实是这么说的，那这次演讲可以说相当失败。阿兹特克是高傲尚武的民族，君主的威望很大程度来自于军功。蒙特祖马即位以来打过三次大胜仗，但他面对西班牙人表现出的怯懦无能，早已让那些过往的光环散尽，此刻他虽然盛装华服语调威严，但受人胁迫的姿态却无从遮掩。条件反射般的崇敬之情稍稍退散之后，每个阿兹特克人都明白地察觉，这让他们深以为耻，蒙特祖马的威信已几近扫地。更糟糕的是，事已至此，他还宣称

---

[1] 普氏说是来自于西班牙作家的记载，但迪亚斯《信史》中并无此记载，且细节与此有差异。

西班牙人是客人、朋友，殊不知阿尔瓦拉多做下血案之后，西班牙人已被阿兹特克人视为举族不共戴天的仇敌。蒙特祖马无视人民的苦难与愤恨，以敌为友，正是亲痛仇快，对西班牙人的仇恨，也随之转化为对蒙特祖马的鄙夷与愤怒。

"这个叫蒙特祖马的小人在说什么呢？我们不再是他的臣民！"（索飒《丰饶的苦难》）人群中不知是谁率先喊道，转瞬间所有人的情绪都为之点燃，西班牙人绝不是什么神使，蒙特祖马也不配再做君王！这样的意识在人们脑中逐渐清晰地醒觉，并在人群之中飞速传递。"叛徒！懦夫！"怒骂声响起，此前他们不敢逼视的王者，现在已成了可耻的卑鄙小人，为人所唾弃。忽然有人扬起手，一块石头向墙头上的蒙特祖马疾飞而出，紧接着，伴随着群体的愤慨，成百上千的石块随之飞起，飞向被人民弃绝的昔日王者，蒙特祖马。

变生不测，原本被派来保卫的西班牙士兵只顾得举起盾牌护住自己头脸，蒙特祖马已无人顾及。一块石头飞来，结结实实砸在他的额头上，只打得鲜血迸流，紧接着又有两块石头击中他的身体，蒙特祖马仰面栽下宫墙。

阿兹特克人向蒙特祖马投掷石头之时，心中愤激，并不曾考虑后果，而当他们曾经无比崇拜的君王真的轰然倒下，人们也被这样的场面所震惊，一时间但觉手足无措，攻势也放缓了下来，西班牙人则趁机抢上墙头鸣枪放箭还击，两下又战在一处。

再说蒙特祖马，遭受石击之后一阵昏厥，被手下抬回住所。他的颅骨被打碎，伤势严重，而更难以忍受的是，他目睹了臣民对他的背弃。科尔特斯闻讯派来西班牙医生诊视，但无论是他们，还是随侍的土著巫医，蒙特祖马一概拒绝治疗。西班牙医生给他缠上的绷带，刚包扎好就被他扯掉扔在地上，他不想疗伤，他已无意苟活，哀莫大于心死。

蒙特祖马伤势恶化，大约一天后，陷入垂危。弥留之际，他断然拒绝了神父出于善意递过来的十字架，声称不会接受基督徒的洗礼，不会背叛自己信仰的神灵。在他意识清醒的最后时刻，他仅仅托付前来看望他的科尔特斯，请看在往日的宾主之谊，善为照顾他的三个女儿。之前，他已将她们作为最珍贵的礼物，赠送给科尔特斯。

曾经的中美洲主宰蒙特祖马二世，在忠于他的仆人们的怀抱里闭上眼睛，凄然离世，享年大约40岁，从称王到去世，前后历时17年。据迪亚斯的《信史》上说，此刻西班牙人念及蒙特祖马平素和蔼可亲的态度和随手馈赠金银的慷慨，自科尔特斯以下，人人垂泪，"哭得如同死了父亲一般"。这是真情实感还是猫哭耗子，已经无从说清，也无关紧要。因为自从西班牙人闯入他的世界，蒙特祖马这样的结局就已经注定。

蒙特祖马就此走出历史。他的形象清晰又模糊，因为从他终其一生的所作所为来看，他实在是一个矛盾的集合体：上台伊始时的开疆拓土和遭遇入侵时的优柔寡断，治理邦国时的有条不紊和临敌应变时的彷徨无计，驾驭手下时的凛然有威和对待客人时的平和友善，沦为俘虏时的怯懦贪生和死志已坚时的毅然决然……众多截然相反的行为与品性出现在他身上，令后世难以对其盖棺定论。普列斯科特在《墨西哥征服史》中对蒙特祖马生平的一段描写无比精彩：

> 当回顾蒙特祖马的一生时，人们很难不深致感叹——看到他孤身承受那远非他的能力所能左右的风波；看到他在林林总总的印第安人中犹如一株擎天巨木，枝叶纷披，耸立如盖，可是正因为他的高大，也就成了雷电打击的目标，在横扫他故乡山林的大风暴中第一个受到摧折……最后，他看到自己在异邦人的厅堂中气息奄奄，身在自己的都城中心，却是一个被遗弃的孤客！他的命运是一个可悲的牺牲者，这命运就像是古代神话传说中那样，既黯不可测，又无法抗拒。

这正是这位末路君王惨淡下场的生动写照，但当时，科尔特斯等人无暇为其唏嘘，他们还要想办法面对围在宫外怒潮一般的阿兹特克人。

> **按**
>
> 西班牙方面的史料记载，都称蒙特祖马是被阿兹特克人的石块击中之后不治身亡。但也有的记载称，蒙特祖马调停失败后，愤怒的科尔特斯下令西班牙人将他勒死。前一种说法被更广泛采纳。

24

悲惨之夜

在蒙特祖马闭上眼睛之前，科尔特斯已经明白了，想通过和平途径离开特诺奇蒂特兰已经不可能，西班牙人只能横下心来，杀出血路。

阿萨亚卡特尔宫之侧，有一座大金字塔，距离宫墙仅有几十米。一队阿兹特克人每天从金字塔上向西班牙人的院落里投掷标枪石块和箭矢，虽然杀伤力不大，但袭扰作用明显，使人数本就捉襟见肘的西班牙人不得不分兵应对，正门方向的防守力量更加单薄。科尔特斯决定夺取这个制高点，同时摧毁金字塔上的神庙，以此打击阿兹特克人的士气。虽然这次行动成功杀上了塔顶，烧毁了神庙，但西班牙人付出了16名士兵外加若干战马丧命的代价，余者也大半带伤，而作为仆从部队的特拉斯卡拉人伤亡尚不计在内。更沮丧的是，此举并没能如他们预期的那样瓦解阿兹特克人的士气，围攻者依旧没有罢手的意思。

此时，距离科尔特斯陷入重围已过了将尽一个星期，大批新兵抱着坐地分金的希望随他而来，却落入险境，每天都有十几人战死，对境况极度不满。科尔特斯着实是内外交迫。

大神庙之战后，科尔特斯一面释放在押的阿兹特克贵族，让他们将蒙特祖马遗体交给阿兹特克人，同时聊尽人事地为停战做最后尝试；一面与各位指挥官暗地筹划，既然白天强攻无法得手，只能趁夜晚偷偷出逃，先撤到特拉斯卡拉人的地盘，再做打算。

果然，已成为阿兹特克人新领袖的奎特拉瓦克，严词拒绝了停战建议，声称即便牺牲1000个人来换1条西班牙人的命，也在所不惜。奎特拉瓦克同时转告科尔特斯，他们已为他准备了笼子，等擒获之后，要关起来养胖了，再拿去祭神，还说他们已经将饲养的豹子饿了好几天，专等着拿西班牙人的肉给它们喂食。

这样的恫吓之词虽然让西班牙人惊悸，但科尔特斯也暗自高兴，他觉得此时头脑简单的阿兹特克人已认定胜券在握，必会放松警惕，正是他们的可乘之机。接下来一天，他仍然派出使者与奎特拉瓦克谈判，表示愿意放弃全部金银，同时暗自安排人手砍伐宫中的树木，制成便携的简易浮桥。

时间到了1520年6月30日，暮色初罩，经过白天加班加点的赶工，浮桥已经造好。军中的占卜师也宣布，今夜就是最佳也是唯一的逃亡机会，虽然诸位虔诚的基督徒平日对这些怪力乱神之说很是不屑，但在此刻的绝境当中，这也给大家带来了强烈的心理暗示。科尔特斯召集全员做了最后部署，谁做先锋谁为后队谁看管大炮辎重，都已安排停当，然后他招呼大家随他到阿萨亚卡特尔宫大厅里来。除了几个哨兵，所有西班牙人都来到正殿。一入大厅，众人顿觉面前金光灿然，科尔特斯早已命人将这半年来搜刮的金银珠宝，全部堆放在此，其中许多金质工艺品此前已被他们熔化，铸成便携的大金锭，据迪亚斯估算，价值足有70万西班牙比索。

科尔特斯宣布，所有财物尽在此间，除了要将其中一部分作为王室献金，交给随纳瓦埃斯前来的国王财务代表，其余的，他自己已不准备要，在场不论何人，有意者尽管自行上前来拿，多少不限，当然，如果因为拿得太多耽误了逃命，后果自负。

金光炫目，财帛动人，大厅里吞咽唾沫之声此起彼伏，黄金的魔力是如此巨大，以至于西班牙人，尤其是那些新兵，都忘了身处险地，危在旦夕，个个脸红心跳，纷纷上前动手，尽可能多地将金子揣进怀中，科尔特斯的警告直如马耳东风。迪亚斯说，连他这样身经百战的老兵，也忍不住拿了4颗绿宝石。堆积满室的财宝很快被瓜分一空，大家拼死一搏的决心更盛，因为他们现在要保卫的已不只是一条小命，更是辛苦得来的横财。

分金已毕，夜色更深，阿兹特克人果然又如前几夜一样退走，现在推算起来他们应该大多已经入睡；另一方面，他们也抽调了一部分人手去准备蒙特祖马的葬仪，围困西班牙人的兵力稍有减少。逃生的最佳时机，就在眼前。西班牙的随军神父主持了一次简短的弥撒，人人虔心祈求上帝保佑。阿萨亚卡特尔宫所在的岛屿四面环水，所以通往陆地的堤道也不止一条。西班牙人上岛时走的那一条从东南方向入城的路是距离出城口最近，也是他们走得最熟的，前几次白天的硬冲，都是将这里作为主攻方向，因此阿兹特克人在这条堤道对岸布下重兵防范，其他几面，部署得稍微薄弱，只是将堤道上的几段浮桥拆毁而已。

这一次，科尔特斯决定不从正面突围，改走一条从没走过的绕远路线，取道西北面的特拉科潘方向逃走。如前所述，特拉科潘是阿兹特克主导的特斯科科湖三族同盟中力量最弱的一个。

科尔特斯传下将令，西班牙人及其特拉斯卡拉盟友从坚守多日的阿萨亚卡特尔宫中鱼贯而出，在黑暗之中蹑足潜行，马匹的蹄铁早已用布包好，人也屏住气息。此时已过午夜，夜空里乌云密布，星月无光，绵绵密密的夜雨正在飘洒，湖面上雾霭蒸腾，整座特诺奇蒂特兰城笼罩在一片氤氲的水汽之中，四下里只听见得雨点落在地面上、水面上，单调的沙沙声反而衬得周遭更显宁谧。白日里战斗的痕迹已被夜色吞没，只有间或出现在道旁的残尸，印证着惨烈的厮杀。

大家很快走上了长堤，堤道并不太宽，至多只能容15—20人并行。这里被阿兹特克人拆毁的缺口至少有三段，而他们赶制的简易浮桥却只有一座，无法一次通过，只能过完一处缺口后再拆下传递给前面的人，再搭在第二第三个缺口上，循环使用，因此这样的行进方式颇费周折。先头部队好容易通过了所有缺口登上陆地，把浮桥拆下传递给后面的辎重和炮兵队，恰在此时，不知是谁动作幅度过大，弄出的响声惊动了岸上的哨兵。

"西班牙人要逃跑了！"一阵急促的尖叫声划过夜空，随着哨兵的示警，原本沉睡的城市骤然惊觉，指挥作战的鼓号哨子一发奏响，梦回吹角连营。原来阿兹特克人虽然多已躲回营帐中休息避雨，但并未放松警惕。西班牙人突围的这个方向虽不是他们的主要防区，但围困的各处设防点之间都建有完备的紧急示警系统，一处发现敌情立刻鼓噪报信，其他各处守夜的卫兵也火速来援。很快，战神庙里那面蛇皮巨鼓被擂响，低沉苍劲的鼓声闻于全城，四下里火把点点亮起，朝着这边迅速围拢过来，喊打喊杀之声随之由远及近，水面上也不知从哪儿冒出无数独木舟，满载着弯弓搭箭的武士，都向西班牙人所在的长堤驶来。

此刻西班牙人队伍脱节，有的已上岸，有的还在堤道上，分割成几段，正被敌人击之半渡。加上置身狭窄的堤道之上，什么阵势都排不出来，当时乱作一团。阿兹特克人高喊着"别让一人逃命"，从水上陆上迅速聚拢，箭如飞蝗，长堤上的西班牙人架炮还击，轰沉了几艘独木舟，但这笨重的家伙一放下，也就自己阻断了自己的路，后面的人更加无处可逃。阿兹特克人全不顾伤亡，后面的放箭，前面的已划到近前准备跳上长堤与西班牙人肉搏。

当下里长堤上人喊马嘶，乱作一团。有马的骑兵顾不得别的，只管催动坐骑向前冲,不管前面是敌是友一律践踏而过,试图凭借战马脚力越过障碍杀出血路。无马的步兵也亦步亦趋,一面侧身用长矛刺击从舟中攀上堤来的敌人,一面紧紧跟着骑兵的脚步。祸不单行,长堤上满是雨水,脚下湿滑,有两匹马滑倒,跌落水中,局面更加混乱,有的骑兵慌不择路,索性纵马入水,打算凫水而走。步兵没了骑兵开路,推进更难,绝望中不少人也扔掉长矛跳进水中,但多数都被守在独木舟上的阿兹特克人擒获。至于没有盔甲保护的特拉斯卡拉人,更成群的被箭射倒,长堤上尸骸枕藉,寸步难行。阿兹特克人纷纷爬上来,与仍在负隅顽抗的西班牙人扭打在一处,一起跌入水中,但前者有同伴接应,西班牙人则大多成了落网之鱼。

乱战之下,西班牙人和特拉斯卡拉人不是死在长堤上,就是落水,而落水者中有很多由于身上携带了太多的黄金,根本游不动。这部分人大多是随纳瓦埃斯而来的新兵,没见过白拿的金子,也没见过阿兹特克人对待俘虏的手段,舍命不舍财的下场,不是沉湖就是被擒——如果他们知道被擒后的命运,恐怕就宁愿放弃挣扎,选择沉入湖底淹死了事。

混乱中,科尔特斯也连人带马跳下了水,出发前他就没拿金子,战斗开始后更把盔甲火枪等一切负累赘统统扔掉。他一直跟在先锋部队身后,跳水处距离岸边已经不远,水深也仅及马鞍,因此得以顺利登岸,和桑多瓦尔率领的先头部队会合。岸上的阿兹特克人赶来围堵,总算他们主力不在此处,身上的白色棉甲在黑暗中又比较易于辨认,科尔特斯等人且战且走,往人少处冲出。此时堤道上又有一拨人杀出重围,来到近前,堤道断口处已经被人马尸体以及西班牙人丢弃的辎重箱子堵上。有了踏脚之处,西班牙溃兵踩着这些东西,连蹚带游,总算也到了对岸,科尔特斯和桑多瓦尔率人赶来接应,大家一起奔着防守薄弱之处拼力杀出。很显然,阿兹特克人不知道科尔特斯这个最重要人物就在此间,也没对这伙人继续追击,而是都赶回去围攻堤道上已无法逃脱的敌人。

科尔特斯等人冲出重围,跑了一阵确定敌兵没有追来,稍作休息。科尔特斯环视身边,发现部下已折损大半,不幸中的万幸是桑多瓦尔、奥利德等他倚重的军官都在,视若珍宝的翻译玛丽娜以及阿吉拉尔也都幸运生还,但阿尔瓦拉多不知去向。这时天已放亮,又有逃出重围者赶上来,报告统帅说阿尔瓦拉多所部被围,情势危急。

科尔特斯绝处逢生,万不想掉头再回那个恐怖的屠场,但想到阿尔瓦拉多是他的左膀右臂，终于咬牙命令残兵败将们整队，回去救援。就在此时，忽然看见阿尔瓦拉多挂着长矛，一瘸一拐地赶来，身后跟着4个同样步履蹒跚的西班牙人以及8个特拉斯卡拉人，一干人等个个带伤。

原来，科尔特斯等人逃脱后，阿兹特克人继续围攻长堤上已无处可逃的残余部队，他们的大部分兵力都已赶到现场，这场夜间狩猎接近收网阶段。总攻开始了，但阿兹特克人太过歼敌心切，又没有统一指挥，各部分各自为战，前边的爬上堤道，后边的仍在放箭，黑暗中敌我难分，不少人都死于自己人箭下。此时堤道上领头的军官是阿尔瓦拉多，他负责殿后，战斗打响后道路被阻，他一直奋勇厮杀，早已身被数创，那匹驰名军中的栗色良驹也已战死。部属们已被打散，不成队形，眼看势难幸免，阿尔瓦拉多只能顾得自己逃命，逃出一人是一人。他是节日大屠杀的元凶首恶，阿兹特克人的重点追杀对象，许多人一早锁定了他，跟在后面紧追。阿尔瓦拉多狂奔到长堤最后一处断口，见其太宽，跳不过去，追兵又已逼近，情急之下，倒退几步助跑，将手中长矛奋力前插，在水底一撑，以一个漂亮的撑竿跳动作飞跃而过，这下也看得阿兹特克人目瞪口呆，觉得他如有神助，不敢再追。他这个跳跃脱险处的遗址，后来称为"阿尔瓦拉多飞跃处"，据说今日还是墨西哥城一景。

阿尔瓦拉多逃出生天，与科尔特斯会合。后者虽恨他轻率妄为惹出这么大事端，但毕竟是同生共死的袍泽之谊，浩劫之后见他脱险，忍不住欣然落泪。但此时他们还顾不得感慨，后面追兵的鼓声已经传来，西班牙人强打精神，继续逃亡。

此处已是特拉科潘地界，守备力量薄弱，西班牙人攻取了一个名叫埃斯卡普萨尔科的村子里的神庙，该神庙坐落在一片丘陵之上，由坚固的大石头垒成，西班牙人入内休息裹伤。恶战了一夜，众人早已饥肠如鼓，但吃的东西都在突围时丢了，只好忍着。此时，科尔特斯才有时间清点人数，发现身边只剩了西班牙人500余名，减员2/3；特拉斯卡拉人不足1 000，减员超过3/5。此外，这一年多来费力搜集的金银财宝，除了生还者随身零散携带的一些，大件的多已遗失，枪炮火药全部丧失，好多士兵为了轻装逃命甚至连长矛都丢了，战马仅余23匹，连弩箭也所剩无几，这意味着除了随身的铁质刀剑，他们对土著人的武器优势已几乎不复存在。数名军官阵亡，包括在奇袭纳瓦埃斯之役中立下大功的胡安·贝拉斯科斯（此人还是古巴总督迭戈·贝拉斯科斯的亲戚，但忠于科尔特斯），本来和他们在一起被作为人质的阿兹特克贵族，包括蒙特祖马的儿子和两个女儿，都在昨夜丧命，蒙特祖马的家族就此灭亡。特拉斯卡拉盟军方面，其最高指挥官卡卡马津也已战死，活下来的人个个遍体鳞伤。

这是西班牙人征服中美洲过程中空前绝后的惨痛败仗，以至于后来1520年6月30日这个夜晚在西班牙历史上被称为"悲惨之夜"。迪亚斯《信史》上说，西班牙人阵亡860人（其中数十人逃出城后死于接下来几日的后续战斗）。普列斯科特《墨西哥征服史》中列举了其他各种史料中记载的这一夜的死亡数字，最高的估算达到9000人（含特拉斯卡拉人），这个说法来自于战役的亲历者骑兵瑞安·马诺，该数字被认为过于夸张，甚至超过了多数史料中记载的西班牙军总人数。至于科尔特斯后来在给西班牙国王的奏呈中声称，当夜死亡的西班牙人不超过150人，土著盟军不超过1000人，则显然是刻意瞒报了真实损失。相对准确可信的数字是由科尔特斯的神父提供的，据他所说，那一夜中西班牙人战死和被俘的有450人，特拉斯卡拉人有4000人左右（《信史》中称1200人），加上此前一周的战斗，西班牙人总阵亡人数约七八百人，多数是纳瓦埃斯旧部。西班牙人自然有理由为这个夜晚垂泪，但对美洲土著来说，这是他们值得骄傲的一役，不但将敌人杀死逐走，也报了西班牙人无端屠城之仇。卡萨斯神父在《西印度毁灭述略》中，就站在印第安人立场上为之击节叫好："印第安人……以正义和圣战的名义，为其正义事业，杀死了大批基督徒。任何有理智、有正义感的人都会为这一壮举而拍手称快的。"

现下已是7月1日清晨，天色已明，雨也渐渐停了。科尔特斯派出土著向导，去寻找不易被敌人追击的小道潜回特拉斯卡拉。但即便平安到了特拉斯卡拉又会怎样？这个盟友因为自己而损失惨重，是否还会给自己好脸色看，科尔特斯也全无把握。

栖身神庙的众人，此刻多半在合眼小憩。科尔特斯独自一人，颓然坐在神庙门外的石阶上，无法入梦。短短几周前他兼并了纳瓦埃斯的人马，踌躇满志，自以为掌握了足以扫平新世界的力量。现在他借以自信自雄的军队，已变成残兵败将，满目疮痍惨不忍睹；而他一年来巧取豪夺辛苦置下的金子，也一朝丧尽，那可是他从欧洲来到美洲最初的追求与梦想。现在，他的梦想已在昨夜沉入血水浸染的特斯科科湖，他勾画的征服新世界的宏伟蓝图，已在那个悲惨之夜，被撕得粉碎。

然而，"古之所谓豪杰之士者，必有过人之节"。人情有所不能忍者，但科尔特斯明白，此时的绝境，他必须咬紧牙关，用"虔诚基督徒"百折不回的坚毅，和输红眼赌徒誓死翻本的拼劲，忍住。

25
天花乱坠

那些贪婪的西班牙士兵背在身上的黄金，要了他们的命，但同时，也救了他们同胞的命。悲惨之夜科尔特斯死里逃生，阿兹特克人将其余人等或擒或杀，清理完战场后，他们面临选择：是乘胜追击，还是抢救被西班牙人掠走的财富。按照轻重缓急，当然是宜将剩勇追穷寇，金银财宝沉在湖里，又不会自己上岸溜走。但是，当时的阿兹特克方面也有难言之隐，一方面西班牙人此前从他们那里敲诈的金银器皿，有好多是重要的宗教用品，对他们来说意义非凡；另一方面，新君奎特拉瓦克权位未稳，也需要留守城中，亲自处理善后。他们最终决定派人知会特拉科潘部，让他们负责追击逃敌，同时派了小股人手去协助。

这给了西班牙人难能可贵的喘息之机，因为以此时的力量对比，阿兹特克人如果发动一次和此前围攻战时一样规模的大清剿，已丧失了枪炮马匹优势又多半带伤的西班牙人势必无力抵抗。

命运就这样眷顾了西班牙人。奎特拉瓦克派出的追击者寻踪而至，他们和特拉科潘人的联军将西班牙人逐出了埃斯卡普萨尔科村，但无力对其形成歼灭。科尔特斯率领残兵，沿着山中小道继续向特拉斯卡拉方向迂回前进。道路难行，西班牙人又个个带伤，给养匮乏，进展缓慢。好在追兵对西班牙人困兽之斗的力量甚为忌惮，远远跟在后面，也不太敢过于逼近。

西班牙人艰难跋涉了两个星期，一路上采集道边的野生果蔬，又杀了重伤难治的战马充饥，7月14日这天，好容易走到了丘陵地带的尽头，翻过前面一座山岗，就是一马平川，可以加速赶往特拉斯卡拉人领地。大家心下稍感放松，忽然间，前方的探马急匆匆回报，说山坡下的谷地中，有无数的印第安敌军，正守在那里。众人听得心里发毛，但前面是通往特拉斯卡拉的必经之路，现在的境况，有进无退，只能迎头上前。

科尔特斯命众人原地休息待命，他和几个军官跟着探马指引来到山顶，顿觉眼前一片白。盛夏的山谷中仿佛落了一大片雪，目之所及，尽是穿着棉甲的土著武士，密密层层一眼望不到尽头，这大概是经历浩劫之后阿兹特克人及其附属部落能调集的全部力量了。敌军丛中，有一群头戴华丽夸张的鸟羽冠的武士格外醒目，身上的黄金饰物在阳光下熠熠生辉。科尔特斯料定这必是敌军指挥官，现在敌我双方兵力相差百倍不止，唯一的求胜希望，只能着落在这些人身上，如果能以迅猛的冲锋一举消灭这些指挥官，摧毁敌方指挥中枢，或许还有一线生机。

科尔特斯将这个斩首行动布置下去，仅剩的十几名骑兵整队集结，每5人一组，瞄准敌军指挥官分批次冲击，准备从那里撕开口子，步兵和特拉斯卡拉盟军也紧随其后搅乱敌阵，然后突围。作战计划交代清楚，众人围成一圈低头默诵圣母玛利亚之名，忽然科尔特斯拔剑高呼"圣地亚哥保佑"，余众齐声呼吼应答，骑步兵一阵风般从山冈上掠下。

另一边印第安联军也发现了西班牙人，他们已在此守候多日，见猎心喜，迎面冲过来厮杀。

正是狭路相逢勇者胜，西班牙人凭着置之死地而后生的勇气，以一当百，所向披靡，骑兵枪刺马踏杀开血路，后面步兵跟上掩杀，铁剑挥处土著人断臂折足。联军人多势众自觉必胜，反而人人都因此存了侥幸，不敢与敌人性命相拼，加上指挥方式落后，各部之间进退无序，外围的只能远远看着同伴被屠戮却挤不到近前，片刻间阵型已被冲乱。科尔特斯一马当先，杀到土著联军的指挥方阵跟前，眼见一个衣着最为华贵的酋长正擎着指挥旗，上前一剑将其旗杆劈断，紧随其后的骑兵萨拉曼卡跟上一枪将酋长刺倒在地。

联军其他各部落的首脑人物也多聚在此，跟上的西班牙步骑兵都朝这里冲来，专门瞄准这些锦衣华服者痛下杀手。指挥中枢瞬间被击溃，土著武士方寸大乱，无心恋战。桑多瓦尔高呼"天主保佑今日必胜"，西班牙人气势如虹，四面冲杀，直至阿兹特克人组织的大军都逃得无影无踪。

这场战役是西班牙人与阿兹特克人唯一一次大规模野战，对此役土著兵力的估算最多达到六位数，迪亚斯也说，无论此前此后都不曾在中美洲看到如此之庞大的土著军队。这个战场叫奥通巴（Otumba），今天是墨西哥一处旅游名胜。奥通巴战役，西班牙人赖以获胜的不是武器优势（他们已没有枪炮），而是科尔特斯明智的战术和西班牙人在生死关头迸发出的勇气。打扫战场时，西班牙人又从敌军尸体上获得了不少黄金饰品，科尔特斯决定将这些作为接下来拉拢土著盟友防止其变心倒戈的活动经费，命手下全部交公不得私藏。

奥通巴战役之后，西班牙人声威重振，阿兹特克方面已组织不起新的战役，只能任由他们逃出特拉科潘。西班牙人终于抵达了特拉斯卡拉人的领地，这个半年前进军特诺奇蒂特兰的大本营。由于连累得特拉斯卡拉人损兵数千，科尔特斯非常担心他们会翻脸，这一回行事格外低调小心，不敢再摆架子，路过特拉斯卡拉村落也不再平白讨要食物，一律用金子购买。到了特拉斯卡拉城，当地人已经知道了自己派去支持西班牙人的子弟兵大半身死，现在见了所剩不多的生还者，一城恸哭。以小希科滕加为代表的敌视西班牙人一派态度又变冷淡，甚至提出逐走他们与阿兹特克人讲和，好在亲西班牙派的马塞斯卡西和老希科滕加等老人，还是一如既往地热情接待。因为与西班牙人结盟的决策是他们做出的，因此现在只能继续硬撑，否则也会危及他们的政治生涯。

科尔特斯等人总算有了栖身之所，暂时缓一口气，当下安顿下来，在特拉斯卡拉人照料下休养疗伤，暂且不提。

再说此时的特诺奇蒂特兰城中，则是另一派光景。逐走了西班牙人，领导了反抗运动的奎特拉瓦克顺理成章，成为阿兹特克人的新领袖。新人换旧人，一城欢庆，而庆典上必不可少的保留节目，当然就是人祭。悲惨之夜中400多名西班牙人被打死，另有百余人被俘，这些稀有的外来物种，就成了阿兹特克人朝贺新君的绝佳祭品。接下来，阿兹特克人按照惯例把战死者和被献祭者的遗体都陈列在大金字塔前的广场上，由于祭品非同寻常，赶来参观瞻仰者络绎不绝。就在围观者争睹"神使"遗容的时候，他们想不到，已经有一只看不见的魔手，从死尸堆中伸了出来，要将洋溢着胜利喜悦的特诺奇蒂特兰人紧紧攥住。

九月、十月间，奎特拉瓦克已将特诺奇蒂特兰各项事务渐次捋顺，正筹划再调兵遣将去攻打西班牙人栖身的特拉斯卡拉人老巢，与合流的新老冤家一决雌雄。但就在此间，城中的情况开始变得不大对头，越来越多的人染上了前所未见的怪病，而且症状极其诡异：患者体温升高，四肢酸软无力，上吐下泻，更恐怖的是身上逐渐长出皮疹，周围伴有红晕，几天后变成水泡，再过几天变成脓包，可怕的皮肤病变蔓延至全身。这种怪病飞速传播，绝大多数感染者难逃一死。

可怕的厄运抓住了阿兹特克人，他们染上了天花。

这种传染病在东半球已有悠久的历史，有人考证早在公元前1万年，天花就开始残害人类的祖先。此后，从有文明以来，这一恶疾就与人类社会如影随形，从埃及的法老到赫梯的国王，从罗马的皇帝到日耳曼的酋长，受害者数不胜数。美国医学博士唐纳德·霍普金斯在其著作《天国之花》中，开列了史上著名天花患者名单，大名鼎鼎的东汉伏波将军马援赫然在列，霍普金斯认为最终导致老将军"马革裹尸"的边区疫病，正是后来被称为"蛮痘"的天花。

天花虽不是百分之百地致命，但以中世纪欧洲的医疗水平，想人工治愈几乎不可能，感染者只能自求多福，而侥幸不死的，痊愈之后也会落下后遗症，轻者满脸麻点，重者双目失明，因此欧洲人对其畏之如虎，称天花为"斑点恶魔""死神帮凶"。

得益于大西洋的保护，美洲大陆在此前的千万年中，与天花绝缘。欧洲人渡过大洋，这朵恶之花也随之突破地理壁垒，飘洒到了新世界。1514—1515年尤卡坦半岛和巴拿马地峡分别发生过天花疫病流行，造成当地人大批死亡。随着科尔特斯等人在中美洲的探险，天花也随之深入大陆腹地。

霍普金斯在前述书中考证认为，把天花带入墨西哥的不是科尔特斯，甚至不是西班牙人，他援引了一位西班牙教士成书于1541年的著作《新西班牙的印第安人史》：

> 纳瓦埃斯船长在这个国家登陆时，他的一艘船上一个黑人感染了天花，一种在这个地方从未见过的疾病。这个时期，新西班牙人口极度稠密。在天花开始袭击印第安人时，这种病造成了严重的瘟疫，横扫这片土地，在大部分省份，造成一半以上的人口死亡，在其他人群中，死亡比例也几乎没有下降。由于印第安人不知道治这种病的方法，而且他们特别爱好经常洗澡，无论健康时还是生病时，以至于他们患了天花还要这样洗澡。印第安人大批大批地死亡，就像臭虫一样。其余的很多人死于饥饿，因为他们一旦被看作有病，就不能彼此照顾了，也不会有人给他们送面包或其他东西。许多地方，一所房屋内的所有人都死了，而由于不可能埋葬这么多死者，人们拉倒房屋来压在死者身上，掩盖尸体发出的恶臭，于是他们的房

屋成了坟墓。(《新西班牙的印第安人史》，转引自霍普金斯《天国之花》)

霍普金斯考证出，这个黑人名叫弗朗西斯科·德·巴吉亚，是纳瓦埃斯的奴隶。他随队出征时已经带病，他们的船队途经科苏梅尔岛时，当地爆发了天花疫病，这可能也与他有关。迪亚斯的《信史》中亦曾提到此人，说他跟着纳瓦埃斯的败兵被收编时，病情已发作，满身痘疮，令人望之便觉不祥。

悲惨之夜，带病在身的巴吉亚没能跑掉，和其他死者一同在广场上暴尸示众，尸体上的疫病遂在这个人群密集之处蔓延开来。美洲原住民从没接触过天花，免疫力全无，更不知如何防范，很快就病倒一片。感染者缠绵病榻，痛苦不堪，残存下来的阿兹特克人后来用粗糙的西班牙文回忆了这段噩梦：

> 这是一种杀伤力极强的传染病。
>
> 染病后，病人走不动路，只能平躺在床上，一动都不能动。脖颈不能转动，全身也不能挪动，更不能翻身，只能瘫在床上，稍稍一动就痛得大喊大叫，这种出痘的病让人最终全身布满脓血而死。
>
> 许多人染病而死，但还有不少人却是活活饿死的，因为谁也没有能力去照顾他们。
>
> ……
>
> 瘟疫猖獗了六十天，这是黑暗的六十天。(米格尔·雷昂-波尔蒂利亚《战败者见闻录》)

60天，特诺奇蒂特兰城中天花横行，遍地尸横，几乎变成一座死城，连即位未久的新首领奎特拉瓦克也染病去世了，这又更加重了人们对天花的恐惧，以为是上天降罚。瘟疫流行和随之而来的政治动荡，使特诺奇蒂特兰陷入混乱，对特拉斯卡拉的征剿计划，已经无力实施。病菌的杀伤力远非枪炮、战马或铁器可比，西班牙人征服美洲过程中真正最有效的大规模杀伤性武器，终于展露锋芒。

26

鲸吞蚕食

抵达特拉斯卡拉之后,西班牙人将养休息了22天,伤员大多康复,当时的奎特拉瓦克还在忙于处理各项转型期事宜,没急着来攻,接下来天花泛滥,阿兹特克人更无力进取。敌人为什么迟迟没有动静,科尔特斯虽不太了然,但正可用这段难得的时间重整旗鼓。他和特拉斯卡拉人一道,以复仇的名义攻略邻近亲阿兹特克的部落。尽管西班牙人一次只能出动二百来人和十几匹马,但特拉斯卡拉人能调集上万军队,那些小邦无力与抗,或死或降,特拉斯卡拉人势力大为扩张。

特诺奇蒂特兰爆发的天花疫情,也传染到了特拉斯卡拉,亲西班牙派的主要人物,四大酋长之一马塞斯卡西染病去世。或许是离疫区中心较远,天花给特拉斯卡拉人带来的危害远小于阿兹特克人。至于在这里的西班牙人,很多在欧洲时就患过天花,已有免疫力,而且科尔特斯接收纳瓦埃斯部下时,已将其带有天花病菌的船全部烧毁,故此他们也没有携带疫病,而他们百毒不侵的体质也加强了土著对"神使"的敬畏。

科尔特斯抓住这个难得的机会,将其影响力进一步根植于特拉斯卡拉,帮助马塞斯卡西儿子中的亲西班牙者取得权位,同时大力推广天主教,连年老眼盲的老希科滕加都接受洗礼,成了基督徒,改了西班牙名"巴尔德斯"。至于部落中敌视西班牙人的派系,如小希科滕加等,地位已被边缘化。

恢复了元气的西班牙人,一部分主张撤回古巴,这多是原纳瓦埃斯的手下,而科尔特斯和他的铁杆部下则决意留下,完成未尽的征服。通过悲惨之夜的教训,科尔特斯意识到了仅靠地面部队,不可能征服阿兹特克人的水上堡垒,必须要有能对付敌人独木舟的水上力量。此时,他一年前破釜沉舟时特意保留下的一批船只金属零件派上了用场。从特诺奇蒂特兰突围之后,科尔特斯十分欣慰地发现,一个名叫马丁·洛佩斯的士兵还健在,此人通晓造船技术,又是出色的木匠，有他在，科尔特斯就有信心建造一支自己的"无敌舰队"。

零件被从秘藏处取来，洛佩斯和几个工匠督率8000名土著劳力，夜以继日打造战船。此时，海边的基地比利亚里卡方面又有一艘西班牙本土开来的商船到港，携带了枪炮、火药和少量马匹，正是雪中送炭。军火购置齐备，另一边科尔特斯对原纳瓦埃斯手下的厌战者也做通了思想工作，整支队伍重焕斗志。一切都在朝着对西班牙人有利的方向发展，科尔特斯开始认真思考复仇计划。

经过前几回合的较量，科尔特斯认识到阿兹特克方面的人力资源优势实在远非己方可比，真如他们所说的那样，就算五百个、一千个拼掉一个，自己都拼不起。但敌人的兵力也并不全来源于本族，更多的是他们的臣属部族提供的辅助部队，而这些部族，又并不完全与宗主同心同德，很大程度上是迫于威逼才为他们卖命。因此，科尔特斯制定的战略就是釜底抽薪，对这些周边部族，能拉的拉，当打的打，逐一剪除阿兹特克人的辅助力量，最终使其陷入孤立。

他的目光落在了特斯科科地区，该处是特诺奇蒂特兰门户，人口稠密，物力丰富，正可作为持久战的基地，而且特斯科科是三族同盟中仅次于阿兹特克的支柱力量，如果能将其吞并，则阿兹特克人在中美洲甚至在大湖地区的霸权也必将倾颓。1520年12月26日，刚刚庆祝了圣诞节的西班牙人以及5000名特拉斯卡拉盟军，朝着特斯科科进发。

两地间隔不远，走了一天，次日就抵达了特斯科科交界处的一座山隘。当地人设置了路障，众人一边清理障碍一边向山顶攀登，科尔特斯率一众手下登上顶峰，但见远处波光泛起，正是特斯科科湖。坐落湖中的特诺奇蒂特兰城也遥遥在望，暌别半年，风姿无改，那里是天堂，那里是地狱。西班牙人悲欣交集，个个发誓定要打回城去，打出一个不同的结果。

此时的特斯科科也正处在政治动荡期。原有的老酋长一年前在西班牙人的要求下被蒙特祖马处死，此后部落陷入事实上的分裂，奎特拉瓦克支持的新任酋长事实上并无力统摄全局，奎特拉瓦克病死之后他的控制力更加削弱。此人本想假意投降，将西班牙人诱入特斯科科城，寻机杀死。他派了人来向科尔特斯献上一面金子铸成的旗，想引他们上钩，然而西班牙人轻易识破。这个酋长看到计谋不成只好带领手下逃往特诺奇蒂特兰，他们走后，之前被打压的亲西班牙派贵族立刻开城投降，西班牙人兵不血刃，进入特斯科科城。

随后科尔特斯从特斯科科贵族当中寻了此前的老酋长内萨华尔皮利的后裔，

立为部落首领，不但让神父为其行了洗礼，还将其收为义子，让他和自己一样使用"赫尔南多·科尔特斯"的西班牙名字。

科尔特斯就这样轻而易举地拿下了阿兹特克人百年来的头号盟友，一口吞了阿兹特克人的半壁江山，但是这个中美洲霸主毕竟是百足之虫，现在距离科尔特斯孤立瓦解对方的目标还差得远。取得了特斯科科基地之后，科尔特斯继续蚕食大湖周围的各个部落村寨。

得到了特斯科科人的支持，加上对付阿兹特克人比西班牙人还卖力的特拉斯卡拉大军，科尔特斯对这些小部落的战事毫无悬念，唯一一次意外发生在伊斯塔帕拉帕村。当地是阿兹特克的驻军据点，1521年1月科尔特斯来攻，他们知道打不过，于是全军撤出，埋伏在村外。等西班牙人占领了空无一人的村子放松警惕时，阿兹特克人在夜里掘开堤坝，将湖水灌进村子，试图淹死敌人。可惜水势太慢，西班牙人发现后及时撤出，此举并没能给他们造成杀伤。

随着西班牙人在大湖周边的征服，越来越多的部落倒向他们，包括特斯科科辖下此前一直保持观望的几个实力派酋长，以及大湖最南端因出产木料而为西班牙人格外重视的村镇查尔科。

不过特诺奇蒂特兰城中，阿兹特克人也不甘心坐以待毙。奎特拉瓦克死后，贵族们推举了一位少壮派领袖，蒙特祖马的侄子夸特莫克继任首领。此人和奎特拉瓦克一样，极度仇视西班牙人，而且性格强硬有勇略，科尔特斯派来和谈的使者被他拒之门外，只让他们带话回去，誓与入侵者战至最后一人。对西班牙人在大湖周边的蚕食战略，夸特莫克知道不能正面硬拼，他也使出政治外交手段，恩威并用，减免各部落的赋税，赠予金银，并宣传西班牙人的暴行，号召众臣属紧密团结在自己周围，共御外侮。对已经与西班牙人缔盟的部落，他也采取断然的血腥惩罚，以此作为警示。

西班牙人兵力有限，无法分驻在各处保护新盟友，而阿兹特克人控制着特斯科科湖水面，独木舟神出鬼没，出现在西班牙人无备之处，对变节分子痛下杀手，而等西班牙的马步军紧赶慢赶前来支援，他们早已乘上独木舟扬长而去。这个战术屡屡得手，其中有一次，阿兹特克人重创了敌方新获得的重要盟友查尔科人。

此时已是1521年3月下旬，科尔特斯对夸特莫克的水上游击战无可奈何，就在这时，后方传来好消息——马丁·洛佩斯主持修造的首批13条双桅帆船已经装配完毕，随时待命。

27
先知之死

科尔特斯终于可以和对手在水面上一较高下，但此时还没到决战的时候。科尔特斯是个现实主义者，他对阿兹特克人不惧死亡的勇悍已有深刻认识，此时特诺奇蒂特兰虽然因为天花和接连的战败已丧失了大量人口，但仍有不下10万人，不可能在战场上尽歼，最理想的是断绝其在陆地上的一切支持与给养，用长围久困来拖死对手，就像此前阿兹特克人试图在城里困死他那样。控制特斯科科，是这个计划的重大阶段性成果，但不足以对特诺奇蒂特兰造成致命伤，他们还有两个主要的帮手，一个是三族同盟中的特拉科潘，另一个是大湖南部的大部落霍奇米尔科。

霍奇米尔科人别号"花籽人"，与阿兹特克、特拉斯卡拉等族同属纳瓦特语族，本书开篇曾有交代。在14世纪阿兹特克人来到墨西哥谷地立业之初霍奇米尔科曾与之发生冲突，后来臣服于阿兹特克霸权，该地是特诺奇蒂特兰重要的粮食供应点。

4月5日，科尔特斯率领300名步兵、30名骑兵、20名弩手以及15名火枪手朝霍奇米尔科进发，途中会合了超过2万名来自各族的土著武士，这是他们征战中美洲以来组织起的最大规模的部队。但是征途并不顺利，他们从南部山区进军，沿途要经过一大片无水的山地，山间各处隘口又有土著居高临下投掷滚木礌石，实在举步维艰。总算当地人抵抗意志并不坚决，西班牙人刚一攻上山头就立刻投降，科尔特斯等人才终于得以通过。

几天之后，西班牙和土著联军推进至霍奇米尔科城下。当时正是早上，霍奇米尔科人已经知道敌军来犯，大队武士在城前列阵，双方一场混战，打得异常激烈，科尔特斯都一度马失前蹄跌倒，险些被冲上来的土著人生擒。经过血战，联军突进城中，霍奇米尔科以巷战继续抵抗，此时夸特莫克派来上万援军，正从湖面上驾着独木舟赶来，科尔特斯只得指挥联军撤走。

这一战虽然没能如愿拿下霍奇米尔科，但给当地造成了极大破坏。撤军时，联军也没有从原路返回，而是继续向北，取道特拉科潘绕行整个大湖返回特斯科科。一路上，科尔特斯发现途经的村子十室九空，人们都远远逃开，躲避西班牙人。这样的情况让他很是满意，因为这意味着阿兹特克人可资利用的人力资源已经大大萎缩。

返回特斯科科之后，桑多瓦尔又从沿海基地带来了新近从西班牙等地来增援的部队，都是全副武装，科尔特斯声势更盛。此时，特拉斯卡拉方面也派来了大批援军，足有两万，科尔特斯赶去迎接，只见队伍前列白鹭旗下站着的统帅，正是小希科滕加。科尔特斯深知他的勇猛，但对他时常表露出的反西班牙人态度，也不免深怀忌惮。

各路兵马纷纷赶到特斯科科集结，科尔特斯和军官们紧张地研究作战计划。其间，一个名叫安东尼奥·比利亚法尼亚的士兵勾结几个原纳瓦埃斯手下的心怀不满者，图谋刺杀科尔特斯向古巴总督邀功。但同谋者泄密，阴谋被破获，科尔特斯处死主犯，宽宥了余众，此事并没造成太大影响。

到了5月中旬，过完了圣灵降临节，攻打特诺奇蒂特兰的方略谋划妥当，科尔特斯准备誓师出征了。此时他手中有西班牙步兵650名、骑兵84名、弩手火枪手合计194名、双桅帆船13艘，由于主要用于内湖作战，这些船没有按照远洋船的样式制造，而是造成在大航海时代渐已淘汰的帆桨并用型，驱动方式更自主，科尔特斯将军中的小型火炮若干，全部部署在船上。除了这些核心班底，还有特拉斯卡拉、特斯科科等族的土著武士近3万人，若是将辅助兵种和预备队算上，动员的总人数不下10万人。大军被分成三路，900余名西班牙士兵抽出300人上船，一半作战一半划桨，其余的陆军由阿尔瓦拉多率领200人的混成部队，外加8000特拉斯卡拉人去进攻特拉科潘，另一名主要军官奥利德率同等数量的部队进攻特拉科潘邻近的重要城镇库尤阿坎，第三路由桑多瓦尔带领，进驻上次差点中了水淹之计的伊斯塔帕拉帕村，准备接应。

次日大军分道进兵，就在此时，发生了一件影响深远的事情——特拉斯卡拉军中和小希科滕加地位相等的另一位酋长忽然折返特斯科科城禀报科尔特斯：小希科滕加溜了。按照原定计划，小希科滕加本该与这位酋长一同，作为先锋队出发，但桀骜不驯的小希科滕加本就对西班牙人不怀好感，现在更不愿意受他们指使去充当炮灰，寻了个机会就自行返回特拉斯卡拉去了。而这位酋长风闻小希科滕加回去是想抢他的部众和权位，登时大急，向科尔特斯打了小报告。

大战在即擅离职守，这不是小问题，而且小希科滕加在特拉斯卡拉人中颇有声望，他这一走有许多人也随之散去，这无疑会危及科尔特斯的全盘计划。更何况，小希科滕加是一向反对西班牙人的，倘若真如传闻所说，他回到特拉斯卡拉之后会趁其他酋长在外征战兼并其部众土地，那等他掌握了特拉斯卡拉大权之后，十有八九会和西班牙人翻脸。因此，实在有必要防患于未然，不管对他阴谋的指控是否确凿。

科尔特斯越想越觉事态严重，连忙派人四处缉拿，声称"就算他已经到了本部落的地盘上，也务必捉拿归案"。

小希科滕加在归途中就被寻获，科尔特斯派来的特拉斯卡拉人对其劝返，但这位一贯高傲的酋长根本不理，继续前行，终于在一个臣属于特拉斯卡拉的村子，被接到命令的当地人擒获。他是否真的心怀叵测，科尔特斯已懒得弄清——反正无法控制，不如索性消灭，他将小希科滕加宣布为坏分子，命当地人就地绞杀。

没有人记下小希科滕加的临刑遗言，这位年轻的酋长兼勇士默默地死去了，作为一个对西班牙征服墨西哥这一历史事件至关重要的人物，他的名字湮没于史料堆中。普列斯科特评价他，"他是第一位指挥土著军队成功抗击了入侵者的酋长，如果蒙特祖马有他这样的精神，科尔特斯或许永远没有机会踏进他的宫殿"。然而他的知名度却远无法和那位表现懦弱的阿兹特克之王相比，也不如后来成为印第安人抵抗精神化身的夸特莫克。他的死更令人唏嘘，他本来极为反感与西班牙人结盟，但形势所迫，不得不然，而当他终于率性而行时，他的行为又在事实上触犯了军中的铁规、"文明"社会的法规制度，让他死得无话可说。特拉斯卡拉人，包括他的父亲也不得不半自愿地认同了对他的处决令。

从某些方面来看，小希科滕加就像是希腊神话里的特洛伊公主卡珊德拉。当希腊联军一夜间消失得无影无踪、特洛伊城门外只剩下一具宏伟的木马时，坚守了10年的特洛伊一城欢腾，认为战争已经胜利，这木马就是伟大的战利品。唯有半疯的预言者卡珊德拉，嘶吼着提醒同胞们：这是个可怕的阴谋，难道你们听不到木马肚子里刀剑碰撞的声音吗？！而沉浸在胜利幻想中的特洛伊人对之报以嘲笑鄙夷，不想让她的败兴之谈搅扰了"胜利"的好心情，甚至连她的父王普里阿摩斯都听不进她的盛世危言。一片狂歌醉舞中，卡珊德拉绝望的奔走哭号只能是徒劳。于是一切无可避免，特洛伊城被夷为平地。

小希科滕加不是卡珊德拉那样半神化的预言者，他的智力水平和知识结构，未必比其同胞高出多少，但在西班牙人到来、开美洲千年未有之变局这一天大的历史节点上，他的认识远远领先于他的时代、他的族群。如科尔特斯所说，他一直敌视西班牙人，无论最初和他们作战之时，还是后来媾和之后。普列斯科特《墨西哥征服史》中评价，"他的天赋才华在于清楚地看到了部落族人的未来：欧洲人是远比阿兹特克人更危险的敌人"。

这是先知者的悲哀，并不总是"先知觉后知"，注定孤单的先知者有时因其灼见领先于数量远为庞大的愚众，反而被排斥轻贱。此时，包括他那位已经改名"巴尔德斯"的瞽目老父在内的特拉斯卡拉人，全都陶醉在西班牙盟友带来的空前的强大感中，陶醉在对宿敌阿兹特克人复仇的快意中，陶醉在取代阿兹特克人成为这片土地霸主的美好憧憬中。"如果他们听我的忠告，就不会被这些无信义的陌生人摆布愚弄。"小希科滕加警醒族人的声音，被忽略不计。

小希科滕加作为一个"逃兵"，不光彩地被处死，他的崇拜者将他受刑时穿的衣服剪成碎片，拿回去当作圣物珍藏，但仅此而已，他的死并未唤起他们的思考，"对小希科滕加的崇拜之情，转移到了西班牙人身上"（《墨西哥征服史》）。后来的历史验证了小希科滕加的判断，瓦伦特《阿兹特克文明》中介绍，西班牙人征服中美洲之后，几乎全部的原住民都失去了土地，"特拉斯卡拉人由于为西班牙人出过大力，仍保留了土地，但原有的社会地位大大下降"。更不用说他们那个镜花水月的取代阿兹特克称霸之梦了。

举世皆醉之时，独醒者必将是最痛苦的，因为他们总是明明看到同胞正在狂欢着走向末路，却无力让他们停步。

28
死水

过去的一个多世纪以来，凭借着迅捷的独木舟部队，阿兹特克的武士在特斯科科湖占尽优势，湖水不但是特诺奇蒂特兰城强有力的屏障，更是载着他们耀武扬威的天赐战场。甚至倒映着宏伟都城的升平景象，都可视为部族统治地位的象征。然而，水故能载舟，但当西班牙人的大帆船搅起了前所未有的大浪，这作为阿兹特克人天然盟友的特斯科科湖水，亦可使他们举族倾覆。

小希科滕加死后，一切局势已尽在科尔特斯掌握。按照原定计划，桑多瓦尔、奥利德、阿尔瓦拉多三路大军分别进攻特诺奇蒂特兰城三道最主要堤道与陆地的连接点，科尔特斯希望此举能切断城中与外界的联系，断绝其补给与兵源的供应，将阿兹特克人全部挤压到城中，通过围困逼迫其投降，从而以最小代价战胜对手。

然而，进展并不顺利。除了桑多瓦尔尽职地依令而行，奥利德和阿尔瓦拉多建功心切，两路人马挤在了一起，都去攻打特拉科潘。大军就位后两人轮番指挥攻城，但通往特诺奇蒂特兰的堤道只能容纳二十来人并行，西班牙人带来的数万土著盟军根本无法展开，只能排成长蛇阵，以最精锐的西班牙士兵为箭头，强行突破。

阿兹特克方面也早有准备，在堤道上掘了无数豁口和陷阱，同时也征调大队武士，排成密集阵型，以人盾战术阻挡敌军前进。此时他们已有不少此前从西班牙人手中缴获的铁制刀剑，阿兹特克人将其绑在长竿上，作为长矛阻挡西班牙的骑兵突击，很有成效。同时他们派出独木舟，当西班牙人上了堤道之后，从两侧杀出，在水面上袭击其侧翼。堤道附近人工浮岛上的房屋，更是绝佳的狙击点，守军在屋顶上投石射箭。西班牙人在坑坑洼洼的堤道上遭遇三面夹攻，举步维艰，一个多小时的战斗中8人战死，50余人受伤，不得不撤回陆上。阿兹特克人乘胜追击，又有斩获。

看出占不到便宜，奥利德随后率部离开，去了他的指定攻击点库尤阿坎村，阿尔瓦拉多被留在特拉科潘。兵力减半，更难有建树，城里的阿兹特克人趁机每日发动袭扰，但离开了有利地形，他们也难奈何西班牙人。不过西班牙人此次最大的战果，要算是他们在特拉科潘一带的山上发现了阿兹特克人修造的水渠，西班牙人将之堵塞，以断绝特诺奇蒂特兰城的饮用水源，这一招将在不久后收到奇效。

再说桑多瓦尔的南路军，动身最晚，但此人执行科尔特斯之战略最为彻底。他率军抵达伊斯塔帕拉帕村，当地组织不起大规模的会战，只能依托村中房屋，用巷战抵抗西班牙人。桑多瓦尔步步为营，每夺取一座房屋就彻底拆毁，进展虽缓，但扎实稳健。特诺奇蒂特兰方面也了解此间动态，经常派出大批独木舟部队增援，战事极为激烈。6月30日这天，桑多瓦尔又率兵在村中推进，当地人拼死抵抗，登陆的阿兹特克援军也占领了村周围的高地，正对桑多瓦尔所部形成包围之势。正胶着间，忽见左近小山上的烽火台上，一簇火焰腾起，不多时周围山上、水中的阿兹特克人及盟友的各处据点全都举火示警，在伊斯塔帕拉帕村的增援部队丢下桑多瓦尔，掉头奔上独木舟，驶回湖中。

满湖烽火中，但见西班牙的大船队破浪驶来，科尔特斯操练多时的舰队终于下水作战。此前在特诺奇蒂特兰驻留期间，科尔特斯就曾造过3艘大帆船，还载了蒙特祖马一同在湖中巡游，让当时的土著哑然称奇。现在新造的这批战船体积数量都胜于前者，忽然来袭，让阿兹特克人措手不及，仓促抵抗间，他们的独木舟不堪一击，靠得近的都被大船轻易撞翻，余者只好逃到水浅处躲避，桑多瓦尔之围遂解。科尔特斯乘胜追击，用船载大炮轰击湖中浮岛上的阿兹特克工事，拔除了很多据点。

阿兹特克人毕竟是一百多年来一直在打仗的民族，技术落后，但见招拆招的应变能力很强。受挫于西班牙大船后，他们想出的对策是在湖中打木桩，阻止体积庞大的敌船通行，同时独木舟队收缩活动半径，尽量于水浅处出没，重点用于从侧面包夹攻上堤道的敌人。

果然，他们的收缩防守从战术上取得成效，西班牙船队在宽广的水域占据优势，但无法捕捉独木舟部队主力，无法消灭其有生力量，也就难以切实起到保护路上抢滩部队侧翼的作用。不过阿兹特克人这一来，也就从战略上落了下风,将"制湖权"拱手让人。眼光更高明的科尔特斯看到,阿兹特克人活动半径减弱,依托大湖和独木舟部队机动性的优势已大打折扣,无法再援助和控制湖周边的臣属部落,甚至补给线路也已被掐断,现在正可使用自己最擅长的恩威并济的外交手腕,使阿兹特克人的附庸部落倒戈,使其陷入彻底孤立。

此时,对特诺奇蒂特兰的围困已有一个多月,尚未完全从天花疫情中恢复过来的阿兹特克人,人力物力资源都已捉襟见肘,别的物资短缺尚可克服,但城中的饮用水也逐渐成了大问题。原来特诺奇蒂特兰虽然坐落于湖上,看起来并不缺水,但特斯科科湖的水质苦涩,矿物盐含量也较高,容易致病,所以他们一直从特拉科潘的山中引水入城。围城日久,水源也被断绝,而城里的苦水若光是味道差倒也罢了,更要命的是此前疫病流行、尸骸遍地,水源已被污染,很多阿兹特克人因饮水而致病。

附近的臣属们,也都洞悉时事,看出这个昔日霸主恐怕凶多吉少,科尔特斯带着大军前来造访,他们大多识时务地改换门庭,至少不再为阿兹特克人提供兵员和给养,科尔特斯剪除羽翼的遏制战略逐渐收效。更有讽刺意味的是,湖南段住得较远的"花籽人"霍奇米尔科人,本来站在阿兹特克一方与西班牙人作战。有一日,他们派来大批独木舟,绕过西班牙人封锁驶进特诺奇蒂特兰,声称前来助战,让夸特莫克感动不已,将城里已所剩不多的金银绢帛,还有他们最珍视的可可豆都拿出来酬谢。但这些"援兵"却在夜间发动突袭,抢掠阿兹特克的妇女儿童,打算劫回去做奴隶。尽管阿兹特克人很快惊觉反击,并没让他们得逞,但此事给他们造成的心理阴影还是十分严重。强敌压境众叛亲离,他们只能龟缩自保,以往纵横来去的特斯科科湖已成一潭死水,大湖霸权已不为他们所有。

29
最后的鼓声

　　西班牙大船在特斯科科湖上所向披靡，但毕竟还有不少容易搁浅的浅水区，那是他们无法触及的死角，真正给特诺奇蒂特兰最后一击的任务，还要交由地面部队执行。科尔特斯用船队压制了阿兹特克人的水面优势之后，着手实现围攻计划。外藩倒戈而内部给养也所剩无几的阿兹特克人，更要死死扼守住通往城里的咽喉要道，于是，几条堤道重又成为攻防战的主战场。

　　狭窄的堤道上，单调的拉锯战又开始了。这是真正意义的寸土必争，堤道似乎如此艰涩，以至于每一点推进，都需要大量的鲜血来润滑。西班牙人的攻击被里外三层的阿兹特克人墙挡住，后者更挖了无数陷阱堑壕，修筑了拦截对方战马的矮墙，西班牙人一边组织远程火力逼退敌人，一边调集工兵填坑拆墙，然后再由近战兵种继续推进，打打停停，效率极低。血战一天下来，西班牙人往往只推进了一小段，而由于堤道上难以驻扎，入夜后他们不得不退走休整，于是白天艰难赢得的跬步之积，又被阿兹特克人连夜夺回，照例挖陷阱、拆桥梁。

　　如此往复，为了节省宝贵的人力资源，西班牙人后来改派特拉斯卡拉等盟军为先锋。这群土著人作战能力不如西班牙士兵，但胜在人多不怕死，面对世仇阿兹特克人，更有额外的动力。不过短时间内，这些炮灰军同样无力冲开防线，两方只是以人海战术对拼损耗而已。

　　战事残酷而乏味，但这种消耗战终究对被切断了对外联系的阿兹特克人伤害更大，大湖周边越来越多的部落眼见他们失势，转身变成西班牙人的盟军，打算分一杯羹。而夸特莫克发动了几次反冲锋，试图杀入围城军的营地，都没能成功，疲劳、疫病、饥饿的负荷越来越重。由于反攻的力度越发衰弱，围城军也不必忌惮阿兹特克人夜袭（他们本就很少在夜间作战），战斗结束后就在夺取的堤道上原地休整，同时将被破坏的堤道填平夯实，围困的口袋越收越紧。

城里的夸特莫克和一众贵族祭司，每日献祭祈祷，激励士气。但他们也知道仅靠这种精神胜利法无济于事，现在反败为胜的机会只有一个：那就是趁着尚有一搏之力，消灭敌军中核心的西班牙将领。蛇无头不行，敌军虽众，但事实上指挥中枢只在寥寥数人，甚至可以说只在科尔特斯一人身上，如能对其实施斩首行动，那围城的土著大军中除了特拉斯卡拉人，其他各部都会重新臣服，一切都将就此结束。夸特莫克和他的智囊团揣摩敌手的心思，着手布置引诱敌方主帅的诱饵。

不出所料，尽管科尔特斯一再指示机宜，要求部队稳扎稳打，务必在推进的同时清除掉阿兹特克人布下的陷阱路障，保证进退自如；但另一方面，持续单调又收效甚微的血腥厮杀，也考验着包括科尔特斯在内的每个人的耐心，他也在估算着敌人目前手中剩下的实力，推断对手尚能维持多久，尽管上次身陷城中的险情提醒他切不可冒进，但同时他的内心又难免急盼敌方的临界点尽早到来。

夸特莫克和科尔特斯隔着湖水与城墙比拼读心之术，前者虽然仍每日派兵殊死抵抗，但兵力悄悄削减，留出最得力的人手养精蓄锐。而阿兹特克人的示弱也激励了早就厌烦的西班牙人。作战会议上有人提议放弃边修路边推进的战术，集中精锐迅速突破，杀进城中，占领大金字塔前的塔特卢尔科大广场，在那里开辟第二战场，和城外的大部队里应外合。虽然科尔特斯和经历过悲惨之夜的老兵否决了这个大胆提议，但整个会议的激进气氛也感染了他们，觉得毕其功于一役的日子已经不远。

接下来到了星期天，但西班牙人仍然加班加点，参加了随军教士主持的弥撒后，又都拿起武器上战场。这一天的战事进展也有点异样，主要堤道上的防守仍然顽强，但在一些辅助桥梁上，守军一触即溃，西班牙人和土著盟军不多时就占领了大片阵地。科尔特斯这一天也亲自上阵，他率领一队人马冲上一条刚刚夺取的窄桥，败退的阿兹特克人看见他出场，又赶回来厮杀，但几招过后又再退走，同时不时返身投枪放箭。

阿兹特克人的戏份做得十足，让科尔特斯不虞有诈，反增信心，"万世之功一战可成"的诱惑更让他本已疲倦的头脑运转减速，当下更不多想，只是催马急追，身畔的部下更被主帅带动，顾不得观察地形、平整路面，就一起冲杀

29 最后的鼓声　　127

下去。

　　这正中阿兹特克人下怀。这座桥梁甚窄，一些坑洼来不及填补，使科尔特斯率领的土著盟军一时难以赶上。科尔特斯正轻骑追敌，溃逃的阿兹特克人觉得火候已到，忽然齐声呼哨，回身冲来，水面上早有准备的独木舟也迅速围拢，划近拆毁科尔特斯身后的桥面。一惊之下，原本跑得慢的西班牙士兵本能地转身，和跟上来的土著盟军挤作一团，场面混乱，不少人落水被俘。而科尔特斯被与大部队隔开，在桥上落了单，这才惊觉中计。

　　深陷危局，只能奋力自救。科尔特斯拔剑在手左劈右砍，逼近的阿兹特克人血肉之躯如何当得他宝剑之锋，各个断手折足血流成河，但科尔特斯等人毕竟寡不敌众，片刻间已受数创。独木舟上一支箭飞来，正中他大腿，科尔特斯落马，仍挥剑苦斗不休，身边保护他的60余名士兵一个个倒地就擒，科尔特斯也眼看不支，6名阿兹特克贵族武士赶上来，手已经抓住了科尔特斯的身子。

　　如果说特诺奇蒂特兰被围之后，阿兹特克人还有过反败为胜的可能，那眼下就是最好，甚至唯一的机会。可惜，他们的多年积习最终帮助了对手。如前所述，阿兹特克的战斗模式以生擒为主，当然被擒者的结局只能是在祭台上更痛苦地死去，但比之阵上格杀，这毕竟能让他们多活片刻，也就多出一线生机。虽然在保卫都城的死斗中，阿兹特克武士并不时时拘泥于此，可是当目标是科尔特斯这样天字一号的人物时，他们本能地首先希望将之生擒，在全城人以及敌人面前公开送上祭台，那样对己方士气的鼓舞和对敌人军心的打击，将是无可估量的，而擒获他的人也将获得空前的殊荣。正是这种念头，让他们"舍不得"对科尔特斯施以杀手，这让本就从武器装备到个人武艺都占优的科尔特斯有了转圜之机，虽然险象环生，但尚能勉力支撑。

　　此时，西班牙军中两位最骁勇善战的士兵赶过来救主帅，一个奋力砍杀抓住科尔特斯的武士，另一个牵来所剩不多的战马，掩护科尔特斯上马。另一边，在附近指挥作战的奥利德看见主帅危殆，也急忙来救，索性涉水而来，科尔特斯连人带马跃入水中，被他们救起，总算脱险，掩护他脱险的几个士兵却都被生擒。西班牙人阵脚大乱，只能放弃进攻退回陆地，诈败的阿兹特克人全线反攻，大获全胜。

　　次日西班牙人在营中休整不出，忽听得城中人声喧哗，不多时，一阵鼓声传来，低沉而悠远，使人闻之倍感凄惶。土著和曾在特诺奇蒂特兰住过的老兵们不觉脸上变色，他们知道，这是大金字塔上战神庙里那面蛇皮巨鼓的声音，他们也了解这鼓声的含义：这是人祭典礼的仪仗。果然，前一天被俘的西班牙士兵以及土著中的贵族，被押上香烟缭绕的金字塔，胜利庆典隆重举行，祭司操刀，剖心斩首。大金字塔高耸挺拔，城外的西班牙军营中，能依稀看见这样的恐怖景象，甚至被献祭者的惨呼之声，都遥遥可闻。物伤其类，想到战友的可怕命运，胆气豪壮的西班牙战士们都不免悚然。

然而，真正的胜利者还是西班牙人。迪亚斯的《信史》中将西班牙人的历次化险为夷都归功于耶稣基督保佑，如果确实如此，那么这一次堪称是神明对西班牙人最大的眷顾。尽管折损了近百名西班牙士兵，但科尔特斯逢凶化吉，等于保住了这支军队的大脑。他再不会踏入同一条河流，敌人再难抓住他的轻敌与焦躁，他们抬着俘虏回城欢庆时，大概不曾想到，这是他们最后的一次庆功。

此后，局势一度又变得有利于阿兹特克人，西班牙人一时难再组织大规模进攻。而不出夸特莫克所料，他们的盟军，尤其是新近投效的湖边诸部落觉得他们已难有作为，态度又变冷淡，有的甚至拔营而去。

此时科尔特斯面临的，其实是和悲惨之夜后类似的局面，土著的支持开始动摇，甚至在西班牙人内部，他都陷入了信任危机，连桑多瓦尔都抱怨他，每日告诫士兵求稳，自己却轻敌冒进招致大败。不过正是一年多来屡经磨难，科尔特斯的韧性也越来越强大，他安抚部下的同时，真正坚定了长围久困的战略，他已确凿地知道，这种最缓慢煎熬的方法，才会是最奏效的。

钝刀割肉，温水煮青蛙，这就是特诺奇蒂特兰城的真实处境。一次大胜固然提升士气，动摇了西班牙人在土著中的威望，但要想将这些叛臣重新收纳麾下，夸特莫克必须有更大更频繁的胜利，这正是他无力做到的。围城从5月开始，6月底在西班牙船队的扫荡下，城中的补给断绝，此时存粮即将耗尽，洁净水匮乏的问题更是难忍。城里的十余万人，现在剩下的多是老弱病残，依托地势自守尚可支撑一阵，突围却是毫无指望。

又耗了一阵，到了8月上旬，双方没再大战，但小规模战役仍几乎日复一日，阿兹特克人的疲态越来越明显，优势又回到西班牙人这边，科尔特斯终于觉得胜券在握。事到如今，他还是更希望能逼降对手，以最小的代价拿下大城。

为此，科尔特斯寄望于他屡试不爽的分化瓦解策略，希望能拉拢阿兹特克贵族中的主和派。也确如他所料，他还不停地派出使者劝降夸特莫克，开出仍然让后者统治特诺奇蒂特兰城的谈判筹码。然而随着胜利天平一天天向自己倾斜，他的开价也越来越硬气，越来越无耻，直至最后图穷匕见地直接命令夸特莫克：

> 把你们长相白皙的女人交出来，把你们的玉米、母鸡、鸡蛋、白饼都拿出来，现在还来得及……你们如果不投降，就是死亡……（米格尔·雷昂－波尔蒂利亚《战败者见闻录》）

此时，阿兹特克高层中也有很多人看出败局已定，但夸特莫克并不在其列。之前，蒙特祖马对西班牙人极尽谦恭却惨遭横死，这位伯父的命运让他印象深刻，夸特莫克和他信任的谋士们都认定，西班牙人绝不可信，委曲求全不是生路，不如血战到底。玉碎还是瓦全？年轻的酋长终于选择了前者。

特诺奇蒂特兰的命运，注定以最激烈的方式收场。此时，桑多瓦尔已指挥帆船队将阿兹特克人在湖中安置的木桩拔除得差不多，而此前阿兹特克人的防守力度衰弱，西班牙的先头部队已经数度突入城内，有针对性地填水井、烧粮库，进一步借助饥饿的力量打击敌人。

8月13日这一天，历时93天的长围久困终于到了收官阶段。西班牙指挥部中，科尔特斯部署了总攻计划，西班牙军水陆并进。阿兹特克的武士们仍拥在堤道上死战，但病饿交加之下，战斗力已大为降低，终于，城南的堤道最先失守，西班牙人指挥着联军中宫直入。

一杀进城去，却忽听到鼓声大作，远远望去，只见大金字塔上祭司们穿着隆重的节日华服，正拼尽力气擂鼓，鼓声是他们与神明的沟通，是他们向保佑阿兹特克人兴盛百年的祖先神灵的最后求助。鼓声响在西班牙人耳中，让他们无比烦躁压抑，也响在特诺奇蒂特兰残存者心里，激发出他们最后的斗志。他们引以为傲的文化一直与死亡息息相关，而当死亡不可避免地迎面逼来，阿兹特克人以仪式化的隆重姿态来迎接。一时间，残兵败将又都返身再战，披着虎皮插着鹰羽的战士如受伤的猛兽，挤出最后的力气挥舞爪牙，老弱妇孺也都攀上屋顶，投掷瓦石，嘶号喧沸之声回荡全城。惨烈的巷战开始了，西班牙人和盟军逐间房屋地争夺，整座城市血流成河。

受命率船队从湖上进攻的桑多瓦尔绕开城南的主战区，直插夸特莫克宫殿所在的城区。此时阿兹特克贵族们明白大势已去，正保护着夸特莫克准备登上备好的独木舟，先撤离险境。未及登舟，正撞见桑多瓦尔的船队，被团团围住，一名叫加西亚·奥尔古因的西班牙士兵擒获了夸特莫克。

阿兹特克首领被擒的消息飞速传遍全城，而困兽之斗的阿兹特克人也耗尽了最后一分力气，鼓声渐杳，直至沉寂，抵抗的意志彻底崩盘。

至此，历时93天的特诺奇蒂特兰围城战结束。迪亚斯回忆，"瓜特穆斯（夸特莫克）被擒获后，我们全体士兵马上觉得耳边一下子安静了……在我们攻打这座城池的93天中，他们不分昼夜发出各种各样的叫喊声和嘈杂声……令人心烦的鼓声、号角声和悲凉的铜鼓声，不停地从供奉偶像的神堂里和塔楼内传出来。这样，我们无论日夜听到的都是极大的喧闹声，听不见彼此说的话……此前我们仿佛是生活在钟楼之内"。

现在，作为最后抵抗的鼓声也已停歇，感觉被神明遗弃的阿兹特克人身心俱疲，放弃了抵抗，骄傲的武士之心沉沦了。和西班牙士兵一样，他们终于都解脱了。

1521年8月13日，这是一个双方都将长久铭记的日子，在这一天，"伟大的猛虎、伟大的雄鹰、伟大的武士战败了。至此，战斗最后结束了"。

特诺奇蒂特兰的历史结束了。

30

尾声：科尔特斯之惑

西班牙人夺到的，其实已是一座死城，战争、饥荒与瘟疫，已使特诺奇蒂特兰面目全非。后世研究者估算，西班牙人到来之前特诺奇蒂特兰城有20万—25万居民，而该城陷落后，人口十不余一。不堪入目的惨象，正如迪亚斯所见：

> 湖上所有的房屋和碉楼内到处都是人头和尸体……在大街小巷和塔特卢尔科广场上别无他物，我们只能在死去的印第安人的尸体与头颅间行走。我读过耶路撒冷毁灭记，不过其死亡人数是否比墨西哥城更多，我不能确定……墨西哥城所属的一切地区和村落的武士全部退守城内，而且大部阵亡……遍地的尸体散发的恶臭令人无法忍受……他们（幸存的阿兹特克人）撤空后，科尔特斯派我们入城视察，但见房舍内尸体遍地，还有一些无力离开墨西哥城的可怜的人；他们排出的粪便，犹如只喂草料的瘦猪屙的猪粪。全城的土地有如翻耕过一般，草根全被挖出吃掉，有些树的树皮也被煮吃了。我们找不到一滴淡水，找到的都是咸水。他们不吃自己人的肉，只吃被擒的我们官兵和特拉斯卡拉盟友的肉。许久以来，没有人受过如此的饥渴与日夜不息的战斗之苦。（《征服新西班牙信史》第一百三十六章）

夸特莫克被解到科尔特斯面前，沦为阶下囚的年轻君主却风度不减，对西班牙统帅从容说道："你已经摧毁了我的城市，杀死了我的臣民，现在，也请杀死我吧。"科尔特斯却知道，一个活着的阿兹特克首领显然更有用处，他温言劝勉夸特莫克，礼待他和家属臣僚，科尔特斯想问出黄金的下落，而夸特莫克表示，城中已无任何财物。

果然，西班牙人在残破的城中掘地三尺，也没找到丁点金银。此时军中代表西班牙王室的财务官断言,是夸特莫克将财宝藏匿了起来,于是他将一干阿兹特克的贵族俘虏提出,严刑拷问。夸特莫克也在受刑之列,西班牙人将他绑缚在地,用滚油浇他的脚,夸特莫克皮开肉绽,甚至骨髓都从脚跟处的伤口中流出。可他确实招无可招,给不出西班牙人想要的答案,只能咬牙受刑。

据迪亚斯说,科尔特斯也对财务官的酷刑很是不满,但无法阻止,因为按照西班牙法律,征服之地的财物有五分之一要上缴王室,财务官有核算申报之权,科尔特斯当然不能得罪,以免他们在财报上做手脚,侵及自己应得的一份。后来大概是他也渐渐相信了这位末代阿兹特克君主确实掌握着他们族人宝藏的秘密,终于又将他收至身边亲自看押。

西班牙人拷掠不出黄金所在,后来便决定彻底毁去特诺奇蒂特兰,在原址另建西班牙人的新城。残存的阿兹特克居民被逐出废都。

> 西班牙人又一次杀人,许多人在这时死去……人们说:够了!让我们走吧!我们吃草去!……一些人在水里走,另一些人沿着堤道走……生活在船上的人,住在水上木屋里的人全部在水里走。水淹至一些人的胸口,淹至另一些人的脖子。还有一些人被淹死在深水里。人们背着孩子,哭声一片……西班牙人挑白点儿的、不太黑的女子占为己有……撩开她们的裙子到处乱摸,摸她们的耳朵,摸她们的乳房,摸她们的头发……他们还把勇敢、强壮、阳刚气足的年轻人拉出去……后来给其中的一些人在嘴上、脸上烙上了火印……过去的武士长和英勇的男子汉也这样走着,衣不遮体……我们就这样第二次死去!(《战败者的目光》)

新的墨西哥城开始建立,湖被填平,沼泽被排干,新城在特诺奇蒂特兰旧址基础上,向南大大拓展,阿兹特克都城的遗迹被抹去,只留下城北一片被掩埋的废墟。直至20世纪中叶,在人口极度膨胀的墨西哥城,仍罕有人愿意在那片不祥之地居住。

而科尔特斯征服了中美洲最强大的力量之后,并不满足,又调兵遣将,于接下来几年中南下危地马拉,整个中美洲被他和他的部将们变成了"新西班牙"。

在1523年科尔特斯组织的一次远征中,他将夸特莫克及其手下的贵族囚徒们也带在军中。不想征途不顺,队伍途中断粮,人心浮动,科尔特斯担心夸特莫克借机发动军中为数众多的土著人造反,便罗织罪名将他以及他身边仍忠于他的旧臣尽数绞死,迪亚斯的《信史》中都对科尔特斯此举很不以为然。几个世纪后,随着墨西哥人民族意识的觉醒,这位抵抗到最后的阿兹特克君主被从历史尘埃中打捞出来平反昭雪,化身金石,矗立于墨西哥城街边,成了民族精神和不屈意志的象征。

科尔特斯的部将与同伴中,奥利德在围攻特诺奇蒂特兰时已与科尔特斯产生摩擦,后来倒向过气的古巴总督贝拉斯科斯,联手反对科尔特斯,被后者派兵击杀。桑多瓦尔一直追随科尔特斯,1527年和他一起返回西班牙期间,在一家客栈里染病亡故,店主人偷走了他随身的全部财产。阿尔瓦拉多后来凭借征服危地马拉的杰出表现,成为巴拿马殖民地的总督,一度还率兵南征厄瓜多尔的基多,试图从皮萨罗侵略印加帝国之战中分一杯羹,在后者许以重金后才撤回巴拿马,1541年,阿尔瓦拉多病死任上。玛丽娜1521年为科尔特斯产下私生子马丁,后来按天主教仪式与西班牙人胡安·哈拉米约成婚。1523年科尔特斯处死夸特莫克时他们夫妇在场,玛丽娜还作为翻译帮夸特莫克向随军神父做了临终忏悔,她本人于同年去世。至于《信史》的作者迪亚斯,后来定居危地马拉的圣地亚哥城,当上议员,晚年写了流传至今的最为完整翔实的第一手史料《征服新西班牙信史》。虽然此时他已年迈眼盲,但书成名就之后又得享遐龄,直到1584年才以92岁高龄辞世。

最后要交代的当然是主角科尔特斯。因征服新西班牙的不世之功,他成为中美洲的头号实权人物,可惜由于功高震主,又被小人中伤,被召回西班牙。1529年科尔特斯受封瓦哈卡河谷侯爵(封地在墨西哥),尊荣加身,却离开了他成就功名的新世界,失去了实际的权位,他也颇感失落。尽管此后他又数度返回墨西哥,还组织了对墨西哥西北、今天美国加州一带的探险(加利福尼亚这个名字就是科尔特斯起的,原意为"火炉"),但并无更大建树。1540年科尔特斯离开美洲,再也没有回来,1547年,他病故于塞维利亚家中,享年62岁。他的后人后来回到墨西哥,继承了他在那里的大量财产。

科尔特斯晚年,仍壮心不已,主动请缨参加了西班牙国王卡洛斯一世对北非穆斯林的战争,但没能建立可与征服阿兹特克相媲美的勋绩。不过,对于他这一生的荣誉顶点,科尔特斯倒是曾经反思。

据说他曾经怀疑过自己的所作所为：以国家和上帝的崇高名义，征服阿兹特克人，掠夺他们的财富，或直接或间接，残害他们三位君王，毁灭他们的都城和世代以来的文化传统，使其变成基督徒和西班牙国王的臣民乃至仆役，这一切是否真的合乎正义？是否真的与他所虔信的基督教义相符？自己这波澜壮阔的一生，甚至所经历的这个风云激荡的时代，又当如何盖棺定论？据说这样的思考使科尔特斯陷入了困惑。

科尔特斯和他率领的征服者们终结了可怖的人祭陋习，但且不论西班牙宗教裁判所对成千上万被打成"巫师""异教徒"的异见分子的火刑，比之人祭究竟有何文明或道德上的优势可言，就说他们到来之前，阿兹特克人天天杀人献祭，然而墨西哥谷地人丁兴旺，反倒是西班牙人和他们有意无意带来的病菌，造成了人口锐减十室九空。他们使墨西哥的众多民族摆脱了特诺奇蒂特兰的霸权统治，但并没带给他们真正的民族解放，他们的土地和财富都被西班牙人据为己有，这些土著从抽象意义上的"阿兹特克王的奴仆"变成了实际意义上的"西班牙统治者的奴仆"。他们带来了他们自己虔心信仰并自认为天下无双的"基督福音"，在中美洲以及后来在整个"拉丁美洲"彻底更新了旧有文化，不但摧毁了美洲人千余年间独立发展出的文化成就，更使他们以及后代，长久陷入自我迷失，成了居住在祖先土地上的陌生人。

是耶？非耶？

不知这位非凡的征服者，最终得出了怎样的结论。

日落安第斯
印加帝国征服记

几千年来安第斯为它的子民挡住了太平洋上吹来的寒流,此时却已挡不住另一种更强大的毁灭性的力量,那就是欧洲人觊觎的目光。

1
雾中的安第斯

世界上最长的山脉，是南美洲的安第斯山，头枕加勒比的炎海之墟，足踏南极洲的万古玄冰，几乎覆盖了大陆的整条西海岸线，仿佛为南美洲镶上了一道金边。

大山绵延近9000千米，横跨地球五个气候带中的三个，平均海拔3000多米，一山之中常可涵盖四季，山巅终年云雾缭绕，山腹中饱藏金银铜各色矿藏，一边是浩瀚无垠的太平洋，一边有号称地球之肺的亚马孙雨林，造化钟神秀，阴阳割昏晓。安第斯的山野灵气，幻化成山中珍禽异兽，有身形娇小憨态可掬的眼镜熊，有幽灵般行踪诡秘的彪马商标原型美洲山狮，有盘旋崇山峻岭之上、翼展超过3米的南美神鹰，当然还有遍体华美皮毛、举止雍容优雅的神兽羊驼。

安第斯山的物种如此神奇，孕育的文化也是奇丽难言，从山东麓玻利维亚高原上令人叹为观止的提瓦纳库文明遗迹普马彭古神庙（Puma Puncu），到山西侧纳斯卡荒原上只有从高空俯瞰方能见其全貌的神秘巨画，这些不但是让考古学家穷极智力的难解之谜，更是"外星文明论"者眼中天外来客降临地球的铁证。此外还有打造精巧黄金饰品的卡里玛文化、修筑宏伟巨石建筑的莫奇卡文化、崇拜美洲虎的查文文化、号称"云中武士"的查查波亚文化、被认为是南美洲第一个"帝国"的瓦里文化……可惜由于这些文化先天的书写系统缺失，和后来征服者有意为之的文化抹杀，这些名词背后的故事如今都只能在残垣废墟和野语村言中闪现，更多的则已隐没于安第斯山层层叠叠的历史迷雾之中，难解其详。

15世纪，一个在安第斯山中繁衍了300余年，并不太起眼的小部落骤然崛起，成长为集前述安第斯诸文化之大成的强盛帝国，这个自称太阳神子孙的部族，就是印加人。

在安第斯山的中段偏北，差不多黄金分割点的位置，海拔近4000米的科亚奥高原上，有一片大湖，名为的的喀喀湖，因其广袤澄澈，被南美土著视为圣湖。南美洲尤其是安第斯山的诸文化，都将本民族的起源与的的喀喀湖联系起来，印加人也不例外。根据印加的创世传说，鸿蒙初开之时，创造万物的太阳神遣下八位使者，的的喀喀湖中的太阳岛就是他们在人间的着陆点。这些人四男四女，半人半神，彼此既是兄妹又是夫妻。他们被赐予一根黄金手杖，太阳神降下启示，能将手杖插入土中之地，就是可以兴旺后代的风水宝地。最终历经跋涉，四对夫妻中的长兄长姊组合曼科·卡帕克与玛玛·奥克罗经受住了重重考验，在的的喀喀湖西北300多里外的一片山谷里找到了神谕中的土地。他们的金杖连根没入土中，随后一片城市破土而出，他们将这里命名为库斯科。据说，"库斯科"是土著语"肚脐"之意，也就是说，此处就是世界的肚脐，他们就在肚脐上定居繁衍，他们开创的库斯科城逐渐成了后代的首都和印加文化中心。曼科·卡帕克与玛玛·奥克略被他们的子孙尊为第一代萨帕·印加，即"君主"之意，这也是这个民族在西方人的记载中被称为印加人的原因。

神话之事，姑妄言之。现存的考古发现显示，印加人的历史大约只能追溯到12世纪末或13世纪初，从那时起的三个多世纪里他们只是安第斯各族中的普通一员，其发迹更是15世纪上半叶的晚近之事。而或许就是得益于300多年的厚积薄发，当1438年他们雄才大略的第10代萨帕·印加帕查库提·尤潘基掌权后，他们仅用了约30年就将势力范围从库斯科谷地拓展到今天的秘鲁全境和玻利维亚西北部，征服了众多高度文明的邦国与部族。帕查库提故去后，他的儿子图帕克·印加·尤潘基、孙子瓦伊纳·卡帕克，将他的事业发扬光大，图帕克征服了智利北部，瓦伊纳更是在弱冠之年，就以王储身份率军吞并了北方的强敌，高山之国基多（今厄瓜多尔首都基多及周边），甚至最新的考古发现表明他还曾率军远征亚马孙地区。

瓦伊纳治下的印加帝国，疆域以今秘鲁为核心，北起今厄瓜多尔与哥伦比亚西部，东包今玻利维亚半壁，西跨安第斯山脉直达沿海，向南深入智利中部和阿根廷西北部，总面积在200万平方千米以上，大致被划分为东北、西北、东南、西南四大行省。因此，印加人并不称自己的大帝国为"印加帝国"，他们有个更有气魄的国名"达万汀素玉"（Tawan tinsuyu），意为"四方汇集之地"。

帝国内建有总长超过3万千米的公路网，道路两旁有供大军出征时使用的补给点，每3千米设驿站，驻有信使，用以传递消息或转运货物。因此尽管帝国大部分领土都在险峻难行的山中，尽管印加人和其他美洲原住民一样没有可供骑乘的畜力，凭着这个公路网，他们能在几天之内将消息传递到帝国每个角落。印加人没有文字，但他们有一套结绳记事之法，同样可以准确地表述军国大事。帝国的都城库斯科，经过数代经营已相当宏伟，城市的轮廓被设计成山狮的形状，西北的一座建有防御工事的高地萨克萨瓦曼山冈就是狮头，狮子的身躯部分建有宫殿与神庙，前后两爪之间是一片大广场，狮子的尾部是平民社区，尾巴尖处，正是两条环城运河的交汇点。城中的景观都以黄金装饰，印加人是崇拜太阳的民族，黄金的色泽正令人联想到太阳的光芒，故而他们将黄金称作"太阳的汗水"（白银被称为"月亮的汗水"）。黄金在他们的文化里意义重大，却并不象征财富，而只与宗教相关。印加人尚未发展出货币，日常经济生活中更多充当等价物的，是他们的纺织品，这也是印加人最引以为傲的工艺产品。

　　印加文化中石头是仅次于太阳的神物，而他们好像掌握了操控巨石的魔法，他们的神庙、堡垒和宫殿都由巨石垒成，很多石头单块重量都达几吨甚至十几吨。印加人没有铁制的斧凿，也没有畜力搬运，甚至连轮子都没有发明，但他们有独特的妙法：取材时，用小鹅卵石在采石场和工地之间铺路，以减小摩擦，加上帝国庞大的人口和出色的组织能力，使他们能调集大批劳力，手推肩拉配合撬棍，也可奏效。建筑时，只用天然鹅卵石在石料上凿出接嵌之处，然后堆放，使其互相对接咬合，通过巨石本身的重量保证平衡，不用灰浆涂抹，照样严丝合缝。关于他们石质建筑最有名的描述就是，"两块石头之间的缝隙连一把裁纸刀都插不进去"。宏伟中又不显斧凿，反而尽透写意，神乎其技，歌德"建筑是凝固的音乐"之妙喻，竟像是为它们定做。印加人的建筑质量更是没得挑，20世纪秘鲁的地震中，近现代技术修成的建筑纷纷倒下，印加的古迹却从容挺立。

　　15世纪鼎盛时期的印加帝国，所辖人口最保守的估计也不下300万，数目庞大，然而凭借布局合理的梯田和设计精巧的灌溉系统，再加上有玉米、马铃薯等高产作物，这个缺乏大面积开阔耕地的山中之国竟能让每个国民丰衣足食。印加人回忆，在欧洲人到来之前帝国从没闹过饥荒。仓廪实，知礼节。印加的精神文明建设成果也颇可观，真正能做到夜不闭户——起码夏天是这样。据说印加人外出从不关门，只在门槛上放一根树枝，示意屋内无人，则路过者不管本地人还是外来客，绝不会擅闯，比今日大酒店里"请勿打扰"的门牌还管用。

　　印加人平时为民，淳朴驯顺，战时为兵，又十分骁勇。印加人和早期罗马人一样，组建公民军队，以氏族为单位，成年男子都要服5年兵役，军中有严格的组织形式和制度，因此动辄能动员10万以上的军力。他们的武器装备处在铜石并用阶段，比阿兹特克人先进，虽然还不会冶铁，没有刀剑之类的利器（有金质的斧状武器，但多用作仪仗用途），但他们已有带着棘刺的铜质锤头，杀伤力不小，此外还有安第斯山民族常用的羊驼筋制成的甩石器。武器虽谈不上先进，但也足以致命，配上他们庞大的人数优势，就更不容小觑，这也是他们能在一个多世纪里荡平安第斯山的主要原因。印加人和阿兹特克人一样统治着诸多异族的属民，也会向其索要供奉，但不同于阿兹特克人常年索取活人做祭品的血腥政策（印加人在天灾或重要节庆时也会进行人祭，但规模和频率都远不能和阿兹特克人相比），印加人会把被征服部落的神像请到库斯科，供入他们的万神庙，平日与印加太阳神一同供奉，而一旦该部落反叛，印加人会折辱甚至捣毁他们的神像。印加人以这种扣押"神质"之法确保被征服民族听命，今天看来这是令人莞尔的政治理念，却也不失人道主义意味。

　　从传说中的曼科·卡帕克开始，印加人就视他们的君主为太阳神的子孙，地位等同于神明，君权强大而稳定。公元1526年，如日中天的帝国就牢牢握在战功显赫、声望卓著的第12代印加王瓦伊纳·卡帕克手中，然而，这位南美洲最有权势的统治者，此时却已来日无多。

按

　　《印卡王室述评》中文版的译者之一白凤森先生，通过对秘鲁土著语言的考证，在该书序言中指出印加帝国的"Inca"一词，在当地语中的正确发音应为"印卡"。但考虑到印加这一译名的使用范围更广泛，本文从俗写作"印加"，只在引用或提到该书时写作"印卡"。而且"Inca"这个词有多重含义，可以用来表示印加帝国、印加民族、印加王。

2

青山遮不住

几千年来安第斯山为他的子民挡住了太平洋上吹来的寒流，此时却已挡不住另一种更强大的毁灭性力量，那就是欧洲人觊觎的目光。

欧洲人对南美的探索与殖民，尚早于对墨西哥。早在1508年，对南美洲形状还很模糊的西班牙人就已在南北美交汇处建立了两处殖民地，一处位于今哥伦比亚北部到委内瑞拉西北沿海一带，另一处在今哥斯达黎加南部到巴拿马与南美洲连接处。两地距离很近，都以西班牙地名命名，前者叫新安达卢西亚，后者更得了个俗不可耐的名字"黄金卡斯蒂"。欧洲人在这两处安营扎寨，但他们很快发现，黄金卡斯蒂并没多少黄金，倒是盛产黄热病，失望之余，很多人离去，新安达卢西亚的情况也差不多，两处殖民地很不景气。

到了1510年，两地都已接近荒废，新安达卢西亚的总督、久负盛名的老牌冒险家奥赫达甚至已经放弃殖民地返回海地岛。此时，一艘被"黄金卡斯蒂"之名吸引而从海地驶来的移民船，改变了这两地的命运。船主名叫恩西索，是海地上层社会人物，也是黄金卡斯蒂的投资人之一，但船上真正的重要人物并不是他，而是一名私自搭乘的逃票客，巴斯科·努涅斯·德·巴尔沃亚。他是一个亡命之徒，有头脑有毅力，更有一股对人对己的狠劲儿，比起恩西索的道德学问与名望，这些才是新大陆征服者需要的素质。

正是巴尔沃亚后来说服了新安达卢西亚的残兵败将一起去黄金卡斯蒂，壮大了该地。接下来几年间，巴尔沃亚率他们一道抢掠当地土著部落，并借此取得了事实上的领导地位，甚至流放了黄金卡斯蒂的法定总督。

这一出格举动触怒了西班牙殖民政府，准备捉拿巴尔沃亚回海地法办，于是1513年，意识到情况严重的巴尔沃亚决定在抓捕队到来前将功赎罪，去寻找传说中的"南海"。

如前所述，欧洲人本不知道美洲的存在，哥伦布向西航行本是为了寻找中国与印度，天降横财捡到新大陆。但欧洲人并没忘记寻找东方的初衷，他们当时认为，在新大陆的南面某地应该存在一个"南海"，那里才是通往东方的航路。而当时美洲大陆的形状也并没摸清，"南海"究竟在哪里，还是一个重大科研课题。巴尔沃亚带190人以及若干土著挑夫、向导出发了，一路披荆斩棘，死伤过半，更杀掠沿途土著无算，终于在1513年9月29日这天，横穿了巴拿马地峡，来到了据说可以望见"南海"的山前。

巴尔沃亚独自登山远眺，独享了"第一个看见南海的欧洲人"之名——当时他并不知道，这"南海"就是地球上最广阔的水域，太平洋。随后他又盛装"巡视"海滩，以西班牙王的名义宣示主权，再让全体部下作为公证，仪式性地脱靴下水，在海里沾湿手脚，部下们也纷纷仿效，欣喜难言。

振衣千仞岗，濯足万里流——人生快慰，不过如此！

传记大师斯蒂芬·茨威格的名作《人类群星闪耀时》，开篇写的就是巴尔沃亚此番事迹，该章被命名为《到不朽的事业中寻求庇护》。然而，"发现南海"的不朽之功并不能为他带来长久的庇护，最终巴尔沃亚还是死了。尽管他的"发现"让他名噪一时，西班牙方面也赦免了他，但新上任的黄金卡斯蒂总督阿维拉对他既妒且惧，终于决定除之以绝后患。1519年，他趁巴尔沃亚探险失败急需援助之机，将其诱骗到自己的地盘擒住，后以叛国罪斩首。

监斩的，正是当年跟在巴尔沃亚身后一起眺望太平洋的部下，弗朗西斯科·皮萨罗。

皮萨罗当时大约45岁，他生在西班牙西南内陆的山城特鲁希略，与巴尔沃亚算是同出自埃斯特雷马杜拉大区的老乡，而他的人脉网上还有一个更重要的人物，那就是科尔特斯，皮萨罗正是科尔特斯的远房舅舅。不同于那位少爷出身的外甥，皮萨罗自幼家贫，很多书上说他是私生子。更有甚者，不知是为了增加苦情戏份，还是烘托天赋异禀，有的传记里离谱地写道，皮萨罗出生后就被遗弃在教堂台阶上，全赖一头路过的母猪为他哺乳才得存活。皮萨罗小时候过得确实不好，但也不至于惨到这份上，而且实情恰恰相反，他少年时是做猪倌儿的，很长时间里喂猪是他的主要工作，说猪喂他，那着实是颠倒事实了。想必这个作者很受罗马城创建者罗慕洛兄弟喝狼奶长大的传说之影响，又加了点西班牙特色。

或许是过早投身喂猪事业，皮萨罗耽误了学业，科尔特斯是大学肄业生，而他干脆就是没上过学的文盲，唯一会写的文字就是自己的名字。当然，他外甥的履历已足可证明，没学历并不等于没能力。皮萨罗成年后去了西班牙探索海外的前哨站塞维利亚，并在那里获得工作机会，到美洲大概是16世纪初的事。1510年，皮萨罗投奔了新安达卢西亚总督奥赫达，很快混成了他手下的军头儿。他此间的具体经历，已失于记载，但不难想象，这个一无背景二无文化的中年文盲上位，靠的只能是实力。而他赖以成功的最主要的品质，大概是他的大胆。关于皮萨罗的性格，有个最准确又传神的概括——他仅在传闻中听说过世界上还有恐惧这回事。他后面的事迹将证明此言非虚。

奥赫达弃殖民地而去，皮萨罗成了当地事实上的首领，正是他做出决定带着手下离开没有前途的新安达卢西亚，追随了巴尔沃亚，并参加了他的发现"南海"之旅。后来他与巴尔沃亚一同在巴拿马太平洋沿岸建立了达连殖民地，准备以此作为探索"南海"的大本营。不过在阿维拉到任并与巴尔沃亚展开明争暗斗时，皮萨罗逐渐倒向了前者。

皮萨罗杀死了巴尔沃亚，却继承了他的志向。原来，"发现"了太平洋后，巴尔沃亚从附近土著口中得知，南方有个大国，名为"秘鲁"，有黄金无数。巴尔沃亚一行人听到"黄金"，心痒难搔，可惜人手不足，只好先回去再做筹划。巴尔沃亚此后的余生里，直到被押上断头台，都一直以"征服秘鲁"为念。

"秘鲁"二字第一次飘进巴尔沃亚耳朵里的同时，也印在了皮萨罗的心里，他对那个黄金国的热望，比巴尔沃亚更加炽烈，因为历经苦难又已人过中年的他，对财富与功勋的需求，比任何人都来得更为迫切。达连殖民地建立后，皮萨罗曾受命沿着海岸线做过几次小规模探险，采集了更多关于"秘鲁黄金国"的情报，对传说更加深信不疑。奈何这个传说已不是秘密，发财的机会轮不到他，阿维拉和中美洲地区乃至西班牙本土的众多实力远在他之上的冒险家，都盯着这里，皮萨罗只能靠边站。

从1519年处死巴尔沃亚到1524年，皮萨罗守着他在达连的荒僻领地，结交了日后的重要合伙人迭戈·阿尔马格罗，以及富裕的资助者埃尔南多·卢克神父。阿尔马格罗是与皮萨罗背景、年龄、性格都十分相似的老兵，身世比皮萨罗还要不堪，皮萨罗虽是私生子，好歹有个父姓，阿尔马格罗却连爹是谁都不知道，只能以出生地西班牙的阿尔马格罗为姓氏。他与皮萨罗此前曾一起探险，得知皮萨罗的梦想后与之一拍即合，决心加入他的冒险事业。卢克神父是在中美洲殖民地上层路子很宽的通天人物，正可以为皮萨罗的计划疏通关系，并提供难得的资金支持。三人组建了一个迷你股份公司"剑与财主"，卢克神父还拉来了阿维拉入伙，不过总督大人只是以职权入股，坐收1/4的红利却并不出本钱，仅仅给他们的探险以合法名分，保证不会像对付巴尔沃亚那样，编排罪名把他们干掉。

皮萨罗组建自己班底的数年间，那几路诸侯却在内斗中"群"败俱伤，探索"南海"的行动连续失败，皮萨罗终于有了走上前台的机会。

1524年，在卢克神父的帮助下，皮萨罗终于获得新任总督的授权，组队南下探险，开始四处奔走，招兵买马。此时，他的外甥科尔特斯在墨西哥的惊世之功已传遍天下，晚生后辈的成功更刺激了已经五十开外的皮萨罗，让他踌躇满志又义无反顾。到了11月中旬，皮萨罗终于带着临时拼凑的百余名探险队员，乘两艘船驶离巴拿马，迎着当地一年中最猛烈的南风出航。

可惜，好事多磨，皮萨罗的第一次探险很快失败。1526年他又组织了第二次，虽然接触了更多的土著部落，寻到了更多更详尽的线索，但仍未能找到秘鲁的确切所在。1527年，百折不回的皮萨罗第三次组队出海，不久后阿维拉病故，新总督到任。他和身边贵族背景的殖民官员们都很鄙视出身卑贱的皮萨罗，不相信，甚至不愿意看到他获取成功，总督派人去召回仍在外头乱飘的皮萨罗探险队。

探险前途渺茫，皮萨罗的手下们也都已气馁，不愿再进行徒劳的冒险，当总督派来的人追上他们时，大多数都愿意跟他们回家。此时皮萨罗拔剑划地，指着划痕激动地说，这条线一边是巴拿马，一边是秘鲁，一边是贫困苟活之路，一边是冒险求富之路，让手下自行选择追随自己还是总督。然而大概是他的言辞感染力不够，最终愿意跟他继续探险的只有13人。这些人后来被称为"忠勇十三士"。总督的人真的扔下他们自生自灭，这群人流落荒岛，过了大半年鲁滨孙的生活，才被他的公司股东们派来的搜救队找到。不死心的皮萨罗却说服了船上的人，继续向南探索——这一回，他们终于成功了。

沿着海岸缓缓南行的船，在今天秘鲁与厄瓜多尔边境以南不远的一个河流入海口处，发现了一个庞大的城市，这就是印加帝国的沿海重镇，通贝斯。皮萨罗和手下们都目睹了城市的兴盛与文明，更欣喜地发现，关于此地"杯盘都是黄金铸造"的传言并不准确——实在是低估了这里的富庶。

眼下人手有限，求财若渴的皮萨罗总算强忍贪欲，约束部下秋毫无犯，礼貌地交涉观光后告辞回家，给当地人留下了良好的印象，另一边他却暗暗记牢路线，准备回去招兵买马，杀回这个黄金国。

1528年，携带着从通贝斯得到的黄金器皿、沿途抓捕的印第安人，以及欧洲人从未见过的大羊驼，皮萨罗回到巴拿马。尽管因为抗命和欠下大笔探险经费无力偿还，他一度被送进监狱，但"发现黄金国"的爆炸性新闻不胫而走，甚至不久就传到了远在西班牙本土的卡洛斯一世耳中。西班牙国王传召皮萨罗回国觐见，准备亲自过问此事，这道旨意解救了他。

次年皮萨罗返国见驾，颇得卡洛斯欢心。1529年7月，皮萨罗如愿拿到批文，王室颁约书授予皮萨罗"发现并征服从圣地亚哥以南延伸二百里格的秘鲁省的权利，皮萨罗将终身享有总督兼总司令和先遣官、警察总监的官衔和职位，行使总督享有的一切特权"。阿尔马格罗被宣布为通贝斯要塞指挥官，卢克神父被宣布为通贝斯主教，其余的"忠勇十三士"也都各有封赏。约书同时要求在一年之内募集至少250名士兵，出征秘鲁。

然而和当年对哥伦布一样，王室并没为他提供多少启动资金，只是把征服地的头衔与权益预支给他，最终能有几口落到嘴里，全看他自己本事。皮萨罗在家乡特鲁希略募集了百余名士兵，并找了三个同父异母的兄弟埃尔南多、胡安、冈萨洛加盟，又在西班牙四处活动筹措经费，其间还得到了科尔特斯的资助以及经验分享。1530年春天皮萨罗返回巴拿马，结果大概是因为他此前数次探险都赔了本，形象不佳，当地人对他的远征计划并不热心，直到1530年底也只凑了180人，外加37匹战马和两门大炮。规定的出征之期已过，再拖下去一旦引起王室不满收回成命，一切就将前功尽弃。时间不等人，1531年1月皮萨罗已顾不得兵微将寡，就带着现有的人手，急不可待地出海，驶向南方透出金光的海岸线。

3

"故为陛下自相驱除"

皮萨罗一行人顶着风浪艰难行进时,在他们的目的地印加帝国,已有一群前所未见的不速之客先行到访。

这就是天花病菌。

如前所述,西班牙人从旧大陆携来了天花,这群微生物探索新世界的脚步,远远快过人类。1514—1515年,天花第一次在新大陆发威,在南北美洲的连接处,从尤卡坦半岛到巴拿马地峡,横扫毫无抵抗力的原住民,当地人惊恐地把这种可怖的病症称作"死得快"。后来天花在阿兹特克地区爆发,并于1521—1524年,随着科尔特斯等人南下危地马拉,再次在中美洲泛滥,这回比几年前来得还猛烈,许多村寨全村除名,印第安人又给新一轮的疫情取了更贴切的名称:大火。

1526年,天花大火蔓延到印加境内时,帝国至高无上的君主瓦伊纳·卡帕克正在新近征服的领土基多,距离疫区不远。一天,信使送来了北部边境的急报,老印加王摸索着绳扣,触手惊心,表情愈加凝重。原来这些绳子除了向他呈报瘟疫,还带来一个更骇人的消息:有白皮肤长胡须的外邦人,乘坐着屋子一样大的船,出现在远处海面上。

普列斯科特认为,瓦伊纳已经预感到这些外来者将是帝国大患,"从入侵者的过人的胆量和精良的武器上,他敏锐地觉察到国外存在着远远超过本国的一种文明。国王忧心忡忡,他说这些白人定会卷土重来,将来总有一天,或许这一天已为期不远,印加王座会被那些拥有无限力量的外来人所推翻。在庸碌之辈的眼中,这是地平线边上的小小黑点,可是,高瞻远瞩的英明君王则认为那是预示雷雨来临的乌云,黑点会愈来愈扩大,直至霹雳一声,震撼全国"。(《秘鲁征服史》第三卷第二章)

不过对瓦伊纳来说，或可算幸运的是他不必亲自面对这样的挑战，他没有察觉到，可怖的疫病已随着消息来到他的面前。印加人发达的交通系统反而带来了灾难，他们深入加勒比地区的信使与商旅，已将病毒也贩运回了国内。

在生老病死面前，众生是真正平等的。有一天，瓦伊纳在行宫附近的一处湖中沐浴，出浴后忽觉浑身不适，忽冷忽热。很快，他想起了情报人员对加勒比地区神秘疾病的描述，瓦伊纳发现，那正是此刻自己身上出现的病征。印加王的病情迅速恶化，连他自己都意识到，"我父太阳在召唤我，我该走了"。瓦伊纳将自己锁在一座石屋里，自绝饮食，也不准臣仆接近。8天之后，他的奴隶从石屋里抬出了他已经腐烂一半的遗体。

如果瓦伊纳弥留之际还曾惦念他的帝国，那么他最放心不下的，想必不在海外边陲，而在帝国的萧墙之内。

还要回溯30多年前的往事，当时还是王储的瓦伊纳迎来了他人生的第一个巅峰：经过历时5年的围困（前两年是其他将领统军），他终于为印加帝国征服了基多，那是当时印加人视野范围内唯一能与自己抗衡的敌人。征服基多后，帝国已是一览众山小，而少年得志的瓦伊纳也在基多王国后宫里找到了他一生最钟爱的战利品——基多公主。

虽然瓦伊纳早已妻妾成群，但基多公主一到，立时六宫粉黛无颜色。可惜，天妒红颜，这位令君王倾倒的绝代佳人并没能留在瓦伊纳身边太久，很快就病故了，但她为瓦伊纳留下了一个儿子，阿塔瓦尔帕。此子聪明英俊，加上子以母贵，深受瓦伊纳喜爱，印加王甚至打算立他为储君。但麻烦也正在这里，印加是个宗法意识浓重的社会，君位传承，要依祖宗之法，只能是嫡长继位。印加王族流行兄妹通婚（请回想前文，他们创世神话中的印加人始祖就是一对兄妹），瓦伊纳此前已先后娶过一位亲姐姐、一位亲妹妹，以及一位血缘最近的堂妹为皇后，第一位无子，第二位为他生了王子瓦斯卡尔（这是绰号，意为"金绳索"，他原名印第库西，意为"快乐的太阳神"），年纪比阿塔瓦尔帕大四五岁。这也是一位瓦伊纳非常重视的王子，据说他曾下令打造过一条"200人才能举起"的大金链子作为给王子的礼物，这也是瓦斯卡尔得名的原因。此外瓦伊纳更有大量其他嫔妃所出的王子公主。

本来在继承权顺位上，瓦斯卡尔理所当然地先于阿塔瓦尔帕，但瓦伊纳实在太过宠爱阿塔瓦尔帕母子，以至于在他执政晚期，做了一个或许是一生中最错误的决定：长幼并立。瓦伊纳让瓦斯卡尔在首都库斯科继承印加大位，但同时把基多以及周边地区封给阿塔瓦尔帕，让他"继承外公的王国"。更致命的是，他将追随自己征战多年的精锐部队，全留给了阿塔瓦尔帕。

由于瓦伊纳死前数日一直将自己与外界隔绝，并且他身边的多位重臣，以及另一个他十分看重、有可能接班的儿子也都染病死了，关于他对继承人的安排，在帝国内一直流传多种说法，更增人心浮动。接下来发生的事不难想象，两兄弟起初还相安无事，但在各自身边短视之臣的挑拨下，瓦斯卡尔渐渐不满足于统治一个领土不完整的帝国，谋划"削藩"，担惊受怕的阿塔瓦尔帕也不甘坐以待毙。终于，一点领土争端成了导火索，两兄弟兵戎相见，这大约是1530年或1531年的事。

这场印加帝国的内战，几乎就是明成祖朱棣"靖难之役"的美洲版，不但两方的角色定位如出一辙，连战事进程也几无二致。阿塔瓦尔帕的北军起初在人数占优的南军（中央军）面前节节败退，但时间一久，瓦伊纳生前偏心的后果显现出来，他留给阿塔瓦尔帕的百战之师的战斗力优势抵消了人数上的劣势。北军在钦博拉索山（今厄瓜多尔境内）一战击溃南军主力，从此反守为攻，不但将进剿的南军逐出境外，还乘胜追击，直捣库斯科。1532年春天，北军已逼近都城，瓦斯卡尔连忙从帝国各处召集勤王军，在库斯科城外又决战一场，打了一整天，尸骸盈野，最终瓦斯卡尔兵败被俘，阿塔瓦尔帕手下的将军率得胜之师开进库斯科，宣布接管整个帝国。

这一战阿塔瓦尔帕本人没有参与，他并未和主力部队一起南下，而是驻留在基多地界的南部重镇卡哈马卡等待胜利的消息。捷报传来，阿塔瓦尔帕志得意满地宣布，自己将是帝国新的萨帕·印加。

半个多世纪之后，有一位兼有印加王室与西班牙血统的历史作者印加·加西拉索·德拉维加——论辈分算是瓦斯卡尔和阿塔瓦尔帕的子侄辈——写过一部关于印加人历史的巨著《印卡王室述评》。在书中他讲到，阿塔瓦尔帕赢得内战后，昭告天下称要与兄长言归于好，以商议善后为名，将忠于瓦斯卡尔的大臣、贵族召集来，然后下令全部杀掉，接着又把所有的同父异母兄弟尽数杀光，以消除潜在的竞争对手。德拉维加还说，杀红眼的阿塔瓦尔帕接下来还杀光了所有的叔伯兄弟，甚至王室的所有女眷也都不分老幼统统消灭，几乎灭绝了整个印加王族。

如果这些记述属实，阿塔瓦尔帕就更有资格跟"诛十族"的朱棣比肩。不过，普列斯科特在《秘鲁征服史》中为他辩解称，这种疯狂屠杀自己亲族的行为，尤其是屠杀那些并不能对他构成威胁的妇孺之辈，毫无必要也不合逻辑，在历史上更无先例（显然这位美国历史教授不知道海陵王完颜亮的事迹）。普列斯科特认为德拉维加作为亲瓦斯卡尔的印加公主之子，有妖魔化阿塔瓦尔帕之嫌，他还提出了一个很有说服力的反问：为什么反而阿塔瓦尔帕没杀对他王位威胁最大的瓦斯卡尔以及另一位王子曼科·卡帕克（瓦伊纳第三位皇后，即其堂妹所生）？

或许德拉维加确有言过其实之处，但说阿塔瓦尔帕的内战摧毁了印加上层社会，却并不为过，对于尚未完全从天花疫情中恢复过来的帝国来说，着实大伤元气。同时，阿塔瓦尔帕作为庶子，违背宗法制度武力夺权，这也动摇了帝国臣民的信仰，动摇了他们对君权的崇拜与忠诚。

正是太阳底下没有新鲜事，此时印加帝国发生的一切，又让人联想起千年之前的中国往事：话说当年一统三分的西晋王朝，创建未久就陷入皇族自相残杀的八王之乱，跟着异族入寇，匈奴人建立的汉赵政权崛起，擒了成为光杆司令的晋怀帝司马炽。《晋书》载，司马炽被押到后来成了"陛下"的匈奴头目刘聪面前，后者跟他曾有点交情，就问他"卿家骨肉相残，何其甚也？"阶下囚皇帝只得回答：

此殆非人事，皇天之意也。大汉将应乾受历，故为陛下自相驱除。

这是何其惨痛又无奈的回答。可悲的是，志得意满的阿塔瓦尔帕此时还不知道，这就是他未来的命运。在地球那一端，那位西班牙王国兼神圣罗马帝国的"陛下"卡洛斯一世或曰查理五世，已将他辛苦夺来的帝国视作囊中之物，而他自己弑兄屠弟的努力，不过是为即将到来的征服者"自相驱除"。

按

关于瓦伊纳去世的年份，并无确切记载。德拉维加成书于1609年的《印卡王室述评》中写作1523年，更多的书籍资料中写作1526年，普列斯科特《秘鲁征服史》的注解中列举了很多更早的西班牙人编撰的史料，更有1527年直至1530年的各种说法。但各种书籍中都称瓦伊纳死于皮萨罗到达秘鲁之前，而他生前已经知道帝国边境有白人出现，据此推算，应该在皮萨罗首次组织探险的1524年到印加帝国内战爆发的1530年之间。一般认为瓦伊纳死于天花，唐纳德·霍普金斯《天国之花》中推断，他染的可能是麻疹性天花。

《印卡王室述评》中称，瓦伊纳生前已做出安排，由瓦斯卡尔继王位，但此说也缺乏更多佐证。另有说法称瓦伊纳生前曾指定一个名叫尼南的儿子继位，但此人也和瓦伊纳同时死于天花，继承权出现真空，这才引发内战，但此说不符合印加社会的王位继承惯例。

4
卡哈马卡的日落

借用基督徒常说的一句话，神的意旨从不急进，却永远准时。起码在皮萨罗身上，这句话得到了充分体现。

皮萨罗已年过五十，此前的冒险生涯中，他几乎次次踩慢步点，错过了无数重要时刻，至今落拓。然而，此时他可能还没意识到，自己已经否极泰来，即将赶在一个无比正确的时间里，出现在一个无比正确的地方，让曾经错失的一切，一次性获得千百倍的补偿。

这回出航，起先他照例霉运缠身，本想直航留给他美好回忆的通贝斯，结果遭遇风暴，漂到了通贝斯以南海域；想夺取当地一座名为普纳岛的岛屿，又没能得手，白耽搁了几个月。1532年6月，历尽险阻的皮萨罗一行终于到达了通贝斯，眼前的情景却让他大感震惊，当日繁荣的海港早已不复旧观，城郭残破，人踪难觅，仅残留着几座当年曾给皮萨罗留下深刻印象的宏伟建筑还依稀可辨，否则他真要怀疑来错了地方。

皮萨罗只好指挥人手展开大搜查，总算捉到了活口，而且还是此地头人之一。从他口中西班牙人才得知，原来此城居民遭遇了恐怖的瘟疫（当然是天花），或死或逃，已将城市抛荒，西班牙人寻找的金银财宝，也都流散殆尽。一行人好不失望，尤其是只在皮萨罗描述中听说过通贝斯之富庶的新兵，几乎认定指挥官此前蒙骗了他们。队伍士气降到谷底，不过，同样失望不已的皮萨罗注意到了俘虏同时透露的一个好消息：印加帝国陷入了争夺王位的内战。

本来，皮萨罗此行只带了180人，后来虽然又有助手德索托带人来助阵，但补充也很有限，再加上在普纳岛上的战斗减员，现在只有不到200人，其中2/3都是步兵，火枪只有22杆，大炮两门，弹药也不充裕。皮萨罗虽然野心勃勃，但此前恐怕也不敢相信，仅凭这点人竟然有机会"征服"一个有数百万人口的帝国，所以这次探险的首要目的还是先在通贝斯站住脚。如能顺道进一步探明内陆的"黄金国"虚实，甚至建立一定关系，就更不虚此行，至于征服，那要日后凑齐人手再说。然而，此时通贝斯显然已难满足他手下人的期望，但另一个机会不期而至，敌人连遭大规模的瘟疫与战争，虽然当时尚无马尔萨斯的人口论，但皮萨罗也不难明白，这两者正是削减人口的最有力手段。对方元气大伤，己方又身在暗处不被彼所知，正是千载良机，不如索性行险一搏，就以现在手头的人马，去碰一碰神秘的印加王。

皮萨罗的兄弟智囊团也大都赞成，于是探险队选择了通贝斯以南约170千米处的一座谷地，建立大本营并命名为圣米格尔城。西班牙人在这里屯驻休整，筹办粮秣、搜集情报，其间抢掠了沿海各地包括印加王室财产在内的若干仓库。这一年的9月24日，皮萨罗挥剑誓师，挺进安第斯。

在拨出少许人手留守圣米格尔城之后，此时皮萨罗的部队连他本人算上仅剩下177人，其中有骑兵67人，数量比科尔特斯登陆墨西哥时的人马少得多，骑兵比例则远有过之；不过火器方面又落了下风，科尔特斯仅炮就有10门以上，皮萨罗则只带了一门，将另一门以及大部分枪支都留在了圣米格尔城，身边则只有3个火枪手。而比较他们的对手，阿兹特克人的"帝国"其实不过是部落联盟，印加人则无论人口还是组织形式，都大大超过他们，因此，皮萨罗此行是一次比科尔特斯更大胆也更艰难的远征。

皮萨罗一行朝东南方向进发，走的是印加帝国修建的公路，直通首都库斯科。由于瓦伊纳执政时期经常往返于库斯科与基多，因此两地间的公路修得尤其完善。西班牙人沿路而行，除了山地行军的劳顿，也并无太多险阻，但唯其如此，士兵们惊叹于这个帝国强大的基础设施，以及当中体现出的雄厚国力，想到要与之为敌，无不暗自心悸。

久历军旅的皮萨罗自然看得出手下的情绪，此时对他来说正是最危险的时候，大战在即，如果自己人未战先怯，这种情绪传播开来会让整支探险队死无葬身之地。一天，他将部下召集起来，用一个巧妙的计策，打算将意志不坚者劝退。皮萨罗说，留守圣米格尔城的兵力太薄弱了，自己放心不下，想调人回去增援，问手下谁愿"自告奋勇"。这是十分聪明的托词，给想离开的人留足了面子，以免他们碍于颜面不好意思明言要打退堂鼓。最终，有9个人选择了离队，余者则都表示愿意追随指挥官继续前进。皮萨罗遣返了那9人后，不失时机地讲话动员，要大家做"勇敢的西班牙人"，相信上帝必会保佑大家"战胜异教徒"。虽然他讷于言辞，更拙于文采，但此情此景，他的朴素又坚决的动员效果超过任何华丽的辞藻，军中士气大振。

皮萨罗知道此时尚不宜与印加王撕破脸，因此他沿途一直注意约束部下，严禁扰民，给一路上遇到的印加人及其下辖大小部族都留下了良好的印象。不久后他们的行踪就被印加信使报与阿塔瓦尔帕，后者也先后派来几位使者跟西班牙人接触，打听来意。尽管一直拿阿塔瓦尔帕作为假想敌，但时机未到，此刻皮萨罗笑脸相迎、善言相对，没口子地保证自己一行人只是奉国王差遣，来拜望印加王，绝无不良企图。老实人作伪最有欺骗性，身材高大面目严肃的皮萨罗，让人很难一眼望去看出暗怀鬼胎，再加上印加帝国称雄安第斯山已久，见惯了属民的恭顺，印加使者的警惕性也早已放松，就真的信了皮萨罗所说，并告诉他们，印加王现在就在卡哈马卡。

此时的新任印加王阿塔瓦尔帕，刚刚打赢了内战，正踌躇满志地驻跸于卡哈马卡的南征大本营，这里位于赤道以南不远的安第斯山东坡，海拔不到3000米，低于周边地区。虽然"卡哈马卡"这个名字意为"霜冻之地"，但地势和纬度决定了此处气候宜人，地下还有温泉，正是颐养休闲的上佳去处。阿塔瓦尔帕就在这里安享惬意，准备待库斯科方面筹备就绪，就风风光光南下正位。海边神秘白人去而复返的事情，他已有所闻，通过细作的报告他还得知，这伙人举止无礼，四处滋扰，连先王贮藏布匹的仓库都被他们劫掠了好几处。阿塔瓦尔帕不由得皱眉，不过或许是大胜之后有些飘飘然，他也没有过多留意，起码没像他父王瓦伊纳那样警觉到大敌将至。

前后几拨使者带回的，都是西班牙人的友善表示，同时奏报称他们想来卡哈马卡，亲睹天颜。阿塔瓦尔帕对这些外来者大约并没什么好感，但或是好奇心作祟，或是想向他们炫耀自己的君王排场从而将之慑服，又或许是相信了皮萨罗所说的"愿为印加王效力"，打算借重他们的神奇力量弹压内战之后尚未完全服帖的臣属，最终，他同意了让西班牙人来卡哈马卡朝见。

再说此时的皮萨罗，也正与兄弟同伴们商议下一步的行动。从印加人那里他们已大致得知，帝国的首都库斯科刚经历内战，城中驻守的基多军并不受当地人欢迎，有人建议借机走大路，绕过卡哈马卡直捣库斯科。这是个很有诱惑力的提议，但皮萨罗思索良久，终于否决，他认为绕行卡哈马卡等于在身后留下一座敌人的堡垒，即便成功抢掠了库斯科，也难全身而退，届时自己"帝国敌人"的真实身份已露，在卡哈马卡的阿塔瓦尔帕必会率军截断归路，加上各地勤王军赶来合围，西班牙人将插翅难逃。而通过与印加人的接触，他已经知道印加王在他的臣民心中地位等同于神，如果控制了他，自然卡哈马卡的驻军将迎刃而解，甚至直到库斯科的层层大门，也都将为他们敞开。其实这也是皮萨罗得自科尔特斯的启示，他回西班牙期间曾见过科尔特斯，并听这位外甥亲自讲过他当年在阿兹特克人的都城宫苑之中俘虏其首领蒙特祖马，从而挟持之号令全体阿兹特克人的传奇经历。皮萨罗认为这种擒王战术，是科尔特斯成功的关键，他更认为外甥的成功可以复制。

探险队最终遵照皮萨罗的计划，翻越安第斯山山脊。这条道路不及原来的好走，崎岖陡峭，有的地方仅能供人侧身通行，西班牙人费了九牛二虎之力才将战马拉扯过来。天时也十分不利，当时已是10月，虽说按照南半球气候冬天快过去了，但山地昼夜温差仍很大，晚上幕天席地露宿山中，逼人的寒气令习惯了亚热带气候的西班牙人甚是难熬。除了战天斗地，更令他们神经紧张的是印加人无处不在的威压感，"当看到峡谷顶峰有碉堡似的工事高高耸立，好像紧锁双眉，用挑战的目光直盯侵略者时，他们更是毛骨悚然。这座建筑是用坚固的石块建造的，正好扼住通道的拐弯处。当他们走近时，觉得雉堞墙后几乎随时都会闪出战士的黑影，把标枪暴风雨般投向他们的圆盾"（普列斯科特《秘鲁征服史》）。这趟远征的亲历者后来回忆称，那些岩堡里只要驻守三两个印加人，就足以让探险队寸步难行了。

终于，1532年11月，经过艰苦跋涉，皮萨罗的探险队接近了目的地，前方不远，就是印加王的行宫。尽管此前已无数次揣想印加王的声势，但此刻西班牙人还是被眼前所见震惊了：

> 这个山谷中肥沃的田野一望无际，像绿色地毯铺向远方，与环绕它的黑乎乎的安第斯山形成鲜明的对比。这个山谷呈椭圆形，长约五里格，宽三里格。这里的居民穿着考究，清洁卫生，住房干净舒适。他们在各方面都胜过西班牙人在大山以西见过的土著人。放眼远眺，田地平整，庄稼茂密，这说明居民勤劳富有。一条宽阔的大河流经草地，人工开凿的水渠和地下水管使河水得以充分灌溉田野。在绿色篱笆围起来的田地上，种满各

种农作物。这里土地肥沃，如果说气候不像海滩附近那样容易促进作物成长的话，对温带作物却更为适宜。冒险家们的脚下就是卡哈马卡城，城中的白色小屋在太阳下熠熠发光，像镶嵌在狭窄陡谷昏黑边缘中的一颗明珠。山谷后约一里格远的地方，一股股蒸气直冲云霄。那就是著名的温泉所在地，是秘鲁的王子们经常光顾的地方。在这里也可以看到西班牙人不愿看见的景象：白色幕帐云集在山坡上，像厚厚的雪花覆盖大地，足有数英里之广。远征军中一个兵士惊呼道："看到印第安人的浩荡大军占据这么险要的地形，真令人惊异。"（普列斯科特《秘鲁征服史》）

众寡悬殊，竟至于此，生平不知道害怕为何物的皮萨罗都不免倒吸凉气。此前他曾听印加使者说，卡哈马卡城有居民上万，现在更有阿塔瓦尔帕亲统5万大军驻扎，看来此言非虚。而他自己只有62名骑兵、106名步兵、火枪3支、十字弩20余把。但事已至此，后退无路，卡哈马卡城纵是龙潭虎穴，也已容不得他迟疑，皮萨罗咬了咬牙，催马入城。

此时已是11月15日午后，早有准备的印加人为他们举行了简短的欢迎仪式。阿塔瓦尔帕本人没有露面，他手下的迎宾官员将西班牙人引入城中，安置在一座大广场边的几个院落里，款待酒饭。这里的居民此前已经被印加王下令搬离，以便给这群神秘的客人腾出住处。招待人员告辞后，皮萨罗与兄弟们以及德索托等军中头领立刻开会，商议下一步的计划。此时众人都不约而同地觉得，只有"擒贼擒王"，拿下阿塔瓦尔帕，方可险中求胜，而要想如愿，又必须智取，将他骗离坚固的堡垒与庞大的军队。西班牙人决定派使者立刻去见印加王，邀他前来来会面，见机行事。这个任务交给了埃尔南多·德索托，他率领15名骑兵，在随军的印第安人翻译陪同下前往王宫。

此刻时辰已晚，西班牙人来访，原本不合规矩，但或许是考虑到他们身份与众不同，阿塔瓦尔帕破例召见。德索托乘马直入王宫的院子，被引到一个露天大厅。此处是宏伟的印加式巨石建筑，四周建有回廊，院子里到处花草掩映，院落尽头的一座厅堂里，远远可见一个巨大水池，水池前的垫子上一人席地而坐，周围穿着华丽的印加显贵垂手侍立，更有一群美艳宫女环绕两旁，料想坐着的必是印加王阿塔瓦尔帕。又走近几步细看此人，但见他30多岁年纪，五短身材，肤色较一般印第安人白皙，面容俊美，但表情木讷，透着莫测高深的威严，一双布满血丝的眼睛令人印象深刻。

这样的造型，配上一路中已数次听到的关于他弑兄屠弟出手狠辣的传闻，德索托和手下骑兵们不觉微感战栗，但此时印加王并不了解西班牙人的虚实，所以最重要的就是不可示弱露怯，德索托脑中又过了一遍想好的说辞，示意翻译随他上前。行前皮萨罗已将从科尔特斯处取得的经验告知德索托，土著人没见过马，以为神物，马匹对他们有极大的震慑作用，于是他也不下马，来到阿塔瓦尔帕面前才勒马站住，以手加额行了个礼，对印加王声称，自己一行人奉世界上最强大的君主西班牙国王之命，特来拜会印加王，愿意为印加王效力，并带给印加人"真正的信仰"。

阿塔瓦尔帕听了翻译转述，不置可否，由身边的大臣观察他的神情后，做出简短的肯定或否定。德索托此行的任务，除了要诱出阿塔瓦尔帕，还要对他展开心理战，具体又有两个要求：第一，既要打消他对西班牙人的疑虑与敌意，从而放心地前来会面；第二，又要展示西班牙人的强大威力，使其心存忌惮不敢贸然发难。此中分寸极难拿捏。德索托眼见阿塔瓦尔帕只一味玩深沉，态度暧昧又高傲，便决定露一手能耐让他们知道厉害，当下说道，西班牙人武力天下无双，愿为大王演示，也不等人家表态，就催动战马在庭院里四下驰骋。他骑术高超，坐骑又是探险队中数一数二的良驹，德索托有心要显本领，几个急转急停，战马跳尾扬鬃，蹄声隆隆满院生尘，携来的骑兵高声喝彩。屋里的印加君臣哪见过这等手段，既惊且惧，德索托几趟骑下来故意驰到阿塔瓦尔帕面前猛一勒缰，战马人立而起，落下时两只前蹄重重踏地，那马的鼻息几乎能喷到印加王的脸上。一向自命太阳神之子的阿塔瓦尔帕之前也只在传说中听过白人有这玩意儿，此时才头一遭亲眼见识了这等神骏生物，难免心下惶恐，暗想，这是神马？

德索托豪言，西班牙骑士的骏马能将整个安第斯山踏平，但他又再次重申，自己这一干人马，都愿意为印加王效力，任由驱驰，最后再次力邀阿塔瓦尔帕明日去与他们的指挥官皮萨罗会面，他还强调，为表示友善请印加王不要携带武器。这一次，阿塔瓦尔帕终于点头同意。

德索托不辱使命，皮萨罗知悉后也连夜布置作战计划。他将手下分成三队，分别隐匿在广场三面的三个院子里，等待信号，另在高处偷偷架炮，同时安排岗哨通宵监视印加军动静。夜里，岗哨望见山坡上星星点点，尽是印加军队帐篷里的灯火，与星空连成一片。想到生死难料的明天，西班牙人个个难免担忧，都缠着随军的神父忏悔祷告，希望上帝保佑，一向直言"淘金第一，灵魂获救赎第二"的皮萨罗，此时也不得不借助上帝威灵来做精神武器，他动员全军，"把你们的心变成城堡，就将无往而不利"。

次日的会面，定在黄昏时分，西班牙人又熬过了一个焦灼的白天，终于，1532年11月16日的太阳，缓缓偏西，就在此时，一阵鼓乐声平地里传来，皮萨罗连忙传令各部，依计而行。

丝竹声近，唱诵随之响起，据翻译说，歌词都是赞颂阿塔瓦尔帕的。肉麻无趣，但歌声伴着骨笛海螺、金钹铜鼓之类诸般乐器，倒也甚是悠扬，只是在神情高度紧张的西班牙人听来，"直如地狱里传来的声音"。音乐声中印加人列队入场，穿着羊驼毛织成的罩袍，袍上尽是格子图案，仿佛国际象棋的棋盘。先入场的排成数个方阵站定，一顶80人抬的大轿款款而出，停在队伍最前列，轿子上饰满五颜六色的鹦鹉羽毛和金银鳞片。轿夫清一色的浅蓝短衣，宝座上端坐的正是阿塔瓦尔帕，他头戴象征王权饰有流苏的深红色冠冕，身着金线织就的袍服，颈上挂着一大串绿宝石项圈，手中持着一面铸成太阳纹的金盾。接着后面又来了数顶规格稍低的轿子，坐的都是阿塔瓦尔帕的大臣亲贵。他们耳朵上都挂着巨大夸张的金饰，日久经年已将耳朵坠得变形，双耳垂轮的造型让人一见难忘。整个广场上的印加人，不下五千之数。

或许是这位印加王自觉昨晚被德索托驰马炫技之举震住，有失颜面，所以今天特意摆出全部帝王排场，有心让西班牙人也见识一下，为自己找回场子。而且他自恃有人数上的绝对优势，真的就遵照和西班牙人的约定，全体人员赤手空拳来到广场。而此时他从轿上向前望去，却并没发现德索托等人，眼前的广场上，除了昨天见过的那名翻译，就只有一个陌生白人，穿着打扮与昨晚的德索托迥异，一袭黑袍，脖子上垂挂一个十字形的饰物，手中捧着一物，不知是什么东西。

阿塔瓦尔帕面前这人正是西班牙探险队中的随军神父，一位圣多明我会的修士，名叫维森特·德巴尔维德。他要求按照规矩，在与"野蛮人"开战之前，给他们一个主动皈依上帝的机会，皮萨罗也同意，万一上帝显灵，岂不也给自己省了一番麻烦。翻译近前来向阿塔瓦尔帕解释，西班牙人见了他的威仪，都吓得躲了起来，只有这位神父，有要事要与大王说知。印加王甚是得意，便宣神父近前，后者就开始为他讲经布道。

两人说的是东西半球毫无交集的两大语种，全赖一个仅上过几年西班牙语速成班的印第安人翻译，那些佶屈聱牙的神学概念，恐怕翻译本人都未必理解，再囫囵翻给阿塔瓦尔帕，无异于鸡同鸭讲。神父讲得十分认真，阿塔瓦尔帕却听不下去，便问他，你说这些有何凭据？这一问正中下怀，神父珍而重之地递上手中的圣经："大道尽在其中。"

阿塔瓦尔帕接过翻看，一时也想不出这东西是何质地，待见上面并无图画，兴趣大减，再仔细瞧去，满篇净是乱七八糟弯弯曲曲的东西，委实不知所云，信手掷书于地，对神父道："你说你的神被钉死了，可见他本领平平，而我的神……"他顿了一下，举手指天："却永远存在。"

他边说边抬头望向天上的太阳，却见那夕阳正向群山之后缓缓落去，余晖洒在远处覆雪的峰顶，将之染成一片暗红，仿佛葡萄酒一点点渗入雪中。这落日景象较之他所说的"永远存在"，实在有欠吻合，阿塔瓦尔帕隐隐觉得似有什么地方不大对劲，还来不及想清，那神父已拾起圣经拂袖而去，快步走进广场对面的院子里，隐约听见他语调愤激地与里面的人说着什么。

紧接着就听一声炸雷响起，冬雷炸响，大有乖于时令，阿塔瓦尔帕未及思索，就发现身后的仪仗方阵里惊呼声四起，队伍也乱了阵脚，紧接着又是一声巨响，他这才发现原来这"雷"是那群白人所操控。只见广场一角的一座建筑屋顶上正有几人操着一件前所未见的武器，乌黑的膛口对着广场上印加人密集之处猛轰。又听得人喊马嘶，60多匹战马从广场三面的隐蔽处一起冲出，身后更跟着百来名步兵，手挺长枪掩杀上来。

原来皮萨罗和德巴尔维德神父早已商量好，若是交涉不成（这几乎是必然的），立即动手。神父只身去与印加王会谈，余人就躲在埋伏处，屏息凝神，观察动静。对方的声势浩大，皮萨罗虽已数次激励手下，然而恐惧是人类的本能，任你再怎么立场坚定斗志强，意志力总有管不住括约肌的时候，不少躲在院子里的西班牙人目睹了印加王的排场，不自觉地浑身发抖，两腿之间一股暖流涌起。但皮萨罗仍保持着镇定，他知道成败在此一举，神父回来要求他马上对"亵渎圣经的野蛮人"开战，他立即令旗一挥，手下鸣炮开道，他本人也一马当先，身边的兵士齐声高呼战斗口号"圣地亚哥"冲杀出来。战斗与杀戮，最易使人忘记恐惧，刚才还战战兢兢尿出如浆的士兵，此刻也被感染，妥协已无余地，惧怕更无用处，只有你死我活。

印加王虽不是全无警惕，却也万没料到刚才还藏头藏尾的白人居然敢突然翻脸。不知所措间，西班牙骑兵已撞到跟前，炮声、呐喊声与喇叭声响作一片，全场大乱。前排护卫的印加人不知西班牙人刀剑的厉害，敌人挥剑劈来便伸臂格挡，登时臂上一凉，胳膊已飞离躯体，血流满地，这恐怖场景令猝不及防的印加人气为之夺，现在恐惧感已完全转移到他们一方，莫说没有携带武器，就算全副武装，也已鼓不起勇气与这不可思议的力量作战。西班牙人则陷入癫狂，剑斩马踏，大开杀戒，广场血流成河。

杀红了眼的西班牙士兵准备对阿塔瓦尔帕下手，吓傻了的印加王随从已想不起反抗或逃跑，只是下意识地用身体挡住敌人，被纷纷砍倒。此时，知道印加王奇货可居的皮萨罗连忙赶上前来制止乱兵，不小心手臂上挨了自己人一剑，他弯腰趋进阿塔瓦尔帕的轿中用匕首逼住印加王，将其拖曳出来。忠心护主的印加人见君王被擒，仅有的一点抵抗意志也彻底瓦解，四散逃去，皮萨罗的士兵乘胜追击，专挑衣着华贵的印加贵族来杀。他们放手狂屠之下，城中尸体山积，从日落时分开始的战斗直到夜色渐深才告收手。原本驻扎在周边的数万大军，惊悉印加王被俘，也都拔营退走。

在这场已不能称之为战役的屠杀中，印加人死者不计其数，皮萨罗的秘书事后称杀了2000人；另有参与此事的士兵记载，阿塔瓦尔帕本人交代他带了7000人来，几乎全被杀光；德拉维加的《印卡王室述评》中则称死者多达1万。至于西班牙方面，只有一个人挂彩，那就是无意中挨了自己人一剑的皮萨罗。

至此，皮萨罗完胜阿塔瓦尔帕。两人都足够聪明足够心狠手辣，但皮萨罗早就积累了对付美洲土著的经验，搜集了大量关于印加帝国和印加王本人的情报，更十分明智地借鉴了科尔特斯的擒王战术；阿塔瓦尔帕却对西班牙人一无所知，判断不清他们到底是敌是友，也不知关于他们的种种神乎其神的传闻多少是真多少是假，更从没听说过他那位墨西哥同行阿兹特克王蒙特祖马及其命运。从最初的信息战，到昨晚的心理战，直至这场惨烈的突袭战，一方知己知彼、处心积虑、攻其不备，一方懵懂无知、自大轻信、疏于应对，种种机缘巧合下，两个世界的军事差距被放大到最大，于是有了这场屠杀惨剧。

屠杀停止，皮萨罗安抚惊魂初定的阿塔瓦尔帕：

不要把你被打败和被俘这件事看作是一种侮辱，因为我手下的这些基督徒人数虽少，但我和他们一起征服过比你们更强大的王国，打败过其他一些比你更强大的君主，把皇帝的统治强加给他们。我是皇帝的臣民，他也是西班牙和全世界的国王。我们是奉他的命令来征服这块土地的，这样就可以使所有的人认识上帝，认识他的神圣的天主教；而由于我们肩负的光荣使命，上帝——天地万物的创造者才允许这一切发生，以便使你们认识他，从而脱离你们所过的那种野蛮而邪恶的生活。正是由于这个缘故，我们才能以少胜多。如果你们明白你们生活在种种谬误之中，你们就会了解我们奉西班牙国王陛下之命来到此地给你们带来的福祉。上帝的意旨就是打掉你们的傲气，不让一个印第安人对基督徒有冒犯行为。（转引自戴蒙德《枪炮、病菌与钢铁》）

比较科尔特斯和皮萨罗的这两次擒王之举，前者是智取，后者则是名副其实的豪夺。首先从客观上讲，皮萨罗拥有比外甥更好的运气，天花已经替他干掉了印加人最强大的君主瓦伊纳（皮萨罗的兄长埃尔南多曾在回忆录中称如果瓦伊纳健在，以他们探险队的人手绝难征服印加帝国），内战更让帝国伤筋动骨，这样的天赐良机科尔特斯在墨西哥并不曾遇上。其次主观方面，较之科尔特斯，皮萨罗虽没有他的智谋与远见，却更大胆，更凶猛，也更没有底线，所以他能放下道德与虚荣，无所顾忌地实施欺骗与屠杀。

同样，皮萨罗的贪婪也更胜一筹，他命人将阿塔瓦尔帕关入一座囚室，接下来发生的就是，堪称人类历史上天字第一号的特大绑票勒索案。

西班牙人提出的要求是让阿塔瓦尔帕交出填满他囚室的黄金，答应收足了赎金就放他走。这座囚室目前仍在，测量数据显示，其长宽高分别是22英尺、17英尺、9英尺，换算成公制单位，大约是6.7米、5.2米、2.7米，三者相乘得出体积94立方米。我们知道黄金的密度是19.26克/立方厘米，根据此可以算出，如果用金块严丝合缝地堆满这座囚室，则所需的黄金大约是1810.44吨。

1810.44吨！黄金！

这是什么概念？为了更直观地说明这个天文数字，不妨在此做个比较。我们知道清末的庚子赔款，金额是白银4.5亿两（本金，姑且不算利息），《辛丑条约》规定，这笔赔款以"关平两"即海关的兑换标准计算，一两银子约折算

37.75克，4.5亿两白银大约可换算为16 987吨，当时国际金银比价超过1∶30，这么算下来庚子赔款折算成黄金约合510吨，即便按照当时中国的官价1∶10来算，1698.7吨，仍不及皮萨罗的狮子大开口（此处忽略金银纯度等问题）。

看来八国联军的贪婪加起来，尚赶不上皮萨罗啊。尽管应该考虑到皮萨罗是文盲，可能不太会算数，但以其盘剥压榨之狠之酷，说他是史上第一号的绑票勒索犯，当不为过吧。

比皮萨罗更绝的是阿塔瓦尔帕，他竟一口答应下来，语气间毫不犯难。当然，这或许只是缓兵之计，先图保命；又或许是翻译词不达意所致；再或许这也跟印加人数学教育不太发达，阿塔瓦尔帕缺乏必要的立体几何学知识有关——总之，阿塔瓦尔帕答应了。

甚至，有的传说里还有更令人心跳加速的演绎：皮萨罗等人向阿塔瓦尔帕开出赎金价码时，后者正在吃一碗豌豆，听了西班牙人的要价，印加王不屑地放下碗，从里面拈起一粒豆子说，你们要的就是这个，又指着碗说，而我拥有的是这个。

印加人对待西班牙人的态度，与阿兹特克人刚好相反。阿兹特克人起初误以为西班牙人是预言中归来的古老神明，十分敬畏，但当发现他们实际上是敌人的时候，立即与之针锋相对展开大战。印加人却先是轻信了西班牙人的善意，而当他们突施辣手并一举擒获了至高无上的印加王之后，整个帝国彻底被他们慑服，再无抵抗意志与勇气。此时，出于对西班牙人的无比畏惧，以及对印加王由来已久的崇拜热爱，他们本能地遵从一切命令。当信使送上阿塔瓦尔帕从囚牢里传出的旨意，除了对他还不太买账的库斯科等处，其他各地官吏仍尽职尽责地按照他的命令搜集黄金白银，从四面八方源源不断地送往卡哈马卡，包括印加人的几处宗教圣地，庙宇上的金饰都被剥下来抵偿赎金。

未几，赎金竟真的堆满了囚室。不过这并不是说印加人拿来的黄金竟真有上文算的千数吨之巨，如前所述，对印加人来说黄金并非货币，他们的黄金基本都是工艺品或器皿，不可能严丝合缝地码放，只能零散堆放，有很大空隙。西班牙人将它们熔铸之后，最终得到黄金白银各五六吨，与前述数字相较自是相去甚远。但即便如此，这笔财富仍可称天文数字，成书于19世纪后期的《秘鲁征服史》中普列斯科特认为，这笔钱相当于当时的550万美元或更多；美国投资家伯恩斯坦则在其著作《黄金简史》中估算，这笔赎金中仅黄金就抵得上当时整个欧洲一年的黄金产量，按购买力折算，约相当于20世纪的2.7亿美元。

皮萨罗等人看着帝国各地的金子流水般涌来，眼花耳热。被囚的阿塔瓦尔帕则渐渐从最初的恐惧中恢复过来，憧憬着西班牙人必会如约释放自己然后离去，届时他重新君临天下，就把今日当作一场噩梦好了。他是太阳神之子，在神灵庇佑下尽可以千金散尽还复来……

然而，和上次一样，这位印加王又低估西班牙人的狠辣，而高估他们的信用与良知了。

按

西班牙人的记载中称，阿塔瓦尔帕被俘后曾说，他原计划杀死西班牙人，夺下他们的马。但从印加人在卡哈马卡的表现来看，显然并没做好发难的准备。印加人又没有文字，因此也无从查证他们是否真有这个计划。再考虑到阿塔瓦尔帕提及此事时已失去自由，这个说法的可信度值得怀疑。

5

太阳泪干

　　诚然，日升日落周而复始，亘古不变，然而，当明天来临的时候自己还有没有机会看到太阳，却是任何人都没把握确定的。对于阿塔瓦尔帕来说，他的太阳，已在卡哈马卡那个可怕的黄昏永远落山了。

　　印加王的狱中生活起初还算过得去。皮萨罗的严令之下，西班牙人对他保持了一定程度的礼敬，他还从看守那里学会了国际象棋来解闷，并很快青出于蓝，这令西班牙人对他的智力水平大为惊讶。其间，神父又来劝他放弃"愚昧的偶像"改信天主教，他不肯答应，对方也没有勉强。而印加人出于惯性的领袖崇拜，也对他恭顺不减，帝国上下的事务仍由他在牢房里遥控指挥，甚至他还能发布处决令，命掌握着库斯科的将军杀死在押的兄长瓦斯卡尔，以免西班牙人改立他为王。

　　然而，一旦归为臣虏，命运就悬于人手，他还算体面的囚徒生活也很快到头了。他被囚的时候，皮萨罗此前久候的西班牙增援部队在阿尔马格罗率领下，终于赶到。由于皮萨罗与阿塔瓦尔帕订立的赎金条约中，并不包括他们，这些不走运的迟到者要求重新分配战利品，但皮萨罗只肯打赏他们2万金比索（一说10万），而他自己一人所得就有8万。阿尔马格罗眼见这位昔时共患难的盟友一夜暴富翻脸无情，各种羡慕嫉妒恨，一时爆发，皮萨罗从此成为他心中的头号大敌。他的手下们也吵嚷不休，归怨于阿塔瓦尔帕，在他们看来，如果将这位印加王除掉，就有机会与新的统治者重新立约，参与赃款赃物再分配。

　　于是西班牙人营中流言四起，说阿塔瓦尔帕派使者催要赎金的同时暗颁密诏，纠合各地勤王军，正在赶来，足有数十万之众。有的还添油加醋，说印加人还从加勒比沿岸招募了2万食人族，也正磨牙霍霍，一并赶来。

　　尽管阿塔瓦尔帕察觉到风头不对，几次主动找皮萨罗来辩白，称自己并未酝酿任何阴谋，后者也倾向于相信，但当时西班牙人内部对立越发严重，而且印加人的强大武力尚在，此等情势下，真相对于皮萨罗来说，不需判断，只需选择。终于，他得出了结论：阿塔瓦尔帕很重要，但没有阿塔瓦尔帕，更重要。

西班牙人组建临时法庭对阿塔瓦尔帕进行了审判，判决很快做出，他被判身犯五项大罪，其中竟然还包括"弑君篡位"。西班牙人的做法不但属于"干涉别国内政"，更是标准的假正义伪道学，令人鄙夷。更离谱的指控是"阴谋威胁西班牙人的生命与财产"，这更是堂而皇之地贼喊抓贼了。

阿塔瓦尔帕闻知，只能认命，大约在下令处决瓦斯卡尔的时候，他隐隐预感到一个被俘君王最可能的下场是什么。此时他唯一的要求是，死后享受印加王的葬仪，尸体制成木乃伊供臣民供奉。

可惜，这个要求是西班牙人不能答应的，这群虔诚的教徒对宗教意识形态看得极重，坚持要按照惩处异端的办法，将"崇拜邪神"的印加王绑在火刑柱上烧死。失势的阿塔瓦尔帕不但不能决定自己的生死，连死法都已无权选择。也曾生杀予夺大权在握的印加王唯有垂泪哀叹命运的不公。此时德巴尔维德神父再次动员他，死前皈依基督教，这样西班牙人就会本着基督教的仁爱精神对他从宽处理——绑在椅子上勒死。

就这样，临刑前的阿塔瓦尔帕宣称此前信奉的印加太阳神是伪神，然后亲吻了十字架，接受神父洗礼，被赐予教名"胡安·德·阿塔瓦尔帕"。西班牙人向他道贺之后，阿塔瓦尔帕被按在椅子上，铁环加颈，螺丝一圈圈拧紧，直到将他的最后一丝气息挤出躯壳。印加王的死刑也象征着，他的国家从物质到精神，都将彻底被强大的外邦人征服。

这一天是1533年8月29日，距离皮萨罗登陆南美洲，仅过了两年零两个月。

后来，西班牙人又连胜数阵，打败仍忠于阿塔瓦尔帕的残余部队，于1533年11月15日开进库斯科。曾经满城镶嵌的金饰，此时多已被剥下，只剩下一段段光秃秃的墙垣，黄金之城变成了石头之城，但城市恢宏的规模和雄伟的建筑，仍令西班牙人赞叹不已。

初入库斯科时，征服者们还受到不明真相群众的热烈欢迎，这些一直以瓦斯卡尔为真命天子、不承认阿塔瓦尔帕的首都人民，终于盼来了吊民伐罪的义师。西班牙人也真的把瓦伊纳的第二个嫡子曼科·卡帕克（与传说中的印加开国君主同名，故又称曼科·卡帕克二世）扶上王位，一度关系如蜜月。不过西班牙人很快就见财见色起意，甚至当面奸污印加王的妃嫔，终于逼得曼科·卡帕克与他们决裂。

占领库斯科后，皮萨罗和诸将领四出征战，北伐基多南征智利，还在库斯科西北沿海的一处港口修建新城，就是后来的秘鲁首都利马。西班牙人人手不足，战线又拉得太长，正给了曼科·卡帕克机会。1536年他设计逃离看管，发动印加人起义，驱赶西班牙人。起义历时一年，但此时印加人能组织起的力量已远非10年前全盛时期可比，在致命的军事差距下，他们围困库斯科的战役历时近一年，终告失败。曼科·卡帕克在部下保护下，逃往西北山中险僻的堡垒维卡邦巴，维持印加帝国最后的血脉。

征服印加帝国后，皮萨罗被西班牙国王封为秘鲁总督，征服了智利北部的阿尔马格罗则受封智利总督。但西班牙的征服者们很快又因分赃不均陷入内战，被裹挟其间的印加人又流血无数。1538年皮萨罗擒杀反目的昔日盟友阿尔马格罗，但1541年，时龄约67岁的皮萨罗被阿尔马格罗的余党设局暗杀，据说他临死前蘸着自己的血在地上画了一个十字架。

皮萨罗一生未婚，只在秘鲁与一位印加公主生过一女，由于是非婚生育，她没能继承皮萨罗的财产与封号，直到17世纪西班牙政府才承认了皮萨罗后人的继承权。

由于皮萨罗对印加人的残酷，尤其是背信弃义地处死阿塔瓦尔帕，他身后声名狼藉，英国广播公司（BBC）名为《史上最邪恶的人》的一组专题历史片中，他也名列其间，与尼禄、希特勒，以及传说中吸血鬼德古拉伯爵的原型弗拉德五世等辈比肩。而他的征服之功，尽管犹在科尔特斯之上，却也被后人耻于提及。

反倒是深受其害的秘鲁人，对这位征服者表现出了宽容。20世纪30年代，有西班牙雕塑家为科尔特斯和皮萨罗各塑了一尊铜像，都是骑马仗剑的造型，打算分别赠送给墨西哥和秘鲁，结果墨西哥人直接拒绝了"带有殖民意味"的科尔特斯像，秘鲁人却大度地接受了皮萨罗的铜像，安置在他亲手创建的利马城中。

除了大哥埃尔南多，皮萨罗的其他几位兄弟也先于他死于战场或探险途中。这一批征服者中，只有在卡哈马卡诱出阿塔瓦尔帕立下大功的德索托，算是得到善终。他后来出任西班牙驻佛罗里达总督，并在当地展开寻找"青春泉"的著名探险,其故事刺激着后世文学创作者无尽的灵感,包括2011年的好莱坞大片《加勒比海盗4》。

曼科·卡帕克退守维卡邦巴之后,1544年被假意投效的阿尔马格罗残部杀死,随后王位先后传给了他的三个儿子。1571年,曼科·卡帕克的幼子图帕克·阿马鲁继承王位。这是一个年轻俊美的国王,但是智力水平大概很低——在长期实行近亲通婚制的印加王室,出现这种情况应该并不意外——从他身上很难看到帝国"中兴"的希望。尽管如此,他身边的臣仆仍像侍奉全盛时期的印加王那样对他忠心耿耿。不过,此时维卡邦巴这座帝国最后的孤城,也已进入倒计时。

已接替卡洛斯一世出任西班牙国王的腓力二世,于1569年向秘鲁派出了新任总督弗朗西斯科·托雷多。这位与皮萨罗同名的总督,素以宽厚仁慈著称,他到任之初也确实致力于改善土著居民生活水平。然而,通过在秘鲁境内各处的走访,他得出的结论是,秘鲁人之所以贫穷窘迫,都因为心怀故国,对维卡邦巴政权抱有幻想,从而不能全心全意地奉行西班牙人的先进文化与政策。这位总督决定斩草除根,彻底毁掉残留的印加王室。1572年,托雷多下令进兵维卡邦巴。

维卡邦巴之所以能在印加全境沦陷后仍支撑几十年,靠的主要是险峻的地形和茂密的雨林,而当西班牙人突破了这些天然的屏障,印加人仅剩的一点力量根本不足以抵抗。图帕克·阿马鲁带着怀孕的妻子试图逃进密林,但没跑出多远就被擒获。

当时的秘鲁政治中心已转移到新兴的首府利马,但托雷多为了追求展示效果,特意将阿马鲁押赴印加遗老最多的库斯科处决。1572年9月21日,末代印加王被解到还从未亲眼见过的帝国旧都。

"远望碧云深,是吾旧宫殿。"

"黄金台下客,应是不归来。"

这种中国下野帝王的感时伤怀,心智迟钝的阿马鲁未必表达得出,但此时他也一定陷入了今夕何夕的时空倒错之惑。他分明是以死囚身份到此,却受到了热烈的欢迎,这种对印加王的拥戴,他此前大约只曾在老臣们无限怀恋地讲述往事时,似懂非懂地听说过。

他无比俊美的姿容为他瞬间争得了满城青睐,不光是触景生情的印加遗民,连城里的西班牙妇女也都为他的相貌倾倒，激发出母性之爱。她们去托雷多的官邸请愿，希望他放过这个已无公害的旷世俊男，但总督铁石心肠，不为所动。

9月24日，阿马鲁被押上断头台，紧张和恐惧已使他失声，铡刀落下之前，他颤抖着按照西班牙人的要求做出忏悔，否认印加人的神明与信仰。

关于他临刑的表现，另一个版本是，他举手示意哭成一团的民众安静，然后从容高贵地说："大地之母，请见证我的敌人让我流血。"

绝大多数的印加后裔都选择相信后一个版本。

满城垂泪，天空也乌云密布，似是太阳神在云后暗暗拭泪，不但是对这位最后的太阳子孙的痛惜，更是对这种自此永远逝去的文明的哀悼。

尽管1821年秘鲁摆脱西班牙殖民统治赢得独立，尽管近年来在秘鲁以及厄瓜多尔、玻利维亚等当年印加帝国所辖地区，印加文化的传统越来越多地获得珍视与尊重，但那更像是一种对文明的遗骸的致敬。安第斯山上的太阳依旧朝升夕落，但太阳照耀下的一切，早已物是人非。16世纪，太阳的国度已臣服，太阳的血泪已流干。

按

有的记载中称阿塔瓦尔帕被囚时一个西班牙士兵奸污了他的妃子，他十分恼怒，西班牙人最终决定处死他也是因为怕他获得自由后会因此事报复。普列斯科特的《秘鲁征服史》中对这一说法的可信度进行了分析，见该书第三卷第七章；进入库斯科之前西班牙人还拥立过阿塔瓦尔帕的一个弟弟托帕尔卡，但他很快病故。

后记
阿兹特克印加合论

印加帝国被征服之后，美洲两大文化或曰文明中心的墨西哥和秘鲁都已沦亡，西班牙人在此基础之上又征服了北美的佛罗里达、加利福尼亚，南美的智利、阿根廷、亚马孙河流域。除了南美洲东北角的圭亚那一带以及加勒比海若干岛屿后来被英、法、荷等新兴殖民国家占去，从今天的墨西哥直到阿根廷南端接近南极的火地岛，广阔的美洲大陆都成为西班牙人以及葡萄牙人占有的"拉丁美洲"，由若干西班牙或葡萄牙王室委任的总督分而治之。

和在墨西哥一样，在秘鲁，印加帝国灭亡后，人们也很快适应了新的身份，不但在政治意义上由印加王的臣仆变成了西班牙王的子民，也在文化意义上由太阳神的信仰者变成了基督徒。尽管几个世纪后获得独立的拉丁美洲越发意识到阿兹特克、印加、玛雅为代表的美洲原住民的历史与文化，是构成他们今日文明的另一重要源头：墨西哥人会为特奥蒂华坎、奇琴伊察等地的古迹而骄傲，会将举办1968年奥运会的国家顶级体育场命名为阿兹特克大球场，秘鲁人也会将20世纪初发现的印加遗迹马丘比丘古城视为国家名片，会在举办美洲杯足球赛时以印加信使的卡通形象为赛会标志……然而，这些并不能改变他们从精神层面被彻底改造、被与祖先文化与传统割裂的现实。

将西班牙人对美洲的征服和殖民统治单纯归结为"掠夺奴役"，有失公允，毕竟他们带来了先进的文明成果，以及社会组织形态，在几百年间将美洲的发展水平推高到此前几千年都未曾达到的水准，但这种推进是在对美洲独特的原生态文化彻底破坏的前提下实现的。因此，对阿兹特克人和印加人来说，被西班牙人征服不仅是"易姓改号"的亡国，更是文化传统被埋葬、思维源代码被改写的"亡天下"。

有太多被归结为"历史必然性"的事，其实未必经得起推敲，不过，西班牙人对美洲的征服，或可算是例外。当时美洲世界的两大文明中心都在两三年间就彻底败亡，几无还手之力。尽管科尔特斯在墨西哥一度险象环生，但从他们以数百人探险队力拼阿兹特克整个"帝国"的表现，以及每次交手的伤亡比例来看，阿兹特克的灭亡不可避免；皮萨罗等人的表现也足以证明，类似结论同样适用于印加。

贾雷德·戴蒙德在其获得普利策图书奖的名著《枪炮、病菌与钢铁》中试图解答如下问题："为什么会是皮萨罗俘虏阿塔瓦尔帕并杀死他那么多的追随者，而不是阿塔瓦尔帕的人数多得多的军队俘虏并杀死皮萨罗？……阿塔瓦尔帕怎么会到卡哈马卡来？皮萨罗怎么会到这里来俘虏他，而不是阿塔瓦尔帕到西班牙去俘虏查理国王？"

他给出的答案就是对他的书名的进一步阐释："以枪炮、钢铁武器和马匹为基础的军事技术、欧亚大陆的传染性流行病、欧洲的航海技术、欧洲国家集中统一的行政组织，以及文字。"正是这些，使得西班牙人在新大陆乃至一些亚非地区的征服无往不利。站在阿兹特克人或印加人一边考虑，面对如此全方位的压倒性优势，就算请出"事后诸葛亮"，怕也束手无策。

戴蒙德接下来又深入探讨了为什么这些优势都出现在了欧洲人一边。这是一番系统而庞大的宏论，涉及地理、气候、动植物资源等诸多方面，发人深省。由此让人联想到2006年梅尔·吉布森那部关于玛雅人题材的争议大作《启示》（*Apocalypto*），片头引用的威尔·杜兰的论断：伟大的文明不会被外力征服，直到从内部自毁。

所以说，美洲文明的败亡，除了技术鸿沟这样的外在因素，答案是否也存在于内在领域，比如思想或文化方面？

在阿兹特克人和印加人的社会或曰"国家"里，神权占了极大的比重。阿兹特克人生活中最重要的事就是取悦众神，甚至为了这个目的毫无顾惜地牺牲人命；印加人更甚，尽管他们的人祭少得多，但"神"在他们的政治生活中占有更高的地位，神权在印加人的社会里体现为被神化的君主，神权与君权合为一体，不管上帝的还是恺撒的，最终都是印加王的。

"国之大事，在祀与戎"——在古代社会里祭祀活动确乎不可或缺，但祭祀祈求祖先神灵保佑，其着眼点终究还是在于谋求现世之福，换言之，祭祀是手段而不是目的，阿兹特克人对此的理解却似乎刚好相反。阿兹特克人的血腥政策导致他们与所统辖的部族间始终存有无法弥合的隔阂，后者很大程度上是慑于阿兹特克人的积威才不得不屈从其统治，而不可能与之有真正的休戚与共之感，无法形成利益层面的共同体，自然也就无法形成文化乃至自我认同层面的共同体。果然，当西班牙人到来打破固有的统治格局与实力对比后，这种隔阂被放大，并被科尔特斯聪明地加以利用，原本同文（同语族）同种的亲族反而充当了入侵者的帮手，并最终成为阿兹特克人众叛亲离的主要内因。阿兹特克人将注意力过多倾注在"神"的身上，以人命祭神，唯恐供奉不勤招致天谴，太阳不再升起来，却忽略了人，意识不到真正构成威胁的、真正需要关照的，不是高高在上的天，而恰恰是长期以来被迫匍匐在地的人。

在印加社会，萨帕·印加不只是世俗意义上的君主，更是宗教意义上的太阳神之子。不同于中国将皇帝称"天子"这类的象征意义上的表述，他们真的认为印加王是高于普通人类的超自然存在，甚至他们死后被制成的木乃伊，都会在国家未来的政治生活中扮演重要角色。这并不是印加文明的特有现象，在印加崛起之前，南美安第斯山诸文明都极度崇拜君主。他们对君王的神性深信不疑，每个人都以教徒对待神明的虔诚来为印加王做奉献，即使这个君王刚制造了骇人的宗室大屠杀，即使这个君王已经沦为外邦人的阶下囚，即使这个君王下的命令都是明显的倒行逆施，他们也都遵奉不渝，所以，被囚的阿塔瓦尔帕有底气拍着胸脯向皮萨罗担保，"在我的国土上，没有我的旨意鸟都不能随便飞"。这种高度听命于一个人的意旨，举国上下自动奉献的人格，全体国民只用一颗大脑思考的国度，其前途自然是无法乐观的。而一旦他们自己立起来的"神圣君王"失败身死，则他们整个民族的信仰和价值观也随之崩盘，再找不到抵抗的意志与理由，长年累积下来的奴性，倒是更便于新来的主人实施统治。

阿兹特克文化忽略了外在的对人的生命的重视，印加文化则忽略了内在的对自我人性与人格的健全。二者其实都可归诸一点：忽略了人的概念、人的价值。将一切希望寄托在神或神化了的人身上，背离甚至牺牲人的价值，这样的国家民族必然没有前途，这样的文化必然失败。当然，重视"人"的文化也未必就能百战百胜，但从阿兹特克人和印加人的遭遇，几乎可以得出结论：任何忽略"人"的文化，势必将在竞争中失败。这不是充分条件，却一定是必要条件。

再说作为征服者的西班牙人以及葡萄牙人，茨威格书中写给巴尔沃亚的评语，适用于那个时代所有西班牙征服者：

在这些西班牙占领者的性格和行为中确曾有过这样一种难以解释的复杂现象。一方面，他们以那种当时只有基督教徒才有的虔诚和信仰，真心实意地、狂热地祈祷上帝，另一方面，他们又会以上帝的名义干下历史上最卑鄙无耻、非人道的事。他们的勇气、献身和不畏艰险的精神能够做出最壮丽的英雄业绩；但同时他们又以最无耻的方式尔虞我诈，而且在这种厚颜无耻之中又夹杂着一种突出的荣誉感，一种令人钦佩、真正值得称赞的对自己历史使命的崇高意识。（《人类群星闪耀时》第一章《到不朽的事业中寻找庇护》）

宗教虔诚是支撑欧洲殖民者征服世界的动力之一，对宗教感情极为强烈的早期西班牙征服者来说尤其为然，他们以传教弘法之名造下与基督教精神截然相反的滔天罪孽，将之归结为"为上帝效劳"，却忘了最基本的宗教常识——《摩西十诫》中的戒律，"不可妄称神的名"。其实他们或许意识不到，宗教对他们来说，是他们不敢直面内心人性黑暗面时寻求的庇护所。

同样，对西班牙国家政府来说，对宗教方面的过多倾注，慢慢也拖累了国家的前进。16世纪以来，西班牙对异教徒的驱赶与迫害导致人才流失、经济凋敝；林立国内的宗教裁判所，扼杀了国民的创造力与思考能力；海外征服所得的财富中很大比例被拿去修建教堂等宗教场所，无论在本土还是殖民地，几乎都没有用于发展工商业或改善民生；卷入宗教改革并站在保守的甚至已堪称反动的教廷一边，反对变革，并因为宗教理由先后与法国、土耳其、荷兰、英国等国连年交战，更是劳民伤财。凡此种种，终于导致西班牙的霸主地位在下个世纪无可奈何花落去。

据基督徒说，他们信奉的上帝是垂爱于世人的，然则上帝会更愿意赐福于真正依照他的精神为世人所造福的人，还是以礼敬他的名义压抑人性、刻薄人民的人？

God Knows.

America vs Europe

星耀新大陆
美利坚合众国开创记

Give me liberty or give me death!

——帕特里克·亨利1775年
弗吉尼亚议会演讲"不自由,毋宁死"

1
话说天下大势

1581年。

在赫尔南多·科尔特斯夷平阿兹特克人壮美的都城特诺奇蒂特兰60年之后,在弗朗西斯科·皮萨罗率领不到200人的探险队挥剑挺进拥有百万之众的印加帝国50年之后,拥护西班牙国王的军队开进了葡萄牙首都里斯本。

对西班牙人来说,从这一年起,照在他们版图之上的太阳,将不再落下。

自从1492年哥伦布发现美洲大陆以来,西班牙人以惊人的速度征服世界:西半球最伟大的都市特诺奇蒂特兰和库斯科,都已是西班牙国王的辖地;而一座座新的西班牙城市——布宜诺斯艾利斯、圣地亚哥、马六甲、马尼拉——正在从安第斯山麓到菲律宾海岛的全球各处拔地而起;欧洲富庶的西西里、那不勒斯、尼德兰(今荷兰、比利时及法国东北部),都是西班牙王朝的臣属;显赫的神圣罗马帝国与西班牙同是哈布斯堡家族的血亲;经济发达的米兰、威尼斯,是西班牙的盟友;16世纪的前40年里,平均每年有价值400万西班牙金币的贵重金属从世界各地流入西班牙的铸币厂。

1580年葡萄牙老迈的国王去世后没有留下子嗣,拥有葡萄牙王室血统的西班牙国王腓力二世名正言顺地兼并了这个曾在独立、探险、殖民等方面处处领先一步的邻国,当然也顺便接管了葡萄牙在巴西、非洲、印度沿海、东南亚的所有殖民地。腓力二世用时一年,通过武力和外交压平了一切争议。当年罗马教皇曾将地球划分为两半,分别赐予西班牙和葡萄牙,而今,两爿地球又复统一——统一在西班牙国王的旗帜下。

至此,西班牙人的殖民地几乎遍布了地球上的24个时区,每个小时都有阳光照耀。"日不落帝国",这个令人热血沸腾的尊号,最早出现在公元前的古罗马大诗人维吉尔笔下,西班牙人则把当年宏伟的憧憬变成了更加宏伟的现实。

1535年西班牙国王卡洛斯一世大败北非的"海盗王"海雷丁，攻陷突尼斯，随后他凯旋罗马故地西西里岛墨西拿城，此时臣民们在入城仪式上为他献上了这样的颂词。确实，在西班牙人将大西洋变成后院游泳池的伟业面前，罗马帝国"以地中海为内湖"已相形见绌，即便是比之300多年前横扫亚欧大陆的成吉思汗及其杰出子孙们建立的从黑龙江到多瑙河的大帝国，西班牙人也有骄傲的本钱——或许蒙古人曾经占领的地盘儿更大，但也只称雄于一块大陆，而西班牙人的帝国遍布地球的每个有人类居住的大洲（除了当时尚未发现的澳大利亚），这一点就足以傲视属于上一个时代的旧式征服者。

1581年，统治这个世界帝国的国王腓力二世，是卡洛斯一世的儿子。他生于1527年，1556年接替隐遁修道院的父亲担任西班牙国王，他的母亲是葡萄牙公主伊莎贝拉（这就是他有资格继承葡国王位的原因）。而在腓力二世的祖辈中，还有一位更出名的"伊萨贝拉"，就是率领西班牙人最终赢得了复地运动的那位"白衣女王"。与喜好白色的伊莎贝拉女王相反，腓力二世偏爱黑色，常年穿着材质和造型都简朴但得体的黑衣，只佩戴骑士团勋章等简单饰物。这样的色调与风格为他营造出庄重沉静的气质，而他本人也如同黑色一样，透出低调的尊严。很多外交使节的回忆录中记载，腓力二世为人喜怒不形于色，拥有带着强大威压感的气场，"历尽千险而无恙的勇士在他面前战栗"，"仅斜眼一瞟，他就将某些人送进了坟墓"……对一个权倾当世的王者来说，这大概不会是过分的谀辞。

兼并葡萄牙之后，西欧1/5的土地和1/4的人口都已记在了腓力二世的名下。如果算上同属哈布斯堡王朝的奥地利及其控制的波西米亚和匈牙利，就更加可观，自公元4世纪罗马帝国分为东西两半之后，欧洲还不曾出现过这样庞大的势力。不同于此前罗马帝国的先驱者们，腓力及其哈布斯堡王朝似乎没有"一统欧洲"的念头，不过腓力倒是很热衷于另一种层面的统一——宗教。

对欧洲传统的基督教（罗马公教，即天主教，以下简称旧教）来说，16世纪是个艰难的时代。外部，代表传统敌对势力伊斯兰教的奥斯曼土耳其帝国依然强势，而更严重的是，基督教内部出现了更强大的挑战者。

几个世纪以来，教廷的专横与腐败已引起越来越多的人的不满，特别是"赎罪券"之类的低级敛财手段，民怨极大，文艺复兴和地理大发现，更动摇了教廷的权威。1517年，德意志教士马丁·路德在一所教堂的大门上公开贴出大字报，猛批教廷，这就是著名的《九十五条论纲》，这一下石破天惊，拉开了历时两个世纪的欧洲宗教改革序幕。随后又有托马斯·闵采尔、约翰·加尔文等各派别领袖，或武装起义，或著书立说，逐渐形成了与罗马公教对立的"新教"，并在欧洲北部发展了越来越多的拥护者。教廷及其主导的神权秩序日渐衰落。

但西班牙在变革中始终是教廷及传统宗教世界观的铁杆支持者，前文提到过，基督教是西班牙人维系自我认同感的重要纽带，在复地运动和海外征服中为他们提供了巨大帮助，宗教的思维方式已融入这个民族的血液。卡洛斯一世和腓力二世父子也向来以宗教捍卫者自居（尽管他们和教廷发生过世俗范围的冲突），腓力二世甚至曾宣称，"如果我的儿子是个异端者，我将找来木头，亲手烧死他"。

出于护教弘法的使命感，腓力二世发动过多场战争，既打击土耳其人，也打压国境内外的各种异端。在对外战场上，1571年西班牙海军领衔的多国部队在勒班陀大海战中重创奥斯曼帝国的舰队，扼制了后者的西进势头。但对腓力来说，对内战场的情况似乎更加棘手。

腓力的对手除了土耳其，还有在新教旧教之间摇摆不定的法国，以及意大利、德意志境内的一些小邦。连年征战需要钱，尽管西班牙理论上拥有整个西半球的金银矿山，但随着美洲诸殖民地领主在当地的个人势力越发庞大、捞钱手段越发纯熟，这些财富流入中央政府手中的比例不断减少，渐已变得难于满足帝国巨大的开销。为此，腓力仰仗欧洲西北经济发达的尼德兰，以之为重要财源，而他的麻烦也正源于此。

尼德兰是腓力登基之前的驻跸之所，当地人虽在信仰上倾向于新教，但也乐意接受西班牙人的统治，以换取后者的保护。尼德兰地区手工业、航运业、渔业都很发达，民众富庶，西班牙每年岁入半数出于此，但腓力尤嫌不足，出台一连串苛政，盘剥当地，终于把对宗教意识形态不太看重的尼德兰商人逼向了他的对立面。

1566年尼德兰起义爆发，腓力蔑称起义者为"乞丐"，加兵镇压，然而"丐帮弟子"的难缠超乎预想，十余年间屡平屡反。就在1581年腓力如愿当上葡萄牙国王不久后，荷兰、西兰等十余个北尼德兰省份组成的乌德勒支同盟发表《誓绝法案》，宣布废黜腓力的统治权，尼德兰独立。

腓力二世陷入了这样的处境：为了发动打击异端分子的战争，他需要尼德兰商人的钱，而为了弄到这些钱，他又需要不间断地与反抗的尼德兰人作战。

尽管1583年攻陷布鲁塞尔、安特卫普基本压平了南尼德兰（今比利时及法国东北部）之乱，1584年又不光彩地雇凶暗杀了乌德勒支同盟（北尼德兰，今荷兰）的领袖奥兰治亲王威廉，但北尼德兰的事态已难控制。此时腓力二世越发清晰地看出，在尼德兰叛乱背后，除了宿敌法国，更有一度亲近、渊源颇深的英格兰参与进来，施以援手。

1587年，怒火难抑的腓力二世终于决定调整战略部署，把对英格兰的进攻提上日程。随着他的这个决定，西班牙自大航海时代以来把持了近一个世纪的欧洲霸主地位即将易手，而整个天下大势，也将发生影响深远的嬗变。

> **按**
>
> 西班牙美洲殖民地的矿藏，理论上都是西班牙国王的私人财产，但王室无法全部自己开采，因此以包租的形式将开采权授予私人，承租者向王室缴纳开矿所得的五分之一为税款。此外西班牙政府还向美洲殖民地收取关税、贸易税、印第安人人头税等各种捐税，详见罗荣渠《美洲史论》。

2
宿命之敌

和庞大的西班牙比起来，16世纪的英格兰显得很不足道，甚至两国君主的对比，也像是国力差距的写照。此时，英格兰的国王是一个女人——54岁的伊丽莎白一世。

伊丽莎白统治的都铎王朝，是英国自诺曼征服以来的第六王朝，这个王朝是在15世纪末在自我毁灭性的内战"红白玫瑰战争"的废墟上建立起来的。伊丽莎白的父亲亨利八世，是个雄才大略又冷酷无情的铁腕君主，他一生频繁地结婚和离婚，并在此过程中与作梗的罗马教廷交恶，后来索性宣布废除罗马教皇对英格兰境内神职人员的领导权，借助宗教改革之潮打压旧教势力，最终宣布自己为英国最高宗教领袖。亨利此举，从长远上讲是强化了王权，使英国脱离了神权束缚，为英国成长为独立的近代民族国家打下基础，但在当时，公开与教廷决裂的出格举动，使英国在外交上陷入十分不利的境地。

亨利晚年施政残暴，生活奢华，早年打下的良好基础已败落许多。他死后，年幼多病的儿子爱德华六世、以血腥手段迫害新教复辟旧教的女儿"血腥玛丽"玛丽一世先后接班，他们糟糕的统治，尤其是宗教迫害，使都铎王朝元气大伤。到了1558年伊丽莎白一世接替异母姐姐"血腥玛丽"登基为王时，局势已十分严峻，丘吉尔《英语民族史》中援引了当时一位英国官员对时事沮丧的分析：

> 女王经济拮据，王国耗尽财源，贵族贫穷没落，军队缺少优秀官兵；民众混乱，法纪废弛，物价昂贵，酒肉和衣服滞销；我们内部互相倾轧，对外同法国和苏格兰同时作战，法国国王一只脚站在加莱，另一只脚站在苏格兰，横跨在我们的王国之上；我们在国外只有不共戴天的敌人，没有坚强忠实的盟友。

伊丽莎白的母亲是亨利八世的第二任妻子安妮·博林，亨利最早就是因为一心想休掉首任王后改娶此女而与教廷交恶。可惜君王之爱来得快去得也快，安妮·博林生下伊丽莎白后不久就失宠于亨利，最后竟致因未必确凿的"通奸罪"处斩，伊丽莎白也被亨利八世宣布为私生女，逐出宫廷，而在此前她曾是亨利的钦定接班人。少时即经历大起大落重重磨难，伊丽莎白养成了谨慎低调的处事风格。后来在她的异母弟弟与姐姐统治时期，她又数度因被猜忌而身陷危机，全赖她隐忍而得体的应对，才终于过关。1558年继承王位之后，她也保持了这样的作风。

国内局势堪忧，所以伊丽莎白举贤任能，发掘有治国之才的政治家并给予完全信任，同时明智地避免卷入欧洲大陆的纷争。为了不得罪任何欧陆列强，伊丽莎白采取等距外交政策——绝不站队，以免树敌。为此她甚至牺牲了自己的婚姻，对求婚的外国君主一律说不，以免英国的外交政策被她的私事左右，对此她奉行始终，一生未婚，得了"童贞女王"之誉。不过，对于当时欧洲最主要的"敌我矛盾"，伊丽莎白和她治下的英国还是无法完全置身事外。当时宗教改革波及整个欧洲，在新教与旧教之间，她也不得不选择支持其中一方。伊丽莎白本人是虔诚信仰新教的，而且亨利八世时代通过与罗马教廷决裂，以及关闭小规模修道院等政策，已大大排除了教廷势力对英国内政的影响，强化了王权，伊丽莎白自然知道应该巩固这个局面，避免大权旁落，受制于人。因此伊丽莎白时代的英国，尽管允许国民自由选择新教与旧教，并不过分抬高或抑制任何一方（在英国统辖的爱尔兰发生过迫害旧教徒事件），但总体上仍是倾向于新教的，以至于被后来的历史研究者视为欧洲第一个新教国家。

于是，伊丽莎白无可避免地站到了自命为天主教守护者的腓力二世的对立面。

说起来，腓力二世与英格兰也算颇有瓜葛，甚至，他一度还当过"英国国王"。这还要从理不清的英国王室谱系说起。伊丽莎白的异母姐姐兼前任女王玛丽一世，正是腓力二世的第一个妻子。而要是再说深一层，腓力与玛丽的关系还不只是夫妻。玛丽的母亲，是亨利八世的第一任妻子"阿拉贡的凯瑟琳"。从这个名称中就能看出她与西班牙的渊源，凯瑟琳的父母就是西班牙双王费迪南和伊莎贝拉，她的姐姐，就是卡洛斯一世的母亲、腓力二世的祖母，"疯女"胡安娜。因此作为凯瑟琳的女儿，玛丽从辈分上算，还是腓力的表姑。当然，以上这种中国人的辈分观念，欧洲人并不太讲究，作为君主之间的政治联姻，他们更看重的是共同的利益，以及宗教信仰。玛丽有西班牙血统，也就有了西班牙人特有的对旧教的狂热与虔诚，因此她致力于将其父其弟治下渐渐脱离旧教的英格兰拉回正轨，与旧教头号实力派君主结合，自然有助于她的抱负。1554年夏天，刚即位一年的玛丽在英国与腓力"以天主教仪式和16世纪君王所能享受到的一切威仪举行了婚礼"。于是，腓力也就顺理成章地蹭了一顶英格兰王冠来戴。

玛丽为了恢复旧教，多有倒行逆施，英国民怨沸腾，不过1558年底，她就适时地病故了。由于没能留下子嗣，王位只能由伊丽莎白继承，腓力二世自然也就无法再当英国国王。

当时的腓力还向伊丽莎白求过婚，但伊丽莎白一来不愿带有强烈旧教背景的腓力继续对英国发挥影响，二来也对腓力傲慢敷衍的求婚信很是不悦，最终拒绝了姐夫的"示爱"，腓力悻悻地退出英国事务。

拥有众多领地的腓力，起初对于失去"英格兰国王"这样一个近乎鸡肋的头衔也不以为意，而且腓力当时还将英国视为西班牙牵制头号大敌法国的有用棋子，因此对其以拉拢为主。但伊丽莎白却明白，因为宗教矛盾，更因为西班牙对英国人颇有兴趣的新大陆实施垄断，英国终将与西班牙为敌。因此，她积蓄国力的时候，始终对西班牙怀有警惕。

1574年，英国政府指控西班牙秘密支持旨在推翻伊丽莎白的英国叛乱者，驱逐了西班牙驻英大使，两国关系已急剧恶化，但腓力当时正与土耳其人和尼德兰起义者双线作战，不想过多树敌，暂时未作理会。

敌人的敌人是我的朋友。尼德兰起义让伊丽莎白看到了机会，她认识到如果一水之隔的尼德兰能够脱离西班牙统治，并建立起一个新教政权，将大大有利于英国，因为那样尼德兰将从西班牙人进攻的跳板，变为英国人赖以自保的缓冲区。伊丽莎白秘密支持尼德兰的反西斗争，甚至在1584年尼德兰领袖奥兰治亲王威廉遇刺后的危急关头，直接派兵渡海，协助起义者。

另一方面，英国的海盗从1560年代起，也在欧洲和加勒比不断抢掠西班牙人的港口和商船。西班牙人向英方抗议，要求伊丽莎白打黑，但事实上女王本人就是黑恶势力保护伞，大航海时代以来西班牙人独霸大西洋，有志于开拓新世界的伊丽莎白正希望假手于海盗，尝试打破西班牙的垄断。为此，起初她把自己名下的船租给海盗使用，后来干脆就直接入股分赃了。虽然每次西班牙人提出交涉，伊丽莎白都推说不知情，但她自己也明白，这绝对骗不了腓力二世。

综上，宗教、尼德兰、海盗，这三大问题使英西之间的关系只能是对立。

腓力二世也握有一张对付伊丽莎白的牌，那就是英格兰北边的世仇苏格兰。该国的女王玛丽·斯图亚特正流亡在英格兰，虽然自由受到限制，但这位玛丽也有英格兰王室血统。她的祖母是亨利八世的妹妹，和亲远嫁苏格兰，因此在英国的王位继承序列上，玛丽的排名甚至高于曾被亨利革除族籍的伊丽莎白，而且玛丽本人的第一任丈夫是法国国王，在法国人眼里也是很有政治价值的一张牌。玛丽虽然没有政治才能，在苏格兰被政变推翻，但她的身世加上天主教背景，还是吸引了英格兰境内的旧教势力，将其视为理想的旗帜。1569年和1586年发生过几次天主教徒准备拥立她取代伊丽莎白的叛乱，而事件背后也都有腓力的推动。

1587年，局势愈发严峻之下，伊丽莎白终于下决心，签署判决，处死了在押的玛丽（1587年2月8日）。公开处决一位天主教女王的行为，激怒了旧教世界，罗马教皇西克斯图斯五世颁布宗教法令，号召信奉天主教的欧洲各国君主出兵讨伐伊丽莎白。

至此，腓力二世试图坐待英国内乱的打算落空，而教皇的法令却是绝佳的开战借口。新仇旧恨，一时发作，西班牙王决定向世人展示他的天威，他调集了西班牙王国引以为豪的海上力量，它们有个显赫慑人的名字：Armada——无敌舰队。

3

开战时刻

腓力二世拟定的英格兰攻略，气魄很是宏大，无敌舰队仅是这个大战略的一部分。根据腓力的构想，这支舰队将于1587年在里斯本集结完毕，然后沿着伊比利亚半岛的海岸线北上，驶向与不列颠岛隔海相望的法国加莱。在那里，他部署在尼德兰镇压起义的3万大军将携六七百艘小型驳船，与无敌舰队会合，并在后者掩护下横渡多佛尔海峡，从泰晤士河入海口溯流而上，直插伦敦，一举拿下英国女王的大本营。如果在这个过程中遇到英国海军的阻拦，那就是无敌舰队大显身手的机会了。

这个计划，虽然涉及两支军队的配合，在当时的通信条件下有不小的难度，但已是当时西班牙军费预算所能承受的极限，而且腓力二世相信他的两位得力干将，定能克服险阻顺利完成。无敌舰队由威名素著的老将圣克鲁斯侯爵阿尔瓦罗·德·巴赞统领，他是勒班陀海战中大败土耳其人的英雄，也可以说是无敌舰队蓝图最主要的勾画者；而抢滩英伦的任务，则由坐镇尼德兰的主帅帕尔马公爵亚历山德罗·法尔内塞来完成，此人是帝国镇压尼德兰起义的主帅，战功显赫，同时，他还是腓力二世的外甥，他的母亲女公爵玛格丽特是卡洛斯一世的私生女，腓力二世的异母姐姐。整军备战的同时，腓力为迷惑英国以争取时间，命帕尔马公爵派信使与伊丽莎白"和谈"。

英国方面，或是自知财力窘迫，或是慑于西班牙的赫赫声威，又或是出于女人谨慎的天性，在1587年春天局势已经十分明朗的时候，伊丽莎白女王仍不想放弃和平的希望，她很认真地对待西班牙方面的"和平提案"。但同时，女王手下的群臣都已放弃了幻想，抱定开战打算，其中有人甚至一力制造事端，迫使伊丽莎白不得不战。

伊丽莎白手下能臣众多，在海军方面，有两个人尤其出众，堪称皇家海军之双璧，这就是约翰·霍金斯和弗朗西斯·德雷克。不过说起他们的出身，都不怎么光彩——他们都是那个年代最有名的大海盗。

霍金斯和德雷克是远房舅甥。霍金斯出身航海世家，凭借可耻的贩奴贸易起家。他在西非搞到奴隶，通过贿赂西班牙在美洲殖民地的官员，将奴隶贩卖至美洲，牟取巨利。贩奴是主业，但如果遇上武装薄弱的西班牙或葡萄牙商船，霍金斯也会干上一票。1568年在加勒比海的圣胡安港（位于今波多黎各），霍金斯船队与新来的西班牙总督发生冲突，战斗中损失惨重，逃回英国。一路上船队历尽艰险死伤无数，至此与西班牙人结下了深仇，而经过此事，西班牙和葡萄牙也将他列为海盗要犯。贩奴买卖做不成了，霍金斯索性就真的做了专职海盗。此前霍金斯贩卖奴隶时，船队里就有英国女王名下的船只，霍金斯与西班牙人结仇后，他更成了女王对付西班牙的有用棋子。他数度奉命劫掠向尼德兰方面运输给养薪饷的西班牙船，并于1572年进入英国国会，成了黑白两道的跨界人物。

德雷克的名声更大过舅舅霍金斯，他出身英格兰德文郡，祖上世代牧羊，到了他父亲那一代，牧羊改为"牧人"，当了教会牧师。不过德雷克对"牧业"没有兴趣，长大后跟随舅舅出海。德雷克也经历了1568年的圣胡安之败，与霍金斯失散。德雷克比霍金斯厉害之处在于，他没有像霍金斯那样守在英国本土周边当"官方海盗"，而是纵横四海，独行其是。1572年德雷克又拉起队伍返回中美洲，占领了几处地理位置优越的港口作为基地，进可攻退可守，成了名副其实的海盗之王，西班牙人对其恨之入骨。1577年德雷克再次率船队到中美洲，一路大抢西班牙船只与港口，西班牙在美洲的殖民政府痛下决心剿灭这伙顽匪，但当他们的舰队赶来时，德雷克早已抢得盆满钵盈，从容逃去。德雷克沿南美洲海岸一路南下，在火地岛南缘发现了未知的海域，将其命名为德雷克海峡，然后穿越海峡进入太平洋，并一路西行，最终返回英国普利茅斯港，前后历时近两年。这是麦哲伦之后人类第二次环航地球，比之中道亡故的麦哲伦，德雷克毫发未伤地凯旋，成了第一位以船长身份完成环球航行的人。凭借这样的功绩与声望，德雷克也得到女王赏识，并最终像他舅舅一样受了招安，进入英国皇家海军。

英西剑拔弩张，出于对西班牙人的仇恨，霍金斯和德雷克丝毫没有和解的打算，尤其德雷克，常年与西班牙打交道的经验，让这位海盗王觉察出了西班牙人并不似看起来那么可怕。就在1587年3—4月伊丽莎白还在徒劳地巴望着和平的曙光时，德雷克决定给准备入侵的西班牙舰队来个下马威。4月，德雷克率领一支舰队驶出普利茅斯港，准备袭击里斯本。

德雷克经常袭扰西班牙本土，熟门熟路，加上西班牙舰队正在集结，他一路未遇阻碍，来到里斯本附近海面。鉴于当地防守严密，他继续南行，寻找可乘之机。绕过伊比利亚半岛南端后，德雷克发现了西班牙重要的海军船厂加的斯，该地防守薄弱。德雷克见猎心喜，下令船队猛轰停泊在港口的西班牙船只。德雷克连攻3天，击沉2艘千吨以上级的大船，击伤31艘大小船只，俘虏4艘。待西班牙军赶来救援时，德雷克早已扬长而去，归途中又列舰里斯本炫耀军威，吓得港中商船狼狈逃窜。然后德雷克又转而向西洗劫了西班牙人在大西洋的中转站亚速尔群岛，稍后又俘获了一艘载有价值10余万英镑货物的葡萄牙运输船，还从船上获取了西班牙的许多机密文件。这场漂亮的海上突袭历时近2个月，德雷克满载战利品返回普利茅斯，得意地宣称自己"狠狠地扯了西班牙国王的胡子"。

的确，经此一劫，西班牙的战略部署全被打乱，补给损失尤为惨重，腓力二世1587年进攻英格兰的计划，只能延后。

这个拖延对西班牙人来说是致命的，因为当他们重整旗鼓的时候，无敌舰队的司令官圣克鲁斯侯爵染上伤寒，去世了。千军易得，一将难求，侯爵之死对西班牙人的打击尤甚于德雷克的袭击。

不过，腓力二世没有动摇，此时他已是61岁的老人。去日无多的焦虑，以及老年人的执拗与顽固，使他认定了进攻英格兰乃是执行上帝的意旨，必须贯彻始终。帝国最杰出的海军将领之死，也不能改变他的决心。

转眼到了1588年，无敌舰队受损的船只多已修复完毕，募兵积粮各项工作也都到位，腓力选定了无敌舰队的新统帅：梅迪纳-西多尼亚公爵阿隆索·佩雷斯·德·古斯曼（下简称西多尼亚公爵）。这是一位身家显赫的贵族，为人忠勇，可惜对航海和海战完全不懂。西多尼亚公爵自知不能胜任，向腓力请辞，但国王认准了他就是征服英格兰的合适人选，坚决慰留，公爵只好挂帅。

1588年5月9日，准备停当的无敌舰队在里斯本集结。舰队共有130艘船只，从巨大的西班牙四桅帆船到轻快帆船以及地中海的桨帆并用双桅船，门类庞杂，各船都饰满画有十字架的精美旗幡，迎风招展，煞是壮观。船队共装有1124门重炮、1307门轻型炮，搭载1.9万余名水路两栖作战的士兵，他们将作为帕尔马公爵主力军的辅助部队，参与登陆作战。此外尚有8000余名水手、200余名神父，外加战马、火药、粮食辎重，样样充足。腓力还礼聘了当时西班牙最负盛名的大诗人佩洛·维加随征，准备借诗人的妙笔记录西班牙人史诗般的辉煌征服。舰队出征这天，腓力派来大批高级神职人员到码头上主持盛大的弥撒，为征人壮行。在雄壮神圣的气氛中，无敌舰队起锚，向英格兰进发。

另一边，英国方面也很快得知了西班牙人的动向。腓力二世的征服计划既准且狠，直指英国命门。因为经过此前一个世纪的内战，英国传统的大贵族阶层已大为凋落，难像中世纪时候那样组织起大规模的勤王兵马；而始于亨利八世后期的财政紧张，也使伊丽莎白拿不出钱来招兵买马；更要命的是英国自13世纪颁布《大宪章》以来，国王的税权控制在议会手里，不经批准女王无权增税。一旦西班牙人成功登陆，女王只能调集聊胜于无的卫队和民兵来抗敌，在西班牙5万名久经沙场的士兵面前，几无胜算，更不用说英国国内还潜伏着倾向西班牙的天主教徒，随时可能起而发难。因此，英国人只有一个选择：在海上打败无敌舰队，不给敌人登陆的机会，御敌于国门之外。

伊丽莎白时代的大文豪莎士比亚借笔下的哈姆雷特之口宣称"懦弱，你的名字是女人"，然而，伊丽莎白这个女人显然不在其列。当和平尚有最后一丝机会时，她想极力避免战争，但当一切无可避免，伊丽莎白便深知自己作为女王身负的护国保民之责。得知无敌舰队起航后，女王迅速调兵遣将，派出海军阻敌的同时，也调集了2万名陆军，这些人来自不同的郡，多是民兵，素质参差不齐，但这几乎是英国仅有的力量了。

军队在蒂尔伯里集结，伊丽莎白亲赴火线，做战前动员。在蒂尔伯里的阅兵仪式上，全副戎装的女王乘马来到军前演讲：

> 亲爱的人们，有些关心我国安危的人劝我们要注意如何对待军队，以防背叛行为。不过你们尽可以放心，我不会对我的亲爱和忠诚的人民持不信任的态度。只有暴君才有这种疑虑。你们从我的一贯行动中可以看出，我根据上帝的意旨，把自己的力量和安全寄托于人民的赤诚之中。所以，我来到你们中间，决心在硝烟弥漫的战火中与你们同生死，共患难；为了上帝，为了我的王国，为了我的臣民，为了我的荣誉，为了我的祖先，我

不惜战死沙场，马革裹尸。我知道自己是个女人，力微体弱，但是我有国王的心胸，尤其是有英格兰国王的心胸，藐视胆敢犯我国土的任何欧洲君主。我面临外患决不退缩，要拿起武器，亲自挂帅，评定和奖赏英勇奋战的每一个人。凭着目前的战斗热情，你们已经值得奖赏。我以国王的身份保证，你们届时一定会得到应有的奖励。（丘吉尔《英语民族史》）

女王的慷慨陈词，让这支临时拼凑的军队备受鼓舞，士气高涨，从这一刻起，英国上下都真正进入了战争状态。

4
好风凭借力

兵戈战阵，并非伊丽莎白所长，但她虽不善将兵，却善将将，这位女王在知人善任方面，实非常人可及。西班牙的入侵事关国运，面临重压的女王用人不疑，她选派霍华德勋爵埃芬汉姆为统帅，霍金斯、德雷克、弗罗比歇等人为副手，率领王室海军以及德雷克等人的私人舰队出海应敌，指示他们依据自己的判断力，便宜行事。

英国的舰队虽是临时拼凑的杂牌军，但实力不容小觑。舰队中包括女王名下的34艘战船，以800吨级的"皇家方舟"号为旗舰；伦敦支队30艘；德雷克的舰队34艘，由德雷克乘坐的"复仇"号统领。这三部分是英方主力，此外还有霍华德勋爵的38艘船，多是商船或近海船只；英国各地志愿者组成的23艘武装商船，以及15条用于补给的圆船；北海方面还有西摩尔勋爵率领的作为预备队的23艘船。英国总的参战船只达到174艘（不含预备队），搭载的水兵数量虽然远远不及对手，但舰船以及水手的数量超过了无敌舰队。另外，英国的主力战船都是经过改造的，降低了船首楼，收窄了船身，这个变化使其看起来不如西班牙船威风，但速度和灵活性上占了便宜。

英国另有一项优势，那就是火炮的性能。16世纪后期，火炮经历了技术革命，在此前针对个体或小范围目标杀伤的"杀人炮"基础上，发展出了能发射重磅炮弹击碎船只的"毁船炮"，主要类别又有两种：一种是口径18英寸、发射50磅重炮弹的加农炮，有效射程约270米；另有一种寇非林炮，发射的弹重17磅，但射程在330米以上，这种炮因炮身颀长，又被称为"蛇炮"。

这些新型武器并非英国独有，无敌舰队也都有装备，但数量不及英方。他们共有加农炮163门，超过英方的55门，但射程更远的蛇炮只有635门，几乎仅为英军的1/3（1874门），其他的都是已经落伍的、射程更短的石弹炮以及轻型炮。这个数量对比决定了双方的战术，西班牙人利在近战，凭借加农炮数量的优势击毁敌船，或依靠骁勇善战的水兵，展开登舷白刃战，而英国人赖以制胜的，当然是射程上的优势。

新旧两种战术一判高下的日子，很快就到了。西多尼亚公爵着实时运不济，他率无敌舰队出发不久后就遭遇风暴，被迫在西班牙北部的拉科鲁尼亚停下休整。到了7月间，船只修补、病员调养已毕，才再次起航北进。

7月29日黄昏时分，无敌舰队的先头部队进入英国南部海域，从瞭望塔上极目远眺，英国的海岸线已依稀可见。此时，英国布置在这一海域的巡逻艇也发现了敌船，飞速驶回普利茅斯港报警。

次日，英国舰队倾巢而出，搜寻无敌舰队，直到7月31日，两军才在普利茅斯以南的海面上遭遇。

此时，无敌舰队的125艘大小船只兵齐将整（有5艘难以修复的舰船被留在拉科鲁尼亚），而英国方面为了构筑防线纵深，在普利茅斯一线只部署了64艘船，仅及敌方一半。英国的重要将领霍华德勋爵、德雷克、霍金斯等人，悉数到场。敌众我寡，霍华德勋爵并未被敌军的声势震住，反而率先叫阵，派一艘名为"轻蔑"号的小船出阵，朝着最为高大抢眼的西班牙旗舰放了一炮。当西班牙舰队被这个"轻蔑之举"激怒，众炮齐发时，这小船已经从容退回英国舰队阵中。

随后双方开战，西班牙舰队排成传统的新月阵，以船头炮塔上的主炮轰击，英国舰队则在霍华德勋爵率领下，排成一字直冲敌阵，进入射程后，所有的船只90度转弯，用侧舷炮压制对手，阻其靠近。此战双方都有所忌惮，无敌舰队因为射程上的劣势，被英舰压制，而且西多尼亚公爵明白此行的首要目的是赶到指定地点接应帕尔马公爵，并不想在此之前与英国海军全力死拼，因此也并未全力冲击。另一方面，英国人战船水兵都少于敌方，也不敢靠得太近，始终保持300米以上的距离，以免被敌方火力凶猛的加农炮击中。最终，双方打了一天各自罢手，都没有斩获，西班牙损失了两艘船，但都是因为意外，并非被英舰击毁，而且英军没能阻止他们继续深入海峡，从战略上说，还是西班牙占先。

此后，8月2日和8月4日，双方又战两场，西班牙损失略大，但英国人的弹药也耗去了大半。更重要的是，他们没能阻止无敌舰队突破英吉利海峡的防

4 好风凭借力

线，驶向生死攸关的汇合点。

英国人知道，无敌舰队的目标是加莱。那里本是英国红白玫瑰战争之后在欧洲大陆上仅剩的一块领土，与不列颠本岛隔海相望，互为犄角，是海岛防线至关重要的支点。但大约30年前英国丢掉了加莱，那正是玛丽一世统治时期贸然卷入西班牙对法国的战争而招致的结果，此时加莱已是法国属地。

8月4日的怀特岛战役之后，西多尼亚公爵虽然没能如愿夺岛，但是距离加莱已仅一步之遥，眼见胜利在望，他派使者通知帕尔马公爵，速来会合。

此时，英国真正到了生死关头，霍华德勋爵率领全部舰队去追击西班牙人，一旦不能阻止两路敌军会师，就在多佛尔海峡与他们做最后决战。

8月6日，无敌舰队在加莱以北海面下锚停泊，此处就是不列颠岛与欧洲大陆相距最近之处——多佛尔海峡。所隔不过区区二三十千米，英伦在望，胜利在望。而恰在此时，从大陆方面返回的信使让西多尼亚公爵坠入深渊。信使回报说，帕尔马公爵的军队被尼德兰起义军封锁在港内，一时难以赶来，最快也需要两个星期。这一下无敌舰队进退失据，附近没有适合他们停靠的港口，而他们的弹药给养，也难以在情急拼命的英国海军逼迫下支撑两星期。西多尼亚公爵苦无良策，此时天色已晚，只能暂时停泊观望。

入夜，英国舰队赶到无敌舰队下锚处西南海面，眼见敌船停在海上，似乎并未完成会师。英国人长出一口气，看来好运眷顾了他们，战机仍然在握，霍华德勋爵与德雷克等众将一致商定，破敌就在今夜！

此前几日的交战中，英国人的远程攻击虽然能打中目标，但毕竟距离过远，力道准头都难保证，伤了敌船，却不足以致命，故而无敌舰队虽弹痕累累，却仍然顽强突破了数次阻截。西班牙人凭借优良的操船技术，始终保持阵型完整，互为掩护，这也是英舰不敢过于靠近的原因。因此，英国人要想欺近身去给予致命打击，必须冲散无敌舰队的阵型。德雷克经验老到，提议用火攻之计。时机稍纵即逝，英国人也来不及征调火船，当下从舰队里选了8艘100吨以下的小船，装满火药，作为冲击敌阵的敢死队，每只船上都选派最精干的水手，保证最大限度地靠近敌船。

是夜，多佛尔海峡风急浪涌，强劲的西南风，卷向无敌舰队停泊点。英军的8艘火船，在上风之处鼓足风帆，箭一般冲出。西多尼亚公爵下锚之后，并未掉以轻心，但一则有夜色掩护不易发觉，二则火船借着风势，来得实在太快。

当西班牙哨兵惊觉之时，火船已到面前。火船上尽职的英国勇士，直到此时才跳上逃生艇，熊熊燃烧的火船已闯入敌阵。西班牙人来不及起锚躲闪、开炮阻截，慌乱之中，西多尼亚公爵只好传令各船，砍断锚索避敌。无敌舰队各船看见旗舰"圣马丁"号上打出的旗语，纷纷弃了船锚，各自躲避，严整的阵型变得七零八落，更有不少船只彼此相撞。

西多尼亚公爵本想避过火船之后重新整队，但此时局势已非他能控制，海流奔涌，海风劲吹，裹挟着乱作一团的无敌舰队漂向东北方。大多数船都已失了锚定，无法停泊，只能随波逐流，西多尼亚公爵的指挥已无济于事。火船并未给西班牙人造成实质伤害，但自乱阵脚的仓皇逃命，已使无敌舰队溃不成军。上风处的英国舰队看见计谋得逞，不失时机地掩杀上来，围剿落单的敌船。德雷克命令，先瞄准敌船上的炮塔开火。西班牙船的主炮多固定在甲板上，目标明显，被英舰一轮齐射下来，就基本丧失了战斗力。

但西班牙人生性豪勇，虽至绝境，仍斗志不减。此时英国人已不需忌惮西班牙人的近战优势，他们逼到近前，两船之间彼此喝骂之声相闻。一艘名为"圣菲利普"号的葡萄牙帆船，上层甲板被打成碎片，船炮、索具尽毁，水兵也已阵亡200有余，但船长拒不肯降，当头一枪击毙了敌船上喊话劝降的英国传令兵，然后他放出接舷梯，向英舰叫阵，要求到英国船上，像骑士一样用决斗来判生死。可惜，这充满浪漫情怀的勇敢之举，并不为英方接受，稳操优势的英国人更愿意用炮火摧毁拒降的敌人，无敌舰队本就所剩不多的炮弹用尽之后，只能任人宰割。

西多尼亚公爵的旗舰"圣马丁"号，被风浪裹挟漂向东北，英方的德雷克、霍金斯、弗罗比歇等主将都赶上来围剿，"圣马丁"号且战且走，以一敌五，身被数创，但仍咬牙苦战。幸好此时海上风向已变，而英方的弹药也所剩无几，这才退去。"圣马丁"号则顶风继续遁向东北，最终漂到尼德兰的西兰海面，与帕尔马公爵所部距离愈远，会师已无可能。

这次海战中，西班牙船被击沉一艘，被俘、搁浅十数艘，余者也无不遍体鳞伤，士兵阵亡1000余，受伤800余，加上弹药耗尽，舰队已失去了战斗力，英国方面则只有100人伤亡，除了那8艘火船之外并无舰只损失。至此，英国警报解除，挺过危机的英国人欢呼胜利，如果不是那一夜的好风之助，英国确实前途难言，因此，英国人满怀感激地把助他们护国护教的神奇海风称为"新教之风"。

8月8日，西多尼亚公爵在西兰海面收拢残部，这位坚强的统帅还想回身再战，但已无可能，最终舰队决定返回西班牙。来时路已被切断，他们只能冒险绕道苏格兰和爱尔兰返航，那是一片西班牙水手很少涉足的海域，艰险莫测，而且舰队的给养也所剩不多，西多尼亚公爵下令，包括他本人在内，每日饮食配给减半。一路之上，食物短缺、疫病流行，苦不堪言。经过爱尔兰时又遭到英国驻军的阻击，损失了不少船只，随船被扣押的舰队官兵，也大多在英国设在爱尔兰的监狱里被虐待致死。当9月21日西多尼亚公爵的"圣马丁"号抵达西班牙的桑坦德港时，他的船上已死了近200人，公爵的62名亲随死得只剩2人，而随行的船只也仅余8艘。后来陆续返回的船，加在一起也只有60艘，无敌舰队超过一半的船只在这次远征中折损，出征时的2.7万人，也死亡超过1万。

按

关于无敌舰队战役的时间，本文中写作7月31日—8月8日，有的书中记载为7月21日—7月29日，如丘吉尔《英语民族史》、富勒《西洋世界军事史》，此系采用的历法不同之故。本文采用的是公历，而前述书籍采用的是儒略历。欧洲自罗马时代起使用儒略历，该历法对地球公转周期的估算比实际长了11分14秒，千余年下来，到16世纪时累积的误差已达10天左右，造成春分等重要时令测算不准。1582年罗马教皇格雷戈利十三世颁布新历法，即现在所用的公历，修正了儒略历造成的偏差，也就是说，公历比儒略历晚大约10天。西班牙在教皇改历后不久就使用了公历，而英国当时仍使用儒略历，直至1752年才改用公历，故而公历的7月31日—8月8日在英国方面的记载中就变成了7月21日—7月29日。

5
天倾西北

腓力二世像欢迎凯旋之师一样,用盛大的仪式慰藉了这群残兵败将。出征之前,他坚信上帝会因他的虔诚而帮助他摧枯拉朽地剿灭异端,但战局竟何以至此,腓力百思不解,看来还是天意茫茫,杳难揣度,他无奈地感叹:"我派士兵去与英国人作战,而不是与上帝的海风作战……"

然而,在后世的研究者看来,西班牙无敌舰队看似不可思议的失败,除了"上帝的意旨",还可以归结为很多原因。

首先从纯粹的军事角度来说,无敌舰队虽不能说外强中干,但从装备到战术,仍然停留在旧时代。当然,这一时期的大多数国家也都停留在这一水平,与之相比无敌舰队并不落后。可到了踩正军事革命步点的英国人面前,无敌舰队的劣势就凸显无遗。

除了前面提到过的船只构造、火炮射程,以及全新的侧舷齐射战术等大原因,这种差距还体现在一些小细节上。比如,美国历史学家马克斯·布特在《战争改变历史》一书中提到,英国人的战船上配有一个不起眼的小物件——四轮炮架。这种小巧的硬木制车轮,可以帮助水兵在狭小局促的船舱内便捷地移动沉重的大炮,随时改变火力点并装填炮弹。布特的书中称,配有四轮炮架的大炮装填速度可以增加一倍,英舰上已普遍使用,而西班牙无敌舰队则几乎没有此物。这个看似不起眼却至关重要的小发明,就可视为双方军工创新水平的缩影。

不止硬件,这种差距也存在于软件方面。两支舰队的指挥官霍华德勋爵和西多尼亚公爵,都是海战的外行,但前者拥有德雷克和霍金斯这样起到决定作用的帮手,他们倡导的先进战术也是取胜的重要原因。而这样的人才能涌现于英国而不是大航海先驱西班牙,也是制度使然。英国自亨利八世时代起,设立海军部，实现专业化分工，而西班牙方面，腓力二世直到晚年，仍要求全揽军事事务。

而对西班牙来说最致命的是国家发展战略上的偏差。西班牙和葡萄牙是欧洲探索世界、拓殖海外的先驱者，却令人费解地沦为向近代工业化转型过程中的后进者。他们从美洲、亚洲、非洲掠夺了无数的财富，却几乎将之尽数用在消费环节，而没有拿来发展工商业，走可持续发展路线。这也难怪，西班牙人坐拥取之不尽的美洲金银矿山已逾半世纪，财大气粗，需要奢侈品，只管朝中国、印度等处买去，需要武器也只管进口便是。具有讽刺意味的是，英国正是对西班牙的武器出口国之一。就这样，西班牙人心满意足地继续把掠夺抢劫作为国家的支柱产业来发展，没意识到他们辛苦搜刮的金银，其实只是过了一遍手，便流进了供货商的腰包。

而西班牙狂热的宗教氛围，也助长了这种态势。复地运动胜利后，西班牙发生过数次驱逐异教徒运动，摩尔人、阿拉伯人、犹太人，以及一些被认定为异端的基督教派别信仰者，被驱逐出境，甚至在宗教裁判所被迫害致死，而正是这些人，曾在科技、商贸等方面，为起步阶段的西班牙和葡萄牙做过巨大贡献。征服了小半个已知世界的西班牙，反而失去了大航海时代伊始那种兼容并包的心胸，这也是西班牙即便在最辉煌的时代，其科技、经济、人文方面的成就与征服之功也远远不成正比的原因之一。西班牙人从光复国土到征战四海，宗教信仰带来的力量与使命感一直是最重要的动力之一，而宗教思维导致的短视与褊狭，也给他们带来了拖累和束缚，使其终于无力负重前行，仿佛正应了"君以此兴，必以此亡"的宿命。

当然，无敌舰队的失败，还远不至让西班牙败亡，他们的顶级大国地位，仍将保持相当长的时间，甚至对英国还持有一定程度的优势，比如1597年，腓力二世去世前的最后一年，他们仍然打退了德雷克领衔的"英国版无敌舰队"。但是，从1589年开始，对外战略态势恶化，与英、法、尼德兰同时敌对，对内增税导致国民暴动，腓力死后继任者素质下降，内外交困的西班牙已经无可挽回地从巅峰下滑，虽然仍有广阔的殖民地作为支撑，但美洲的金山银山，真的也有搬空的一天。

至于获胜的英国，则从此跃入上升通道，在争霸世界的角逐中，胜利的天平已经向这个悬于欧洲西北的岛国倾斜。

打败了几十年来如芒在背的西班牙，伊丽莎白女王终于可以长出一口气，而这场胜利也让她在欧洲的声望达到顶点，再没人敢轻视这个女人保卫国家的决心，时人称伊丽莎白"像一只警惕的老母鸡，张开羽翼保护着英国，虽然一动不动，但每一根羽毛都立了起来"。就连当年将她革出教门的教皇西克斯图斯五世都不免夸赞她的勇略，甚至颇为遗憾地感叹"真可惜我不能和她结婚，否则我们的子孙一定能统治全世界"。

不过，假如1588年英国人没能打败无敌舰队，阻止西班牙人登陆，历史又将怎样演进？

劳拉·李的《天气改变历史》一书中援引一位研究者的分析称，"英国人的抵抗将土崩瓦解，伊丽莎白将被迫签署城下之盟，这样一来，没有新教的英格兰，也没有独立的荷兰，没有17世纪的良知冲突，没有英国内战，没有大不列颠联合王国，也没有大英帝国……"

这位研究者还做了一个后果更为严重的假设——"那样，可能也就不会有漂洋北美的英国清教徒移民了"。

6
刈杀蓬蒿来此土

英雄辈出的16世纪，终于被转动不休的地球甩在了身后，时间来到了17世纪。英国人与无敌舰队的生死之战，烽烟已远，当年的伊丽莎白女王、德雷克、霍金斯等风云人物，也均已作古。今不如昔的西班牙余威犹在，但毕竟已不能如鼎盛时期那样独霸西半球，此时的大西洋上，早已是荷兰、英、法各国船只穿梭竞逐的乐园。

富勒在《西洋世界军事史》中，用诗意的笔法评价无敌舰队覆灭对英国的影响，"西班牙舰队的失败，好像一个耳语一样，把帝国的秘密送进了英国人的耳中；在一个商业的时代，赢得海洋要比赢得陆地更为有利……下一个17世纪，这个耳语的声音就变得越来越大，终于成为每一个英国人的呼声"。

诚如此言，英国人对神秘的大西洋彼岸向往已久，早在1585—1587年，拓殖北美的先驱沃尔特·雷利爵士就曾斥资组织移民团到美洲，在北美沿岸小岛上前后三次尝试建立定居点（他本人并没去）。雷利给他理想中的殖民地取了一个浪漫的名字：Virginia，弗吉尼亚。这是一个讨好官方的命名，不难看出，这个单词源自Virgin，处女。而Virgin Queen，童贞女王，正是感情多舛、一生未婚的伊丽莎白一世所珍爱的绰号。同时，这个名字也恰如其分地寄托了美好的憧憬，大西洋彼岸那一片蕴纳无限生机的处女地，召唤着英国人去开发，这令人激动的愿景，仿佛波提切利名画《维纳斯的诞生》中的场景：婀娜多姿的女神从海中升起，天地万物都将为她的美丽所倾倒。可惜，与理想相比，现实显得有些残酷，雷利等人的几处半实验性质的小殖民地生不逢时，刚刚开张就赶上与西班牙人的战争，同母国的联系被切断，最终无一例外惨淡收场。

1588年战胜西班牙无敌舰队使英国人打破了强敌的垄断，收获了进取的信心。在错过了一个世纪之后，英国人终于开启了属于自己的大航海时代。1603

年伊丽莎白女王去世，由于身后无嗣，早被她指定为继承人的苏格兰国王詹姆斯，南下伦敦加冕，开创斯图亚特王朝，两个世仇王国自此共戴一君。詹姆斯一世于登基次年同西班牙人缔和，这样一来，英国人可以更加便利地跨过大西洋，开拓新世界。

此时的美洲，加勒比地区及南美沿海，好的地段都已被西班牙及葡萄牙人占有，而北美，虽然名义上也是西班牙领地，但事实上这里比之气候宜人、盛产金银的中南美，不过是一片荒凉的滩涂。此前一个世纪中，除了几次令人失望的探险之外，西班牙人并未倾注太多精力，国势下降之后，更是无力顾及，于是这一段寂寞了太久的海岸线，成了殖民新贵们跑马占荒的乐园。

1606年，一伙志在四海的英国商人组建了一家股份公司，从詹姆斯国王处购得特许权，主营美洲殖民地开拓与发展业务，他们沿用了"弗吉尼亚"这个美好的名字。

这类殖民公司的运作模式是这样的：先从官方处获取许可，然后通过发行股票等方式募集资金，组织船队赴海外建立殖民地，土地经官方核定认证后，归公司所有。去殖民地开拓者，属于公司的雇员，他们的一切生产资料和补给品由公司提供，而开矿、耕种、渔猎等收入也由公司全权收购，服役一定年限后，可获得公司名下的土地若干。1607年，弗吉尼亚公司成立一年之后，募足了资金，准备转入实操，到美洲开荒去了。这一年的早春，弗吉尼亚公司伦敦集团投资的三艘船："苏珊·康斯坦特"号、"平安"号、"探索"号，驶离英国，开始了横穿大西洋之旅。

船队朝西南方向行驶，经过漫长的航行，这年5月间，来到了北美洲的切萨皮克湾。这是一个温带海湾，凹向大陆，海湾北部有一处被命名为查尔斯角的岬角，如同盖子一样护住海湾，南面也有与之相对应的亨利角，是天然的防御工事。海湾内富有鱼鳖虾蟹，一条河流从海湾注入大西洋，河两岸林木丛生。

英国人沿着注入切萨皮克湾的河流向内陆探索，并以詹姆斯国王之名，将河命名为詹姆斯河。5月24日（儒略历5月14日），深入河口50英里后，殖民者们选中了一处小岛登陆，插旗宣示主权。小岛有清流激湍，映带左右，隔岸有崇山峻岭，茂林修竹，河水可以阻隔岸上的印第安人，而海湾又能保护此处免受西班牙人或法国人的大规模入侵，岸上林间的飞禽走兽和木材也足堪猎取采伐，这个落脚点可谓极尽地利。

移民们于是在岛上安顿下来，清点人数，此时共有105名，其中有姓名流传下来的67人，全部是男性，因此研究者认为这批移民也可能是清一色的"男人帮"。大家着手建立村镇，既然此前以先王之名将整块殖民地命名为"弗吉尼亚"，那么此时也应当体现对"今上"的礼敬，于是，这个定居点就被叫作詹姆斯敦。美国的历史，就此从这个江渚之上的小村开始。

至此，英国人此番探险航行告一段落。这趟出航的船长克里斯托夫·纽波特，不但与哥伦布同名，其姓氏纽波特（Newport），也包含了"新的港口"之意。果然，他为英国人打开了连通新旧世界的口岸，而他的使命也就此结束。他和他的船队离开之后，由弗吉尼亚公司任命为殖民地长官的约翰·史密斯，接管了詹姆斯敦。

这是一个夸夸其谈的老兵，自称曾作为西班牙人的雇佣军与土耳其人作战，杀敌无数，被俘后又越狱逃亡，流落俄罗斯，之后万里归国，游历了整个欧洲……这些传奇经历有几成靠谱，难以考证，不过从约翰·史密斯在詹姆斯敦殖民地的表现来看，或许他是个好战士，但一定不是个好领导。约翰·史密斯治理下的詹姆斯敦，刚刚入秋就把储备粮吃得差不多了，每天数米下锅，熬到1607年冬天，附近的印第安部落酋长波瓦坦出于朴素的人道情怀，派人送来玉米，但史密斯收下后不但不领情，还出于基督徒一贯的俯视"野蛮人"的优越感，对使者们发号施令，并抢光了他们的全部随身物品。

波瓦坦的部众2万有余，是英国人的200倍，史密斯不明智的傲慢态度，使得这两个群体很快敌对，虽然印第安人对英国人的火枪和篱笆无能为力，但他们根本不需要硬拼，只要四下封锁，断绝岛上食物来源，坐待英国人饿死就可以了。于是詹姆斯敦陷入了饥馑，1607年冬天，最初的105名移民中有超过一半死于饥饿和疾病。

次年，弗吉尼亚公司组织的新一批244名移民到港，此时的詹姆斯敦只剩了38个饿病交加半死不活的人。詹姆斯敦注入了新鲜血液，但这些新来者并不足以扭转局势，相反，他们很快陷入了前人的窘境。饥饿、疫病、满怀敌意的印第安人，新一轮的死亡周期又开始了。

詹姆斯敦的遭遇不能单单归咎于印第安人的敌对或是史密斯的颟顸，这支移民队伍本身也存在很大问题。在首批105名移民中，可以稽考的67人里包含了29名绅士，这个比例比当时英国本土高了6倍，此外也多是各种工匠，而农业人员绝少。应该说,弗吉尼亚公司在移民选取上犯了大错,以为富饶的新大陆食物俯拾即是,而应征者也过于乐观了,他们携带的不是种子与牲畜,而是各种淘金器具,想的都是一夜暴富,而非长远立足。

这些投机分子和膏粱子弟们,此前对美洲的印象,都来自莎士比亚作品中文学化的描写,甚至是一个多世纪前哥伦布的信口开河,只想着到了美洲随随便便一镐头就挖出一片金矿——甚至抡镐头也有人代劳才好呢——没有,也完全不愿意考虑可能遇到的困难。而当幻觉破灭之后,他们依然不愿接受现实,抱着饭来张口混吃等死的态度。史密斯对那些绅士的看法是,他们"宁愿饿死也不肯从事劳动"。有的书中对他们的评价则更不堪,比如:

> 他们中间绝大多数是一些不得志的英国绅士,既懒惰又淫荡的人,他们的亲人们之所以把他们发落到海外,其目的是避免人们对他们进行嘲笑和侮辱,同时也希望这些人在海外能发财致富——或者干脆死去了事。(马吉多维奇《世界探险史》)

指望这样的开拓者,詹姆斯敦前景黯淡。

1609年又有新的殖民者到来,其中除了英国人,还包括了法国、意大利、波兰等地的各种工匠,不过公司方面似乎仍未意识到殖民地最稀缺的是什么人,他们送来的移民,1/3是没从事过体力劳动的。从1607年到1609年,是詹姆斯敦的三年饥荒时期,这三年间累计有900余移民至此,但能活过第一年的不足一半,到1609年底,仅剩下不足60人,真的是十不余一。

1609年,约翰·史密斯在一次试制火药时不慎被炸伤,随后暂时离开美洲返回英国,而眼巴巴盼着美洲财富的弗吉尼亚公司董事会干赔了这么久,也早对他失望,免去了他的职务。事实上,如果约翰·史密斯再坚持一年,就有机会亲眼看见他的殖民地时来运转,因为那个将改变詹姆斯敦命运的人,此时已准备出海。

这个詹姆斯敦的救星,名叫约翰·罗尔夫,是个普通的英国农民。在当时,詹姆斯敦以及整个弗吉尼亚的遭遇已传播英国本土,黄金之梦已经破灭,英国人大多变得对移民闻之色变,时人称"弗吉尼亚一词的含义已从殖民地变成了屠宰场"。而恰在此时,罗尔夫打定了出海的主意。不同于此前做着淘金梦的同胞们，罗尔夫并不奢望唾手可得的财富，弗吉尼亚没有黄金不要紧，他相信自己能在那片土地上种出黄金。

1610年5月，在詹姆斯敦建立三年之后，一艘名为"解脱"号的大帆船从英国载来了罗尔夫等新一批移民。小村满目皆是破败景象，仅剩的60名居民，食不果腹，苟延残喘。这时罗尔夫变魔术般拿出一袋神奇的种子，播种下去。

这种子结出的不是能立刻消除饥荒的神果神粟，詹姆斯敦挨饿忍饥的日子不会立刻就过去，但等到次年的收获时节，詹姆斯敦居民的命运就此彻底改变。原来，罗尔夫播种的是烟草。

同为美洲独有的作物，烟草对世界的影响完全不逊于玉米、马铃薯等同侪。玛雅人是世界上最早的烟民，后来吸烟之风经由他们传播到整个中美洲。初来此地的西班牙人看见土著吸烟，以为巫术魔法，但他们很快发现，吸食烟草燃烧产生的烟雾，可以带来飘然欲仙的快感，于是将之引入欧洲，很快风靡。烟草是西班牙帝国在美洲的重要利益所在，因此他们对烟草种子视若珍宝，严格控制，不许其流入其他欧洲人之手。英国人最早接触烟草大约是在1586年后，当时，雷利投资在美洲设立的殖民地罗阿诺克岛的居民，曾搞到少量烟草，后来这些人搭乘德雷克的船返回英国，也将烟草带上了船。据说德雷克途中就迷上了吸烟，归国后在伦敦的上流社交场合吞云吐雾，出尽风头，吸烟遂成英伦之风尚。

罗尔夫知道烟草在英国乃至欧洲有巨大市场，因此一早就规划在弗吉尼亚殖民地种植烟草。他不知用什么手段，弄到了一些烟草种子带来詹姆斯敦。在1611年种烟成功后，他又于次年，在西班牙人的层层严防死守下，冒着奇险从西印度群岛搞到了更优质的种子，改良此前播种的口味过于辛辣的烟种，以詹姆斯敦为中心，在周边地区拓荒，大面积播种。而有了他的成功范例，其他移民纷纷效仿，詹姆斯敦终于显露生机。

1614年，罗尔夫将第一批烟草贩回母国，获利巨万。他的成功哄传英伦，殖民公司也获得了绝佳的形象广告，盼望致富的英国人重新燃起对新大陆的热情，又一次涌向弗吉尼亚。

英国国王詹姆斯是个反吸烟人士，很有见地地指出吸烟"辣眼睛、呛鼻子、伤大脑、危害肺"，称之为"可恶的野草"，对以自己名字命名的城镇沦为"烟雾之城"，更是难以接受。但国王的意志阻挡不了嗜好品的走俏，到1624年，烟草贸易的第十个年头，贸易额已达到20万磅，到17世纪末叶，更是一路飙到3000万磅。

烟草贸易满足欧洲人需求的同时，更给殖民地带来丰厚的利润，到1616年，弗吉尼亚烟农的年收入就超过了英国本土的农民同行。另一方面，大赚特赚的殖民公司，也有了扩大移民规模的资本。他们为殖民地运来各种工具、农具、用于耕作的牛马等大牲畜，以及各种肉食畜禽，还组织妇女、儿童移居弗吉尼亚。殖民地的人口性别比例虽然依旧悬殊，但终于不是初始阶段的"纯爷们"班底了。

1619年，一批千人规模的移民抵达詹姆斯敦，其中包括19名与众不同的来客，他们就是祖籍西非的黑人，这些人作为奴隶被带来，但有的人的后代获得了自由。

至此，日后组成美利坚这个移民之国的各路人马，都在风云际会的殖民大潮中渐次登场。虽然截至此时，水土不服和印第安人袭击导致死亡率仍居高难下，但以詹姆斯敦为中心的弗吉尼亚，生产生活都已走上正轨，规模也日渐扩大，在北美大陆上扎下了难以动摇的根基。

按

关于约翰·罗尔夫首次将烟草贩回英国的时间，有1613年、1614年、1617年等记载。

7
清教徒的誓约

1620年，亦即约翰·罗尔夫带着改变弗吉尼亚命运的烟草种子登陆北美的10年之后，又一艘从英国普利茅斯港开来的三桅帆船，抵达新大陆。

自罗尔夫创造烟草神话以来，英国航船在北美靠岸的场景已数见不鲜，但这艘船有别以往，它的停泊处，不是在已然很红火的弗吉尼亚，而是在距詹姆斯敦以北450英里开外，一片荒芜的海岸。

这艘名为"五月花"号的渡船，载有乘客104名。其中，包括35名身份特殊的人，他们被称为"清教徒"。

清教徒，Puritan，其名源于拉丁文"Purus"，本意为清洁。这原是一个带有讥诮意味的蔑称，但他们乐于以此自居，因为他们确是一群有着精神洁癖的人。清教徒是16世纪的基督教宗教改革中产生于英国的一个教派，笼统说来，算是新教的分支。如前所述，16世纪的英国，从亨利八世到伊丽莎白，几代人费尽周折，将罗马教廷在英国的影响排除出去，其间还经历过"血腥玛丽"时代的回潮，新教教众付出了极大牺牲。但"革命胜利"之后，英国的新教也产生了分化，一部分人趁着旧教势力被排挤之机，抢占了权力真空，取而代之。虽然他们奉的是新教教义，但在组织架构上，拷贝了罗马教廷式的"大主教""红衣主教"等神权体系，并且承袭了旧教的某些仪式以及铺张奢靡的作风。此时，英王已掌握了英国境内的宗教实权，可以直接任命坎特伯雷大主教这样的英国最高宗教职位。这个派别明智地向王权靠拢，以宗教的力量维护王室法统，而王室也回报以礼敬和扶持，这个派别遂成为英国新教的主流，被称为"国教派"。

欧洲宗教改革最核心的动力就是反对罗马教廷的"垄断真理"，教廷把自己塑造为上帝在尘世的代言人，声称教廷主导的等级森严的教会系统是信徒与上帝沟通的唯一媒介，这等于把上帝当成专营产品，搞行业垄断。并且这伙人打着十字架的旗号，以崇高的名义招摇撞骗、中饱私囊，还与政权勾结一气，打压迫害质疑者，自己则在神圣的伪装下，腐败堕落、男盗女娼，这才引发了轰轰烈烈的宗教改革运动。改革者最核心的理念，就是认为每个人都可以通过自己的内心与上帝沟通，而教廷的做法完全是谬误，甚至是对神格的僭越。

因此，国教派"赶走皇帝做皇帝"的行为，在一些意志坚定的宗教改革者看来，明显是革命不彻底，甚至是变节。道不同不相为谋，他们退出了国教派主导的教会组织，因此被称为"分离派"，这就是清教徒起初的正式名称。

值得注意的是清教徒的理念，他们虽然反对组织化的教会对人的约束，却并不是率性而为的无政府主义者，恰恰相反，他们格外提倡自律；他们虽厌恶旧教和国教派繁文缛节的礼仪排场，却对宗教活动本身格外热心，以自己的方式一丝不苟地表现虔诚；他们虽将宗教信仰看得很重，却对艰深晦涩的神学问题不太感兴趣，更偏重《圣经》精神在当世的应用；他们虽有基于信仰独立的社会圈子和彼此身份的认同，却没有建立其他教派那种严密的等级社团，组织扁平化，与其说是一个教派，不如说是一个信仰共同体更为准确；他们虽清心寡欲不尚奢华，却不是遁世的隐者，而是积极入世，敢于进取，渴望精神自由的同时，也追求物质的富足。借用埃里克·方纳的概括："对清教徒们来说……自由的含义是拥有一种通过自治和自我否定的方式来服从于上帝意志的机会和责任。这种自由当然不是指不受节制的行动、非正规的宗教实践，或者是具有罪恶感的行为。"简言之，他们愿意服从于内心的、基于宗教信仰的一套行为准则和价值规范，但不能容忍某个世俗威权或宗教威权对他们思想与生活加以干预。爱自由，知自律——清教徒的品性大抵可以如此概括，很多学者都把这视为后来美国国家性格的源头。

然而这些都是后话，在当时，清教徒不能见容于英国，首先当然是因为国教派的打压，而更大的压力来自国王詹姆斯一世。他是那位被伊丽莎白处斩的天主教女王玛丽·斯图亚特之子，但自幼与母亲分居，并未继承其家族的旧教信仰。如愿当上英格兰国王后詹姆斯发现，已与王权达成默契的国教派可以帮助他推行君权神授观念，稳固统治。如果清教徒威胁了国教派的地位，他的统治自然也会随之动摇，因此清教徒也成了国王的眼中之钉。此外，清教徒也和其他一切的一神教派别一样，带有扩张性，他们针对国教派的指责，和"将革命向纵深发展"的主张,自然也容易招致敌视。

1608年前后,英国针对清教徒的压迫日益严重,詹姆斯要求清教徒服膺国教派,"或者,我将把他们赶出这个国家"。

道不行,乘桴浮于海。清教徒不等国王驱赶,自己走了,他们选择的是宗教环境宽松的尼德兰。从1608年起,英国清教徒陆续渡海逃往尼德兰,主要聚居在阿姆斯特丹和莱顿。次年,尼德兰与前宗主国西班牙签订停战协议,赢得了事实上的独立,他们的胜利也鼓舞更多的英国清教徒前来。

可惜,清教徒很快发现,这个小小的低地国家不是存放他们理想的天堂。尼德兰商业发达,普遍出身农业社会的清教徒们难以适应,多数只能混迹社会底层。尤其令他们难受的是,他们的孩子为了缓解家庭的经济压力,小小年纪就做了童工,很多人累坏了身体影响了发育,未老先衰。而他们的艰难处境,使得留在英国观望的教友们逐渐不愿来投,清教徒的团体萎缩,更遑论传播清教福音的理想了。

到了1620年,西班牙和尼德兰的停战协议到期,双方都开始整军备战。鼙鼓即闻,烽烟渐起,眼看着尼德兰又快待不下去了,在莱顿的清教徒们紧急开会,商量着接下来该往哪儿跑。

此时,英国人以及法国人、荷兰人,都已投身殖民美洲事业,并且成绩可喜,尤其詹姆斯敦的成功,让无数英国人对大洋彼岸心驰神往。"传说在耳边不停响,美利坚是天堂!"清教徒们也最终议定,就去美洲建设他们的天堂。

在排除了离充满敌意的西班牙人太近的圭亚那和国教派占大多数的弗吉尼亚之后,清教徒们商定,不依靠这些殖民先驱,自己去找一片海阔天空的无主之地,白手起家,独闯天下。他们把目光投向了弗吉尼亚以北的哈得孙河口,那里是英国探险家亨利·哈得孙于1607年发现的,1614年那个被弗吉尼亚公司炒掉的詹姆斯敦前总督约翰·史密斯又另拉起一支探险队重返美洲,已经把这里宣布为英国殖民地,史密斯还将周边地区命名为"新英格兰"。

说走就走,在荷兰的清教徒集资造了一艘80吨级的海船"奔腾"号,准备乘坐它去美洲。1620年7月,他们选出十数名最为健壮精干者,作别寄居了十余年的莱顿城,驶向英国的南安普敦港,准备接上伦敦来的教友,作为先锋队,同赴美洲。

"奔腾"号很快到港,可惜好事多磨,本来他们设想借助几个同情清教徒的通天人物，从詹姆斯国王处获得土地及宗教自由特许证，可惜未能如愿，原本谈妥的资助者，也生了变故，闹起经济纠纷。更倒霉的是，下水不久的"奔腾"号也漏水，奔腾不起来了。正因为如此，他们最终选择租乘了"五月花"号。经过令人心焦的等待，9月6日，普利茅斯港，出航的日子终于到了。35名清教徒与送行的亲友洒泪而别，登上"五月花"号，向未知的新大陆进发，这群探寻天堂的先驱者，后来被称为"天路客"。

孤帆远影，去国怀乡，这趟旅程历尽艰辛。在英国滞留过久，使"五月花"号错过了合适的出航时间，此时北大西洋上，西北风正紧，船只顶风航行，倍加吃力。而船上的条件也很简陋，百来个乘客，蜷缩在阴冷潮湿的船舱里，再加风浪颠簸，第一次远洋航行的人很快病倒，2人病故在船上，其中之一还是水手。船上还有3名孕妇以及很多儿童，这样的旅程对他们来说更是难熬。

经过长达66天的痛苦航行，11月11日这天，"五月花"号终于贴近了北美洲的海岸线。可惜，他们在海上偏离了航向，没能到达目的地哈得孙河口，而是漂到了更北边的一处荒无人烟的海角，该地因盛产鳕鱼而被称为鳕鱼角。船长几次试图南下到弗吉尼亚求援，但都受阻于险滩和冰凌而未成功，大家只好决定就近下船。

不管怎样，总算是能上岸了，但对疲惫不堪的乘客们来说，更大的磨难才刚刚开始。隆冬季节，天寒地冻，而周遭一片荒僻，方圆几百英里内，都寻不见"文明世界"的同胞。除了天时地利上的糟糕，人和方面也不容乐观。漫长的旅程已经让一些人的忍耐达到临界点，不少人表示登岸之后就要自行去寻找邻近的殖民地，虽然大家都明白这么做的成功机会微乎其微，但绝望引发的焦躁让人拒绝理性思考。

在这种情况下，自然是合则力强，如果自行其是而不齐心协力，势必无人能在这严酷的环境中幸存下来。因此，首要任务是保证登岸之后大家不呼啦一下各自散去，但同时，清教徒又是最看重个体自由与自决权的，最终，乘客们决定依据自愿原则，以契约的方式签署了一项决定全体人员命运的协议：

  以上帝的名义，阿门。吾等签约人，信仰之捍卫者，蒙上帝恩佑的大不列颠、法兰西及爱尔兰国王詹姆斯陛下的忠顺臣民——
  为了上帝的荣耀，为了吾王与基督信仰和荣耀的增进，吾等越海扬帆，以在弗吉尼亚北部开拓最初之殖民地，因此在上帝面前共同庄严立约，自愿结为一民众自治团体。为使上述目的得以顺利进行、维持并发展，亦为将来能随时制定和实施有益于本殖民地总体利益的一应公正法律、法规、条令、宪章与公职，吾等全体保证遵守与服从。

据此于耶稣公元1620年11月11日，吾王英格兰、法兰西、爱尔兰第十八世暨苏格兰第五十四世君主陛下在位之年，在鳕鱼角签署姓名如下，以资证明。

最终有41人在契约上签字，既有清教徒，也包括其他的乘客。这份名为《联合协议》的文件，在后世以《"五月花"号公约》之名被铭记和传颂。虽然短短几百字中还包含着惯性思维所致的"忠君爱国"等陈词滥调（本内特《美国通史》上评价，清教徒们似乎忘了他们宣誓效忠的国王就是迫害驱逐他们的那同一个国王），但重点不在这里，契约的核心在于"自愿"和"自治"，这个意识与原则，正是他们创建殖民地乃至日后建国的精神基石。也正因此，许多研究者认为，这份协议体现了民主自决的原则，是第一份"经由民众同意而实施统治的契约"。

大概也正是因为这份光耀后世的文件，美国人更愿意把1620年的"五月花"号远航，看作他们历史的正式开篇。

按

"五月花"号在当时是比较常用的船只名字，当运送清教徒的"五月花"号起航时，仅在英国普利茅斯港就有至少三艘同名的船。因此关于哪艘才是真正的"五月花"号，也已无从考证，目前停泊在美国普利茅斯海岸边作为旅游景点的"五月花"号是复制品。船上的乘客数量，也有101人、102人、104人等几种说法。途中有1人死亡，但也有2名婴儿降生，所以到达美洲之后"五月花"号上有乘客105人，不包括船员。他们抵达的鳕鱼角又称科德角。

8 创业史

  签约之后，大家根据公约精神，选举了德高望重的清教徒领袖约翰·卡弗为殖民地首任总督，任期一年。终于，在阴冷的海岸边辗转逡巡数日之后，"五月花"号的乘客们准备离船登岸。

  12月9日，他们终于找到了合适的登陆点。和詹姆斯敦的先民一样，他们最初选择的落脚点也是一处河口的小岛，有水流作为屏障，阻挡大陆上的土人和猛兽，大家下船安顿，在岛上建立基地。一部分人带着枪支去内陆探险，"五月花"号则停泊在附近的港湾里，水手和一些生病的乘客仍留在船舱里休养。

  移民们将登陆之地命名为"普利茅斯"，以纪念此行的起点，英国海港普利茅斯。据后人说，他们是趁着涨潮，驾舢板划近岸边一块大石，并从那里攀上陆地的，那块石头由此被称为普利茅斯圣石，至今仍作为历史遗迹和旅行景点立在岸边，供游人登临凭吊，还修了凉亭予以保护。不过这可能是后人附会，因为当事者留下的第一手资料中，都没提及这块石头。

  移民们在陆地上开辟家园，打猎劈柴，搭建板房，还有专人照料生病的同伴。在严酷的环境下，他们只有彼此依靠，彼此慰藉。即便如此，最终战胜严冬幸存下来的人，也只有不到一半，更多的人因为饥寒和坏血病，没能撑过在新大陆的第一个冬天。

  到了1621年3月中旬，春风渐起，普利茅斯殖民地稍显生气。有一天，当大家一早起来下地耕种时忽然发现，农具不见了许多。不难推测，这必是附近的土著所为，此前移民们在"五月花"号上派出探险队勘探周边时，就曾发现附近的大型土著村落虽已废弃，但一直有印第安人躲在森林暗处注视着他们，此后他们的聚居地周围，也时常人影憧憧，似在窥探，这次失窃会是冲突的开始吗？想到这里，势单力薄的移民们不免担忧。

然而情况很快峰回路转。几天后，一个印第安人主动靠近移民们的居所，他不像别的印第安人那样见了白人就跑，反而一点点凑上来，而更令人称奇的是，这个印第安人居然"口吐人言"，结结巴巴地说着英语。他自报家门，说名叫萨默塞特，来自邻近的波卡诺基特部落，曾经和在这一带往来的英国渔船打过交道，认识若干英国渔夫，通过他们，他和他的族人对英国人很有好感，现在他奉酋长马萨索委派，来与英国移民建立睦邻友好关系。此外萨默塞特还透露，他们部落里还有个人，英语说得比他更棒。

原来潜在的威胁竟可转化为潜在的朋友，移民们大喜过望，拿出为数不多的食物，盛情款待了这位印第安和平使者，又送了一些英国小手工艺品作礼物，萨默塞特满意地告辞。走出营地后他向丛林里打了个呼哨，就见五个印第安人平地冒出般出现在林间，他们捧着移民们前几天失窃的农具，如数奉还。

神出鬼没的萨默塞特走后不几日，移民聚居点就迎来了建立以来最庞大的访问团，波卡诺基特部落的大酋长马萨索率大批随从到访，并携来不少生活必需品。移民热情相迎，宾主双方在亲切友好的气氛中进行了会谈，就双方共同关切的问题达成了谅解，会后双方发表了联合声明，大致内容如下：

1. 酋长及其属民不得伤害移民；
2. 酋长及其属民有伤害移民者，应交予移民方处理；
3. 酋长属民中有拿取移民财物者需归还，移民方同此义务；
4. 酋长遭遇非正义的战争，移民应相助，移民遭遇袭击，酋长应相助；
5. 酋长应将此协议精神告知结盟部落，并保证后者一体贯彻落实；
6. 酋长部属来移民住处，须将弓箭等武器背在背后。

不难看出，除了第三条是对等条款，其他都是土著人的单方面义务，并未强调白人移民者是否也须同样遵守；第四条看似对等，但加了个"非正义"的限定，自然是解释权归本店所有。况且，即便明确了义务对等，这个条约也绝对有利于移民，因为以当时双方的实力对比，"互不伤害"之类的条款，自然是单方面用来约束土著的。不过土著天性淳朴，加上面对世代以来在传说中被无限神化的白人，也不知其底细，欣然缔约。这是白人在"谈判桌"上的胜利，也是欧美两大陆政治外交手段跨时代差距的写照。

马萨索酋长的驻地在大约40英里以外,盟誓完毕,他带领部众打道回府,萨默塞特提起过的那个擅长英语口语的印第安人则留了下来。此人名叫斯夸托,经历相当离奇。据他自称,他曾和20余名同伴被一个英国探险队掠走,贩到西属加勒比的种植园做苦力,后被一教士解救,随其来到西班牙,不久又辗转逃到了伦敦,居留数年,学会了英语。一年之前,他搭乘英国人的船回到美洲时,发现他原来的部落已在流行病中灭绝,于是投靠了马萨索酋长。由于是留过洋的,见多识广,一直很受赏识,这次酋长专门派他来留驻英国移民处充当翻译,以及野外生存指导。

移民从英国带来的小麦、豌豆等种子,大概是水土不服,长势很不喜人,因此吃饭还是大问题。这一天,斯夸托忽然说要向白人传授农艺。

大家很好奇地前来学习,只见这个土著人在田里挖坑,而他连移民们的英式农具都不会用,拿原始的石器连挖带刨好半天才弄好。围观的白人已经频频皱眉摇首,觉得这个老师太业余,而这时斯夸托拿出准备种下的种子,观众更是绝倒:原来他"播种"的不是任何谷物,而是一条小鱼。

他们看着土著的举动,满怀诧异:这无知的野蛮人在搞什么名堂?莫非这就是传说中的小猫种鱼?种豆得豆,种瓜得瓜,但难道他们简单的脑袋竟依此类推,以为把这些小鱼种下去,来年能从地里结出大鱼来?这生番号称在英国留过学,怎么还竟仍如此蒙昧,莫非只学了语言预科……斯夸托这傻到天真的行为,让白人们摇头苦笑,看不下去,智商上的优越感从心底泛起,一时间竟忘了饥饿。而此时,却见斯夸托又在鱼身上覆盖了薄薄一层土,这才取过另一个口袋,从中倒出数粒玉米种子,种在坑里,然后培土、浇水……

斯夸托告诉少见多怪的白人们,此地地力不足,必须把小鱼当作肥料,施在地里,用鱼肉所含的蛋白质和磷、钙、镁等各种元素,为作物催肥。当然,最后一句的原理斯夸托是讲不出的,但他告诉白人,这是他们的祖法,保证管用,种啥啥丰收。

移民们将信将疑,随后斯夸托又告诉他们附近河流的鱼汛期,传授给他们土著的捕鱼方法。白人们凭此捕捞了大量鱼作为肥料,就依斯夸托之法播种玉米,又种南瓜、豌豆,这些作物的藤蔓正好攀缘着玉米的茎干一同生长。整个普利茅斯殖民地能劳动的人都辛勤耕种,荒凉萧瑟的小村渐也有了田园风光。其间,"五月花"号在4月初返回英国,殖民地的生活虽然艰苦,但移民们无一人要求随船返航。不久后，殖民地首任总督约翰·卡弗因操劳过度，累倒在田间不治而亡，人们选举了清教徒威廉·布拉德福德继任总督。后来此人写了一本《普利茅斯开拓史》，今人对这些移民先驱事迹的了解，多数来自此书。

秋天，普利茅斯殖民地喜获丰收，回想一年前此时，他们还在阴风怒号的大西洋上飘荡，现在，却已寻获了属于自己的新天地，远离了欧洲的战争与宗教迫害，做个化外之民，男耕女织，自食其力，日子虽辛苦，倒也充实惬意。同时，忆苦思甜的移民们也没忘记雪中送炭的盟友马萨索酋长，随着活动半径的扩大，他们已接触到了更多的印第安部落，并非个个都像马萨索这般友善，几度摩擦，实赖马萨索居中调停之力。移民们邀请马萨索来居所赴宴共庆丰收，后者率领90名族中勇士，来到普利茅斯，抬着他们猎获的鹿、兔、野鸭、火鸡各种野味，只有区区50人的普利茅斯打开篱笆栅栏将客人全部迎入，足见双方的关系已完全处在蜜月期，彼此心无芥蒂。

移民们将各种家什全部搬到屋外，满庭的北美枫树，叶子已变了颜色，或金黄，或火红，秋色正爽，大家席地而坐，妇女尽展厨艺，用玉米、豌豆、南瓜烹制各色菜肴，还捧出用为数不多的大麦酿造的啤酒，男人和土著一起洗剥畜禽，支起架子露天烧烤。待到月上枝头，大家围着篝火大碗喝酒大块吃肉，场景一派欢颜……这个白人与北美土著之间极为难能可贵的和谐画面，后来演化成美国的原创节日感恩节。

欢宴后不久，又有一艘名为"财富"号的英国船抵达，载来37名移民，他们使普利茅斯的人口几乎翻了一倍。普利茅斯不像弗吉尼亚，不是由殖民公司投资建设的，所以居民也没有对公司的义务，尽可自己拓地耕种。布拉德福德规定，每户除了缴纳少量收入用以维系殖民地运转，余粮大多归己，故而居民有着更高的积极性，再加上前人基础，后来者也能更迅速地在当地立足，虽然与清教徒群体有若干隔阂，但他们的加入毕竟使殖民地更为壮大。后来普利茅斯的开拓者们用恩威并济的手段，慑服了更多的印第安部落，开辟了与土著人及其他英国殖民地之间的贸易线路，规模越来越大，并带动了周边被命名为马萨诸塞的整个殖民大区，越发红火。

与詹姆斯敦以及弗吉尼亚比照，如果说前者的发迹有赖于实物——神奇的烟草，那么普利茅斯和马萨诸塞成功的关键，大概要归功于一种信念，即对信仰的虔诚。天路客们泛海而来，寻求的不仅是物质层面，而且——甚至首先——是精神层面的天堂。他们恪守《圣经》而不是教会的理念立身处世，宗教上的虔诚与服膺，表现在世俗层面，却恰恰是对个体自由的执着，对社会契约之外的一切世俗权力的天生的警惕与排斥，清教徒们带来的这种性格，也就是后来的美国性格的发端。

9
开枝散叶

五月花在北美绽放，随后又有更多的英裔移民追随着前人的脚步而来，花开叶散，种子在新大陆四处播撒。

英国人经营北美的殖民地，似乎每隔十年就会发生一件大事。1610年，约翰·罗尔夫的烟草种子拯救了詹姆斯敦；1620年，乘坐"五月花"号的清教徒开拓普利茅斯；到了1630年，果然又有大事出焉。是岁，英国的马萨诸塞海湾公司组织的移民船队，浩浩荡荡开进距离普利茅斯殖民地以北60千米的马萨诸塞湾。这支船队有17艘船，为首的旗舰"阿贝拉"号全副武装，威风凛凛，并且颇具预言意味的是，该船的船首像，正是日后成为美国象征的大鹰。

船队载来的移民，有千数之众，和"五月花"号的乘客一样，他们当中也有很多清教徒，并且比例更大。原来，此时的英国王位，已由詹姆斯一世之子查理一世继任（1625年）。他的任意妄为犹胜其父，对清教徒的迫害更加严重，也由此催生了更多离弃他的臣民。

这些移民的成就远胜前辈，他们创建了美国历史上的第一座城市——波士顿。由于这批移民背后有马萨诸塞公司支持，资本雄厚，因此拓殖事业进展比普利茅斯的个体户们快得多。他们以波士顿为中心，经营扩大殖民地，成绩斐然，后来更兼并了老前辈普利茅斯（1691年）。

而马萨诸塞人的营造不仅限于物质方面。在这一批移民中有一位名叫约翰·温斯洛普的民众领袖，律师出身，思维敏捷、能言善辩，后来成为马萨诸塞殖民地总督，他为这个新家园勾画了精神层面的方向，他在演讲中宣称："我们要成为一个山巅之城，全世界将为我们瞩目。"

波士顿一带最高的山峰也不过区区100多米，所谓山巅之城，指的并非地貌，而是取意耶稣著名的《登山宝训》——"为义受逼迫的人有福了，因为天国是他们的。"这群躲避迫害的清教徒，自然以"为义受逼迫的人"自居，憧憬着耶稣许给他们的福，同时，也严格地遵照清教徒对《圣经》的理解，将之规范在尘世，身体力行。温斯洛普引用《旧约·申命记》警告他的同伴们，如果不这样，"就将成为（上帝的）弃儿"。他在马萨诸塞主政期间的许多举措和制度，都是为清教徒理念服务的，其中包括规定马萨诸塞的每个城镇都要有一所学校，主要职能是培养牧师。1636年，波士顿建起了一座规模很大的学校，由于许多参与创办者都出身英国名校剑桥大学，因此他们以母校之名，为其冠名为"剑桥学院"。两年后，首任校长约翰·哈佛病故，大学为纪念他，改名"哈佛大学"，是为美国历史上首座大学，比美国建国早了整整140年，是名副其实的常青藤院校，此后英才辈出，直堪比肩他们的母体英国剑桥。

马萨诸塞被虔诚的清教徒一点点建成他们理想中的天堂，不过他们的虔诚后来也带来了新的问题。随着殖民地规模的扩大，移民成分也越趋复杂，各种信仰背景和思维方式的人都有，占主导地位的清教徒生活方式让一些人受不了。他们发现，自己本为逃避压迫、享有自由而来，却陷入了另一种格式化的生活。

在当时，这些美洲先民的思想世界也和他们所处的殖民地一样，鸿蒙初开，"自由""平等""博爱"之类的概念，对他们来说还仅具雏形，他们反对罗马教廷的真理垄断，却无形中造成了新的垄断。由于来得早，清教徒在殖民地中占据了优势地位，在公众事务的发言权上占有绝对优势，甚至一些政治权利也逐渐被清教徒社会垄断。清教徒多是一些性格保守固执的人，而他们又以自己选择的信仰和生活方式为唯一的正义，他们的世界里，容不下异见分子。既然"为义受逼迫的人"是为上帝垂悯的，那么"为义"而逼迫他们眼中的不义之人，又如何呢？

温斯洛普对此的考虑是，"有两种自由，有一种是堕落的自由，人畜皆可享之，其本质就是为所欲为。这种自由是一切权威的敌人，它忍受不了一切规章制度，实行这种自由，我们就要自行堕落。这种自由也是真理和和平的敌人……但是还有一种公民或道德的自由，它的力量在于联合，而政权本身的使命责任在于保护这种自由……"

温斯洛普提到了自由的维度，诚然，自由应当在一定的框架下行使，但这个框架如何界定？怎么区分"堕落的自由"和"道德的自由"？标准该由谁来定？显然在温斯洛普的时代，这样的思考还有些超前，温氏也没有给出答案，不过从马萨诸塞殖民者早期的事迹来看，这标准显然是参照清教徒的理念来确定实施的，他们排挤、放逐异议者，对严重的甚至会以"煽动颠覆罪"论处，最高量刑是火刑，这与他们反对的罗马教廷已无区别。

而好在，北美洲拥有广袤的土地，与清教徒道不同者，自可以选择"乱邦不居"。1636年，哈佛大学创建的同年，马萨诸塞的法庭对一位牧师判处了流放，此人名叫罗杰·威廉斯，他的理念接近于现代意义上的信仰自由，其理论依据是"真正的信仰必须是自愿的"。他主张政教分离，虽然马萨诸塞本就禁止牧师担任公职，但威廉斯要求的不仅是形式上的，更要是实质上的，例如选举不能仅在清教徒的圈子里进行，殖民地官员也不能凭其立法权和影响力，强行将清教徒的信仰作为唯一准则来推行。这些观念很受认同，威廉斯身后聚集了一批追随者。

威廉斯论之有据，但这样的理念会动摇清教徒的优势以及信仰，甚至威胁到他们在马萨诸塞的主导地位，好容易从国教派和旧教的夹缝中挤出一片天地的清教徒自然不甘心。温斯洛普与威廉斯算有点交情，但为了维稳大计，最终流放了后者。威廉斯离开马萨诸塞后，带领其追随者搬到了南面的罗得岛，该地因被早期探险家认为很像希腊的罗得岛而得名。

开辟了新的居所后，威廉斯于1663年获得了英国颁发的特许状。具有讽刺意味的是，威廉斯一向不承认英王有权用特许状把印第安人的土地许给英国人，他当初移居罗得岛时，向当地印第安人付钱购买了土地，当然是以极低廉的价格。此后，罗得岛连同附近的陆地部分一起，成为独立于马萨诸塞的殖民地。

罗得岛一直秉承威廉斯的理念，实行宗教自由，不设官方教会，也不以宗教信仰作为选民资格的限制。北美是欧洲人逃避本土宗教迫害的避风港，而罗得岛建立后，成了避风港中的避风港。

几乎与罗杰·威廉斯被流放的同时，又有两伙不认同马萨诸塞模式的人搬走自立门户。他们在马萨诸塞以南、罗得岛以西，建立了两块定居点，一名哈特福德（Hartford），一名纽黑文（New Haven），两地于1665年合并成为康涅狄格殖民地。关于这块殖民地，最值得一书之处有二：第一是他们将宗教自由和人人平等的理念写进宪法，以法律形式加以保护和传承。早在1639年脱离马萨诸塞之初，他们就颁布了《康涅狄格基本法》，该法被认为是美洲第一部成文宪法；第二，他们后来有了一所可与哈佛一时瑜亮的伟大学府，那就是创建于1701年的耶鲁大学。康涅狄格与罗得岛不同于马萨诸塞等殖民地之处在于，他们一开始就获得了"自治领"的地位，没有英王派驻的总督，从而享有更高的自由度。

1679年，又有一部分人脱离马萨诸塞，在其北部建立了新罕布什尔定居点。但该地并没获得英国的特许证，和其他殖民地相比，手续上不太完备，直到美国独立之后才成为一个州。

虽然分了家，但这几块殖民地系出同源，从地理位置到物产人文，各方面都很接近，因此马萨诸塞、康涅狄格、罗得岛、新罕布什尔四地习惯上仍被统称为新英格兰。

现在要回溯到1634年，早在罗得岛和康涅狄格从马萨诸塞派生出来之前，还有一块特殊的殖民地在北美洲落子，这就是马里兰，英国人继弗吉尼亚和马萨诸塞之后在北美的第三块殖民地。此地的特殊之处在于，它是由英国的旧教即天主教徒建立的。当时的欧洲，整体上天主教仍占优势，但在英国这一局部范围，由于新教得势，天主教徒反而成了弱势群体，国教派和清教徒都不待见。1620年代起，一位有天主教背景的老贵族，巴尔的摩男爵乔治·卡尔弗特连年上疏英王，请求在北美赐予一块土地，供英国的天主教徒居住。1632年，国王查理一世终于批准，但此时老男爵已死，他的家族继承遗志，组织了两船移民，于1634年到达美洲，登陆点在切萨皮克湾西北岸，毗邻弗吉尼亚。

卡尔弗特家族将殖民地命名为马里兰，即Maryland。这个名称让周边的新教邻居很是不爽，认为Mary指的是圣母玛利亚，旧教意味太重，有挑衅之嫌。卡尔弗特家族只好辩称，Mary指的是查理一世的王后亨利埃塔·玛利亚，但其实这位王后是法国公主出身，也有旧教背景。马里兰的另一特别之处在于其产权性质，它既不同于弗吉尼亚的公司式，也不同于普利茅斯以及后来的罗得岛、康涅狄格的民间自发式，原始意义上说，它是一处私产，其法统来源于英王颁给卡尔弗特家族的特许证，类似于中世纪的封地。或许是由于这些特质，马里兰是其他殖民地眼中的异类，这个殖民地创设的初衷是为英国的天主教徒提供庇护所，但南边的弗吉尼亚和北边的清教徒新英格兰都不希望身边出现天主教徒的地盘，他们向马里兰输出人口，逐渐天主教徒在马里兰的比重也被稀释得很低。后来到了1689年，由于英国本土"光荣革命"的影响，马里兰爆发了针对天主教徒的暴动，卡尔弗特家族的特许证被收回，直到1715年，他们被迫改信新教，他们的权益才被赐还，但"宗教自由"的初衷无奈地落空。

17世纪，英国人并不是北美大陆唯一的拓殖者，当时有点眼光和实力的欧洲国家，都看出了新大陆蕴含的财富与机会，赶来分一杯羹。当时的势力格局大致如下：英国人占了中段，南部的墨西哥是西班牙人经营已久的老巢，北部的加拿大也基本成了法国人的势力范围。好在北美地大物博，他们与英国人一时还不至于为争地盘打起来，但偏有一路人马和英国人相中了同样的地段，那就是英国人此前的盟友荷兰人。

1624年，当普利茅斯人还在艰苦创业的时候，荷兰人在普利茅斯以南海面上，从土著手中购买了一个方圆30平方英里的小岛，价格是60荷兰盾，大约相当于今天的20美元（本内特在《美国通史》中估算）。这个岛的名字，叫作曼哈顿，而目前这里的地价……自己查一下吧。

荷兰人以曼哈顿为起点，控制了周围哈得孙河口一带，建立定居点，并将之命名为新阿姆斯特丹。

曼哈顿虽是荷兰人从土著手中购得的，但此后仍有其他部落的印第安人上岛滋扰，荷兰定居者于是在岛的东南部修建了一道木头墙，加以防范，后来这里就被称为"墙街"，亦即Wall Street，华尔街，沿用至今。可惜空余其名，木墙早已不存，否则前些年华尔街大概也不会这么容易就被不满美国金融界的抗议者们"占领"。

而即便木墙尚在的时候，荷兰人用其来防范土著固是绰绰有余，但想防范英国人，这墙远不够用了。随着各自海外事业的发展，英国与荷兰这两个当年同一战壕里的战友，现在已成为在全球争夺殖民地与贸易权的主要竞争对手。1651年，处在短暂的共和国政体下的英国出台了《航海条例》，规定向英国及其海外殖民地出口货物，必须由出口国本国的船只输入，或雇用英国船。这个条例，很大程度上是针对以航运见长的"海上马车夫"荷兰。果然出台之后荷兰反应强烈，次年两国开战，是为第一次英荷战争，打了3年，荷兰战败。1663年，斯图亚特王朝复辟期间的英国又出台新法，规定运往英国海外殖民地的货物，必须先运到英国本土再行转运，这对荷兰贸易利益又是严重的打击。次年，两国再起摩擦，这次的冲突首先爆发于双方在海外的殖民地。英王查理二世之弟詹姆斯，率远征军袭取新阿姆斯特丹，查理二世立即以一纸特许状，将该地"授予"弟弟，詹姆斯的爵号是"约克公爵"，于是就把这块新领地改名New

York，新约克，就是今天的纽约。

两国还在亚洲、非洲等地开战。英军起初战事顺手，但1664年伦敦爆发鼠疫，死了六七万人，国力大受打击。1665年荷兰正式宣战，随后几次打败英国。到了1667年，第二次英荷战争以英国放宽《航海条例》等政策为妥协而告终，但纽约再也没有变回新阿姆斯特丹，因为荷兰人的判断是加勒比地区的价值更高。他们放弃此地，换来英国退出荷属东印度群岛以及苏里南，而荷兰人开创的新阿姆斯特丹此后则作为纽约，永远成了英国人及其后裔美国人的地盘——不知今天荷兰人是否会为当初的决策而追悔。

于是，纽约市及其北部地区成了英国的纽约殖民地，后来的美国纽约州。而在西南边与纽约隔哈得孙河相望的原荷兰殖民地"新荷兰"，则发展为新泽西。新泽西再往南，"遮盖"着切萨皮克湾的特拉华半岛上，最初由瑞典人开发、后被荷兰人夺去的特拉华殖民地，也转入英国人名下。

到了1681年，又有一个新的英国殖民地在美洲诞生。此时，马萨诸塞的清教徒当局已变得更激进，对其他教派的打压力度更甚于三四十年代。当时又出现了一个新教派，他们因祈祷时过于投入以至全身颤抖而被称为Quakers，震颤者，又称教友派，或音译为贵格派。他们因忍受不了清教徒的打压，决定迁居，而他们选择的方向不是其他沿海地段，而是向西部内陆转移。这些人的领袖名叫威廉·佩恩，算是个英国的官二代，后来通过父亲的关系从英王处获得特许状，他的殖民地就于这一年正式挂牌营业。佩恩在此推行宗教自由政策，颇得好评，引得远近的遭受宗教压迫者皆来投奔。大家建议他以自己名字命名殖民地为Penn，但佩恩为人谦逊，执意在后面加上一个单词"sylvania"，在拉丁语中意为森林，于是这个殖民地就叫作Pennsylvania，宾夕法尼亚——佩恩的森林。宾夕法尼亚地处内陆，只有东南部可以通过特拉华河和斯库基尔河与大西洋连接，于是两河交汇之处，逐渐兴起了一座城市，教友派为之赋予了一个很能体现他们教义的名称：Philadelphia，"兄弟之爱"之城，也就是未来的"北美革命之都"，费城。

进入18世纪，移居美洲的欧洲人潮水般涌来。1711年，弗吉尼亚南边始建于1663年的卡罗来纳殖民地，连年来通过对土著的战争与驱赶，扩张了很多地盘，正式分为北卡罗来纳和南卡罗来纳两地。

1718年，法国人在英国殖民地的身后，密西西比河下游一带修建了新奥尔良城，并以此地为核心开辟了幅员广阔的路易斯安那殖民地。不过该地在美国独立后的19世纪才成为美国的一部分，在美国独立战争中，扮演的仅仅是旁观者的角色。

1733年，美国独立前十三块殖民地中的最后一块，佐治亚殖民地也告建成。该地北接南卡罗来纳，往南，就是西班牙人控制的佛罗里达半岛。

至此，经过120多年的布局与谋划，英国人在北美洲大西洋沿岸的势力范围基本划定，新罕布什尔、马萨诸塞、罗得岛、康涅狄格、纽约、宾夕法尼亚、新泽西、特拉华、马里兰、弗吉尼亚、北卡罗来纳、南卡罗来纳、佐治亚，13个英国人控制的殖民地由北到南连成一片，环环相扣牢不可破。不过此时英国人大概预想不到，他们作为北美主人的日子，已经不太长了。

按

特拉华起初被划在宾夕法尼亚辖下，直到1776年《独立宣言》发表时才正式脱离宾州；新罕布什尔以北还有缅因殖民地，该地当时属于马萨诸塞的一部分，直到1820年才脱离马萨诸塞，成为美国的一个州。

10

原罪

后来的美国总统詹姆斯·门罗说过一句名言,"美洲是美洲人的美洲",此言中的"American"一词,可视为指代美洲人,也可以理解成美国人,因此常被认为这体现了美国人要称霸整个美洲的野心。不过,不管门罗的本意为何,有一点是毋庸置疑的,那就是有一个族群,比他们更有资格自称为American,那就是美洲大陆最早的主人,被荒谬地称为"印第安人"的北美原住民。

从哥伦布开始,美洲的历史对这些真正的美洲人来说,就是一部沦陷史、血泪史——西班牙人的虐杀和破坏,前文中援引的卡萨斯《西印度毁灭述略》已备述之。而在怀着天堂理想来到美洲的英国人的殖民地上,他们的境遇也好不到哪去。

其实早在欧洲人踏足新大陆伊始,他们带来的伤害就已不自知地作用于美洲土著,比如那个传授给普利茅斯人农业技术的斯夸托,他原来的部落就毁于欧洲人带来的传染病。如果这还能算是无心之过的话,欧洲人对土著刻意为之的恶行,就更令人发指。

本来,白人移民与北美土著最初的邂逅还挺浪漫的。

早在詹姆斯敦初创时期,左近就有个强大的印第安部落虎视在侧,他们对白人满怀警惕,尽管他们的装备和技术与白人相比有天渊之别,但对只有几十个人七八条枪的詹姆斯敦来说,他们庞大的人口已足以形成威胁。这个部落的酋长名叫波瓦坦,因此他的族人在白人的记载中被称为波瓦坦人,由于他们不求甚解,现在已无从考证这个部落的确切名称。

波瓦坦酋长有个视为掌上明珠的爱女,名叫Matoaka。此女容颜俏丽,生性好动喜爱玩闹,因此被族人称作波卡洪塔斯,大致意思是顽皮、快活。詹姆斯敦初建之时,波卡洪塔斯才十一二岁光景,正是少女情怀,对从未见过的海外来客充满好奇，常跑去窥探他们，有时兴之所至，还在白人营地外的河里野浴，全无顾忌，而对几乎清一色男性终日百无聊赖的詹姆斯敦人来说，这大概算是最好的风景。

波瓦坦人在詹姆斯敦的一个冬天，曾送来给养帮移民越冬，但随后不久双方就起了冲突。有一次，詹姆斯敦的居民和波瓦坦族人起了冲突，第一代殖民地领袖约翰·史密斯被擒，波瓦坦要将其处死。当时印第安人的死刑很恐怖，由于没有铁质的利器，他们处决人犯一般都是将死囚绑缚于地，用大棒砸脑袋。据说，正当史密斯眼看就要脑浆迸裂之际，波卡洪塔斯竟扑上来用身体护住他，向父亲求情。

这是一个小说化的情节，很难评估其细节的真实程度，但有一点是事实，那就是史密斯活着走出了波瓦坦人的营地。在白人的记载中，将这解释为波卡洪塔斯爱上了史密斯，但这很可能是一厢情愿的解读，不过波卡洪塔斯的存在确实缓和了两方的对峙。可后来，白人却不念波卡洪塔斯的救助之恩，寻机扣押了她，软禁在詹姆斯敦，以她为要挟，向波瓦坦酋长索要粮食物资，后者不得不就范。

不过波卡洪塔斯似乎并未遭受虐待，而且她可能也比较享受白人世界的新奇感，学习了英语，还接受洗礼，成了弗吉尼亚可考的第一个印第安基督徒。1614年，波卡洪塔斯真的嫁给了一个白人，但不是盛传与她早有情愫的约翰·史密斯，而是另一个约翰，约翰·罗尔夫——那个带来烟草种子的精明商人。此后，在殖民地大发横财的罗尔夫衣锦还乡，已改名丽贝卡·罗尔夫夫人的波卡洪塔斯也随同去了英国。

"美洲公主"的到来，一时轰动英伦，人们竞相赶来一睹芳颜，而波卡洪塔斯充满异域情调的美丽，也令伦敦城倾倒，令社交界名媛失色，甚至惊动了詹姆斯一世。国王邀请她参加宫廷舞会，殖民公司趁机发动宣传，画下她穿着英国贵妇礼服的画像，满城张贴，以此作为新大陆的绝佳宣传品。

可惜，波卡洪塔斯来自新大陆的体质，适应不了旧大陆的疫病，1617年她染上天花（一说肺炎），死在英国。后来她的故事成为一个的传奇，直至20世纪末，还被迪士尼拍成一部卡通电影，也就是著名的《风中奇缘》。影片根据波卡洪塔斯与约翰·罗尔夫的传说，编造了一个浪漫故事，基调是和谐美好的迪士尼风格。当然，这一切与史实相去甚远。

就在波卡洪塔斯去世这一年，她远在故乡的父亲波瓦坦也因年迈，退居二线颐养天年去了。波卡洪塔斯的哥哥奥佩堪卡努即位，他对白人怀有敌意，而詹姆斯敦的殖民者察觉之后先下手为强，刺杀了奥佩堪卡努十分倚重的部落祭司，引发大规模冲突。当时实力尚不足占绝对优势的殖民者虽然获胜，但损失惨重。加里纳什编著的《美国人民》中称，弗吉尼亚25%的白人死于此次冲突，经济损失更险些导致弗吉尼亚公司破产。

严重的伤亡使双方结下血仇。1622年，做好准备的白人发动复仇战，伦敦方面的弗吉尼亚公司下令"根除印第安人，使这一民族不复存在"。这样的作战原则下，加上压倒性的武器优势，波瓦坦人很快惨败，传统的属地被蚕食大半。后来弗吉尼亚人口日益增加，烟草种植又很消耗土地肥力，为此他们需要不断开拓新的土地，而波瓦坦人的生存空间也被挤压得所剩无几，只能背井离乡，抛弃对他们来说有着神圣意义的祖先埋骨的桑梓之地，迁往更加荒莽的内陆。

在马萨诸塞，类似的故事也在上演。1621年，温馨的感恩节过去之后，土著人和清教徒彼此的温情也逐渐冷却，这是因为普利茅斯的移民越来越多，他们一登陆就圈占看中的土地，与土地真正的主人印第安人的利益冲突逐渐凸显。

马萨诸塞的印第安人分属若干不同部落，对白人的态度或软或硬，而他们彼此间又都不乏陈年宿怨，白人移民很敏锐地发现这一点，并且明智地采取了科尔特斯曾实施于墨西哥谷地的策略——分化瓦解。1636年下半年，普利茅斯以北一贯敌视白人的皮克特人，劫持了一艘英国船，杀死船长，抢走货物，普利茅斯殖民地决定，借此机会向其开战。

这场战争持续到1637年，白人在其土著盟友配合下，最终包围了皮克特人大本营，他们决定用一场种族灭绝来作为战争的收尾——

> 那真是可怕，那些人在火中煎熬，血流将火淬灭，从中发出的臭味更令人感到恐怖。但是，胜利似乎是一场甜蜜的牺牲，（殖民者们）口诵对神的赞词，似乎神为他们造就了这壮观的一切。剩下的人四处逃散，而四周的印第安人极其恐慌，不愿给那些人提供避难之所。（威廉·布拉德福德《普利茅斯开拓史》下卷第十八章）

这是当时率领白人的普利茅斯总督威廉·布拉德福德的记述。而他们后来还要求其他印第安部族，连提都不能提起"皮克特人"这个词，白人移民打算以这种彻底根除的方式，来宣示他们的主宰地位。

皮克特人灭亡之前，曾联系站在白人移民一边作战的印第安部落，晓以唇亡齿寒之理，警示他们，如果皮克特人被消灭，接下来就该轮到他们了。可惜，这些白人的盟友既享受与强大同盟一起消灭宿敌的成就，又慑于白人在战斗中表现出的令人敬畏的威力，他们并没听信皮克特人的警告，而后者预言的一天，也终于来了。

波卡诺基部落是最早帮助普利茅斯移民并与之结盟的，但到了1670年代，"五月花"号到港之后的50年间，普利茅斯、马萨诸塞、罗得岛等地居住的白人已达数万。波卡诺基人作为他们的资深同盟，尚能与之维持和平，但白人每增多一点，波卡诺基人的边境线就会收缩一点，半个世纪来一直遭受挤压的波卡诺基人终于不堪忍受。

当时的波卡诺基首领，是马萨索（卒于1661年）的幼子梅塔科迈特，而白人习惯叫他"菲利普王"。这是英国移民给他取的名字，此前他们已在印第安盟友中推广他们熟悉的政治框架，帮助印第安部落的首领加强权力。因为控制一个对部落事务有决定权的酋长，显然要比控制一个带有原始民主性质的长老会之类的机构容易，用我们熟悉的意识形态语言表述就是扶植傀儡，充当自己的利益代言人。作为马萨索的直系后代，根正苗红的菲利普王就是他们这样扶植起来的，此前他的两个兄长也曾这样被扶立。

不过菲利普王不甘做一个这样的傀儡，这有他的性格原因，更主要的是因为被白人觊觎的波卡诺基人实在已到了退无可退的地步。当时的一位部落首领曾十分沉痛地阐释过这种处境：

> 我们的祖辈有充足的鹿和毛皮，我们的草原上到处是鹿，我们的森林里也到处是火鸡，我们的小溪里到处都是鱼。但是这些英国人抢占了我们的土地，他们用长柄镰刀割掉了我们的草场，用斧子伐倒我们的树木，他们的牛马吃了我们的草，他们的肥猪拱翻了我们的蛤蜊塘堤坝。我们就要饿死了。（詹姆斯·洛温《老师的谎言：美国历史教科书中的错误》）

除了艰难的生计，移民们还越来越强势地试图用英国的法律和宗教来约束波卡诺基人，使其放弃传统的文化与生活方式，归化于英国人制定的规则。这种文化打压，更激发出菲利普王及其族人压抑已久的民族自尊，波卡诺基人眼中的英国人正逐渐从朋友变成敌人。

1675年，菲利普王联络周边部落，准备对抗殖民者，而他的族中有个亲英的印第安基督徒，将此消息透露给白人，随后被愤怒的波卡诺基人抓住杀死。而三名直接参与此事的波卡诺基人，被殖民法庭判处绞刑。

这起事件导致冲突提前爆发。夏天，印第安人突然发起闪电战，杀向准备不足的白人定居点，波卡诺基人是主力，而其他一些曾与白人"友善"的部落也忽然倒戈，包括曾与普利茅斯人一起血洗皮克特人村庄的纳拉甘塞特人。白人措手不及，损失惨重，以至于新英格兰地区颁布了北美殖民地的首个征兵令，要求16—60岁的男子必须参军，对抗印第安人，但这一征召收效寥寥。

然而，菲利普王和他的泛印第安战线对战争的理解，显然太过蒙昧，他们只了解部落间的冲突，而对这种两大族群间的总体战争，则完全没有准备。初始的成功之后，他们的攻势于1676年初放缓下来，因为他们事先并没准备好充足的给养，战事陷于停滞。而由于组织水平的低下，他们的统一指挥系统此时也已濒于失灵，有的部落满足战果，不想再打，要求退出。

到了1676年夏天，坚守了快一年的白人缓过气来，实施反攻，在康涅狄格河畔的一场主力会战中击败印第安联军。统一战线瓦解，菲利普王及其核心部众只能改打游击，他们想向西撤退到美洲内陆，但于8月12日被白人伏击，菲利普王就擒，面对这个当年救命恩人马萨索的儿子，白人并不考虑什么故人之情，将他斩首。至此菲利普王战争结束，白人逆转获胜。

这场战争的后果是千余名白人士兵阵亡，这一数字超过独立战争之前的任何一场北美殖民地参与的战争。整个新英格兰的90个清教徒城镇中，52个被袭击，13个被彻底摧毁，1200户家庭变成废墟，8000头家畜死亡，整个地区背负了超过50万英镑的债务，经济用了40年才恢复到战前水平。

但战败的印第安人方面的损失，就更惨重得多，他们阵亡的人数至少两倍于白人移民，整整一代青年男子战死。战后他们失去了全部的土地，包括菲利普王妻儿在内的全部波卡诺基人，被卖到西印度群岛，成为西班牙人种植园里的奴隶。至于菲利普王，他的首级成了一个战利品，被挂在普利茅斯，"悬头槁于蛮夷邸间，以示万里"，一挂就是25年。

其实无论波瓦坦人，或皮克特人，还是菲利普王，他们的遭遇仅仅是大西洋沿岸印第安部落的一个缩影，更多的印第安部落在白人的移民浪潮中被冲刷得无影无踪。即便是后来的以"人人生而平等"为立国精神的美国，也并没把他们视为平等的对象，反而带给整个北美土著群体更大的无法弥补的伤害。

白人的杀戮、抢掠、贩奴等行为，无所不用其极，从早期英国人故意将沾染天花等病毒的衣服送给印第安人，到后来宾夕法尼亚政府公开悬赏剥取印第安人头皮，这些都严重触犯他们自己的基督教信仰。为了给自己的罪行开脱，他们就用自己的理由和视角来解释这段历史，将一切责任归罪于印第安人的"野蛮冥顽"，将印第安人对自己的战争说成"野蛮对文明的入侵"，而己方发动的则自然是"文明对野蛮的征服"。他们永远忽略一个最基本的问题：居住了仅仅几十年的外来者，和千万年世居于此的原住民，究竟谁更应该被视为入侵者呢？

尼采说，"记忆说：'我做了'，而虚荣心说：'我没做'，最终虚荣心战胜了记忆"。白人移民以这种自欺欺人的方法，暂时赢得了对自己内心良知的胜利，然而，最终胜利的只会是历史的真实。就好比一户人家，祖辈是靠烧杀掳掠起家的，积累的第一桶金就是带血的贼赃，子孙再怎么光鲜，也洗脱不了这个原罪。

尽管美国的教科书中对殖民时期针对原住民的暴行仍然闪烁其词，但学界与民间仍不乏正视历史、反思历史的勇气。美国历史学者詹姆斯·洛温教授考察了美国各大学的十余本通行历史教材，得出结论，尽管其中多数仍是以白人视角阐释历史并透出白种人的优越感，但像19世纪那种对印第安人"野蛮粗暴愚昧"的单线条描述，已经不见；对"红白冲突"，已不再单纯将之定义为"文明征服野蛮"；尽管这些书中对印第安人的文化和世界观的阐释还很肤浅，但至少已经在尝试，用他们的眼光看待历史。

这种反思也体现在文艺作品中，比如20世纪90年代获奥斯卡奖的影片《与狼共舞》。而几年前在全球掀起票房狂潮的好莱坞科幻大片《阿凡达》中，以到外星球殖民掠夺的人类为反面角色，描写处在原始状态的外星人与有良知的地球人联手赶走人类殖民者，这样的故事设定，某种程度上也可视为前述的反省意识与忏悔心理的外在投射。

当然，再多的反思也无法补偿和洗雪印第安人的苦难史，尽管他们已是美国承认的公民。人权状况已有所好转,但他们丧失祖辈土地、丧失本来应有的主体民族地位,乃至丧失传统文化和习俗的命运,已无从更改。好在,往事不可追,但来世犹可待。正如詹姆斯·洛温教授在其著作《老师的谎言:美国历史教科书中的错误》一书中总结这段痛史于今日之意义:

  印第安人的历史告诉我们,美国及其前身英国殖民地对这个世界罪孽深重。对此我们必须永记不忘——当然,这并不是要纠缠于我们的过失,而是要理解并记住,我们再也不能制造伤害。

11
歧路

17世纪，也即美利坚雏形肇造的这个世纪里，世界上其他地方也发生了许多大事，其中最重大、对后世影响最深远的事，就发生在这些北美移民的母国：英格兰。这个世纪里，英国发生了一场内战，一个王朝被赶下台。这并不是英国历史上第一次内战，更不是第一次改朝换代，但不同于以往之处在于，这一次旧王朝倒台后起而代之的不是一个换汤不换药的新王朝，而是一种英国历史上前所未有的新政治体制。

1642年英国爆发内战，交战双方是议会和国王查理一世，战争的起因是查理登基以来常年的重税与专横。帝王这个职业，征赋税和耍淫威这两件事就是本职工作，有时候底层百姓受不了了揭竿而起还可理解，何以竟引起同属"统治阶级"的议会发兵动武呢？这就要从英国的政治传统和权力结构说起。

先要回溯遥远的13世纪初的一位故人，就是当时的英国君主"失地王"约翰，大名鼎鼎的"狮心王"理查之弟。作为一母同胞，约翰有和他哥哥一样的贪婪与冷酷，可惜没有人家的本事，他在位期间也像理查一样积极介入欧洲大陆的争霸战，结果却是一败再败，几乎输光了英国在法国的领地，从英国抽丝剥茧得来的捐税也都打了水漂儿。1214年，在决定性的布汶战役中约翰又败于他们家族的头号大敌法王腓力二世，终于让一些英国贵族忍无可忍，他们于1215年在伦敦发起暴动，并在该年6月15日，胁迫约翰签署了《大宪章》，规定了王权的限度。《大宪章》共计61条，其中不少条款后世观之如同鸡毛蒜皮，但也有两条发挥着恒久的影响：未经法律许可，国王不能逮捕自由人；不经议会同意，国王不能征税。这两条分别从法律层面保证了人的人身权利和财产权利，而这两者合起来，几乎就等于"自由"。

约翰无能又邪恶，被视为英国历史上最坏的国王之一，在他之后，时至今日的近800年间再没有以"约翰"为名号的英国君主出现，简直有点"人自宋后羞名桧"的味道，然而在他任内通过的《大宪章》泽及后世。尽管《大宪章》带来的自由适用范围还仅限于缔约的贵族，并未推及全体英国人，但毕竟算是将坚固的王权凿开了一丝缝隙，仿佛阳光照进黑暗沉闷、如同铁屋的中世纪。"法律高于国王"，以这一超越时代的理念为路标，英国人的自由之路开始铺建。约翰签约后不甘权力受限，发动反扑，结果很快失败身死，这也说明，"有限王权"的模式已开始运转，国王个人的意旨已不能主宰一切。约翰的儿子亨利三世在位期间，《大宪章》的条文被重申和细化，英国议会的雏形也诞生了，代议制这一创新模式的实验开始。到了14世纪，议院又分为贵族和神职人员组成的上院，以及骑士与自治城镇代表组成的下院，尽管选民范围还很小，远没实现"普选"，但已有更多阶层的利益代表被纳入权力机构，从而使权力体系更趋多元化，王权受到更多的限制。

此后英国的议会政治虽然屡屡受到试图收复失地的王权的挑战，实力盈缺不定，但一直坚持了下来，始终握有征税、立法，以及弹劾国王与大臣的权力，成为悬于王权头顶的利剑。

到了16世纪的都铎王朝时代，"红白玫瑰战争"带来的毁灭性影响，欧洲宗教改革和近代民族国家形成的大背景，尤其是亨利八世时代驱逐了代表教权的天主教会，去除了一个重要的制衡力量，同时导致外来威胁加剧，这些都为王权的回潮创造了条件。无子嗣的伊丽莎白一世去世后苏格兰王詹姆斯一世继位，开创了斯图亚特王朝。这个王朝来自另一种政治文化环境，比起《大宪章》的"王在法下"原则，他们更愿意信奉"君权神授"。到了詹姆斯之子查理一世在位期间，专横尤甚于其父，在他任内，英国卷入欧洲大乱斗"三十年战争"，苏格兰又爆发起义，为保障军费开销，查理屡次擅自派饷征税，长时间不召集议会。当议会提出请愿时他又抓捕迫害劝谏者，这些有违法律精神和英格兰政治传统的举动，最终导致国王与议会、王权与法律的矛盾总爆发。一场内战打了6年，1648年查理战败，次年1月被押上断头台，铡刀落下，王权时代暂时终结。

此后英国进入了短暂的共和时代，结果不久后战争英雄奥利弗·克伦威尔以"护国公"头衔，成为事实上的独裁者，反不如初。经历了并不算成功的共和国尝试，英国人终于在克伦威尔死后又迎回了被赶走的斯图亚特王朝后裔，但君主制再也没能随着王室一起复辟。当这个政权的第二位国王詹姆斯二世露出独裁极权苗头，并可能恢复天主教地位时，议会立刻迎立国王的女婿、荷兰执政威廉入主英伦，詹姆斯二世流亡法国，威廉成为英国新王，称威廉三世。这次政变发生在1688年，因没有造成流血冲突而被称为"光荣革命"，次年英国通过《权利法案》，确立了"君主立宪"这一在当时领先于时代的现代政体。

从《大宪章》到《权利法案》，英国人的自由之路，虽历尽艰辛，总算越走越宽，在17世纪时已走在了全世界的最前列。然而，他们不能也不想让其他人等跟上他们的脚步，甚至对他们殖民地上的人也一样，英国人为他们设置了完全不同的另一条路。

对于殖民地，英国政府最初为其设定的角色就是原料厂、印钞机，殖民地存在的意义，就是成为一个稳定的海外财源。这种政策的理论根源，就是当时在英国乃至整个欧洲范围内占主导地位的经济学思想——重商主义。

这种理论，以货币（贵金属）的占有量为衡量国家富强程度的最主要依据，以获取贵金属为终极追求，基于此，主张以政府行为干预经济领域，从而保证金银等贵金属更多地流入，更少地流出。早期的重商主义理论，带有朴素的守财奴色彩，主张遏制消费，少进口。15世纪到16世纪前半段，英国依据此理论制定了不少政策，勒紧腰带不买洋货，以守身如玉的姿态拒绝一切外国商人的诱惑企图，坚决防止本国金银货币流入外国人之手，确实依赖进口的必需品，也要求外国供货商拿到货款后必须在英国花光，才能离境。但这种政策的效果可想而知，陷入自我封闭的英国，自然不可能获得预期的经济繁荣，即便真能做到只进不出，到头来也只能落得"穷得就剩下钱"。到了16世纪后半段，英国人终于想明白了，要攒钱，不只在于节流，更在于开源，多花点不要紧，只要保证挣的比花的多就行了。重商主义理论也做出了修正，改为最大限度地追求贸易顺差。

但各国谁也不比谁傻，都希望自己在国际贸易中维持出超地位，而此时随着地理大发现，殖民地出现了，重商主义经济政策也有了用武之地。

截至七年战争后，英属北美十三殖民地的基本情况大致如下：

地区	所含殖民地	人口	主要产业	对英国经济依赖度
北部（新英格兰）	马萨诸塞、康涅狄格、罗得岛、新罕布什尔	63万	林业、船只及航海用具制造业、酿造业、渔业、牧业、航运业、贩奴贸易	较低
中部	宾夕法尼亚、纽约、新泽西、特拉华	58万，含黑人约4万	粮食作物种植（小麦为主）、皮毛贸易、矿业	中等
中南部	马里兰、弗吉尼亚	65万，含黑人约26万	经济作物种植（烟草为主）	较高
南部	北卡罗来纳、南卡罗来纳、佐治亚	36万，含黑人约15万	粮食作物种植（稻谷、花生为主），经济作物种植（靛蓝、烟草、棉花为主）	较高

（数据来源于雅克·索雷《18世纪美洲和欧洲的革命》）

由上表可见，除了新英格兰地区，北美殖民地的经济多以农牧等低端产业为主，正可作为廉价的原材料产地。随着17世纪殖民地壮大、人口增多，北美又成了英国最理想的工业品销售市场，堪称重商主义理论的完美试验场。

英国人据此制订了殖民地政策，以期使北美最大限度为英国经济服务，具体举措主要有三项。

第一，就是1651年的《航海条例》，前文提到过，该条例规定：向英国及其海外殖民地出口货物，必须由出口国本国的船只输入，或雇用英国船。这本是针对航运大户荷兰量身定做的损招，也确实收效良好，但该条例损人之处多，利己之处却少。因为根据条例，殖民地理论上仍可以和世界各国进行贸易，尤其是出口，英国管不着，也就实现不了垄断。为了修补这个漏洞，英国方面又于1663年出台《主要商品法》，规定欧洲其他国家销往英属北美的商品，不能直接运送，必须先运到英国本土再重新装船转运。这个过程中，英国自然不会放掉雁过拔毛的机会，他们要抽取一次关税。对卖家来说，这一番周折增加的关税以及运输、贮存、时间等成本，只能转嫁到商品运抵北美后的售价上。这一来损了买卖双方，肥了英国海关。

对英属北美殖民地来说，影响更大的是英国的"商品清单"政策。英国方面开列清单，划定若干美洲出产的商品只准销往英国，不许另卖他人。首批被清单"列举"的商品包括糖、烟草、棉花、靛蓝等，都是英国本土不出产或很少出产，却又十分必要的物资。如此一来，由于英国成了这些殖民地商品的唯一买家，定价权自然由他们说了算。该政策最早于1660年，作为《航海条例》的修正案之一开始实施，后来，从17世纪晚期直到18世纪中叶。由于尝到甜头，英国人"清单"的列举范围不断扩大，大米、糖浆、甜酒、木材、松脂、沥青、毛皮等。凡是英国人需要的，或是可以加价转手的，都被列入清单，一句话——"不管什么商品，只要能够加强英国在世界贸易中的地位，有利于英国工业家及商人，或者可以增加关税收入，就要把他们列举出来"。

比起前两条，英国人对殖民地的第三项政策，影响来得更深远也更致命。从上面的商品清单中可以看出，被列举的基本都是农副产品和造船材料这类低附加值的产品，英国人鼓励殖民地出产上述产品，就是想让他们永远地自觉定位为原材料和农产品基地，但光有"利诱"还不够，英国人还通过强制手段，限制其发展工业。17世纪正值英国圈地运动带来的羊毛纺织业腾飞期，但英国人硬是不让殖民地人民跟着沾光。先是在1699年禁止殖民地出口羊毛纺织品，次年干脆连各殖民地之间的毛纺品贸易也禁绝了，都由英国独家供货；1733年为了维护英国制帽业利益，又禁止殖民地之间销售帽子。至于迫于英国本土需求不得不发展的工业，也要严加限制。例如英国需要殖民地开采本土紧缺的铁矿，但为了维护本土冶金业的利益，1750年英国通过《铁法案》，殖民地禁止生产铁器，搞到后来，北美连铁马掌都不能自给。更过分的是英国人从美洲收购粗铁，运回去制成器具后，又大批量销回北美，简直摆明了拿殖民地当冤大头来宰。

综上，用《航海条例》及《主要商品法》控制北美的进口，用"商品清单"政策控制其出口，用强行划定的产业结构控制殖民地的发展，英国人以这三条绳索将北美殖民地牢牢绑定在对英国的依附地位上。此外他们还通过司法、民间信贷等方式，进一步控制着北美命脉，并将之视作理所应当，傲慢地宣称"一个殖民地政府的一切行动，都应服从母国的利益……与母国的利益相违背的任何殖民地上的计划或商业收益，都应该被认为是不合法的……因为殖民地的目的就是这样的，如果不能利用殖民地，那么国家还不如没有殖民地为好"。

其时英属北美殖民地毕竟创建时间尚短，从经济到防御，诸多方面要仰赖英国本土，加上在当时的技术条件下，英国也无力完全禁绝殖民地以走私形式与其他国家贸易，因此英国的禁锢政策尚不至于引起殖民地居民太强的反感，彼此的依存关系使两方保持着微妙的平衡。

17—18世纪，大西洋两岸同文同种的盎格鲁-撒克逊人走在两条截然相反的路径上，一边的路通往自由，另一边的却通向控制、压榨，甚至是奴役。当时的英国当权者满意于这种状态，却没意识到脱胎于他们的殖民地居民对自由的渴望与他们当年别无二致。18世纪初，在种种不公待遇的刺激下，美洲的知识界已开始觉醒，发出对自由之福祉、平等之权利的呼唤，当年奔腾呼啸于英国的自由之潮，也在北美暗流汹涌，并终将决堤而出。

> **按**
>
> 重商主义并非持该理论者之自谓，而是后人对这种经济理论的概括命名，最早出现在亚当·斯密成书于1776年的《国民财富的性质和原因的研究》(即《国富论》)中。本章涉及的历史时段中尚无该名词，为表述方便，姑且采用之。

12

盈极必损

英国不是唯一染指北美的欧洲国家。在此前的竞争对手西班牙、荷兰、瑞典纷纷出局之后，当英国人准备由大西洋沿岸向北美内陆再进一步时，却发现已有个百年宿敌挡在眼前，那就是法国人。

法国人踏足北美比英国人还早几年，地盘占得也更大。他们从北边的圣劳伦斯河和南边的密西西比河同时入手，占据了加拿大和路易斯安那等5大块幅员广阔的殖民地，不但由南到北对英国人位于大西洋沿海的殖民地形成包围之势，还阻住了对手西进拓土之路。

截至18世纪中叶，英国人与法国人在北美先后打过大仗3次，小仗无数，起因多半都是欧洲本土国家王位继承权这类的烂账。到了1754年，规模最大的一仗终于爆发，英国人和五大湖地区的土著易洛魁联盟与法国人及其土著盟友为争俄亥俄河流域的归属权展开大战。到了1756年，英法以及各自盟国在欧洲本土也兵戎相见，奥地利、普鲁士、西班牙、俄罗斯都卷了进来，战火波及欧亚美非四大洲，这就是被丘吉尔称为"真正的第一次世界大战"的七年战争。大战于1763年结束，英法殖民地之争作为大战先导，事实上打了9年。由于英国人的主要敌手是法国人和印第安人，因此北美分战场的战事又被称为法印战争，最终英国大获全胜，法国割让经营多年的魁北克，并把路易斯安那转给西班牙，后者则把东西佛罗里达（含今天美国整个的佛罗里达州、亚拉巴马州和大约半个密西西比州）割给英国人。

北美地界上的"新法兰西"就此除名，英国人兼并了密西西比河以东，从墨西哥湾直到北冰洋的半个北美大陆，地盘猛涨数倍，成了战争最大赢家。此外英国还接收了法国在印度等地的殖民地，新的"日不落帝国"正在形成。然而，日中则昃，盈极必损，这也是必然规律。英国人大快朵颐之际却没想到，他们吞下的已远远超出了他们的消化能力。

为了经营新老殖民地，当时的英国首相乔治·格伦维尔及其班子对美洲制定了三项新政。可惜，一项比一项错得厉害。

第一项是关于土地的。新吞下的原法国殖民地，地广人稀，英国人一时也来不及筹措人手加以开发，索性就暂时留给亲英的印第安部落当保留地，这些土著多是出色的猎手，正好让他们发挥特长多多打猎，为英国商人提供廉价动物皮毛。至于原有的13个殖民地，也维持现状继续做原料产地，北边的新英格兰地区负责渔牧业产品、木材及造船组件，中部的宾夕法尼亚等地是小麦基地，中南部弗吉尼亚等地提供以烟草为主的经济作物，南部的两卡罗来纳外加佐治亚则作为棉花以及稻谷等粮食作物的主产区。

为此，1763年英国以国王乔治三世的名义颁布了《皇家宣言》，正式文件名称是《英王乔治三世关于禁止移殖和开垦阿勒根尼山脉和密西西比河之间土地的布告》，宣布"无论现在和将来，发自西部和西北部而注入大海的各河源以西的一切土地和领土都应保留在我（英王）的主权之下……现在我严格禁止我心爱的全体臣民在此购买任何土地，或向此间任何地方移殖，或未经我特许而占有上述地方，违者严惩不贷……"

公告划定了一条限制界限，基本就以北美洲大西洋沿岸的阿巴拉契亚山脉为界。英国人告诫殖民地，老老实实待在自己地盘，不要惦记着山那边。

而英国人高估了自己对殖民地的掌控能力，或者说高估了殖民地居民的觉悟。英国人以为大家都是大英帝国臣民，全国一盘棋，战利品怎么分配都是大局所需，就像自己的钱，随便放在哪个口袋都无所谓。美洲人却不可能这么看问题。七年战争的时候殖民地组织民兵配合着英国远征军并肩作战，尽管英国军官一直觉得他们懒散低效不堪大用，但美洲人自觉没有功劳也有苦劳，不管怎么说军功章也得有一半，现在英王却要一口独吞，美洲人不免感觉被人平白当枪使了。

再说，山那边都是些什么地方？西弗吉尼亚，就是约翰·丹佛唱的"Almost Heaven, West Virginia"——天堂一样的西弗吉尼亚啊！还有俄亥俄，沃野千里，又守着五大湖，农林牧渔要什么有什么。这些好地方殖民者早就垂涎已久，过去这里都是跟法国人交火的前沿阵地，还有人冒着风险翻山越岭跑来拓荒，现在好不容易打跑了法国人，想不到自己的"祖国政府"护食比法国人还厉害，不但不许他们分享，就连已经住这儿的还得搬走！他们的失望与愤怒可想而知。

这口气美洲人终究还是忍了下来，毕竟此时他们的利益跟英国人还算一致，再说当时的技术条件下，英国人也没法真的控制那么严。但英国方面接下来又出了第二项新政：驻军。

七年战争英国大胜，法国大衰，但毕竟是百足之虫，英国人不敢掉以轻心。而且由于法国人跟印第安人关系更融洽，新征服之地上的亲法土著部族仍然叛服不定，就在1763年法国撤军当年，五大湖一带还发生过印第安部落反抗英国的"庞蒂亚克起义"。再说北美大陆的西半边还攥在另一个老冤家西班牙手里，英国人觉得至少要有1万名常备军镇守，才有把握坐稳北美江山。

从《航海条例》到《皇家宣言》，英国政策总让美洲人不舒服，他们也暗地里多有违拗，英国人睁一只眼闭一只眼。现在法国人打跑了，按说防务压力减轻，英国反而派驻这么多军队，莫非是终于腾出手了，要对北美实行严打？美洲人难免有此猜度。殖民地上种种流言一时泛起。不过印第安人的威胁他们也深有体会，英国驻军能威慑这些"蛮族"，总算也是好事，美洲人又忍了。

驻军是需要钱养的，英国方面早就算过，1万军人常驻美洲，每年薪饷就要22万英镑，算上营房、训练、武器等等，要将近40万镑。这笔钱放在今天，就是英超顶级球星个把月的薪水，但在当时，却占了英国年度国防预算的10%还多。随着战事终结，战争对军工、运输等行业的刺激消退，经济景气指数下降，反倒是长期战争导致的欧洲农业减产等问题逐渐显现。七年战争打下来，英国发行的国债上亿，财政困难巨大，国内税也升到20%的历史新高，远远超出警戒水平了，只能另辟财源。格伦维尔首相思来想去最后下定决心：羊毛出在羊身上，让北美殖民地分摊军费。

这个举措是风险超高的，在格伦维尔之前，不知有多少前人动过向殖民地征税的念头，但都忍住了，这个马蜂窝硬是没人敢捅，因为大家都记得引爆英国内战的是什么。此时形势逼人，格伦维尔终于要为天下之先了。

1764年格伦维尔内阁小试牛刀，从关税入手。4月，英国国会颁出《美洲岁入法》，降低了糖浆的进口税，但同时对外国出口到美洲殖民地的食糖、甜酒、葡萄酒等产品课以重税，糖税翻了一番有余，葡萄酒税更高，此外咖啡、靛蓝等原来免税的产品也加征新税。

由于涉及的课税品大都与糖类有关，这项法案又被称为《糖法案》。果然，此法一出，美洲哗然。十三个殖民地中商贸最发达的北部新英格兰地区，历来以"大西洋三角贸易"为经济支柱。所谓三角贸易，就是将当地渔牧业产品卖到加勒比的西印度群岛，换取该处出产的糖浆或甜酒，再将之转运到西非，收购黑奴，最后将奴隶卖给弗吉尼亚、南北卡罗来纳等南部殖民地的种植园主。由于西印度群岛分属英法西多家，新英格兰商人可以货比三家，法、西殖民地的价格较低廉，最为他们青睐。但《糖法案》一出，这两处卖家的税费激增，也就只好涨价，最终受损的还是新英格兰人。而这条贸易链各个环节的成本都随之增高，下游的弗吉尼亚等地庄园主们也叫苦不迭。殖民地抗议英国的关税政策损害了他们的利益，英国政府方面解释，这是为了筹措驻军费用。不解释还好，这一解释适得其反，本来驻军问题已经够让他们心里别扭了，现在这件事还要他们买单，于是，殖民地上反英之声四起。

《糖法案》让殖民地满怀怨怼，可惜英国政府枉做恶人，该法实施一年之后，伦敦方面发现远没收上预期的税额，原因自然还是早已在北美蓬勃发展的走私业。但事已至此，格伦维尔政府只能咬牙，继续铤而走险。1765年2月，一部破坏性超过以往诸般法令之总和的新法案，摆上了伦敦议会下院诸位议员的案头，这就是《印花税法案》。

13
滔滔两岸潮

税跟税不一样，关税属于间接税，是征收于进出口商。虽然关税高低左右进出口商品的价格，但毕竟不是从殖民地居民兜里掏钱，对后者的影响还只是体现在物价上。但印花税就不同，这是一种直接税，直接征收于每一个殖民地居民。

所谓印花税，是100多年前荷兰人的天才发明，课税对象是印刷票据，也就是说，所有的合同、文书、契约、单据、汇票、股票等，都要附加政府发行的印花税票，才能生效。同时，经税的票据也因此可以作为合法凭证。这对政府来说基本属于无本生利，因而在欧洲很快普及，英国与荷兰都商业发达，票据繁多，潜在税源格外广泛，而被课税者也乐于花点钱，让自己手中的票据具有法律效力，以便必要时作为呈堂证供之类。因此这一税种起初还挺受欢迎，被视为"拔最多鹅毛，听最少鹅叫"的良税。

格伦维尔内阁也是出于这个考虑，选择印花税作为突破口，抽税之余尽可能保证殖民地人民情绪稳定。该动议由当届内阁的财政秘书托马斯·惠特利起草成文，于1765年2月7日在伦敦的国会下院高票通过，定于当年11月开始实施。

《印花税法案》规定，自实施之日起，英属北美殖民地的一切印刷品都须加贴印花税票，不但商业票据、许可证、租约、遗嘱之类的商业文书以及法律文件要贴票才算生效，连报纸、历书、广告这类的印刷品，也要贴了税票才准许发行，违者罚款。印花税票由英国方面选定的有名望的殖民地士绅代售。或许是考虑到殖民地一直不曾纳税的现实情况，格伦维尔还格外贴心地对殖民地制订了优惠税额，税票最低金额的才半便士，最高的也只有20先令。据估算，平均每份文件需要加贴的税票不过1先令，远低于英国本土居民的税额。格伦维尔想不出，自己这样用心良苦体贴入微，殖民地人民还有什么反对的理由。

出乎他想象的是，《印花税法案》在北美掀起了轩然巨波。早在法案酝酿阶段，闻知风声的殖民地驻伦敦代表们已将消息急报美洲，各殖民地怨声载道。关税这样的间接税，相当于巧取，他们既防不胜防，又懒于计较，但印花税这样的直接税，却是明目张胆的豪夺，不但是对他们财产的侵犯，也是对自由人格和平等权益的践踏，是不可触碰的底线。当法案最终通过，北美的抱怨变成了怒吼，先后有9个殖民地议会上书抗辩，民间知识界更奋笔作檄，声讨英国的"暴政"，与英国议会展开大辩论。从1765年7月开始，以殖民地各大主要报刊为战场，一场席卷大西洋两岸的笔墨狂澜隆重上演。

论战中的第一个话题，就是英国究竟有无权力向殖民地收取印花税。

这个问题，在英国议会看来根本不是问题。殖民地既然是英国的衍生物，是根据英国国王颁发的特许证才得以建立的，并且殖民地居民自己也以"大英帝国臣民"自居，那么臣民纳税，分所当为，复有何辩？

这个逻辑，在当时算是放之四海而皆准，但英国议会大概忘了，他们英国人自己却是个例外。英国人，包括他们的美洲支系，对税收有着另外角度的认识：税是国民在自愿的基础上，通过议会"授予"国王或政府的，而不是国王或政府从国民处"收取"的，在正式的文书中，这两个词是绝对不许用错的。所谓自愿，就以选举制和代议制为体现，换言之，并不是因为你是国王或者政府就有权收我的税，而是我通过选票授权代表了我的人，才有权决定我是否有必要缴纳某种税。若无代表，则不纳税。

这种思维背后的理论依据，就是人对私有财产的自由裁量权。归根结底，税是源自纳税人的私有财产，人对是否同意让渡自己的私有财产，享有毋庸置疑的自主权。把自己的财产给谁、给不给、给多少，这都只能由财产所有者决定，其他的权力——王权也好，国家主权也罢——都无权置喙。用稍后的贤哲亚当·斯密的话概括，这种对私有财产的支配权，正是"最神圣的人权"。也如同前几年某部电影里那句很喜感的台词："天地万物，朕赐给你，才是你的，朕不给，你不能抢。"其实真正有资格说话这么牛气的，不是哪个"朕"代表的王权，而恰恰是民权，或者说，人权。

不可以政权侵犯人权——这种领先于时代的认识，是英国人从《大宪章》到《权利法案》，几个世纪上下求索，历经内战革命诸般困厄，终于得出的真知,也正是因此,他们骄傲地把自己的政体称为宪政,"英国式自由",借以傲视"法国或土耳其"那样的王权至上的"暴政国体"。在那些政体下,或许他们的国王、苏丹可以随意敛取,但在英国体制下,没门儿!具体到殖民地问题,英国国会里没有殖民地的代表,所以,还是那句话——无代表,不纳税。

在这条至高原则下,英国议会也嘴软了,只好改为动之以情:都是大英帝国子民,你们看看我们本土人民,缴的税比你们多,人家也没说什么不是?再说印花税是为了殖民地的防务,防备印第安人,这也是我们两地人民共同利益,我们也是执政为公,抽税为民,年轻人,朝廷也不容易……

类似这种的说辞更是毫无效果,因为辩论之时距离法案实施尚有近半年的时间,殖民地还没开始纳税。因此他们关注的根本不是缴多缴少的问题,有问题的是征税行为本身,而无关程度。

理在人家那头,英国人再怎么顾左右而言他,也绕不过"无代表不纳税"的重大原则问题。就在这时,忽然有人别出心裁,反守为攻,大论战也进入第二阶段。

此人便是《印花税法案》的主要起草者托马斯·惠特利,针对北美方面咬死了不放的"代表"问题,他来了个理论创新:实质代表论。惠特利的意思大致是,"无代表不纳税"没错,但谁说英国议会不代表你们了?所谓代表,不是这么狭隘的理解,我们下院议员不仅仅是代表所出身的某个选区,更代表着帝国范围内的所有平民阶层的利益,以制衡代表贵族阶层利益的上院,这么说来,我们当然也就代表了你们了。

此言一出,正辞穷理屈的英国议会如获至宝,纷纷援引发挥,帮着完善"实质代表论"的理论框架。又有个名叫索姆·詹宁斯的下院议员帮腔,所谓代表,并不一定非要是你选出来的才能代表你,比如英国的曼彻斯特、伯明翰,这些大城市在议会里都没有代表,难道议会就不代表他们的利益了?潜台词是,难道他们就可以不纳税了?

说实话,堂堂大英帝国,搞这种拙劣的偷换概念把戏是件挺跌份的事。不经许可非要征人家的税,这还只算是不讲理,不经许可非要代表人家,那就是不要脸了。

尽管"实质代表论"刚一出笼时,有几个美洲殖民地官员也一时大脑短路被绕了进去,但当美洲人一加批驳,结论立即清晰:英国的议员与殖民地人民互相了解吗？殖民地人民能对他加以限制吗？他对保护殖民地人民生命与财产负有责任吗？他熟悉殖民地的情况与需要吗？

这几个问题一列出，答案一望可知，毫无例外，都是NO！

代表不是随便说说的，首先要能为被代表者的利益负责，才谈得上代表，而这又需要代表者与被代表者有相互的了解、相近的背景、共同的利益诉求；其次，被代表者对代表者要有切实的制约手段，才能保证后者对自己利益的负责始终如一。当时的英国确有非选民，而且人数几乎10倍于选民，但这是受制于当时的技术条件，而且他们与选民毕竟同处一国，彼此了解，利益也有一定关联，说他们"被代表了"，还勉强说得过去，可是对殖民地来说，一群远在千里之外素昧平生甚至姓甚名谁都不大清楚的人，又何谈能代表"我的利益"？惠特利大而无当的空谈，分明是一种欺瞒，詹宁斯更是自曝其短，拿着不是当理说。试想，连曼彻斯特、伯明翰都尚未获得议会席位，可见英国的代议制尚需完善，选民范围尚需扩大啊，还是先改好了再推而广之于美洲吧。

此时，连英国七年战争时期担任首相的政坛名宿威廉·皮特都看出"实质代表论"实在不成体统："如果说英国下院中确有美洲人利益的代表，那这位代表具体是谁呢？难道是英国村野的某个乡绅或骑士？"皮特提出，只有美洲自己的议会才是他们利益真正的代表。"代表派"灰溜溜偃旗息鼓，败下阵来。

至此，美洲人一句"无代表不纳税"，以不变应万变，见招拆招，当者披靡。英国人对这条他们自己实践得出的铁律，绞尽脑汁也无化解之术。1766年，忽然有人灵机一动，来了个将计就计——既然你们说不纳税是因为在英国国会里没有殖民地代表，那就给你们国会席位，让你们派代表来好了！这个问题将大论战引入了第三阶段。

没错，此前殖民地一直的武器就是"无代表"，那现在给了你们代表资格，总该可以了吧？还有什么话说？

对殖民地来说，这看似大论战的胜利，也像是实现真正与本土英国人平起平坐的机会，很有诱惑力，此前因积极著文抗辩而享有很大影响力的殖民地知识分子詹姆斯·奥蒂斯都主张"参加帝国大议会"。不过，美洲人中另有见识超卓的有识之士，指出这一招是真正的钓饵，殖民地一旦上钩，就只会沦为奴隶。

1766年3月13日的《宾夕法尼亚报》刊文，剖析了参加英国议会的利弊，认为弊大于利，原因有四：第一，成本太高；第二，去了也是少数派，难以影响决策；第三，由于殖民地没有贵族，派的代表只能参加下院而无法进入上院，作用有限；第四，最重要的，一旦殖民地选派的代表离开美洲，孤处于英国，远离选民监督，很可能在英方的威逼利诱下变节，从而配合英国议会，以"合法"的形式侵害殖民地利益，而届时殖民地也将再没有反对的口实。

什么是高瞻远瞩，这样的见识就是。条分缕析，如醍醐灌顶，阐明了一点：再好的体制也需要技术层面的可行性保障，否则只会流于形式，反成祸患。道理越辩越明，三个阶段的大辩论，结论是：第一，英王和英国议会无权向殖民地征收印花税；第二，英国议院代表不了北美殖民地人民的利益；第三，派代表参加英国议会不可行，也不符合美洲的利益。

这就是美洲的共识，同时，这样的辩论也隐隐透出一个问题：美洲是不是已经大到英帝国无法容纳了？除了抗税，除了争取议会席位，是否还有更高远的目标值得追求？比如：自治？独立？

文斗环节北美完胜大不列颠，伴随进行的武斗，他们也不甘示弱。波士顿、康涅狄格、纽约，各个殖民地都组织抗税游行示威。1765年11月1日是《印花税法案》规定实施的日子，美洲人悲愤地鸣钟抗议，他们封闭港口，根本不许装有印花税票的英国船入港，英国任命的殖民地总督，以及那些英方钦定的印花税票代销人的公署和宅第都遭到冲击，同时殖民地自发开展了抵制英货运动。

在波士顿，抗议者在街头将印花税票代销商的塑像挂在树上，"处以绞刑"；在纽约，市民们树立起"自由柱"以示决心；在清教徒最早登陆的普利茅斯，一群市民在闹市抬棺游行，棺盖上写着"死者：自由。享年145岁。因印花税而亡"，而当下葬之时，棺椁里象征自由的"死者"忽然坐起，围观者高声欢呼，庆祝自由的"死而复生"；在宾州首府费城，人们敲响2000磅重的"自由大钟"，合着钟声高唱：

> 与生俱来的权力，我们永远不会出卖；
> 而会神圣地保存着直到我们的坟墓里去；
> 在我们屈服之前，我们将，
> 英勇赴死，
> 因为我们绝不是，也绝不会成为奴隶……

可令人遗憾的是，任何由怨愤激发的群体性运动，都很难不偏离理性轨道，情绪激动又自以为正义在握的示威者不可避免地造成了无谓的破坏。在很多大城市，亲英国的美洲人被视为叛徒，屡遭骚扰恐吓，一些同情殖民地的英派官员也被无辜殃及，遭遇打砸抢，很多珍贵的殖民地历史文献在动乱中散失。而执勤的警察与民兵根本不敢制止狂热的人群。当年英国人因为抗税，也闹过这样的"群众革命"，直到把一位国王都给革了命。现在同样的起因、同样的经过，倒是英国人成了革命对象，掉了脑袋的查理一世泉下有知，怕是要窃笑报应不爽。

北美大乱，伦敦方面也焦头烂额，作为名义上的征税者，英王乔治三世平白挨骂无数，大概也是每天喷嚏不断。这位国王当时年仅27岁，即位也才5年，对这样的棘手局面完全没经验。1765年12月，他召集内阁要求善后。当时英国每年的出口商品，有40%销往北美，美洲人的抵制风潮让英国出口商损失巨大，他们对英国议会的愤怒不下于美洲人，也纷纷上书要求废除《印花税法案》。威廉·皮特等主张怀柔，美洲的辉格党人指责格伦维尔内阁乱政误国，四面楚歌下，本就与国王关系不睦的倒霉蛋首相只好黯然挂冠。次年，接任首相的罗金汉勋爵在埃德蒙·柏克等有远见的辉格党同志影响下，宣布废除《印花税法案》。

殖民地欢腾，钟声再次敲响，这一次为了是庆祝胜利。比胜利更值得骄傲的是，这次抗争中他们业已觉醒的自由思想，很快也将如大吕黄钟，响彻北美。

不过，伦敦方面同时还发表了一份《权利申明法案》，宣称英国对北美殖民地拥有绝对主权，透出的弦外之音是：北美是英国的，不收印花税只是照顾你们情绪，而不是大英帝国没权收。虽然在当时的情势下这个宣言看起来不过像是败阵者的场面话，但这也预示着英国本土与北美殖民地的对立不会随着印花税的废止而终结，恰恰相反，较量才刚开始。

> **按**
>
> 本章节关于美英大论战的引用材料，都转引自李剑鸣《美国的奠基时代》。

14
虎狼入室

罗金汉勋爵是位没有多少经验的政治菜鸟，收拾了格伦维尔的残局后不久，他发现自己实在难以胜任大英帝国的首相，加上身为坚定的主张限制王权的辉格党人，他与乔治三世关系紧张。1766年7月，在任半年后他就退位让贤，英王只好请了七年战争后期与自己闹意见辞职的功勋老臣威廉·皮特出山，再度拜相。

威廉·皮特战时的施政风格霸道果决，连普鲁士的腓特烈大帝都赞其为"英国不世出的奇男子"，但在殖民地问题上，皮特立场偏于柔和。此前的印花税之争中，他和他所在的辉格党阵营同情美洲并为之声援，因此殖民地视他为"美洲之友"，皮特复出，美洲人十分欣慰。可惜的是，皮特此时虽仍在盛年（58岁），但履职不久就身患重病，在内阁只能挂名领衔，具体政务分属同僚们，这样一来，殖民地事务就由财政大臣实掌大权，此人名叫查尔斯·汤申。

汤申其人，曾与他同在下院的埃德蒙·柏克后来对他曾有传神描述如下：

> 他的才气之纵横，见识之深微与敏锐（若他冷静的话），不仅我国，也是天下所未睹的。他的知识，丰富固不及某些前人，但在短短的时间里，搜集必要的论据，以确立、阐发并修饰他的观点，以我的交往而言，并世者无第二人。

从这段扬中带抑的评价可以看出，此人是个头脑灵活但容易情绪化的人，思维敏锐，辩才了得，而且他还有个绰号唤作"香槟查理"，说的是他好酒，每每三杯两盏下肚，更增意兴飞扬，夸夸其谈，又带有极强的感染力。汤申性格强硬，对于印花税的较量，大英帝国竟不能奈何区区殖民地，一直心有不甘，而且比之格伦维尔内阁，汤申看得更长远，如果殖民地闹一闹，英国就退一退，迟早帝国会丧失对美洲的掌控力，必须将他们这种离心倾向扼杀在萌芽状态。

1767年皮特告病退休，又一位没经验的首相格拉夫顿上台，汤申代表的强硬派借机在议会中压倒了皮特时期占主流的亲美怀柔派。汤申提出，必须重振帝国在北美之威权，具体手段，还是征税。

汤申毕竟吸取了格伦维尔的教训，知道印花税这类的直接税触碰不得，同时他注意到北美殖民地抗议印花税闹得最凶的时候，也承认一个前提，那就是殖民地是英国的一部分，基于此英国有权管理其贸易。针对这一状况，汤申决定重拾传统而有效的指挥棒——关税。他十分煞费苦心地选取了玻璃、纸张、铅、颜料、茶叶，作为进口税征税对象。这些商品有两个共同特点：第一，都是必需品；第二，都是英国在殖民地的专营品。也就是说，英国是唯一的合法货源，殖民地不买也得买，税，不交也得交。

同时汤申还设计了两条配套措施：第一，严打走私，他提出在殖民地设立四座由英国人掌握的海事法庭，用以审判走私者，以免殖民地法庭像以往一样，自己人审自己人，时常徇私包庇；第二，将这部分税款用于支付英国委派的殖民地官员薪金，以往英方殖民地官员的薪酬也是殖民地议会发放，他们拿人手短，难免手下留情，不能尽心贯彻英国的法规政策，而现在英国拿殖民地的关税给他们发饷，成本还是殖民地负担，名分却变成了英国议会给的薪俸，殖民地有苦说不出。

这两条端的用心深刻，与关税法案天衣无缝，故而当1767年6月汤申在议会下院提交该案时，立即获得群起响应。志得意满的汤申故意高声宣读议案，还说："就是要让坐在外面走廊里的殖民地驻英代办们都听见！"

法案通过，眼见抱负将得施展，香槟查理大概要开香槟庆祝，可惜天竟不假其寿，《汤申法案》通过仅两个月，还未到实施日期时，汤申就病故了，享年42岁。而若是能预见这部自己才智所结的法案带来的后果，汤申或许会庆幸，死得其时。

《汤申法案》（也称《汤申税法》）被反馈回美洲后，不出意外地又引发了抗议示威，激烈程度犹胜前一回。虽然这回是间接税，或者说是美洲人提出的他们可以接受的"外部税"，但汤申瞒天过海的一招还是被看穿。《宾夕法尼亚报》上，一位署名约翰·迪金森的当地农场主连发12篇文章指出，这些课税品都是英国商人的专营品，英国立法获取垄断于前，现又巧立名目加税于后，况且这些商品本身在离岸时就纳过关税，已经含税，到岸时再收进口税，就造成重复征税，其剥削本质，与印花税一般无二。

各处殖民地的抗议者也再次走上街头，集会游行宣泄不满。而这一次，殖民地乡绅阶层的自觉意识将抵抗运动推上新高。在弗吉尼亚等中南部地区，种植园主们本来已习惯英国的奢侈品，但此时这群地主老爷发起了抵制英货运动。他们不买《汤申法案》列举的课税品，换下以前购置的锦衣华服，改穿本土出产的粗布衣装，饮酒品茶喝咖啡之类的雅好统统放下，改喝本土酿造的低档饮料，同时，暂停偿还英格兰以及苏格兰银行家的贷款。

抵制运动很快星火燎原，蔓延到13处殖民地的绝大多数地区，抵制范围也从涉税品扩大到"英国货一律不要"，连英国货船都不许靠港。

美洲人空前团结，英国方面无计可施。而美国人另有一项斗争手段，那就是百年来练就的看家本领——走私。英国酒是要抵制的，但也犯不着跟自己肚子较劲，不买英国酒，正好去买荷兰酒，还更物美价廉，吃饱喝足再跟你耗，看谁耗得过谁。

美洲走私商人的嚣张，也正是英国方面寻求的突破口，他们也打算以此为由，寻个把柄下重手压服殖民地。

1768年6月，一艘当地商船驶入波士顿港，码头上的英国海关缉私船早已在后面盯上。美洲船刚一停下，立刻被控制，水警上船一搜，人赃俱获，船上装的是一舱从荷兰进口的葡萄酒。船主名叫约翰·汉考克，波士顿大富商，而一个很有象征意味的巧合是，他被扣的这艘走私船，名字就叫"自由"号。

随后检察官提起公诉，汉考克被送上海事法庭，他偷运的酒有整整100桶，加上被查实的以往数次走私行为，如果被判有罪，他和几名同伙将被处以超过5万英镑的罚金，这在当时是一笔巨款。

此时，整个美洲殖民地的眼睛都盯着这场审判。因为海事法庭的存在和海关缉私人员的执法权，一直是他们的眼中之钉，早在1761年七年战争期间，英国的殖民地海关官员就借口殖民地与交战国法国做生意，要求殖民地议会颁发授权令，授予他们到嫌犯家宅仓房任意搜查之权。这在当时就引起不小反响，因为根据英国人一贯的观念，"家是城堡，风可进雨可进，国王不可进"——家是私人权利最后的庇护所，一旦公权获准闯入这个禁区，则"任何手持授权令的人都可能变成暴君"。当年那一轮抗争，最终殖民地议会顶住压力，拒绝了海关方面的要求，但《汤申法案》颁布，海事法庭终于建立了起来，当地人的陪审团不被允许在该法庭上出现。这等于将所有殖民地居民都置于随时可能被公权侵犯的危险之下，直接危及人身自由，比侵犯财产自由的印花税更令他们恼恨。因此，这场审判关系重大。

这年11月，汉考克案开庭，他的辩护律师非常聪明，案情清楚、证据确凿，他知道如果要辩称汉考克没有违法，那完全是无用之功，但他格外明智又一针见血地指出，英国海关方面所依据的"法律"，本身就是非法的。首先这部行之于殖民地、关乎殖民地切身利益的法案，立法时却完全没有征求过殖民地的意见，而是英国议院自作主张强行推行的，包括汉考克在内的殖民地人民"从未同意过"，是以，乱命不听，恶法不遵。他进一步指出，英国和美洲殖民地同处大英帝国框架之内，理应享有平等，而英国议院对两地却采取明显的区别对待，这对美洲无疑是歧视性的。所以，"海事法庭"之类针对北美的苛政，本身也是非法。

律师语惊四座，检察官都发现，他已触及问题的深层实质，即英国是否有权对北美立法，这可是涉及主权和执政合法性的原则问题。兹事体大，检察官也不敢深究，只好撤销对汉考克的公诉。这位办案的律师因其灼见与雄辩，一举成名，他就是未来的大人物，约翰·亚当斯。

汉考克获释，殖民地欢呼胜利，亚当斯的庭上发言很快见诸报端，他提出的问题也启发了殖民地的思考：究竟为什么要听命于英国？英国殖民政府威风扫地，一贯持强硬立场的马萨诸塞总督弗朗西斯·伯纳德，此时对殖民地几近失控，尤其是风口浪尖的波士顿，局势越趋紧张。

而在英国，仍是强硬派占优的议会方面已经气急败坏，抵制运动和走私行为让英国政商两界都损失巨大，早在汉考克案开庭前1个月，他们已做了出兵的打算。1768年底，英军驻北美司令托马斯·盖奇奉议会之命，遣出两个团4000人的兵力，赶赴波士顿。英国红衫军威风凛凛，开进城中，随后又有英军进驻纽约、费城等抗议活动高发的主要城市。

但北美的抵制运动并没因此而终结，反而一些原本的温和派也被英国人骄横的威胁之举激怒，在市民们眼中，闯入家园的英军与侵略者无异。人心向背更加不利于英国。确实，英国议院走了一步错棋，此种时局下还迷信武力，试图用枪来吓阻人民对自由的追求，这种简单粗暴的蠢行，如同扬汤止沸。波士顿局势并未因英军的进驻而缓和，相反，这个反英情绪的火山口将迎来一轮更加激烈的喷发。

15
喋血街头

1770年3月5日的波士顿，刚下过一场雪。

英军进驻已有一年多，尽管这是一支训练有素的职业军队，入城之前已被严格命令，不得滋扰当地，但他们的到来还是给波城带来了不小的麻烦。海港的军管状态，让过往商船——尤其是以往的走私客——避而远之，这严重影响了当地经济，更造就大批下岗职工；侥幸没有失业的，也时刻感觉被人监视，浑身不适，工作倦怠，昔日繁荣的北美第一大口岸百业凋敝。

街头又成了人们宣泄愤懑的场所。此前疾风骤雨式的抵制运动虽已平息，但小规模的抗议集会仍此起彼伏，位于国王大街的海关公署前，隔三岔五就有市民前来示威。而这天傍晚，又有不少人聚在了这里，三五成群地看着公署台阶前，一个半大小子操着稚气未脱的声调，高声指斥着一位英军士官。

此人名叫爱德华·加里克，是波士顿一家假发店的学徒，只有17岁，他奉老板差遣，来朝在此执勤的一位英军中尉约翰·戈德芬什要账。中尉其实已经向假发店老板还过账了，但加里克或许不知情，也可能是想借题发挥，吵骂不休，围观者则纷纷起哄帮腔。中尉懒得理会，旁边的大兵休·怀特看见长官受辱，过来驱赶加里克，小学徒见军官都被自己训斥得哑口无言，得意之下更不把这大兵放在眼里，又指着怀特破口大骂，大概问候了他历代祖宗。士兵的政治觉悟就是不如军官，怀特被骂得火了，挥起枪托迎面给了加里克一下。加里克惨呼一声，捂脸倒地，左近人等忙围拢过来，只见加里克半边脸高高肿起。群情一时激愤，围住戈德芬什和怀特七嘴八舌骂不绝口，街头巷尾又有不少人闻声而至。

争吵之声惊动了公署屋里的上尉托马斯·普雷斯顿，他是当晚在此执勤的英军最高军官，连忙带领身边的6名士兵一起跑过来劝解，但人群见了当官的现身，更是不依不饶。此时海关公署前已聚了不下三四百人，人多胆大，他们高声叫骂挑衅荷枪实弹的英军，"有种开枪"的叫板之声阵阵响起。

空气已十分紧张，普雷斯顿一边约束部下不许开枪，一边喝令围观者散去，但他的命令反而给人群壮了胆，人数上的绝对优势给了他们无比的强大感，都觉英军不过是色厉内荏，狂欢般的气氛在人群中蔓延。此时不知是谁高声喊打，接着就有人从地上拾起雪块掷向英军，其他人纷纷效仿。混乱中，一个士兵休·蒙哥马利滑倒在地，手里的步枪走火，鸣了一响。

人群骤然间静了下来，旋即继之以暴怒，大叫"英国兵开枪了"，挥动手里抓着的任何东西，打向蒙哥马利，也有人去追打普雷斯顿。局势失控，惊怒交加的普雷斯顿上尉下令，"开枪！"按捺已久的几名士兵当即排枪射击。这已和刚才蒙哥马利的擦枪走火完全不同，枪声响过，数人中弹倒地，刚才狂热的人群也被吓住，四散而逃。

英军的枪击造成3死8伤，伤者中有1人次日死亡，两周后又有一人重伤不治，共5人在冲突中丧生。其中，一位名叫克里普斯·阿塔克斯的混血儿被认为是首个中弹牺牲的，他是个刚获得自由不久的奴隶（也有说法称他是逃亡的奴隶），正在一条捕鲸船上当水手，后来他被追认为美国的"第一位烈士"。巧的是他还具有黑人、白人以及印第安人三重血统，这似乎也可以视为北美的三大族群都在独立斗争的第一时间为之付出了牺牲。

事件爆发当晚就传遍了全城，次日成千愤怒的市民上街游行。刚由副职转正不久的马萨诸塞总督托马斯·哈钦森为免激化事态，立即命波士顿的驻军全部退入港口内的一处要塞，并缉捕了普雷斯顿等参与事件的9名英军官兵。哈钦森还试图封锁消息，避免影响扩大，但这完全是徒劳，殖民地人有抵抗信息屏蔽的利器，那就是自由的媒体。美洲人习惯阅读，更将表达观点与了解真相之权视为不可剥夺的权利之一。此时北美十三殖民地上共有40余份报刊，尽管这些处在草创期的媒体还难免陷于情绪化，经常会立场先于客观理智，但也不失为对权力有效的制衡与监督。北美的邮政系统也十分发达，传邮驿站遍布十三州，邮差昼夜不停地传递信件与报刊，最北边的马萨诸塞出版的报纸，3天之内能递到最南边的佐治亚人手上，在那个时代堪称"信息高速公路"。

波士顿事件迅速在整个北美殖民地上扩散开来，与消息同时传递的，还有一幅版画。画面上冷月当空，波士顿海关公署前的广场上，英军士兵在军官指挥下,一字排开举枪射击市民,硝烟中数人倒地,其他人相互扶持着逃命,积雪覆盖的街道上,一片片猩红的血渍触目惊心。这幅画非常取巧地对时间、地点,以及英军和死伤市民的数量都做了"客观描绘",7人射击(比实际人数还少1名),5人倒地,并没夸大,让人挑不出毛病,但在构图上埋了心机——枪响之前的对峙气氛被省略掉了,仿佛英国兵是在冷静地、有计划地遵照命令开枪杀人,配上画作的题目"血腥屠杀",让人一见之下就觉义愤填膺。大概这也正是作者初衷。这幅带有倾向性的作品传遍十三殖民地,激起了美洲人的同仇敌忾之心,反英情绪再度高涨,波士顿事件也就此被称为"波士顿大屠杀"。该画的作者名叫保罗·里维尔,是波士顿当地有名的银制品商,家境富足,但性格并不安分,一直以美洲人的自由事业为追求,这幅轰动一时的画作是他在独立运动中传奇经历的开始。

殖民地的抗议如怒潮奔涌,哈钦森总督和盖奇总司令压力巨大,做出种种让步以期平息众怒,包括将军队从波士顿撤出,并且打算在必要的时候严惩普雷斯顿等肇事者,作为给美洲人的交代。法庭以谋杀罪起诉了普雷斯顿和他手下的涉案士兵,还有4名被指认向英军挑衅喊"开枪"的波士顿人,此时民众情绪和官方息事宁人的意愿,已压倒了案情真相,没有律师愿意为他们辩护。可怜这些士兵,在执行警备命令出了纰漏之后就被视为弃子,反而面临成为官方维稳政策牺牲品的下场。绝望的普雷斯顿提出请求,希望在汉考克案中赢得巨大威望的约翰·亚当斯为他们辩护。

当时,约翰的堂兄塞缪尔·亚当斯是波士顿抵抗组织"自由之子"的领袖之一,他希望借助事件掀起更大规模的抗争,因此力阻兄弟为英军辩护。但权衡之下,约翰·亚当斯还是选择了出庭,他和另一名律师乔舒亚·昆西一道,依据证据还原现场,力陈英军开枪是因为受到民众的威胁与侮辱,不得已而自卫。亚当斯有理有据的辩护和不偏不倚的立场,最终折服了法庭和陪审团,7名英国士兵和那4名同时被控的波士顿市民都被当庭宣判无罪,另有两人被认定率先开枪,法庭判处在他们扣扳机的手指上打表示谋杀罪(Murder)的"M"字烙印。虽然也是痛苦的肉刑,但比起上绞架,毕竟好得太多了。

"波士顿屠杀"事件就此了结,这是英国军方与殖民地居民的第一次流血冲突,有赖于亚当斯表现出的美洲人的公正、冷静与雅量,局面总算没恶化到不可收拾的地步,但美英裂痕再次加剧,越发难以弥合。亚当斯同时也在庭上表示，这起事件是英国在美洲驻军的危害的直接体现。

英国方面，此时首相又换了人，性格沉稳柔弱的弗雷德里克·诺思勋爵上台，他和他的内阁废除了收效甚微为患甚巨的《汤申法案》，美洲于是也停止抵制英货运动，到1771年中，英美间贸易完全恢复。

然而，英国政府也担忧如果一味纵容安抚，恐怕美洲人越来越难管束，最终会导致殖民地脱辐而去。为了宣示帝国主权，英国议院取消《汤申法案》添增的绝大多数关税项目同时，特意保留了其中的茶税，每磅3便士。

可以说，这不过是象征性的税收，英国不缺这点蝇头小利，而依北美的经济实力，按说也不应在乎这点小钱。可是，利益纷争退去，原则问题反而更加凸显，区区3便士，关乎的却是"英国有无税收权"的大是大非：问题不在于我付不付得起，而在于你有没有权收。

就如后来柏克所评价，"一个环绕四海的商业帝国的柱石，终于撼动于财政家不挂齿的三便士，哲学家不屑意的俗物如'茶'了"。

16

倾茶波士顿

大约4000多年前，我们伟大的祖先兼史上首位食品安全质检员炎帝神农氏前辈，在他著名的"尝百草"科研工程中无意间发现一种树叶，吃了以后神清气爽，泡水而饮，更可"润津止渴，提神醒脑"，于是欣然将其推广给族人部众，经过数代人的培育研发，终于成为东亚第一饮品。不用说，这就是茶。

当然，茶的历史未必真能追溯到传说中那么久远，但茶的魅力和上瘾度，却比传说中的还要厉害。当16世纪东渐的欧洲商客将这种神奇的东方饮品贩回故乡后，立刻风靡欧陆，更有医学界人士提出"每天一杯茶水，强壮一个民族"的全民喝茶倡议。当然，也有人指出，喝茶有风险，尤其是有的奸商用变质茶叶以次充好，每天一杯这样的茶，只会"喝死一个民族"，说这话的是当时丹麦国王的御医西蒙·鲍利。

其时种茶制茶之法尚为中国独有（印度有茶树但还没被欧洲人意识到），欧洲人想获得茶叶，只能通过他们开设在印度及东南亚的贸易公司。

由于在航海事业中起步较晚，英国人接触茶也晚于西班牙、荷兰等国，英国商人创立的东印度公司，虽然1600年就已经开张，但苦于没有理想的贸易口岸，在印度发展艰难。斯图亚特王朝复辟之后，急于寻找靠山的葡萄牙王室贴上来求联姻，不但要把公主凯瑟琳嫁给著名渣男英国国王查理二世，还送上在印度的重要殖民地孟买当嫁妆。有了这个贸易据点，英国东印度公司才有条件做东方茶叶生意。

在17世纪中期，英国只有王室显贵才能喝到作为奢侈品的茶；但到了18世纪中叶，东印度公司每年贩运回英国的茶已经由最初的100磅增长到将近4万磅，茶也成为英国上至国王下至乞丐都喜爱的饮品。而英国东印度公司也凭借贸易巨利迅速膨胀，可以在东方占地、铸币、募军、宣战、媾和、执法，几乎具备了国家的大部分职能，成了英帝国在东方的延伸。

英国人的饮茶之风也传到英属北美殖民地，尤其是弗吉尼亚等南方的种植园主，喜好附庸英国上流社会的风雅，下午茶是休闲享受的重要组成部分。每个慵懒的午后，宽坐品茗，"一碗喉吻润，两碗破孤闷"，好不优哉。

到了18世纪60年代中期，由于英国在印度以武力夺取孟加拉，战争破坏和随之而来的饥荒导致当地经济崩溃。到1770年，即波士顿血案前后，孟加拉人口锐减1/3，这也严重影响了英国东印度公司的经营。1773年，为挽救陷于危机的帝国重要财源东印度公司，英国人做了三项影响深远的决定：第一，提升孟加拉总督权力，使其整合英国在印全部力量，筹备侵占整个印度，使其由附属国变为直接领地；第二，在印度扩大鸦片种植，由东印度公司贩卖到中国，缓解对华贸易中的白银逆差，半个多世纪后的鸦片战争即种因于此（这是孟加拉总督黑斯廷斯的"地方性政策"）；第三，对东印度公司的茶退税25%，同时允许他们不按《航海条例》规定，将茶叶直接销到北美，而不必经由英国本土转运。

对英国人来说，前两项都将为他们的帝国事业带来巨大促进，但第三项，却是灾难。

本来按照英国议院的设想，东印度公司的运茶船直航北美，意味着省了进出英国要缴的关税，降低了成本，使这批茶可以在北美以廉价出售，不但有利于东印度公司的市场竞争力，也可让美洲人喝上便宜茶，甚至比他们喝的走私茶还便宜，算是惠民政策。而英国也想重拾废除《汤申法案》时留下的伏笔，征收茶叶进口税，要的不多，每磅3便士，弥补免税退税带给英国的财政损失还在次要，主要是以此重申帝国对美洲殖民地的主权。

这项法案被称为《茶法案》，1773年5月10日在英国议院通过。不久后消息传到北美，引发的爆炸性反应，甚至比《印花税法案》和《汤申法案》还要强烈。

应该说，这首先是出于经济层面的考虑。在北美，尤其是新英格兰地区，走私不是个别现象，而是作为一个完整的产业链存在的，从货源到销售渠道，莫不如此。具体到茶叶贸易，一般都是从荷兰人手里进货，价格远远低于含税的英国合法进口茶，但获得免退税优惠政策的东印度公司的茶，会比走私的荷兰茶价格更低，更具市场竞争力，更不用说他们背后有整个英帝国的支持。如果他们抢滩北美，整个殖民地的茶叶走私商怕是都要破产。为此，这些头脑敏锐的商人率先起而反对，借着10年来积攒的反英情绪，大造舆论，抵制英国茶。

但同时，也不能认为民众完全是被忽悠到抗议运动中的。如前所述，在与英国的几次博弈中，殖民地人民的自觉意识已经觉醒，越发体会到自己不可剥夺的天赋自由权，以眼前为例，廉价的茶是一种利诱，喝了这口茶，就意味着向英国付出了税金，也就意味着放弃了自己的财产自由权，进而从事实上承认了英国的统治权，而接下来帝国可能就会凭此权力，让东印度公司向北美输出更多的含税的垄断商品。这不是上纲上线，而是切实的逻辑链条。对自由之权的坚守，不能屈从于世俗利益的计较。

1773年秋天，就在殖民地的抗议潮中，7艘东印度公司的大船艰难地绕过大半个地球，驶进了美洲海域。其中3艘分别开往纽约、费城，以及南卡罗来纳的查尔斯顿，另外4艘则航向北美第一大港，波士顿。

北美人的"热情欢迎"让远道而来的航船始料未及：他们聚集在码头上，不许运茶船停靠，岸上愤怒的人群冲击海关办公地，本地的东印度公司代销商被拖出来揪斗，有的人甚至被剥光衣服涂柏油粘羽毛，这是他们从印第安人那里学来的私刑。美洲人怒吼着要求东印度公司的船"滚回去"，发誓不喝他们"罪恶的茶"。最终，来到纽约和费城的两艘船只能拉着满船茶叶驶回英国本土，查尔斯顿港的那一艘勉强卸了货，但被示威者堵在码头上，最终只能将茶寄存在由海关士兵把守的仓库里，一分货款没收到便空手返航。

最大的麻烦，还在波士顿。在这里，塞缪尔·亚当斯领导的"自由之子"是美洲最坚决的抵抗者。而此前一直容忍克制的马萨诸塞总督托马斯·哈钦森也意识到，这一轮的抗议不同以往，斗争的核心已不再是经济利益，而是英国法令究竟能否行之于北美的重大原则问题，直接关乎帝国主权，如果还一味宽纵将导致帝国威信彻底无存，若殖民地竟在自己任上失去，这是他不敢想象的，因此，他已退无可退。

满载的商船在海上，示威的市民在岸上，两下僵持，秋去冬来。到了12月，眼见规定的茶税交付期限将至，还是谁也不肯做出让步。16日这天，亚当斯率代表与哈钦森谈判，要求他让这几艘船返回英国，总督坚拒。抵抗者也决定，采取更极端的手段，以硬碰硬。

入夜，一伙不速之客出现在码头上，足有百余人，他们身着破旧的布衣，袒肩露臂，披头散发，脸上涂着锅灰，头上插着羽毛，谁看了都会觉得是一群破落的印第安人。其实，这正是塞缪尔·亚当斯和他的"自由之子"兄弟们。众人乘黑摸到水边，不远处的港口里，三艘运茶船就停在那里（另有一艘此前已损毁），自由之子兵分三路，分别攀上三艘船，用铁锨撬开成箱的茶叶，全部倾倒进大海。

三艘船上300多箱茶叶无一幸免。据事后统计，直接损失高达9万英镑，这是那个年代的天文数字。

那一夜的波士顿码头茶香四溢，一位参与者兴奋地高呼："波士顿今夜成了一把大茶壶。"海关人员闻讯赶来，但岸边聚集着2000多名波士顿人，在他们和夜色的双重掩护下，倾茶小队从容撤走。由于他们特意装扮成印第安人，作案现场没留下线索，哈钦森苦于没有证据，也无从追究，在波士顿人的一片胜利呼声中，绝望的总督只能哀叹，无可挽回的一幕终于发生。

但英国方面毕竟不甘就此罢手，1774年1月波士顿倾茶事件的消息传到伦敦，这是殖民地抗议风潮爆发以来最严重的出格之举，美洲人的我行我素彻底激怒了帝国上下。议院的会议上乔治三世御驾亲临，对他的大臣们说：

"事已至此，我们必须控制他们，或者，干脆离开他们。"

17

巨人三传

1774年，决定北美命运的时刻到了。帝国或进或退，美洲或叛或服，历史的抉择悬于一线。此时，几位领袖群伦的大人物，即将应时而生，站上舞台中央。在讲述他们接下来的伟绩前，这里先简要追述一下他们早先的生命历程。

第一位，本杰明·富兰克林。马萨诸塞人，前北美邮政总长、社会活动家、杂文家、物理学者、发明家、报纸出版人，时年68岁。

1706年1月17日，本杰明出生在波士顿一个严重超生的清教徒移民家庭，他在父亲约赛亚·富兰克林前后两任太太所生的17名子女中，排行十五，是最小的儿子。约赛亚当染色工人为生，也开着做肥皂和蜡烛的作坊，他很疼爱小儿子本杰明，但由于浓重的清教徒式家长制作风，他对本杰明管教也十分严格，强迫他放弃了幼时最向往的两个人生目标：水手和诗人。约赛亚希望儿子从事一份踏踏实实的职业，不过本杰明一直没有放弃对阅读的爱好，他好学深思，少时对读过的书就有很高妙的见解，他那些读书感悟，放到今天，都是理想的心灵鸡汤原料。

12岁时，由于对父亲让他选择学习的诸般手艺都不感兴趣，本杰明到哥哥詹姆斯·富兰克林开办的印刷所当学徒。哥哥和父亲一样严厉刻板，尽职地扮演"剥削者"，呼来喝去不假辞色，不过倒也把印刷的技术倾囊相授。

晚年的富兰克林非常怀恋这段时光，他头衔无数，却只在墓碑上写了"印刷工富兰克林"。可是在当时，身处十几岁的青春期，本杰明不太喜欢"奴隶般的"学徒生活，在自传中颇多抱怨。

但对于自小喜欢阅读与思考的他来说，这个行当毕竟能让他接触到更多的书本文墨，他的文学天赋也在潜移默化中被激发出来。大约两三年后，詹姆斯创办了《新英格兰报》，这是当时北美殖民地的第二份报纸，此事更让本杰明心动。他不久后开始匿名给哥哥的报纸投稿，先是化名赛伦斯·杜古德夫人，写一些带有讽喻性质的短篇小说（这个典故后来出现在尼古拉斯·凯奇的寻宝电影《国家宝藏》里），小试牛刀，居然反响良好。本杰明少年心性，得意之下又将写作领域拓宽到政论，指斥新英格兰政界文坛，文笔越发辛辣。报纸办了一两年，詹姆斯因屡屡刊发批评官方的文章，终于惹怒州议会，吃了文字狱，本杰明激动地在报上发文声援哥哥："没有思想自由就没有所谓智慧，而没有言论自由就没有真正的公众自由……这是每个人的权利，人不能控制或损害他人的这项权利！"

这大概是本杰明·富兰克林最早体会到自由的可贵，也可视为他为之奋斗终生的自由事业的开端。

不久后詹姆斯获释，但被吊销办报资格，只能退居幕后，让16岁的本杰明挂名出报。此时本杰明与哥哥的学徒工合同还有5年才到期，他想提前终止合同，詹姆斯却不情愿，一气之下兄弟反目。1723年，17岁的本杰明离家出走，独自一人去了费城。

小小年纪独闯天下，举步维艰，富兰克林好容易在当地一家印刷所找到工作，凭着过硬的印刷手艺，总算赢得老板信任，其间，他还邂逅了未来的妻子黛博勒·里德（这是一段非常浪漫戏剧式的故事，详见富兰克林的自传）。不久，他的一封家书无意中落到费城总督手上，后者对其文采大加赞叹，主动找上他，委以"促进费城文化繁荣"之重任，并资助他到伦敦购置印刷设备，回来开办印厂。踌躇满志的富兰克林到了伦敦，却发现总督介绍的人脉完全不管用，这下川资耗尽，流落异乡，又只好在伦敦就地找印刷厂打工，快两年后才在乡人资助下返回费城。

伦敦之行虽然狼狈，但在英国的印刷厂里工作，富兰克林技艺又有精进，接下来几年中，他凭技术入股，与朋友合办印刷所，后又创立了北美首个会员制图书馆。1728年9月，他从早先雇用过他的印刷厂主凯莫那里接手了后者创办不到一年的《宾夕法尼亚报》（办这份报纸的创意是凯莫从富兰克林处窃取的），自此，以报人的身份正式踏足公众领域。不过，他的新事业照例步履艰难。由于竞争对手《美洲新闻周报》的老板兼任费城邮政局长，凭借职权禁止邮差投递《宾夕法尼亚报》，对富兰克林的事业造成很大压制，让他度过了一大段艰难时日。在此期间他成了家，1730年富兰克林迎娶了离异的初恋女友黛博勒·里德，从此相伴终生。

到了1733年，富兰克林写了《穷理查历书》，终于时来运转。这是一本年历，但假托一个虚拟人物"占星师理查·桑德斯"，在历书中添加了许多格言警句，幽默睿智的笔法使该书一经出版即洛阳纸贵。此后年年推出新版，富兰克林也因之大赚特赚。

1736年，作为成功的报人，富兰克林进入宾夕法尼亚州议会，担任文书，次年担任邮政局长，多年办报的经历使他深谙新闻媒体对公民社会的价值，任内大力整治邮政系统，杜绝了邮政局长官为一己私利阻碍报纸发行的劣习，使宾州邮政业大有起色，此外他还顺便组建了美洲历史上第一个消防队。

1751年，富兰克林争取到了北美邮政总长的职位，这是他唯一一次主动谋求官职，但很大程度上也是使命感使然。他将宾州的经验推广到其他各州，通过一系列制度以及基础设施的软硬件建设，使北美十三殖民地的邮政系统连成一体。前文提到的遍及北美的发达信息网，就是他的功劳。

1755年，英法在美洲的冲突升级，英国派名将布雷多克将军率远征军抵达北美，富兰克林十分得力地为其采办军需，立下后勤之功。但他同时看出，面对法国人以及印第安人的威胁，北美殖民地的防御能力不济，全要仰仗母国，实非长久之计。这时他开始呼吁殖民地联合起来，守望相助，他在报上登了一幅著名的宣传画，一条断成八段的蛇，象征各自为政的几块殖民地，以呼吁团结、预示分裂意味着死亡。此时，他作为"美洲人"的自我身份认同，大概已经成型。

富兰克林另一重不能不提的身份是物理学家。他酷爱科学，物理、几何、农艺、气象、水利，都有研究，最有心得的是物理学中的电学，有个脍炙人口的故事——富兰克林放风筝。1746年，他和儿子在雷雨天放飞一只风筝，在风筝线下端拴上一枚铜钥匙，用风筝引导电流，使之传到钥匙上。富兰克林上前触摸，然后宣称，"现在我能证明，闪电和电流确是同一种东西"。

随风奔跑自由是方向，追逐雷和闪电的力量。听起来浪漫极了，不过这是后人加工的，富兰克林本人的自传中提到了风筝实验，但他说他只是看见风筝引线上的线头都竖了起来，借此判断是静电之故。而现代的科学实验证明，如果他真的曾经用手触摸铜钥匙，必定因闪电的高强电压毙于当场。无论被附着了多少演绎成分，富兰克林在早期的电学探索中的贡献功不可没，他是最早发现避雷针原理的人之一，故事中表现的他乐于探索新知的性格，也与事实相符。

在写作、传媒、行政、科研诸多方面取得成功后，1757年，已是半百之龄的富兰克林又开始在新的领域展开冒险，那就是外交。

这一年，富兰克林带儿子东渡英格兰，回到了早年的落魄之地伦敦，担任宾夕法尼亚殖民地驻英办事机构代表。在1765年的印花税风潮中，他力伸美洲民意，但当时大洋两岸信息不畅，法案通过后美洲人以为富兰克林出卖了他们，愤然冲击他的家宅。好在次年法案失败，富兰克林也在辩论中力挫格伦维尔，推动了印花税法的废除。这回他在家乡恢复了名誉，成了美洲父老眼中的英雄。此后在美英的数回合博弈中，他都尽职地站在殖民地立场据理力争，成为英国强硬派的眼中钉。1767年汤申在议院得意忘形地高声宣布，"要让坐在外面走廊里的殖民地代表听见"英国将对他们收税，当时富兰克林就坐在那条走廊里。1774年，马萨诸塞总督哈钦森等人写给英国方面的建议加强对殖民地管制的信件曝光，让英美对立再次升级，富兰克林卷入此事，被英国方面免去了北美邮政总长之职。

此前，富兰克林还是希望努力周旋，使北美留在英帝国框架内，实现和解，但此时他已看清，他向往的强大的母国荫蔽，与殖民地人民的权益与自由，已经很难得兼。随着局势一步步恶化，终于，弱冠之年就发出自由呼声的本杰明·富兰克林，在年近七旬的时候，选择与英国决裂，成了一名革命者。

第二位，乔治·华盛顿。弗吉尼亚人，退伍军官、大种植园主，时年42岁。

1732年2月22日，乔治·华盛顿生于弗吉尼亚的一座庄园之中。庄园名叫布里奇斯溪庄，主人华盛顿家族是当地名门望族，乔治是他们家族在美洲的第四代。他的曾祖父约翰移居美洲不久，就在与印第安人的战争中崭露头角，成了民兵上校，这份勇敢精神和军事才能，一直遗传到乔治身上。和富兰克林一样，乔治也是父亲的续弦夫人所生，上面有两位异母的兄长，其中年长乔治14岁的老大劳伦斯与他感情弥笃。劳伦斯是父亲奥古斯托·华盛顿最器重的儿子，曾留学英国，后又参军在西印度群岛与法国、西班牙作战，文武双全，他这些经历让幼年的乔治十分崇拜，暗自以之为楷模。

1743年老奥古斯托过世，此时乔治才11岁。从年龄上看，关于他们父子之间那个著名的"砍樱桃树"故事多半是后人演绎。乔治日后的自传，以及后来美国传记大师华盛顿·欧文撰写的《华盛顿传》中都没提及此事。

不过乔治·华盛顿的勇敢有担当，却是真的。他16岁就曾匹马西出阿巴拉契亚山，到遍布充满敌意的印第安人和目无法纪的白人非法拓荒者中间，考察蓝脊岭一带的地理情况。此后乔治又随兄长劳伦斯走南闯北，闲时向他学习军事知识，跟他的朋友练习射击、击剑。后来兄弟俩去了西印度群岛，劳伦斯本来是去养病，却又在当地染上了肺结核，1752年病故于百慕大。乔治运气稍好，染上天花但随后痊愈，只在脸上留了一层浅浅的麻子。

兄长去世后，乔治·华盛顿返回弗吉尼亚。1753年，英法争夺俄亥俄，战事一触即发之际，弗吉尼亚总督丁威迪打算派人去法统区交涉，但无人敢领命，只有21岁的华盛顿敢去敌营下书。此时的华盛顿已经成年，身高接近一米九，气宇轩昂，性格坚毅沉默寡言，待人谦和但总保持着距离感，以至于被认为内心骄傲。他于1753年10月动身，次年1月返回弗吉尼亚西部的威廉斯堡，途中历尽艰险。虽然法国人不肯按照弗吉尼亚人的通牒撤走，但华盛顿也算不辱使命。他把在英法间摇摆的印第安部落都拉到了己方，同时用外交手段拖住法国人，为弗吉尼亚的战争准备赢得了时间，还顺便把法国人的要塞方位、兵力部署摸了个一清二楚。这一下，年轻的勇士乔治·华盛顿声名鹊起。

随后华盛顿作为军官，指挥弗吉尼亚民兵与法军作战，起初凭着大胆灵活的游击战术，小有斩获，但后来寡不敌众。1754年7月3日，他率领的不足200人的队伍被千余名法印联军包围。当天天降大雨，他们修筑的战壕被冲毁，火药也受潮失效，华盛顿只好命令部属缴械。这次挫败之后，他暂回家中。

1755年，布雷多克将军率军渡海而来，华盛顿被丁威迪总督推荐，担任参谋。布雷多克将军时年60岁，他15岁从军，3/4的生命在军营中度过，是名副其实的百战之将，功勋累累。但正是往日辉煌，让他犯了骄兵大忌。富兰克林提醒他小心法国人神出鬼没的印第安盟军，他不屑一顾，华盛顿劝谏他在林地作战应当轻装急进，他更嗤之以鼻。5月底，布雷多克率军出发，准备袭取法国人的要塞杜肯堡，华盛顿随军从征。经过一个多月的跋涉，布雷多克终于意识到，路况之糟超乎想象，一些重武器和给养车辆难以在林中前行，于是恼火地率领1100名精兵急行军，命华盛顿等人带着小股部队在后面押送军需。

当时华盛顿正在发高烧，骑不得马，只能躺在大车里，他知道布雷多克此时的焦躁贪功情绪十分危险，病情稍有好转就紧追上来，结果为时已晚。7月9日这天，就在华盛顿刚刚追上大部队时，布雷多克所部已经落进埋伏圈，敌方

800多人在一处山坳里伏击英军，英军700余名士兵阵亡，86名军官中26死30伤，布雷多克被子弹射穿了肺，伤势严重。总算在华盛顿等人接应下，幸存的后队护着布雷多克逃出重围，华盛顿本人也险象环生，两匹战马被击毙，他的军服被射穿了4个窟窿，如有神助的是竟没有一颗子弹伤及他的皮肉。此外值得一提的是，当时在布雷多克身边救护的，就是日后成为驻北美英军总司令的托马斯·盖奇。后来的情报显示，在这次伏击的敌军中，法国正规军只有72人，还有百来名加拿大白人民兵，剩下600多人都是布雷多克瞧不上眼的印第安人。7月13日夜里，布雷多克在军营中去世，据说，那天夜里他临终前曾大喊，"下一回我就知道该怎么对付他们了！"

富兰克林在自传里提到此事，说这场败仗让美洲人看清了"英军不可战胜"之谈乃是虚妄；而对华盛顿来说，布雷多克果然以他曾预料到的方式败亡，证明巧妙的战术和对地形的运用，可以抵消英军过硬的战斗力优势，这也对他有所启发。

后来华盛顿回到弗吉尼亚，组建民兵武装，修筑要塞，但此时英法冲突已升级为世界大战级的七年战争，英国正规军成了战事的主角，华盛顿和他的民兵已退居次要地位。不过，华盛顿还是立下一桩战功。1758年11月25日，他带队经过艰苦的雪地急行军突袭杜肯堡，终于让要塞中准备不足又给养告罄的法国守军投降，将英国旗帜插上了让布雷多克饮恨的坚固堡垒。这座堡垒随后被易名皮特堡，纪念当时的英国首相威廉·皮特，今天这里的名字已变成匹兹堡，号称美国钢铁之都。

战争中殖民地民兵与英国正规军并肩作战，但殖民地当地军官在待遇和话语权方面远不如英军的同级别军官，这让华盛顿十分不满，这大概是他对英美地位不平等的最初体会。

攻取杜肯堡之后，英属北美战场的主要战事终结，英法较量移师魁北克。1759年，华盛顿忙里偷闲迎娶了一位富有的寡妇卡斯蒂斯夫人。1763年七年战争结束，战争英雄华盛顿荣归故里，与夫人共同经营庄园。他此前从父亲处就继承了不少家产，加上这位夫人带过来的嫁妆，总资产在20万美元左右，在当地算是豪富之家。他的庄园名为弗农山庄，位于弗吉尼亚北部费尔法克斯县，庄园种植小麦、玉米、烟草，还养有大量畜禽，生产的面粉畅销西印度群岛。此外华盛顿还投资地产，获利颇丰，他们夫妇在"小帝国般的"（华盛顿·欧文语）庄园里，舞会堂会不断，享受着幸福的土皇帝生活。

可惜好景不长，英国的一系列政策让北美民怨沸腾，对华盛顿来说影响尤大。1763年的《皇家宣言》禁止开拓阿巴拉契亚山脉以西土地，而那是华盛顿少年旧游之地，他早已秘密在该处投资置业；后来英国加强海关控制，先是北方的"大西洋三角贸易"受阻，很快连带着南方种植园获得奴隶的成本激增；接着英美贸易缩减，以农作物出口为主业的庄园主们钱包缩水，周转不灵，而已养成消费习惯的奢侈品也濒于断供，日子难熬。

1767年《汤申法案》再次激起抗议风潮，此时华盛顿带头倡议，不买英国货，获得弗吉尼亚乡绅阶层的广泛响应，随后他又在殖民地的维权运动中发挥作用，逐渐成为弗吉尼亚的民意领袖。尽管此时华盛顿还是倾向于同英国和解，但他在自传中透露，已做好准备不惜一战来捍卫自由。1774年，感到倾茶事件之后波士顿面临英国军事威胁，华盛顿更将在接下来的独立斗争中担当重任。

第三位，托马斯·杰斐逊。弗吉尼亚人，律师、哲学家、发明家、作家，时年31岁。

1743年4月13日，托马斯·杰斐逊生在弗吉尼亚东南阿尔贝马尔县一个名为沙威尔的小村。杰斐逊的家境，比华盛顿不足，比富兰克林有余，他的父亲彼得是位勤奋的农场主，母亲也出身当地望族。彼得没读过多少书，但热心公益，为人正直，因此当选为弗吉尼亚议会下院议员。托马斯是彼得的长子（上面有两个姐姐），父亲对他的培养极为严格。托马斯9岁时就被送到一位牧师家里寄读，10岁生日时，父亲彼得送给他一杆猎枪，因为他认为"男子汉10岁开始就该学习用枪"，他还带着托马斯一起进山打猎，传授枪法。尽管后来托马斯拿起的是笔杆而非枪杆，但这些历练对性格的形成大有裨益。

1757年，一向身体健壮的彼得忽然染病故世，14岁的托马斯·杰斐逊成了家里的支柱，一群弟妹都要指望他。虽然家里积蓄还算丰盈，但杰斐逊认为先人余荫不足恃，必须掌握尽可能多的知识，才能作为将来的保障。他跟随博学的莫里牧师学习外语和神学，1760年，他进入威廉-玛丽学院。学校位于风景如画的威廉斯堡，詹姆斯河从城南流过，河中小岛就是当年英国移民在北美大陆最早的落脚点，詹姆斯敦。威廉-玛丽学院虽是"学院"，而非哈佛、耶鲁那样的"大学"，但要论来头，却毫不逊色，学校得名于光荣革命后成为英国国王的威廉与其王后玛丽，是美洲建立的第二座高等学府，历史仅次于哈佛，还早于耶鲁。不过不同于那两座巨型学府，杰斐逊入学时，威廉-玛丽学院的校长加教授一共只有7人，学生不到100人，这是因为学院坚持精英教育路线，这种教育模式一直延续至今。

杰斐逊在这里埋首苦读，极少参加社交活动，每天学习时间常常达到15小时以上。说到这儿，为了避免他的这段经历被"虎妈""狼爹"之类的暴虐家长断章取义拿去逼孩子啃书本，必须强调一点，那就是杰斐逊从来都不是学而不思，他不是机械地背诵填鸭，而是从书山之中撷取最有价值，最能启发人思考的思想。比如1761年，入学第二年上，杰斐逊读到了17世纪英国大哲约翰·洛克的著作，"人生而俱来的自由""依据契约原则组成的社会""统治者的权力以不能违背社会契约为限""私有财产神圣不可侵犯""政府侵害人的自由与财产时，人有权以革命手段推翻之"……这些闪光的思想，如同强电流，打通了杰斐逊的任督二脉。自此，天赋人权、自由平等，这些理想成了他的毕生追求。

学院的学制只有3年，1762年毕业后，杰斐逊又跟随早年的良师乔治·维斯律师学习法律，准备将来也当一名律师，并且在几年后终于如愿。

1763年，英美矛盾爆发，身在知识界的杰斐逊经常能听到关于殖民地权益与英国主权关系的辩论。由于一贯对自由平等的向往，加上在诸如校友帕特里克·亨利等激进的演说家影响下，杰斐逊思想偏向捍卫殖民地自由，与英王乔治三世斗争。1767年他开始竞选弗吉尼亚州议员，1769年5月8日终于当选，进入下院，同时仍兼任律师。1770年，在为一个要求获得自由身份的混血奴隶辩护时，杰斐逊当庭陈词："根据自然法则，人人生而自由，每一个人来到这个世界上时都对自己的身体拥有支配权，包括迁徙自由，以及按照本人意志使用权利的自由。"不难看出，这就是他几年后那篇惊世之作的底稿。尽管这次辩护最终败诉，但杰斐逊声震屋瓦的陈词让他暴得大名。

截至1772年，凭借精明的头脑，毕业以来杰斐逊已将父亲留下的种植园生意扩大了一倍。这一年上他还结了婚（新娘是一位年轻的寡妇，巧合的是富兰克林、华盛顿、杰斐逊都不是自己妻子的第一任丈夫），正是春风得意。不过在温柔乡中沉湎未久，罗得岛发生了"加斯比号事件"，美洲人烧毁了一艘搁浅的英国海关缉私船，英方查不到实据，奈何不得嫌犯，但英国议院震怒之下提出重启废止已久的《亨利八世法案》，将涉嫌侵害英国利益的外国人押回英国本土受审。1773年3月，杰斐逊与亨利等志同道合者商议对策，准备发动北美十三个殖民地各界共同抵制英国人的恶法。他们秘密成立了一个"通信委员会"，以杰斐逊的表兄佩顿·伦道夫为主席，与塞缪尔·亚当斯的"自由之子"等组织互通声气，构建殖民地统一战线。

  1774年，美英间矛盾已接近不可调和，一众殖民地精英，马萨诸塞的亚当斯兄弟、约翰·汉考克，宾夕法尼亚的约翰·迪金森，弗吉尼亚的乔治·华盛顿，还有杰斐逊的同志帕特里克·亨利、佩顿·伦道夫、理查·亨利·李等人将济济一堂，共商美洲的未来，一次决定历史走向的群英会即将开场。

18 沸城

话说回来，1774年英国议院决心祭出铁腕手段，对付北美刁民。打击报复的首要对象是波士顿，英国给他们的惩罚是：

1. 《波士顿港口法》。核心内容：关闭港口，禁止一切贸易。
2. 《马萨诸塞政府条例》。核心内容：解散马萨诸塞议会，将殖民地收归英王所有，一切行政官员由英国派遣。
3. 《公平管理法》。核心内容：禁止市民集会。
4. 《营房法》。核心内容：重新派军队进驻波士顿，并授权指挥官允许士兵在民宅中"驻扎"。

这一系列严厉措施从3月到6月陆续出台，被统称为《强制法案》，几乎等于彻底剥夺了马萨诸塞的自由权，因此当法令被下达到美洲，殖民地人民称其为"不可容忍法"。此外，伦敦方面还任命驻北美总司令托马斯·盖奇接替哈钦森，出任马萨诸塞总督，并率军重新入驻波士顿，用意不言自明。

但英国议会似乎还嫌不够，紧接着又颁行《魁北克法》，宣布将七年战争中夺得的俄亥俄以及五大湖地区并入魁北克殖民地，同时严格落实1763年《皇家宣言》，严打阿巴拉契亚山脉以西私设的定居点。此外，英国方面还宣布，在魁北克殖民地上恢复天主教的"信仰自由"。

在一系列法令中，这看似开明的一条其实负面作用最大。以今天的眼光看来，"信仰自由"固然是进步的，但对当时的美洲殖民地来说，居民们不会忘记自己的祖先最初就是为了躲避天主教和英国国教派的迫害，才背井离乡来到新大陆，天主教的"自由"对他们来说就是极大的威胁，甚至是"奴役"的开端。

魁北克殖民地有很多信仰天主教的法国裔居民，英国议会的这一招是为了团结他们，但这一来却得罪了数量多得多的十三州居民。一些原本不那么激进的殖民地，如康涅狄格等，也都起而反对，在18世纪本已淡化的宗教矛盾，又被英国议院搅得沉渣泛起。

虽然英国方面的制裁主要针对马萨诸塞，但其他殖民地已感到唇亡齿寒。在弗吉尼亚，《波士顿港口法》通过之后，杰斐逊等人的通信委员会就发倡议，提出在当年6月1日公开绝食祈祷，以示声援。弗吉尼亚和马萨诸塞的总督解散了当地议会，但类似通信委员会这样的组织旋即遍地开花，保持各殖民地之间的联络。更有激进组织编练民团筹集军火，摩拳擦掌直有鱼死网破之势。

此时，殖民地上的新一轮抗争之潮，已接近沸腾。有识之士认识到，需要将这些力量整合起来，协调彼此的利益诉求，寻求共同的立场，以期用一个声音与英国对话。

这一年9月，英属北美各殖民地的代表们共聚费城，磋商时局。5日，除了佐治亚的其他十二殖民地代表，共55人，全部到场，会议地点在费城的卡朋特大厅（Carpenter Hall，直译为木匠大厅）。这次会商，史称第一次大陆会议，与会者堪称全明星阵容。可惜当时会议是秘密性质的，既无详细纪要，更无媒体报道，以至于会上具体的发言讨论，并无完整文本留存。

来自宾夕法尼亚的雅各布牧师领衔祷告后，议程正式开始。率先发言的是"美洲喉舌"帕特里克·亨利，依旧是他激情四溢的招牌风格。亨利呼吁各殖民地在英国的高压政策面前摒弃狭隘的地域壁垒，以"美洲人"的共同身份，共赴国难："我们本质上是一个国家，弗吉尼亚人、宾夕法尼亚人、纽约人和新英格兰人之间的界限不再存在，我不是一个弗吉尼亚人，而是一个美利坚人。"

亨利的演讲令人振奋，大家根据这一共识，在表决方式上达成一致，即不以殖民地为单位，每人一票。从理论上这意味着弗吉尼亚、马萨诸塞这样代表人数占优的大州拥有更大的话语权；但事实上，各位代表彼此背景不同，利益诉求更是千差万别，即使来自同一州，也未必志同道合。会上意见大致可分三派：其中有激进派，主张与英国决裂，必要时动用武力，豪情万丈的亨利以及已有相当的组织斗争经验的塞缪尔·亚当斯皆持此意；还有温和派，认为应当以退为进，借助殖民地抗议浪潮的声势，通过和平手段迫使英国方面取消恶法，给予优待，这一派的代表就是华盛顿、约翰·迪金森等家大业大的庄园主；此外还有更保守的妥协派，他们认为唯有与英国和解，顺从他们，才能保卫北美的自由，恢复往日的和谐，这一派的代表人物是来自宾夕法尼亚的约瑟夫·盖洛韦。以上三派还都算是泛称的"爱国者"，在美英利益冲突中以美洲为优先，区别体现在与英国博弈的手段或急或缓。此外还有对"英国人"身份更看重、立场上更倾向英国的"保皇党"（又称效忠派），视华盛顿、亚当斯等辈为乱臣贼子，根本就没来赴会。

妥协派行事稳妥，准备也最充足。盖洛韦提出一套完备方案，他建议殖民地组成大议会，同时奏请英王，派驻大总督，与大议会一同处理北美事务。此后各地方议会全权处理本殖民地内部事务，而关乎整个北美殖民地的事务，如外贸、税收、战争等，则由大议会商定，并经大总督批准后统一规划实施。

这个方案的本质是避虚就实，搁置关于北美地位的原则之争，以认同英国宗主权为代价，换取更大的内部自治权，并通过留在英帝国框架内，借重母国的力量与荫蔽。应该说，这是个老成之见。但是，这个方案背后的思维，是基于对"英王臣民"这一身份的惯性的自我认同，而这种认同在近几年间已大为动摇。

尽管当时包括华盛顿在内的殖民地精英，还会在饮宴时以"为国王干杯"为祝酒词，但事实上国王的神圣性已大为贬值，因为从《皇家宣言》到《糖法案》《印花税法案》，再到《汤申法案》，直到当下的《强制法案》，这十余年来以国王名义颁布的法令，都与殖民地之福祉相左，国王的存在似乎就是对自由的威胁，"国王"的号召力早就大不如前。早在1772年，亨利就曾在一次公开演讲中大放厥词，"恺撒有他的布鲁图，查理一世有他的克伦威尔，而乔治三世，有我！"这是公然以弑君者自比，台下一片"叛逆"之声，但亨利洋洋自得，终于在更高分贝的欢呼声中被支持者高抬出场。其他比较冷静的思想者，也对国王与王权做了思考。比如另一位演说家约翰·艾伦曾在布道时讲到"国王"与"暴君"的区别——"国王是人民权利与法律的卫士和受托者，而暴君则毁灭它们"。约翰·亚当斯也提出，"一旦国王剥夺人民的自由，人民对国王的忠诚纽带也就解除了"。

正所谓"君视臣如土芥，则臣视君如寇雠"，亚当斯大概不知，他悟出的道理，东方先哲孟子早在两千多年前就已阐明。但足以令孔孟传人汗颜的是，亚当斯们有了理论立即着手践行，在他们的宣传鼓动下，这朴素的道理短短几年间就已被殖民地居民所认同，到了1774年杰斐逊撰写《英属美洲权利纵论》时，"国王"已成为挞伐的主要对象。

因此，以"国王"为纽带的帝国情怀，已在殖民地上消退，盖洛韦的方案并无太大吸引力。不过三派中实力最强的温和派，毕竟不能贸然认同激进派追求独立的主张。他们在立场上仍然更接近盖洛韦的妥协派，所差者程度而已，会议的头几天里盖洛韦的提议仍被反复讨论。

就在9月9日，大陆会议议而不决之际，会场外情况发生了变化。是日，在马萨诸塞州萨福克县，当地人公然成立自治组织，宣布《强制法案》违背英国宪政精神，不予遵从，并传书十三个殖民地，号召共同起而抵制。"萨福克决议"被送到大陆会议上，来的信使正是凭画作《波士顿大屠杀》成名的波士顿银制品商保罗·里维尔。

"底层人民的斗争觉悟"激励了大陆会议上的一众精英，会议基调就此转左，盖洛韦派的提议被搁置，"萨福克决议"获得大会声援，大家的共识逐渐转向重拾上次迫使英国放弃《印花税法案》的武器——贸易抵制。

10月22日，经过反复研磨，第一次大陆会议的纲领性文件《权利宣言》正式出炉。这是一份以殖民地名义发表的宣言，一共分为10条：（1）申明殖民地居民天赋的生命、自由、财产三项权利，从未出让于任何人；（2）殖民地人的祖先是英国人，所以和英国人一样，享有"英国人的自由"；（3）这种自由不因他们迁居新大陆而丧失；（4）殖民地从技术上做不到向英国议院派代表，所以应该由自己选出的议会实行立法权，殖民地乐于服从英国议院的贸易限制，但不接受英国方面为了增加岁入而采取的税收政策；（5）要求陪审权；（6）对英国颁布的法规，要有因地制宜灵活处理之自由；（7）根据王家特许状建立的殖民地，权利受王室保护（言下之意英国议院无权处置）；（8）要求集会、请愿之权；（9）和平时期不得维持常备军；（10）殖民地议会的立法权要独立于英王委任的总督等行政机关。

同时，大陆会议决定以三条措施确保《宣言》兑现：（1）全面冻结对英贸易，不进口，不出口，不消费。这对殖民地来说意味着重大牺牲。此时北美各殖民地对英国（含苏格兰）、英属西印度群岛，以及英国非洲殖民地的总贸易额已达600万英镑之巨，新英格兰放弃了获利颇丰的三角贸易，弗吉尼亚、马里兰也不再出口作为经济支柱的烟草，除了南卡罗来纳获准出口赖以为生的稻谷，其他11州一律对英国关闭贸易渠道。(2)绕过英国议院,直接上书英王乔治三世,陈述殖民地的委屈与诉求,以此折中方式避免彻底决裂,同时促使诺思内阁下台,由对美洲友善的皮特派系重新掌权。(3)发布《告英格兰人民书》,以英国人广泛认同的自由原则为宣传,唤起他们对自己祖辈争取自由历程的回忆,激发他们对美洲的处境感同身受的同情。

《宣言》虽留了和解的尾巴,但其时其势,美英关系缓和几不可能,盖洛韦等妥协派长叹离席,预言"非理性的爱国主义"必会带来灾难。后来战争打响,盖洛韦投降了英军,这是后话暂且不提。

随着大会闭幕,决议公之于众,革命呼声自费城传出,直至北美鼎沸。至此,美英之间正式摊牌,美洲人所争已不仅是单纯的利益,更是自治地位这一原则性问题。虽然华盛顿等人仍对和平与和解存有期待,但此刻的情势,英国的主权与美洲的人权这两种几乎对立的权利诉求,已难再通过和平方式来抉择。

19
红魔

1774年9月，就在大陆会议召开前不久，新任总督托马斯·盖奇将军解散了马萨诸塞议会，并宣布将于10月重新选举组建。但大概是马萨诸塞人的激烈反应引起了他的担忧，到了约定时间盖奇食言，没有赴会，空等一天的90余名当地代表于是自行选举约翰·汉考克为议长，就是几年前一场走私官司轰动美洲的那位波士顿大富豪汉考克。

汉考克是著名的激进派，家底又格外殷实，他被推上前台，鼓舞了整个新英格兰的抵抗力量。虽然盖奇宣布马萨诸塞人自行选出的议会不合法，但这伙人还是自行其是。1775年2月，在汉考克牵头下，"马萨诸塞议会"在波士顿以西不远的康科德挂牌营业，不但行使议会职能，还组织编练民团，"不臣之心"已经昭然。

自打祖辈移居新大陆，美洲人一直是有武装的，由于与印第安人以及法国、西班牙等敌国的常年较量，基本家家有枪，弹药也不缺货。虽然英国实行了禁运，但等着看热闹的法、西等国自然不会放过机会，争着向美洲走私军火。

最绝的是荷兰人。被赶出北美大陆之后，荷兰人把经营重点转到了加勒比海东南的安的列斯群岛，其中名为圣尤斯特歇斯的小岛是避风良港，这里就成了荷兰人向美洲走私各种禁运物资的基地。走私者把火药装在瓶子里，贴上酒精标签，大模大样进关，屡试不爽。凭着这份交情，后来美英开打，圣尤斯特歇斯岛的荷兰总督还按照主权国家规格，对到港的美国军舰鸣放礼炮，从而使荷兰成了"第一个承认美国的国家"，这是后话暂且不提。

有"各国友人"的武器支持，在汉考克以及塞缪尔·亚当斯等人发动下，马萨诸塞很快建立起一支民兵队伍，号称"一分钟人"，意思是行动迅捷，一旦有事一分钟内即可集结待命。

此时盖奇总督驻兵波士顿，虽控制着全城，但周边敌意浓厚。盖奇政令难出波士顿一城，他任命的亲英派殖民地官员无人敢去履职，更不用说到波士顿以外推行《强制法案》。城里城外对峙，空气格外紧张。

此时不仅是马萨诸塞，对抗之势在整个北美13州，甚至在大西洋彼岸的英国，都渐成燎原。1775年3月22日和23日，两场精彩演说几乎同时在大洋两边上演。

这一天的弗吉尼亚议会上，帕特里克·亨利在慷慨陈词：

> 先生们，减轻事态乃徒劳之举。尔尽可呼喊和平、和平——却了无和平可言。战争实已打响。下一阵北风将带来兵器相搏之震响，吾兄吾弟已置身战场！吾等岂能呆立于此？那些先生意欲何为？他们将有何收获？难道生命是如此珍贵，和平是如此甜蜜，以至于吾等非要用镣铐与奴役去换取它们？万能上帝，请阻止此事发生！吾不知他人何去何从，然吾之抉择为：不自由，毋宁死！

这就是亨利演讲生涯的巅峰之作《不自由毋宁死》，其壮怀激烈，仅凭结尾一句"Give me liberty or give me death!"就足堪不朽。在当时剑拔弩张的局势下，这样的说辞感染力可想而知，尽管殖民地精英阶层中仍有在战与和间逡巡犹豫、期待和平解决的声音，但狂欢般弥漫的革命激情已经将这种声音掩盖，使其几近不闻。

另一边，伦敦的下院会议上，同样是戾气弥漫，殖民地的不服管束挫伤了帝国大佬们的高傲。在一片杀伐声中，却有一位议员在用同样的激情向英国政治精英们呼吁理智与和解，此人就是埃德蒙·柏克。3月22日，柏克在下院发表了《论与美洲和解的演讲》。

或许是由于出身爱尔兰，又是天主教徒，柏克对弱势群体的诉求有着切肤之感。在演讲中柏克提出，"能终结乱世的是自由，而非压制"。他呼吁英国方面让步：从道义论，这是为了英国的政治伦理，因为如果压制殖民地的自由，这样的危险范例将危及英国整体的自由传统；从利益论，北美的自觉意识已经萌发，但终极诉求还停留在"自治"，"独立"呼声虽已响起，但精英阶层仍未就此达成共识，如能本着宽宏态度，用以往的"善意的疏忽"，放权给他们自治，则将可望凭同文同种的文化纽带，使殖民地仍旧留在英国框架之内，最不济也能作为英国的盟友和重要贸易对象，让英国保住每年50万英镑的贸易顺差。

可惜举国汹汹，柏克的理性克制在当时看来是不合时宜的，英国议院的最终态度是，将美洲潜在的革命扼杀在摇篮里。国防大臣达特茅斯爵士颁令盖奇总督，要求他缉捕"乱党头目"，并告知他英国本土派出的援军将赴波士顿与他会合。

4月上旬，盖奇接到议院的指令，他自然知道此时北美，尤其是马萨诸塞的局势，早已超出了伦敦的官僚老爷们的想象，已不是抓捕一两个"反贼头目"就能弹压得了，相反那样还可能激化事态。不过盖奇毕竟是军人，立场上也属强硬派，接令后他权衡再三，决定先行清剿抵抗者囤积的武器，一来师出有名，二来缴了枪，也就不怕他们再闹出什么事来。

4月14日，盖奇做了部署，派队伍去抄抵抗运动的大本营康科德。他准备动用的，就是威震五大洲的帝国正规军——红衫军。

18世纪的战争已今非昔比，这个年代，决定一场战役胜败的主要因素仍是勇气，但较之以往，"勇气"的含义已变得完全不同。"勇敢"，不再意味着"千枪万刃丛中匹马纵横如入无人之境"这种古典式的个人英雄主义，新的含义是，对纪律的绝对服从，对集体无保留的献身。

传统的步兵方阵已被淘汰，代之的是宽排面的线性步兵队，主要武器是滑膛枪。1700年套口刺刀的发明，使滑膛枪兼具了远近距离作战的功能，此前负责保护火枪兵的长矛手彻底退出历史舞台，骑兵的作用也大大降低，枪支成了无可争议的战争主角。士兵进入战场装填好弹药后，排成横排，纵深最多两三列，大家随着军鼓军乐的节奏，以整齐的步伐并肩推进，在距离敌军100米左右的地方停住。这个距离是当时滑膛枪的有效射程，虽然极限射程可达300米，但在100米外基本就没什么准头了，因此士兵必须挺进到有效距离内才可以发动进攻。如果一方沉不住气，在距离合适前就先开枪，往往不能命中，并且来不及再次装弹，敌人已经就位举枪。这种"面对面枪毙"的打法，在同等武器的情况下，枪法高低已在其次，真正比拼的就是勇气。尤其当时的步枪还不能连发，打出第一枪之后就要原地面对着敌人的枪口装填弹药，由于已在敌方射程内，躲避是徒劳无益的，而如果转身逃走，恐惧情绪就会立即在全军蔓延，纵然生离战场，也难逃军法。此时赢得生机的唯一机会就是保持冷静，尽快装好弹药，这需要用钢铁意志压制本能。无论子弹擦身而过，还是战友中枪毙命，都要做到视若无睹，只要自己没被击中，就按照军乐的指令，预备、举枪、射击，然后装弹，再举枪……通常两三轮齐射，胜负就见分晓，往往一名士兵士气崩溃，跟着就会一军瓦解。在意志的较量中败阵，更惨重的下场也就接踵而至，因为失败者逃跑，得胜一方会立即装上刺刀，发动突击，在此时的士气对比下，这种突击基本意味着单方面的屠杀。

这就是18世纪的欧式战争，看似僵化不可理喻，实则是最有效率的战术，欧洲军队用这种战术征战五大洲，战无不胜。英国陆军在当时更堪称全球之翘楚，他们的战斗力脱胎于中世纪骑士精神的强烈荣誉感，平日严酷的训练，彼此出身同一社区甚至宗族的袍泽之谊，以及每天1先令的优厚待遇。英军的标志性装束是红色的军服，这是英国革命时期打败国王军队的新模范军留下的传统，刺目的红色给敌人以强大的视觉震慑，在硝烟中又便于辨识敌我，战场上的英国红衫军如魔鬼般令人胆寒。

在法印战争中，红衫军曾是美洲殖民地的战友与保护神，美洲人也一度为之骄傲，但此时他们眼中的英国红军装，早已成了暴政的象征。美洲人讥诮他们是"龙虾兵"，但对其可怕的战斗力不敢有丝毫轻视。

1775年4月18日，盖奇命中校弗朗西斯·史密斯率700名英军去康科德收缴武器，如果汉考克、塞缪尔·亚当斯等要犯藏在该地，也一并抓了。为了不引起注意，盖奇命史密斯所部夜间行动，同时他严令史密斯约束部属，不得伤及平民。

入夜，实行宵禁的波士顿街头空荡无人，红衫军列队行进，整齐的皮靴之声铮铮作响，而他们不知道，在他们开拨之前，前路上已有两匹骏马疾驰，马上的信使要传递的消息旋即将响彻美洲大陆：

战争终于来了。

20

莱克星顿，让子弹飞

> 在乡村的街道上马蹄匆匆
> 月光下一个身影，黑暗中一团东西，
> 底下一匹骏马无畏而轻快地飞驰而去
> 在鹅卵石上将火星燃起，
> 没办法了！可是，那天晚上国家的命运
> 却骑着马穿过黑暗见到光明，
> 那飞驰的骏马踢出的火星，
> 其热量足以使火焰燃遍这片土地。

这是差不多一个世纪之后的美国诗人亨利·朗费罗笔下的1775年4月18日之夜，他诗中这位肩负"国家命运"的骑手，就是保罗·里维尔。

原来，波士顿的地上秩序虽由英军控制，但暗地里，作为北美的"革命中心"，市民中早已遍布"自由之子"等抵抗组织的眼线。他们建立了一套由消息树、信号灯等暗号构成的示警系统，暗中监控着英军的一举一动，盖奇的部署也被他们探知。保罗·里维尔就是其中的骨干分子。这天傍晚，教堂塔楼上挂起一盏灯笼，这是暗号，说明英军将从陆上发起进攻。里维尔看到信号，便趁夜色掩护，划着小艇去了城北一河之隔的查尔斯顿，在那里换马，赶去报警，与他同去的还有另一名抵抗组织成员，波士顿裁缝威廉·道斯。

此时天色已黑，里维尔与道斯黑暗之中马不停蹄，一路奔向波士顿西北的一座小村镇，莱克星顿。

此时汉考克和塞缪尔·亚当斯正藏在莱克星顿一位名叫乔纳斯·克拉克的

牧师那里，里维尔二人也不知英军的确切目标，便先赶去知会组织首脑速速走避。一路上，里维尔和道斯遇见村庄就高喊"红衫军来了"，村村镇镇亮起灯火响起警钟，夹杂着马嘶犬吠之声。早春之夜的宁静被打破，紧张的气氛四下蔓延。

大约午夜时分，里维尔赶到莱克星顿，汉考克和亚当斯闻讯，处变不惊，料中了盖奇未必知道他们在莱克星顿，因此他的目标更可能是康科德的武器库。随后汉考克二人备车暂避，并安排里维尔与道斯，以及当地组织成员塞缪尔·普列斯科特三人一道，再赶去康科德报警。

几人各自上路不提。却说莱克星顿，此时已被惊醒，最近早有传言说英军要对抵抗者大开杀戒，民兵的组建正为了应对不测，此刻敌情传来，民兵们连夜动员。小村人丁单薄，能组织起来的还不满百人，装备简陋，训练未久，成分更是复杂，农夫、商贩、工匠，各色人等都有。领头者名叫约翰·帕克，法印战争中曾与英军一起作战，获过上尉军衔，莱克星顿的民兵平日就由他训练，此刻作为这支杂牌军中为数不多的有战场经验的人，他担负起了指挥之责。

集合完毕，帕克率领70名（另有60名、80名等记载）民兵来到村口，把住英军的必经之路，严阵以待。

再说英军的史密斯中校，由于此番准备仓促，途中有几处需要涉水的地段都没备好船只，他的士兵只好蹚着齐腰深的河水前行，很费了些周折。再行一阵，发现经过的村镇处处声音嘈杂，史密斯意识到行踪已经暴露。于是他下令分道包抄康科德，自己率主力进军，另派手下少校约翰·皮特凯恩带领大约200人从北面绕行，途经之处，就是莱克星顿。

4月19日，拂晓时分，天光放亮，阵地上的帕克等人远远就见哨兵急慌慌跑来，不用问也知道，英军到了。果然，不出片刻，远处的田野尽头出现一队人影，越走越近，轮廓也逐渐从清晨的薄雾中脱出，直到红色的军服、蓝色的三角帽、乌黑的枪管、闪亮的刺刀全都清晰可辨，整齐的皮靴声、清亮的军鼓声，声声入耳，来的正是皮特凯恩少校。

民兵的出现，也让皮特凯恩有些意外，尤其是他们竟敢这么明目张胆地拦住去路。他命部下喊话，要对方放下武器，让开道路。

此时是真正的抉择时刻，尽管此前的训练中也一直以红衫军为假想敌，但当荷枪实弹的敌军真的来到眼前，这些初临战阵的村民们，若说不惧，那是不符合人类本能的。红衫军带着积威的命令，让他们心悬到嗓子，但他们仍然咬紧牙，不退半步。他们何尝不明白这是螳臂当车，奈何车轮所向，正是自己身后的家园，父母妻儿之所在，纵然自知稚弱，螳螂又怎能不"怒其臂以当车辙"？

民兵像训练中一样排开阵势端起枪，指挥的帕克比任何人都更清楚红衫军的可怕，但也正因如此，他更不敢按照皮特凯恩的要求缴枪，尤其在并不清楚对方真正意图的情况下。他一面安抚紧张的民兵，让他们不可先开枪，同时也为他们鼓劲儿，"如果战争不可避免，那么，就让它在这里打响吧"。

接下来的情况，大概是这样：

狭路相逢，对峙良久，两下里谁都不肯退让，心跳每一秒都在加速，压力每一秒都在激增，空气紧张得令人窒息。不同于对面训练有素的职业军人，莱克星顿的民兵前不久还只是山野村夫，这样的重负实非他们的神经所堪负荷，额头上手心里处处冒汗，汗水就要模糊视线，端枪的手臂就快撑不住了，压抑自卫本能的神经也就快绷不住了。终于，克制的堤坝在这条防线的某一环上崩盘，理智退位，本能接手——恐惧在眼前，枪支在手中，后退已无路，唯有击碎恐惧，方得解脱。已经管不了那么多了，索性"就让战争在这里打响"——扣动扳机，让子弹飞！

以上是根据情理的推测，至于究竟是谁打响了这一枪，子弹又飞向了哪里，时至今日美英仍各执一词，没人能说得清，但清楚无疑的是，随着第一声枪响，一场枪战立刻爆发。硝烟弥漫，子弹横飞，红衫军无愧于他们的威名，一轮齐射，民兵阵中大约1/4的人倒地，8死10伤，而英军方面只有3人受了轻伤。

民兵的阵线已被打残，转身逃开，皮特凯恩害怕事态扩大，也不敢追击，带队迅速闯过莱克星顿，赶奔康科德。这场交火草草收场，战事规模微不足道，更完全谈不上什么战略战术之类，但枪已响过，血已流过，随着莱克星顿的这一声枪响，战争终于就以这种方式，无可避免地打响了。

大约上午9时，皮特凯恩率队赶到康科德，与先期抵达的史密斯所部会合，但他们还是来得晚了。抵抗组织的传令兵普列斯科特早赶在他们之前把警报带给了康科德人，除了少量重武器，军火库里的枪支弹药都已被抵抗组织成员搬空，英军无所收获，只好焚毁了库房之后就返回波士顿复命。

然而，康科德与莱克星顿附近的各个村镇，平时鸡犬之声相闻，这天早上的一阵枪响,早已传遍周边,莱克星顿村民被打死的消息也掺杂着许多添油加醋的"英军暴行"传开了。

"一天早晨,从梦中醒来,侵略者闯进我家乡……"惊愕与愤怒下,复仇的呼声响起,一呼百应,人民战争的汪洋大海掀起巨浪,卷向史密斯与皮特凯恩的队伍。

中午,英军撤出康科德不久,四下里赶来的民兵已对他们形成包围,有的在身后追击,有的抄近路埋伏在归程中。这一回民兵们并不在空旷地带与红衫军对垒开战,而是躲在房屋、篱笆、树木后面伺机开枪。许多人用的是来复枪,枪膛内刻有膛线,射程和命中率都高于英军的滑膛枪,弱点是装弹太慢,无法形成持续杀伤,另外过长的枪管也不便于安装套口刺刀,白刃战短兵相接的时候就不趁手,因此在正面战场上用途不大,但作为狙击武器则非常实用,不少英军成了枪下之鬼。

英军此时已连续行军15小时,未经休整,疲惫不堪,加上敌人如影随形,一直在射程之外尾随,虽不敢逼近冲锋,但不时追上来开一阵枪又远远逃开,暗处更有人打冷枪,防不胜防,大家只能且战且退,打不着又跑不动,苦不堪言。返回波士顿的路程不过区区25千米,英军却仿佛在地狱里艰难跋涉。总算波士顿的盖奇总督也收到了交火的情报,又派了1200人外加两门野战炮赶来接应,当天下午在莱克星顿附近与史密斯所部会合,并掩护其撤退,这才打退了民兵。入夜,英军返回波士顿。

至此康科德战役结束。英军回到波城查点损失,73死174伤,另有26人失踪,损失惨重,并且没能缴获军火,也没能抓到汉考克等抵抗运动骨干。北美民兵方面,49死39伤,5人被俘,无论从战略目的还是伤亡人数上看,他们都堪称胜利者。

很快,莱克星顿响起的枪声传遍了整个英属北美,乃至英国本土。装备简陋的民兵竟能在英国正规军面前占了上风,抵抗者为之士气振奋,莱克星顿枪声和康科德战役也就此写入史册,被后世的美国人视为独立战争伟大的开篇之作。战役打响处后来立起了民兵纪念碑,19世纪的大诗人爱默生为先辈们赋诗礼赞:

简陋的拱桥下河水流淌,

旗帜迎着四月的微风飘扬，

严阵以待的农民屹立着，

在此打响了声震全球的一枪。

然而在当时，这次冲突的爆发意味着对大英帝国公开的叛逆与挑战，大西洋两岸所有还对和平存有一丝期盼的人——无论是乔治·华盛顿还是埃德蒙·柏克——都意识到这无可挽回的一天终于到来。同时，在波士顿城中，震怒的盖奇将军更已在酝酿他的复仇计划。

按

关于莱克星顿的第一枪究竟由谁打响，已不可考。事后史密斯提交给盖奇的报告中称民兵率先开枪，并且报告称民兵人数有一二百。史密斯的说法来自皮特凯恩，后者还声称士兵是在没有得到自己命令的情况下开枪还击的。殖民地方面，萨福克决议的主要起草者约瑟夫·沃伦博士声称英军抵达莱克星顿后，当地"村民"看到英军到来就让开道路，但英军对他们辱骂挑衅，并借故开枪，交火后英军又射杀了在村中房屋里手无寸铁的老人妇孺。双方的说法都有明显地洗脱自己归咎对方之嫌，并各有逻辑漏洞，可见是当时舆论宣传战的产物，并不可信。详见李剑鸣《美国的奠基时代》。

21

猩红山峰

正如华盛顿·欧文所形容，莱克星顿与康科德的流血，"数量上仅仅是一滴，后果上却引发了洪水"。

充满浪漫主义激情的群众运动，与洪水最相似的地方就在于，它们都不是人力所能控制。莱克星顿的一阵枪响，说"声震全球"有点夸张，但在北美尤其是事发地马萨诸塞，确实震垮了秩序与克制的一切堤防。当该年5月10日，十三州的精英代表们再次聚首费城商讨对策的时候，马萨诸塞乃至整个新英格兰的民众已率先行动起来，先是波士顿周边的民兵组织，接着新罕布什尔、康涅狄格、罗得岛的几路援军四面涌来，很快就聚集了大约1.5万人，将波士顿团团围住。

从军容上说，这是一批真正的乌合之众。各路人马的将领全凭个人威望管束部属，各自为政，没有统一的指挥协调，没有明确的作战意图。士兵都是农夫、匠人、商户，只有部分人受过潦草的速成班式训练，更没有标准的武器、军服，也没有薪饷，甚至连日常吃喝都要自带干粮，或是靠着波士顿老乡接济，唯一维系他们的，只有对英军的仇恨。但对于波士顿城里的盖奇总督来说，这已足够令他头疼。

当时波士顿的主城区地处半岛，三面环水，半岛与大陆连接处地势非常狭窄，而且在连接处西南不远，又有一个高地罗克斯伯里山，山海之间的通道人称"罗克斯伯里咽喉"，最是险要。在"咽喉"南北两侧，又分别有一个半岛伸向海湾，与波城互成犄角，南边的是多彻斯特半岛，半岛入口处的多彻斯特高地是英军据守的阵地；北边与波士顿隔查尔斯河相望的，就是此前抵抗组织活跃的大本营查尔斯顿半岛。此时查尔斯顿和罗克斯伯里高地都在美方控制下，盖奇所部，算上从康科德铩羽而归的伤兵，人数不足4000，望着城外人海滔滔的美洲民兵，他自知无力突围，只能收缩在城中只守不攻，等待救兵。因此围城之初，双方只是遥相对峙，很少有大规模交火，陆上与外界的联系已被围困者切断，英军所能指望的，只有海上。

终于，5月25日这天，盖奇苦候的援军到了。冲突爆发前盖奇就数次向英国议会提请增援，作为对他的支持，英国从本土派来一支远征军，兵力6000人，领衔的三位将领，分别是威廉·豪、约翰·伯戈因、亨利·克林顿。这三人都出身贵族，尤其威廉·豪，与王室沾亲带故，自幼从军，少年成名，外加高大英俊，举止优雅，算是帝国军界的明星人物。他的两个兄长也都是一时名将，长兄乔治在七年战争中战死美洲，甚得殖民地居民敬重。

伯戈因时年53岁，豪46岁，克林顿45岁，都属壮年军官。他们都是在七年战争中成就功名，此番时隔近20年重返美洲，身份却变成了敌人。

美洲民兵没有船只，无法从海上阻拦英军增援，只能眼看着豪等三将率部入港，与盖奇会合，但并不肯因此退却。会师后的英军人数满万，盖奇自然也不甘再只取守势，双方的交锋即将上演。

盖奇等人商议突围方略，直到6月12日，计划出炉。这一天盖奇张榜安民，要围城的民兵放下武器回家去，过去种种都既往不咎，只有首恶塞缪尔·亚当斯和约翰·汉考克不在宽宥之列。这不过是英国议会交代的必要程序，盖奇对效果并不抱希望，果然抵抗者并不买账，于是盖奇等人准备动武。

英军计划的大体思路是先稳固南线，再强攻北线，最终向西南内陆叛军基地推进。具体第一步，加固多彻斯特高地的防御工事，以之牵制罗克斯伯里高地的美军，使他们无法从"咽喉"方向强攻城区；同时，由豪将军率军渡查尔斯河登陆查尔斯顿半岛，扫除该处的美军；此后两个侧翼的安全得到保障后，就可以集中向罗克斯伯里推进，进而率兵西进，一举肃清马萨诸塞一州。计划的核心，就是对查尔斯顿的强攻。那里有两处山丘，靠北的名叫邦克山，虽然高度不过33米，但位置险要，靠南的叫布瑞德山，只有18米，但要命的是，这座山处在半岛南缘，俯瞰波士顿，架炮于山顶，火力足以覆盖波城，并且威胁到波士顿城赖以为生的港口以及查尔斯河航线。好在美洲的民兵都是临时组织，一时筹集不到重武器，战略上也很不专业，此前并没有效利用这个地形优势，得益于此，盖奇还可以在城中安枕。6月16日这天，盖奇等人做好了准备，将出击时间定在次日，而就在第二天天刚亮时，最新情报也到了：美军已在邦克山上部署阵地，并搬运大炮。

原来，包围波士顿的美洲民兵大体上来自新英格兰，其中马萨诸塞的民兵有1万人以上，接近总人数的2/3，总体上由阿蒂玛斯·沃德将军指挥，此人是亚当斯和汉考克等人的抵抗组织骨干，富有战争经验，因此被推为总指挥。沃德将军将指挥部设在罗克斯伯里高地以西的剑桥（与英国的剑桥同名，有的书上音译为坎布里奇以示区分），查尔斯顿前线的马萨诸塞民兵由威廉·普列斯科特上校指挥。几天前盖奇发出敦促投降的文告，普列斯科特与率领康涅狄格民兵的老将伊塞尔·帕特南都认为这是开战的前奏，最后通牒一过，英军随时可能进攻。两人都看出邦克山作为阻击阵地的价值，于是指挥手下连夜赶工。正在施工时，他们又觉得布瑞德山的位置更理想，普列斯科特又抽调了1200人，包括帕特南手下的上尉托马斯·诺顿带领的康涅狄格分队，趁黑爬到山头上修筑工事。经过6月16日一昼夜的加班加点，次日清晨，一条由壁垒和堑壕构成的40米长的防线已经竣工，而这一切居然躲过了是夜带兵出巡的克林顿将军。

此时对英军来说，夺取邦克山和布瑞德山，已经刻不容缓，破敌之任，交给了威廉·豪将军。英国海军早已列舰查尔斯河，得到指令后，舰队一阵排炮射向民兵阵地，炸得尘土飞扬，眼见美军被炮火压制在掩体中无力还手，运兵船出动，将豪将军率领的1500名步兵分批运往查尔斯顿。豪将军选择的登陆点是半岛东北角，准备以一部分人进攻布瑞德山防线，自己则率主力从北侧绕过布瑞德山，直插邦克山。一旦得手，克林顿将军将率另一队人袭击查尔斯顿半岛的出口，截断美军退路，两下合围瓮中捉鳖。英军的攻势于清晨发动，但运力有限，从海军的炮击到运兵船运载陆军，全过程耗时竟达半天。当豪将军所部全数登陆待命，天已过午，而豪发现对方人数远远多于预计，又向盖奇要求增援，待600名援军到位，可以进攻时，已是下午3时。

此时豪仍打算执行既定计划，他派部下的准将罗伯特·皮戈特带1000名英军从正面进攻，自己带1100人准备迂回进攻邦克山，那位引发了莱克星顿枪声的少校皮特凯恩也在队伍中指挥预备队。进攻终于开始了，将门出身的豪胆气十足，他如同参加仪式般，穿着雪白的丝绸马裤，手擎指挥刀，站在队伍排头，下令进兵。

一阵轻快的军鼓声中，一片红潮缓缓涌动。皮戈特所部向着布瑞德山的民兵阵地稳步推进。他们进军路线的左侧就是查尔斯顿城区，为了防止民兵重施康科德战役的故技躲在民房中狙击英军，豪出发前请求海军方面炮击查尔斯顿临近战场之处。那片城区已成火海，浓烟弥漫在布瑞德山阵地上空，仿佛画布上的背景，更增杀气。民兵伏在掩体后面，眼见烽火连天之中红衫军步步逼近，无不热血上涌。指挥的普列斯科特要求大家沉住气，等敌人进入有效射程，"看清他们的白眼仁儿之前不许开火！"

敌人越来越近，直至露出凶光的眼珠都依稀可见。此时英军也在疑惑，为何民兵阵线上毫无动静，但这些正规军素来瞧不起乌合之众的民兵，更倾向于觉得他们已被红衫军的赫赫军威吓傻了。就在此时，一声"Fire"从民兵的掩体后炸响，跟着一排子弹迎面扫来，第一排的英军猝不及防，躺倒一片。

美军开火，英军立即还击，但对方躲在防御工事后面，虽然那只是泥土树干临时搭建的简陋工事，但也让美军占足了便宜。英军的枪弹很难杀伤有掩护的美军，他们训练有素，若是在面对面的射击中，能做到毫不动摇，但此时局面他们只能单方面被动挨打，几无胜机，心气全然不同，很快就撤下山去。另一边，豪将军虽然击溃了新罕布什尔民兵将领约翰·斯塔克指挥的200人防线，但侧翼布瑞德山的阻击阵地没能拔除，他也不敢在肋部暴露于敌人的情况下继续推进，只好再作计较，先解决布瑞德山。

调整兵力配备后，第二轮攻击开始了。这次英军集中了更猛烈的炮火，轰击美军的防御工事，直到地上掩体几乎都被摧平，皮戈特亲自指挥英军冲向山上，熬过炮火的美洲民兵仍然依托着堑壕顽强还击，苦守不退。不同于首轮的试探，这回双方都拼尽了全力，伤亡数字飞速攀升，红红的一片英军冲上来，转眼间就变成红红的一摊血渍，印在山坡上。

鏖战中豪将军又紧急联络后方请求增援，原本待命准备从查尔斯顿半岛另一侧杀入合围的克林顿，只好调拨400人来助战，这样一来封锁查尔斯顿的计划也就落空了。豪也命200名刚刚带着轻伤撤下的英军重返火线，在傍晚5时左右，豪将军指挥手边全部的能战之兵，向布瑞德山发起最猛烈的第三次进攻。

英军志在必得，而此时阵地上的北美民兵，弹药已所剩无几，普列斯科特和诺顿、斯塔克等人决定撤退，后两者各自带队，且战且走，掩护着普列斯科特的主力退下战场。此时邦克山阵地上聚集了近2000名民兵，一大半是战役打响之后从剑桥赶来增援的，可惜他们缺乏指挥，没能及时赶到布瑞德山的第一线。算上布瑞德山撤下来的人手，民兵的总兵力仍多于英军，但考虑到英军有大炮等重武器，而且进攻多彻斯特方面的民兵也已被打退，这意味着英军可以从那个方向赶来包围查尔斯顿，最终众将领决定弃守邦克山，退往剑桥与大部队会合。

稍后，英军占领邦克山，由于此前战斗中损失太重，他们也无力追赶美军，只能任其退走。至此，6月17日的战斗结束，这一天的主要战事发生在布瑞德山，但一直以来被讹称为"邦克山战役"。从战略上说，英军控制了查尔斯顿，解除了波士顿城市与港口的威胁，部分实现作战目的（没能如愿将美军聚歼于查尔斯顿），算是胜利，然而这个胜利的代价太高昂了。这天的战斗中英军阵亡226人，受伤828人，战斗减员过千，超过投入总兵力的40%，军官方面士官以上34死104伤（死的两名少校包括皮特凯恩），是名副其实的惨胜。

美军方面，以民兵力抗英国正规军的战绩已经值得骄傲，而且他们在伤亡人数上大占上风，阵亡140人，伤299人，被俘30人，最终放弃阵地竟是因为子弹快打光了。可以想见，假使他们有足够的弹药或更有效的增援，鹿死谁手，犹未可知。

并且战事结束后双方士气发生了倒置。原本信心满满的英军遭遇了始料未及的伤亡，也无力继续进军，十分沮丧。一位参加战役的英军军官在日记中写道：我们已获知了一个悲惨的事实，那就是，如果美军有良好的指挥，他们就是和我们一样出色的士兵。

美军方面却刚好相反，经此一战，他们对红衫军的敬畏之情已经削弱许多，毕竟对手也是血肉之躯，并非不可战胜。虽然美军撤出了查尔斯顿，但他们仍将英军牵制在波士顿一带，使其难再有作为。在邦克山战役中，也有美军的重要人物阵亡，比如萨福克决议的主要起草者约瑟夫·沃伦博士。他本是有军衔的军官，但战斗中坚持要求作为普通士兵在前线临敌，结果战死疆场，但这样的先进事迹反倒激励美洲民兵奋战到底。

而且美洲的民兵也即将发生质变，参加邦克山战役的这支鱼龙混杂的杂牌军，将被整合成一支真正的军队，作为捍卫美洲自由的力量。此时，他们未来的总司令，正在赶来波士顿的路上。

按

"看清他们的白眼仁儿之前不许开火！"是邦克山战役中传开的一句名言，许多讲述该战役的文本中都有提及，但具体出自何人之口，并不确定，有帕特南、普列斯科特、约翰·斯塔克等多种说法，更有说法称此语最早见于七年战争期间。本书中根据情节的推断，假定普列斯科特为原作者。

22
天降大任

就在新英格兰的民兵与英军在查尔斯顿以命相搏、血染山丘的时候，波士顿南方数百英里外的费城，另一场激烈博弈，刚刚见分晓。

1775年5月10日，第二次大陆会议在费城的老市政厅开幕。与上届相比，本届的与会者中多了两位重要人物，托马斯·杰斐逊，还有6天前刚从英国返回美洲的本杰明·富兰克林。此外，上届主席、杰斐逊的亲戚佩顿·伦道夫到会不久就返乡出任当地议员（不久后病故），汉考克被选为本届会议主席。

这次会议的议程是早就定好的，但此时战争已经打响，再讨论"打不打"，就太滞后于时事了。打是已经打了，但该打到什么份儿上合适，仍需讨论，观点也无非两种：（1）以战促和，（2）以战促独。

考虑到血统、政治、文化，以及英军的强大实力，多数人倾向于"和解"。会议的前两个星期，以宾夕法尼亚的约翰·迪金森和纽约的詹姆斯·多恩为代表的主和派，为"和平"积极造势。两人牵头拟定了一份呈给英王乔治三世的陈情书，共分4款，还是诉委屈、乞和平的基调，文字谦卑，同时强调"只反议会不反国王"的原则立场。

这种稳健之举获得了大陆会议的多数认同，但在独立派看来，纯属浪费时间。

公开提出"独立"主张的，是英殖民当局三大眼中钉，马萨诸塞的亚当斯兄弟和汉考克。"独立"二字，在当时还是很犯忌讳，故而，当5月26日这天约翰·亚当斯将此宣之于口，举座哗然，简直有点"吓倒蓬间雀"。迪金森更在会议间隙将亚当斯叫出去单聊，谴责他为了马萨诸塞的利益将全体殖民地拉下水，两人争得不可开交，但最后，他们决定将裁决权交给民主机制。他们约定，谁的主张获多数票，另一个人就要服从。而最终，"民意"站在了迪金森这边，亚当斯愤怒而无奈地在请愿书上落款。

请愿书寄往伦敦，这次被主和派寄予厚望的和平尝试，被称为"橄榄枝请愿"。但是，在收到答复之前，有一个问题是和解派和独立派都无法忽视的，那就是当时已在围困波士顿的民兵队伍。这支军队的处境是极其微妙而尴尬的：大陆会议不敢承认他们，因为那样就意味着承认了民兵对英国的敌对行为是与大陆会议有瓜葛的，同时又不敢解散他们，因为谁也不能保证一旦他们撤围，城里的英军会不会秋后算账。如何处理这支军队，成了一个难题。

马萨诸塞人已跟总督闹翻，自己的议会早被盖奇解散，他们提请大陆会议授权组建政府，以管理这支军队。大陆会议勉强同意接管军队并为之提供后勤，但毕竟此时还要等待英国方面的回信，要是这就自行另立山头，必会影响和议大计，因此，这事又不好大张旗鼓。会议终于决定采取折中方案，将武装组织的性质定位为"自卫"，名称定为"大陆军"，以区别于盖奇的"政府军"。在通过《联邦协议》筹建联邦政府及各州民选政府的同时，先组建大陆军领导层，选拔一位总司令，统领现有以及将要筹建的军队。

当时的冲突主要发生在马萨诸塞，围困波士顿的民兵也都来自新英格兰四州，因此北方代表们认为总司令理应由北方人担当。正在前线的沃德是理想人选，邦克山战役就是由他担任的美方总指挥，另外汉考克也属意此职，但他们的这些提议都没能通过。终于，在富兰克林的点拨下，约翰·亚当斯想通了此中关窍：原来南方各州的代表都不情愿让北方人独揽大权，要想构筑真正的美洲统一战线，必须把有实力的南部，尤其是弗吉尼亚，拉拢过来。6月4日，经过一番痛苦的思想斗争，亚当斯终于在会议上就总司令人选问题提出动议：

> 我们有理由相信，这是一个有一定困难的问题，不过我还是愿意毫不犹豫地宣布，在我心目中只有一位先生适合担任这个重要的指挥职务。他是一位来自弗吉尼亚的绅士，他就在我们当中，而且为我们大家所熟悉；就他作为一名军官的才干和经验而论，就他的独立家财、巨大才能和卓越的品格而论，他能赢得全美洲的赞同，并且能把所有的殖民地团结起来，共同奋斗，能胜过全联邦的任何一个人，他就是——

说到"来自弗吉尼亚"时，亚当斯已看见坐在主席位置上的汉考克脸色大变，由惊转怒。但他已无暇顾及汉考克的心情，他一边说一边转过头去，准备宣布他提出的理想人选，大家也顺着他的目光寻找，于是人们都看见了正在一步步退出会议厅的乔治·华盛顿。

其实，亚当斯提名华盛顿，既是意料之外，又属情理之中。大陆会议的各位代表，志虽同，道却未必合。争取自由，固然人同此心，但独立派和议和派、南方和北方，各种势力的矛盾还很复杂，华盛顿恰恰与几伙人都保持着大致的等距。他是南方人、庄园主，却曾在抵制英货中带头，为北方所认可；他是武将出身，懂军事，却又不是汉考克那样打了鸡血一样的激进派，能让南方的保守派放心。此外，声望、性格、财产乃至形象，诸方面条件都很理想，除了不会法语是个缺陷（当时大陆会议已准备将说法语的加拿大也拉来入伙），但也不算什么大事。果然，华盛顿获得了绝大多数南方代表的认可，而没有心理准备的汉考克等北方代表一时转不过弯，接受不了让一个南方人出掌新英格兰的军队。但在休会后接下来的一个多星期里，大家各自做思想工作，到了6月15日这天复议，马里兰的代表托马斯·约翰逊再次提名华盛顿，这一回，全票通过。

很难说清此时的华盛顿，究竟作何感想。

比之亚当斯兄弟和汉考克，他可以算是温和派，第一次大陆会议之后，他还在给友人的信中称独立是不智之举。他的很多至交都倾向于维护英国对殖民地的宗主权，尤其是从小对他照料有加的他的亡兄劳伦斯的岳父费尔法克斯家族，华盛顿不可能不受他们观点的影响，甚至在出发参加第二次大陆会议之前，他还居间调停过他的战友组织的民团与弗吉尼亚总督的矛盾。获悉莱克星顿事件之后，他在给费尔法克斯的信中写道：“一想到同室操戈兄弟相煎，一想到一度幸福而和平的美洲平原要么就要淹没在血泊中，要么就要成为奴隶的居所，我就不胜伤心！这真是可悲的选择……"

然而，接下来他笔锋一转："一个正直的人在选择自己的道路时还能有什么犹豫吗？"

华盛顿赴会之前曾向妻子保证不会主动谋求什么职位，他也确实做到了。亚当斯第一次提名时，他甚至离场以示谦退，但是，当大陆会议最终将重任交托予他的时候，他同样并没犹豫。6月16日，即当选的次日，汉考克向华盛顿宣布了大会的决定，华盛顿登台作了简短而诚恳的发言。他请诸位作证，他自认为才能不足以胜任，但义不容辞，同时他宣布，放弃大陆会议为总司令一职设置的500美元的月薪,"促使我接受这一艰巨重任、牺牲家庭幸福与安逸的,绝非金钱方面的考虑"。他表示任职期间他的一切开销都自己垫付,只要求设立明账,待"革命胜利"之时如数报销即可。这个举动让包括亚当斯在内的人深受感动,亚当斯后来在日记中说,华盛顿作为"大陆上家产最多的人之一",撇家舍业,把一切都拿来孤注一掷,高风亮节,世所罕有。

这个评价,应不为过。如果从利益角度分析,华盛顿与英国最大的利益冲突,也就是1763年《皇家宣言》挡了他开拓西部土地的财路。即便再眼红那些土地,他也犯不着为此背负叛逆之名,以身家性命为赌注,冒险与强大的英军开战。相反,以他的财力和影响力,如果借着美洲的抗议风潮接触英国为己谋身,受益或许更多,也更稳妥。所以,华盛顿的发言应该是比较诚恳的,他的挺身而出,考虑的,或者说优先于经济考虑的,想必还是爱国拯民的历史使命感,与追求自由的自我实现感。

华盛顿接受任命后,会议又选定了4名少将,正在波士顿担负指挥之责的沃德将军被遥授军衔及副总司令之职,算是仅次于华盛顿的军中第二把手,也算是给新英格兰人找的一点平衡。接下来是华盛顿的好友,在英国军队中声名显赫的退役将军,爱尔兰裔的查尔斯·李,他与华盛顿同岁,在英军服役期间曾征战欧洲各地,七年战争期间在华盛顿的部队里服役,一直是华盛顿军事方面的左膀右臂。另两位是纽约的菲利浦·凯斯勒和正在前线的老将帕特南。此外又任命8名准将,全部12名将官中有8名来自新英格兰。华盛顿还将他的老战友霍雷肖·盖茨提拔为副官长。

华盛顿就职之时,波士顿军情正紧,戎机召唤,他立即就要准备赶去前线,已来不及再返回弗农山庄的家中。故关衰草遍,离别自堪悲。念及妻子兄弟,华盛顿不由神伤,他写给夫人和弟弟各一封家书,诉说前途之叵测、离别之怅惘。在给妻子的信中他写道:"我和你在一起的一个月,幸福比在外几十年都多,但是,既然命运安排我担任这一职务,我也就希望这是上天有意让我完成某种使命。"

天降大任,些些别绪离愁,也无暇挂怀。6月20日,华盛顿正式接受委任,次日,他携李和凯斯勒两位将军,率一支骑兵队,在费城父老的掌声雷动之中走马出城,赶赴波士顿前线,准备在这场决定北美命运的战争中初试身手。

23
没有什么能够阻挡

途中，华盛顿等人已获悉了邦克山战役的情况，虽然民兵最终撤出了阵地，但从伤亡数量上看，反而堪称胜利。华盛顿惊喜交加地赞叹，"自由保住了"，快马加鞭，赶往波士顿。但当7月4日，华盛顿第一次在剑桥检阅他的大陆军时，想必有些失望。他当时看到的是这样一支军队，"我认为我们目前的情形极其危险，因为我们的人数不像我们先前以为的那样比敌人多很多……一批乌合之众，纪律涣散，松松垮垮，自由散漫……"而他当时没发现，军营物资清单上显示很充裕的火药，实际存量只有1/3，按人头分配，每名战士只能领到9发子弹。

华盛顿事无巨细地整顿队伍，从制定纪律、组织训练到修筑防御工事、催办各种军需，直至督促士兵洗澡以保证卫生，根本无力强攻波士顿。好在波士顿城中的英军在夺取查尔斯顿一役中元气大伤，盖奇等也抱定坚守不出之策，只是从海上袭扰纽约、弗吉尼亚等州，试图调动围城的大陆军支援，但华盛顿并不上当，两方就这样僵持着。

再说此时的英国。谦卑而恳切的"橄榄枝请愿"，已经递交给乔治三世和他的下议院，可惜这位国王的思维系统与之完全不兼容。乔治三世在其他方面谦逊谨慎，但"善于处理琐碎小事而对基本原则和重大问题难以驾驭"，对美洲的态度尤其坚决。在他和同样立场强硬的诺思勋爵内阁影响下，对殖民地的傲慢与偏见也弥漫于整个英伦。主张高压之声四下响起，人们"为他们并不去打的战争，高声请战"，而除了受权力的奴役即无由体验权力之滋味的小百姓也犯了骄狂，"为他们永远掌不上的残暴统治权，摇旗呐喊"。1775年8月23日，英国方面拒绝了大陆会议的陈情，以国王之名，宣布"殖民地处在叛乱状态"，要坚决镇压。

11月，消息传到美洲。此时，真的已再无选择余地，即便以屈膝投降为代价换得"和平",其自治自由之权也将较今日大打折扣,更不用说比之他们所期待的。与此同时,大陆军也遭遇麻烦。临近年底,华盛顿履职半年来,军容风纪和后勤装备方面虽有改进,但战场上一直相持,尤其围困波士顿,毫无斩获,大家早先被莱克星顿一声枪响激发出的热情已经转淡,都准备年后服役期一满就复员回家,不再回来。

转过年去,真的有许多士兵退役返乡,旋即又有噩耗传来:大陆会议和华盛顿分别派出远征加拿大的两支部队大败而归,西路军攻克了蒙特利尔,但在与东路军合围魁北克时失败,主帅蒙哥马利阵亡,东路军主帅本尼迪克特·阿诺德也在会战中受伤,远征军损失惨重。加拿大地界上无论英裔还是法裔居民,都对加入反英独立斗争不感兴趣。同时,英国方面也加大施压,颁布《禁止条例》,切断与美洲贸易往来,严禁英国人与"反叛的"北美殖民地的一切交往。镇压的大军也在调度,除了英国正规军,还从王室发源地汉诺威的邻居黑森-卡塞尔州处雇用了1.2万号称欧洲最强雇佣军的德意志战士,投向美洲战场。

内忧外患之下,美洲的独立斗争开始不久就遭遇了第一次危机。1776年刚过完元旦的华盛顿沮丧地写信给大陆会议:"也许在历史上从来就没出现过我们现在所处的困境。"

而就在此时,忽然有奇人出世,从思想战线出击,一支笔横扫千军,将美洲的民心士气从谷底拉起,直至井喷。此人就是托马斯·潘恩。

托马斯·潘恩是英国人,他来到美洲,仅仅是两年前之事。当时他在英国过得十分潦倒,碰巧结识了驻在伦敦的富兰克林,很为后者欣赏,并在他介绍下来到费城,就职于富兰克林创办的《宾夕法尼亚报》。1776年,潘恩39岁,虽然还差一年才"不惑",但很显然他提前达到了这个标准。是年1月,他写了一本小册子,只有薄薄50页,区区3万余字,但一经面世立刻风靡美洲,该年第一季度就销出12万册,当时的北美人口按照约数250万计算,每21个人就有一本,大概算得上《圣经》之外最流行的读物,这本书的名字,叫作《常识》。

如果将"畅销书"视同"没营养",《常识》可以作为最佳的反例。该书开宗明义地阐述了政府与社会的起源和存在意义:"社会是由我们的欲望所产生的,政府是由我们的邪恶所产生的;前者使我们一体同心,从而积极地增进我们的幸福,后者制止我们的恶行,从而消极地增进我们的幸福。"接着阐述英国历朝历代,尤其是从亨利八世到"今上"乔治三世的种种为政之失,指斥乔治的卑劣，论证英国君主政体的欠缺乃至谬误。潘恩还分析了美洲殖民地置身英国"保护"下的利弊得失：所谓保护，非但没使美洲免于敌人侵犯，反而使美洲卷入原本不必要的纠纷，如与西班牙和法国的战争，"法国和西班牙从来不是、也许将永远不是我们身为美洲人的敌人，而只是作为大不列颠臣民的敌人"。

这些道理或许并不难想到，但北美十三个殖民地大多源出英国，对"英国人"身份有着出于惯性的认同，尤其在英国"祖国是母亲"的长期宣传下，这种情愫是通往独立的最大羁绊。针对此，《常识》指出：

> 可是有人说英国是母国。那么它的所作所为就格外丢脸了。豺狼尚不食其子，野蛮人也不同亲属作战；因此，那种说法如果正确的话，倒是对它的谴责；可是那种说法恰巧是不正确的，或者只是部分地正确，而英王和他的一伙帮凶阴险地采用的母国这个词，含有卑鄙的天主教的意图，想要偷偷地影响我们心地老实的弱点。欧洲，而不是英国，是北美的母国。这个新世界曾经成为欧洲各地受迫害的酷爱公民自由与宗教自由的人士的避难所。他们逃到这里来，并不是要避开母亲的抚慰，而是要避开吃人怪物的虐待；把最初的移民逐出乡里的那种暴政，还在追逐着他们的后代，这话对英国来说至今仍然是适用的。

《常识》一语道破，英国是位自私而不称职的母亲，其"母性"更多地表现为占有欲，想尽办法扼制孩子的生长，以便永远将其拴于自己裙带之上。然而不可违背的自然规律就是：孩子总有长大的一天，总有独立自主的一天，既然"祖国母亲"可以如此贪婪刻毒，那么好吧，这一切都是你，"母亲"，逼的。潘恩呼吁美洲人不畏艰险，起而抗争，争取本当属于自己的权利：

> 秉性迟钝的人多少有些忽视大不列颠对我们的攻击，仍旧非常乐观，动辄喊道：来吧，来吧，纵然发生这一切事情，我们还是可以和好的。可是请你们考察考察人类的感情和感觉：把和解的主张根据自然的标准来衡量一下，然后告诉我，你们以后是否还能热爱、尊敬并忠心耿耿地替那种已经在你们的土地上杀人放火的政权服务？假如这一切事情你们不能做到，那么你们不过是掩耳盗铃，由于你们的延误而使后代子孙遭到毁灭。你们

既不敬爱英国，那你们将来和英国的联系一定是被迫的和不自然的，并且因为它是仅仅根据目前的权宜之计而形成的，它不久就会回复到比当初更不幸的老路上去。如果你们说，你们还能容忍那些侵犯，那么我要请教，你们的房屋有没有被烧掉？你们的财产是否曾在你们的面前被破坏？你们的妻儿还有床铺睡觉、有面包充饥吗？你们的父母儿女曾否遭他们的毒手，而你们自己是不是在颠沛流离中死里逃生的呢？如果你们没有这些遭遇，你们就不能很好地体会那些有过这种遭遇的人的心情。但如果你们遭了殃，还能同凶手握手言欢，那么你们便不配称为丈夫、父亲、朋友或爱人，并且不管你们这一辈子的地位或头衔如何，你们有着胆小鬼的心肠和马屁精的精神。

潘恩热切地呼吁人们勇敢争取自由："旧世界盛行压迫，自由在世界各地漂泊，亚洲和非洲早已驱逐了她，欧洲视她为陌生人，而英国已对她发出驱逐的警告，接纳这个流浪者，及时地为人类准备一个避难所吧！"

真理从不需繁文缛节，更不必故弄玄虚，反而，越是大道理，就越应该也能够以简单直白的言语宣讲。《常识》之前，包括约翰·亚当斯在内的美洲知识分子写过大量类似的启蒙作品，更深刻更全面更理性的也不在少数，但其效果远不如这本浅易通俗的小册子。

随着《常识》一纸风行，它揭示的常识也飞入寻常百姓家，各个行业、各个阶层都在竞相阅读，品哂真意。从1763年以来，自由的意识已在美洲人的内心中普遍萌发，但潘恩这次清楚明白地将他们心中模糊的想法说了出来。以往懒于思考的、缺乏见识的、瞻前顾后的人，都如拨云见日，意识到了自由的可贵和独立的必要。各殖民地驻在费城大陆会议的代表，几乎每日都会收到各自州议会转寄来的本州居民吁请独立的请愿书，渴望独立自由的思潮澎湃于北美。尽管大军压境敌强我弱，尽管前途未明代价不菲，但是——

没有什么能够阻挡，你对自由的向往。

1776年春天，心志越发坚决的大陆会议命令华盛顿：夺取波士顿。

其实，围困波城的华盛顿比大陆会议更清楚，这场长围久困该到见分晓的时候了。在2月底的军事会议上，他提出趁着波士顿海面冻得结实，就从冰面上发动强攻，但与会的军官几乎一致反对，他们认为这样冒险强攻敌人防范严密的城区，代价太高昂，华盛顿也无奈地认同。大家的一致意见是，夺取邻近的高地架设大炮轰击波士顿，但问题是，炮不够用。就在此时，从加拿大战场退下来的军官诺克斯上校押运大批军需赶到，长长的一列牛拉雪橇队，载来了50门大炮——榴弹炮、臼炮，全军欢腾。

随后几日华盛顿催办的炮和弹药又陆续运来不少，军中士气大振，攻城计划付诸实施。鉴于波士顿和查尔斯顿都驻有重兵，华盛顿的计策是，从正面发动佯攻吸引英军注意力，同时暗中在防守薄弱的多彻斯特修建炮兵阵地，直接威胁英军驻扎的市区。3月4日，帕特南将军奉命率领4000名精兵进攻波城入口"罗克斯伯里咽喉"，此战并不求胜，目的仅在吸引敌方注意。此时盖奇因其在邦克山战役中的不佳表现，已被解职回国，波士顿的主将换成了豪将军，相持日久，他也料到美方可能会在英国援军抵达前进攻，故而帕特南来袭，他以为必是美军情急拼命，当下不敢怠慢，也调集各处守军赶来增援。战事打了一整天，大陆军大炮轰鸣，声势很大，但并没尽全力，另一边，天刚擦黑，华盛顿亲自带领一队工兵，通过无人防守的多彻斯特咽喉，摸上半岛制高点努克山，开凿冻土，修建工事。

这天天气奇冷，入夜后更是寒风刺骨，但时间宝贵，工兵们挥汗如雨，干到半夜又有奉命前来的当地民兵赶到换班。经过一整夜的抢工，次日清晨，波士顿的英军目瞪口呆地看见多彻斯特方向的山头上，两座巍峨堡垒的轮廓逐渐从晨雾中透出。豪将军闻报，惊叹"叛军一夜之间完成了我们一个月都没完成的工程"。此时堡垒上对准波城的炮口都已隐约可见，而罗克斯伯里方向又有大批大陆军及民兵赶到，一旦英军出动强攻多彻斯特，他们必会趁着城中空虚直杀进来。豪将军明白大势已去，只好传令全军登舟，从海上撤离波士顿。

3月5日，正是波士顿血案六周年的日子，华盛顿率大陆军开进波城，被英军占据3年之后，北美第一大港光复。为了不伤及城中居民和建筑，豪将军撤兵时华盛顿未发一弹，任其离去，豪也很绅士地没有在城中破坏。至此，华盛顿与大陆军获得了首个重要胜利，尽管这更大程度上体现为象征意义，但对危机中的美洲而言，实在是难得的鼓舞，激励了斗争之志，也断绝了媾和的念想。"争取自由"的思想与行动激励了更多的美洲人，包括刚从被围困的波士顿城中离开的约翰·亚当斯夫人艾比盖尔·亚当斯，她在写给丈夫的信中鼓励他为"推翻专制"而战，并要求实现自由之后，给妇女以平等权利，"否则，我们将发动一场叛乱"。

5月间,独立的主张在大陆会议中首次获得超半数的投票支持(7票赞成,5票反对,1票弃权),已成定议,"争取独立"终于不必扭扭捏捏欲说还休,而可以正大光明地直言宣告。6月7日,会议当值主席理查·亨利·李宣布动议:"这些联合起来的殖民地,是并且有权利、应当是,自由和独立的国家。"

会议决定组织代表,拟写一篇文告,将美洲的主张理直气壮地公之于世,在华盛顿彰显武功之后,美洲的文胆也迎来机会,走上历史的前台。

24
独立之声

撰写独立文告的小组很快被推举出来，成员共5人：马萨诸塞的约翰·亚当斯、宾夕法尼亚的本杰明·富兰克林、康涅狄格的法官罗杰·谢尔曼、纽约的政治世家子弟罗伯特·李文斯顿，还有弗吉尼亚的托马斯·杰斐逊。

五人都是文章好手，但细看下来，亚当斯是近十余年来一线斗争的风云人物，但也正因此树敌颇多，即便在大陆会议中也有不少意见相左者；富兰克林望重北美无出其右，但毕竟年已七旬，精力已有些不济，加上不久前刚出使加拿大无功而返，不在状态；另外两位也都素有贤名，但和亚当斯、富兰克林一样，他们都是北方人，通过上次选举总司令，亚当斯敏锐地意识到，弗吉尼亚是南方表率，南部各州马首是瞻，因此，为了让南方人感觉到，独立也是他们的公议与心声，公告的执笔者必须是五人小组中唯一来自南方的代表，弗吉尼亚人杰斐逊。亚当斯提名杰斐逊，"由你起草这个文件，会比我好十倍"。在他的提议下，小组就选定杰斐逊，担当重任。

最近这大半年来，杰斐逊正处在人生低谷，本来此前抵制英货的贸易战已让他的产业大受损失负债累累。去岁，他襁褓中的幼女于秋天夭折，今年3月间他的老母又病故，连遭不幸的杰斐逊时常借酒浇愁。5月底他才处理完家事赶回费城，立刻就被授予如此重大的历史使命。重任当前，杰斐逊无暇自艾，当仁不让。他迅速搜集了大量理论著作，从亚里士多德、西塞罗到洛克、卢梭，杰斐逊携带这批精神武器，在费城第七大街一栋公寓中租住一屋。这是一处陈设简陋的住所，位于公寓二楼，虽是个宽敞的套间，但除了一张书案，一铺床榻，几乎没有别的家具，身居陋室的杰斐逊"忍着6月难耐的酷暑和蚊虫叮咬"（杰斐逊回忆录），终日闭门，伏案疾书。

后来亚当斯回忆称，杰斐逊两天之后就把草稿交给了他，但根据记载，6

月28日杰斐逊的第一稿才被提交大陆会议讨论，距离李的布置，整整过了3个星期。

文章名为《美利坚合众国在大会集会代表之宣言》，主要分为三个部分，构成完美的三段论。大前提：天赋人权，一国家一政权，与其统治的民众都是依据契约原则缔结而成，互相负有义务。小前提：历数乔治三世的种种失德罪状，证明他治下的英国政府违背了契约原则，践踏了美洲殖民地人民的合法权益。结论：美洲人有权推翻英国的宗主权，并将为此奋斗，脱英独立。除了义理，该文考据、辞章也属上乘，措辞严谨，又不失激情，振奋人心，又逻辑清晰，较之以往千百年中的檄文昭告，其最大进步有三：

第一，淡化了宗教的影响。尽管这份宣言中仍将人与生俱来的权利归结为"造物主"之赐，但考其原文称谓可知，此处的"造物主"，并非完全等同于基督教尤其是清教信仰中的"上帝"，而是意味着一个更普世的超自然存在，适用于任何宗教语境。这使得文章宣示的人的权利，不来自从基督教的源头犹太教娘胎里带出的"上帝选民"的优越感，而来自作为一个最基本的、不掺杂任何宗教属性的"人"这一身份。在西方世界，一千多年来，这种不依附于任何宗教的"人"和"人权"的概念，就在这个由清教徒创立的国家中，首次明白无误地被提出来。

第二，从"英国人的权利"升华为"人的权利"。以约翰·洛克为代表的"自然权利"学说，是杰斐逊思想最重要的源头，这个学说的核心要义是平等。中世纪的欧洲是"贵族－平民"的二元社会，人生而不平等，处在贵族序列的王公、骑士、僧侣们，都拥有对平民阶层的若干特权，特权的来源，就是他们的社会地位。而"自然权利"学说认为，人先天拥有的源于自然的权利，高于统治者的后天的权威，基于此，每个人都有平等的权利、自由与尊严。杰斐逊幼学之时就接触洛克的著作，深受其影响，因此也将"自然权利"说引入他的文章。此前从抗议印花税开始的斗争，美洲人的理论依据都是"作为英国人应当享有的与英国本土居民平等的权利"，而此时杰斐逊发展了这个理论——美洲人不但在英国法律的框架下，享有与英国人平等之权，更在高于英国法律的自然法则之下，享有作为"人"的不可剥夺的自然之权。

第三，明确了人民与政府关系的逻辑。既然主权在民，则建立政府之目的，就在于保障民权，民权是政府之权的来源，更是政府存在之目的，根据这一逻辑，民权高于政权，当无疑义。同时，既然推翻乔治三世统治之原因在于他侵害民权，则有此先例，日后政权若变质，竟也侵毒人民，则人民自然有权利也有必要，依据本宣言之精神，革除之，推翻之。

此外，本着人权精神与平等原则，杰斐逊的初稿中斥责英国认同的贩奴贸易，将之作为乔治三世25项罪状之一列出，准备废除奴隶制度（尽管杰斐逊本人也是奴隶主），实现更大意义上的平等。可惜，这项提议遭到蓄奴大户南卡罗来纳的坚决抵制。南卡代表、该州总督的弟弟爱德华·卢特利奇拉拢了最后一个参加大陆会议、本就犹疑未定的佐治亚，一同施压要求杰斐逊及五人小组删除此条，否则将退出会议转而支持英王。无奈之下，杰斐逊等人只好就范，使本该光耀千古的雄文留下了黑暗的另一半。最终英王罪状被重新归纳为27项，需要注意的是，尽管这些指责都属实，但在危害程度上不可避免地有所夸大，因此，有学者概括美国独立运动"不是被动地对压迫的反抗，而是主动地对自由的争取"。

富兰克林等人又和杰斐逊反复推敲，修改了一些过于煽动性的言辞。最终，几易其稿的宣言在1776年7月1日晚上，作为终稿提交大陆会议审议。十三州依次投票，这一回首轮的赞成票达到了9票，上一轮弃权的马里兰投了赞成票；特拉华代表没到齐无法形成决议；纽约的代表则表示还没得到州议会最终通知，不能投票；而南卡罗来纳和铁杆主和派约翰·迪金森所在的宾夕法尼亚，仍然坚持反对。与会者们彻夜争论，试图说服最后的异议者。天明时分，纽约的信使疾驰而至，带来了纽约州的授权：赞成（当时纽约州的决议程序尚未走完，州议会表示原则同意，7月2日才正式通过）。紧接着，特拉华三位代表中唯一缺席的那一位、此前患病在家的罗德尼，也带着气喘病连夜策马80英里赶到，投下决定性的赞成票。约翰·迪金森和另一位反对独立的宾州代表眼见大势已去，宣布退会，宾州也归入支持独立的行列。此时就只剩了南卡罗来纳，在几乎所有代表的规劝下，卢特利奇要求会议保证不在南卡废奴，如愿后，终于同意在宣言上签字。至此，十三州达成一致——独立。此时已是7月2日，会议定于两天之后，在费城公开宣布独立。

《宣言》此时已被郑重地誊写在一张牛皮纸上，代表们逐一签字具名。约翰·汉考克第一个走上前来，这位激进派代表、马萨诸塞大豪挥毫落款，John Hancock两个大字写得格外遒劲醒目，以至于日后他的名字在美国英语中成了"亲笔签名"的代名词。汉考克笑言，"免得乔治三世老儿看不清"。随后其他代表陆续签名，总共56人，最年长的是70岁的富兰克林，最年轻的只有26岁，就是那位意志坚决的南卡代表卢特利奇。众人排队签名时汉考克在旁激励大家，一定要团结一致。"是的，如果我们不一致，就会一致地被吊死。"富兰克林从旁打趣。众人大笑，一位胖代表对身边的瘦子说，要是全吊死，你可倒霉了，因为你这身板，吊在空中要蹬腿儿蹬上一个小时才咽气呢。

富兰克林的玩笑并没完全被当作趣谈，《宣言》固然昭示了伟大的前景，但英美实力悬殊，必胜委实难言，一旦独立斗争失败，覆巢之下岂有完卵，届时能被绞死留得一具囫囵尸首，已可称庆。然而事已至此，成败得失又岂容顾虑，唯有一往无前挺身奋战，峥嵘岁月，何惧风流。

转眼间签名完毕，再一转眼，时日已至。1776年7月4日，托马斯·杰斐逊领衔撰写的这份不朽文告，在大陆会议正式通过，定名为《美利坚合众国十三州一致宣言》，也就是通称的《独立宣言》。一个新的国家，就此诞生。

大陆会议组织大量印制《独立宣言》，并将之分发到各州，晓谕这个新生国家的全体人民。7月8日清晨，旭日初升，独立的消息早传遍费城，这座城市再一次沸腾起来，远近居民们都赶来城里，云集宾夕法尼亚老市政厅前，准备亲眼亲耳见证宣言被公告天下的历史瞬间。中午时分，大陆会议的众位代表出现在市政厅二楼阳台，人群簇拥下，杰斐逊展卷，朗声宣读：

在有关人类事物的发展过程中，当一个民族必然解除其和另一个民族之间的政治联系，并在世界各国之间依照自然法则和上帝的旨意，接受独立和平等的地位时，出于对人类舆论的尊重，必须把他们不得不独立的原因予以宣布。

我们认为下面这些真理是不言而喻的：人人生而平等，造物者赋予他们若干不可剥夺的权利，其中包括生命权、自由权和追求幸福的权利，为了保障这些权利，人类才在他们之间建立政府，而政府之正当权力，是经被治理者的同意而产生的。当任何形式的政府对这些目标具破坏作用时，人民便有权力改变或废除它，以建立一个新的政府；其赖以奠基的原则，其组织权力的方式，务使人民认为唯有这样才最可能获得他们的安全和幸福。为了慎重起见，成立多年的政府，是不应当由于轻微和短暂的原因而予以变更的。过去的一切经验也都说明，任何苦难，只要是尚能忍受，人类都宁愿忍受，而无意为了本身的权益便废除他们久已习惯了的政府。但是，当追逐同一目标的一连串滥用职权和强取豪夺发生，证明政府企图把人民置于专制统治之下时，那么人民就有权利，也有义务推翻这个政府，并为他们未来的安全建立新的保障——这就是这些殖民地过去逆来顺受的情况，也是它们现在不得不改变以前政府制度的原因。当今大不列颠国王的历史，是连接不断的伤天害理和强取豪夺的历史，这些暴行的唯一目标，就是想在这些州建立专制的暴政。为了证明所言属实，现把下列事实向公正的世界宣布。

他拒绝批准对公众利益最有益、最必要的法律。

他禁止他的总督们批准迫切而极为必要的法律，要不就把这些法律搁置起来暂不生效，等待他的同意；而一旦这些法律被搁置起来，他对它们就完全置之不理。

他拒绝批准便利广大地区人民的其他法律，除非那些人民情愿放弃自己在立法机关中的代表权；但这种权利对他们有无法估量的价值，而且只有暴君才畏惧这种权利。

他把各州立法团体召集到异乎寻常的、极为不便的、远离他们档案库的地方去开会，唯一的目的是使他们疲于奔命，不得不顺从他的旨意。

他一再解散各州的议会，因为它们以无畏的坚毅态度反对他侵犯人民的权利。

他在解散各州议会之后，又长期拒绝另选新议会；但立法权是无法取消的，因此这项权力仍由一般人民来行使。其时各州仍然处于危险的境地，既有外来侵略之患，又有发生内乱之忧。

他极力抑制各州人口增加；为此目的，他阻挠外国人入籍法的通过，拒绝批准其他鼓励外国人移居各州的法律，并提高分配新土地的条件。

他拒绝批准建立有司法权力的法律，借以阻挠司法工作的推行。

他把法官的任期、薪金数额和支付，完全置于他个人意志的支配之下。

他滥设新官署，派遣大批官员，骚扰人民，并耗尽人民必要的生活资料。

他在和平时期，未经我们的立法机关同意，就在我们中间维持常备军。

他力图使军队独立于民政之外，并凌驾于民政之上。

他同某些人勾结起来把我们置于一种不适合我们的体制且不为我们的法律所承认的管辖之下；他还批准那些人炮制的各种伪法案来达到以下的目的：

在我们中间驻扎大批武装部队；

用假审讯来包庇他们，使他们杀害我们各州居民而依然逍遥法外；

切断我们同世界各地的贸易；

未经我们同意便向我们强行征税；罗织罪名押送我们到海外去受审；

在一个邻省废除英国的自由法律，在那里建立专制政府，并扩大该省的疆界，企图把该省变成既是一个样板又是一个得心应手的工具，以便进而向这里的殖民地推行同样的集权统治；

取消我们的宪章，废除我们最宝贵的法律，并从根本上改变我们各州政府的形式；

中止我们自己的立法机关行使权力，宣称他们有权就一切事宜为我们制定法律。

他宣布我们已不属他保护之列，并对我们作战，从而放弃了在这里的政务。

他在我们的海域大肆掠夺，蹂躏我们沿海地区，焚烧我们的城镇，残害我们人民的生命。

他此时正在运送大批外国雇佣兵来进行屠杀、破坏和肆虐的勾当，这种勾当早就开始，其残酷卑劣甚至在最野蛮的时代都难以找到先例。他完全不配作为一个文明国家的元首。

他在公海上俘虏我们的同胞，强迫他们拿起武器来反对自己的国家，成为残杀自己亲人和朋友的刽子手，或是死于自己的亲人和朋友的手下。

他在我们中间煽动内乱，并且竭力挑唆那些残酷无情、没有开化的印第安人来杀掠我们边疆的居民；而众所周知，印第安人的作战规律是不分男女老幼，一律格杀勿论的。

在这些压迫的每一阶段中，我们都是用最谦卑的言辞请求纠正；但屡次请求所得到的答复是屡次遭受损害。一个君主，当他的品格已打上了暴君行为的烙印时，是不配作为自由人民的统治者的。

我们不是没有顾念我们英国的弟兄。我们时常提醒他们，他们的立法机关企图把无理的管辖权横加到我们的头上，我们也曾把我们移民来这里和在这里定居的情形告诉他们。我们曾经向他们天生的正义感和雅量呼吁，我们恳求他们念在同种同宗的分上，弃绝这些掠夺行为，以免影响彼此的关系和往来。但是他们对于这种正义和血缘的呼声，也同样充耳不闻。因此，我们实在不得不宣布和他们脱离，并且以对待世界上其他民族一样的态度对待他们：和我们作战，就是敌人；和我们和好，就是朋友。

因此，我们，在大陆会议上集会的美利坚合众国代表，以殖民地善良人民的名义，并经他们授权，向全世界最崇高的正义呼吁，说明我们的严正意向，同时郑重宣布：这些联合一致的殖民地从此时是自由和独立的国家，并且按其权利也必须是自由和独立的国家；她们取消一切对英国王室效忠的义务，她们和大不列颠国家之间的一切政治关系从此全部断绝，而且必须断绝；作为自由、独立的国家，她们完全有权宣战、缔和、结盟、通商和采取独立国家有权采取的一切行动。

为了支持这篇宣言，我们坚决信赖上帝的庇佑，以我们的生命、我们的财产和我们神圣的名誉，彼此宣誓。（蒲隆译，载于赵一凡、郭国良等主编《美国赖以立国的文本》）

这就是美国的《独立宣言》，庄严神圣，有理有节，揭示的真理"不言而喻"。尽管以今天的眼光审视，宣言令人遗憾地没有言及妇女、黑人、印第安人的权益，但以18世纪的认知程度而言，这无碍它作为自由先声的伟大意义。宣言读罢，掌声与欢呼声雷动，节日般的狂欢开始了，从午后直至深夜。悬于市政厅屋顶的自由钟再次鸣响，这口巨钟上刻有《圣经·利未记》中的文字，"向地球上的所有居民宣布自由！"此刻，随着恢宏的钟声穿透云霄，古老经文呈现的天堂愿景有了现世的含义。这钟声与宣言的诵读声、民众的欢呼声一道，构成了美利坚之声，这是一个新生民族宣告独立的呼声，不单响于那个遥远的费城夏日午后，也长久地盘旋回响于历史的天空。

25

兵败长岛

7月9日，费城的盛典方歇，引得一城欢腾的那份《独立宣言》也经由华盛顿将军之口，被宣读给前线的大陆军将士。宣言引发的狂欢气氛与费城无二，但他们身处的环境并不容乐观。

事发地点，是在纽约。纽约是十三州南北交汇之要冲，当地豪族又普遍有亲英倾向，战略位置至关重要。因此，收复波士顿之后，华盛顿认为威廉·豪将军会带着英军袭击纽约，于是率领大陆军主力南下，早在4月初就已抵达，指挥部署防务，并因此错过了签署《独立宣言》。华盛顿对豪将军动向的判断出了差错，后者没有带着败军直接进攻纽约，而是去了加拿大南部的港口哈利法克斯休整，在那里与其兄长海军司令理查·豪会师。不过华盛顿也没完全料错，因为集中兵力之后的英军，下一个进攻目标正是纽约。

纽约地势开阔，和今天一样，城市的核心在曼哈顿。这个小岛地形狭长，两侧分别是哈得孙河和被称为东河的狭长海峡等几条水道，而水上力量又是英军的最强项，因此想全面布防几乎不可能。华盛顿抵达后获得大陆会议授权，扩充兵员，经过招募和调配，他手下的兵力接近3万，但其中多半是未经训练的新兵，这更增添了防卫难度，最终华盛顿等人决定在几条水路入口修建堡垒。曼哈顿岛北段俯瞰哈得孙河的高地上也修筑了要塞，命名华盛顿堡。河西侧新泽西地界上，有与之呼应的李将军堡，这两处是防止敌船沿哈得孙河溯流而上的重要关口。堡垒格外坚实，其他各处交通隘口也修了规模不等的工事，或沉船于河中，阻断航道。同时，华盛顿将第一道防线布置在曼哈顿外侧一水之隔的长岛，重点又在岛西侧的布鲁克林高地。纽约的防御体系由熟悉地形的少将纳撒尼尔·格林设计，但不久格林就染上了军中的流行病，卧床不起。华盛顿手下的首席军事顾问查尔斯·李将军短暂接手，可惜这位将军生性孤傲，与人很难兼容，不久后在大陆会议要求下，华盛顿派他往南卡罗来纳主持当地军务。此后纽约尤其是长岛的布防任务，就由康涅狄格老将帕特南负责。大陆军以布鲁克林高地为主阵地，搭建可控制水陆两途的多面堡垒，在高地以南大约一英里处，通往布鲁克林的三条主径上，由东向西设了三座堡垒，作为外围，又在地势平缓易于登陆的南部滩头部署来复枪兵队，三条防线构筑了防御纵深，还派了两个团在长岛上布鲁克林东北狭长的瓜纳山一带巡逻警戒，这样的布置在当时的人力条件下，几乎已是极致，如能固守长岛，则曼哈顿可保平安。

不过这一切只停留在理论层面，此时的大陆军，不论基层的执行力，还是各将领间的协调，都做得很差，许多官兵自行其是不服管束。一个典型的例子是，享誉北美的康涅狄格轻骑兵团主动赶来投效，华盛顿命令他们参与修筑工事，但挖了几天战壕之后，这群自尊心过于强烈的骑士竟宣称，根据康州法律，骑兵在没有马的情况下可以拒绝执行任务，华盛顿一怒之下遣散了他们。这导致纽约的大陆军中骑兵几乎就此绝迹，接下来的战斗中因此吃了大亏。更严重的是疾病问题，大陆军卫生习惯很差，医疗能力更跟不上，军中很快疫病流行，到了六七月间，已有近三成士兵患病。华盛顿深知以这样一支军队应战身经百战的英国正规军，凶多吉少。

6月29日，也就是华盛顿宣读《独立宣言》前10天，首批英国战舰出现在纽约南部海面上。这是帝国国威的具象化代表，也是当时全人类军事科技的巅峰成就。每艘战舰都配有64门火炮，可发射10千克的炮弹，射程超过1千米，此外更载有百余名训练有素的职业军人。对于从未亲临战阵的纽约市民来说，一艘战舰就足以摄人心魄，何况这次来的有45艘。英军威风凛凛列舰海上，直如黑云压城，纽约警铃大作乱成一团，仿佛末日降临前的庞贝城。然而这还只是冰山一角，3天后，英国舰队主力抵达，全部船只数量超过400艘。几乎没遇到抵抗，英军就在长岛西南边的斯塔滕岛登陆扎营。

来的正是英国皇家海军司令理查·豪爵士。他是威廉·豪的亲兄长，也是豪家族掌门人，在豪氏三兄弟中的大哥乔治于1758年战死美洲后，他就继承了"豪子爵"封号，称"豪四世"。豪家族是英国真正的豪门，豪氏兄弟幼年都曾在王宫中度过很长时间，尤其理查，是英王乔治三世少时玩伴。不过他在军界的地位与此无关，和弟弟威廉一样，他也是少年投军，14岁就作为皇家海军候补少尉出海，虽有贵族身份，薪饷上有一定优待，但理查从低级水兵干起，在一线摸爬滚打，凭真本领出人头地，在七年战争中屡立奇功，名传大西洋两岸，直至官拜海军上将。由于长年在海上风吹日晒，理查皮肤黝黑，士兵们私下都叫他"黑面将军"。

不过理查·豪虽善战，却非穷兵黩武之辈。作为坚定的辉格党人，他崇尚自由，同情美洲——这是他们的家族传统，威廉·豪也一样——在英国议会不断推出高压政策的那段时间，他曾劝谏乔治三世，甚至在英王表示赞同议会主张时，他还激动地当众直斥国王冥顽不化。1775年理查曾约见当时在伦敦的富兰克林，希望与他共同协调英美立场，避免冲突升级，两人在理查的姐姐寓所弈棋论道，可惜棋局终了，难有共识。后来战事爆发，乔治命令豪氏兄弟出战，理查本不想奉命，但一来于公于私都不好违拗乔治，二来他也觉得自己出马，可以适当采取怀柔政策，好过那些不明大势一味喊打喊杀的强硬派，于是出任了海军司令。乔治将皇家海军将近一半的船只兵力都交付给他。

理查·豪抵达美洲与兄弟会师后，便直奔纽约。7月12日，豪爵士派出两艘护卫舰"凤凰"号和"玫瑰"号，以及三艘补给舰，溯哈得孙河而上，做试探性进攻。两艘巨舰一路横冲直撞，仅一轮侧舷齐射，就清空了河西侧新泽西一线的滩头阵地，接着向曼哈顿一侧靠拢，遇到驻守在此的亚历山大·汉密尔顿所部拼死还击。"凤凰"号受创，恼怒之下向居民区开炮，格林尼治村3名平民死于炮击。消息传开，纽约震惊，军民陷入恐慌，士气低落。

但"凤凰"号和"玫瑰"号的攻击浅尝辄止，豪爵士并没打算这就发动总攻，他还在等待更可怕的增援部队——黑森雇佣军。

黑森-卡塞尔州是德意志境内一个小邦，地处内陆，土地贫瘠，经济落后。从17世纪的三十年战争开始，这里屡被战火波及，久而久之，黑森的农夫们也变成了战士。截至18世纪70年代，黑森有27万居民，其中常备军就有1.2万，现役民兵也差不多在这个规模，士兵占人口比例接近1比10，冠于欧洲（当时英国为1比300）。即便非现役的成年黑森人，也有很多受过军事训练，来之能战，且英勇尽职，被誉为欧洲最强雇佣军，虽然价格高昂，但确实堪称一分钱一分货。英国镇压北美，陆军兵力不足，四处寻枪，最终咬牙拍出高价，选定了黑森。黑森人生就日耳曼民族标志性的坚毅古板，对荣誉和秩序极为看重，在英美之争中从情感上就支持英国戡乱平叛，一拍即合。英国在黑森招募了1.2万士兵，由黑森的职业军官指挥。8月15日，首批8000名黑森雇佣军乘英国运兵船抵达，此时斯塔滕岛上的英军和黑森军总数，已达3.5万人，反客为主，压倒了主场作战的大陆军。黑森军休养了一星期后，8月22日，英军准备向大陆军据守的长岛一线发动进攻。

拂晓时分，英军发动攻击，载有重炮的小型舰艇对滩头的大陆军来复枪团狂轰滥炸，很快清理出一片开阔地。当时最先进的可运载马匹和炮车的登陆艇跟上，首批9000名英军，携40门大炮，在亨利·克林顿率领下踏上长岛，驻守滩头的大陆军防线很快崩溃，到中午时分，登陆的英军数量已增至1.5万。

此时华盛顿在曼哈顿，他遣散骑兵的危害已体现出来。没了骑马的侦察兵，美军传递情报的机动性大降，豪氏兄弟发起袭击时，华盛顿手中的情报还是过时的，以为英军只出动了八九千人，他因此判断长岛方向只是佯攻，英军试图将曼哈顿的美军吸引到长岛然后乘虚而入。华盛顿没有在第一时间增兵长岛，随后他渐渐获悉英军来得比预料的多，但他又错估了英军动向，仍不敢倾注全力，只派了6个团渡过东河，支援长岛。不过这也确是他所能调动的极限了，华盛顿和大陆军将领也知道，不可能守住长岛全境，只要能保住布鲁克林，使之拱卫曼哈顿，并尽可能地多杀伤英军，就算成功。

3天后，黑森军也登陆长岛，英军总兵力约有2.5万—2.6万，筹划进军布鲁克林高地。其实此时的力量对比，他们即便不讲任何策略地正面强攻，也能攻克大陆军剩余的两道防线，但经过邦克山一役，豪将军心有余悸，不想发动这种代价惨重的冒险。恰在此时，有当地居民找上门来，他们是纽约的保皇党，早就盼着赶走"叛军"，眼见王师到来，立刻跑来当了带路党。他们向英军透露，在瓜纳山脉的游击阵地和布鲁克林前沿防线的间隙，有条鲜为人知的小路，名为"牙买加通道"，可以绕行直插防线与布鲁克林主阵地之间的真空地带。

英军当即根据这一情报拟定计划，将军队分为三路：左路由詹姆斯·格兰特将军率领，针对大陆军三处要塞中最左侧的一处；黑森军的耶格兵团在其首领利奥波德·冯·海斯特中将率领下，进攻中路和右路；但这两路人马都是佯攻，真正的主力由威廉·豪将军、亨利·克林顿，以及查尔斯·康华利三将率领，绕行美军防线，奇袭牙买加关口。

8月26日午夜，豪等三人悄悄率队出发，英军空出的营帐中都点着灯火，以免大陆军察觉。带路党所言非虚，果然一路之上英军未遇抵抗。27日清晨，英军俘获了5名大陆军的巡逻轻骑兵，从他们口中得知，这条路确实没有设防，豪等人于是命部下原地休息，等待约定的总攻时间。

此时格兰特等两路英军也已就位，上午9时，英军发射两枚号炮，这是进攻的信号，英军三路人马一起出动。格兰特的进攻方向原本是佯攻，意图只在于吸引美军注意力，掩护绕道而行的英军主力，但他对面的阵地上，美军只有500人，又多是新兵，在英军一冲之下手忙脚乱，就丢了阵地逃跑。格兰特喜出望外，挥军夺了阵地。中路黑森军分攻两处阵地，这群彪悍的外邦人作风凶猛娴熟，头上戴着中世纪骑士风格的黄铜头盔，更显狰狞可怖。战事正胶着，豪等人率领的英军主力忽然出现在阵地侧后方，美军大惊失色，抵抗意志立即瓦解，最先冲上来的红衫军仅仅不到百名，竟致大陆军两个团大溃退。此时阵地上负责指挥的大陆军将军斯特林知道大势已去，命令全军向布鲁克林高地防线退走，马里兰团和特拉华团受命掩护撤退。这是这条防线上最精锐的两个团队，尤其马里兰团，尽管只有250人，但面对从三个方向蜂拥而上的敌军死战不退，顶住了英军前后6轮冲锋，最终全军覆没。此时华盛顿已从曼哈顿赶到布鲁克林，在高地上目睹了马里兰团壮烈殉国的全过程，流泪叹息"我失去了多么英勇的战友啊"！

下午，战事已基本结束，大陆军损失惨重，斯特林将军寡不敌众，向黑森军投降，后被豪将军释放，让他带书信给华盛顿敦促投降。不过，其他没有军衔的普通士兵就没有这么好的运气，很多人被英军和黑森军成批处死。华盛顿带来的增援部队和剩余的长岛守军聚拢在布鲁克林高地上，三面被围，背后就是东河，河对岸有汉密尔顿的炮台掩护，但一旦英军舰队拿下炮台驶入东河截断退路，则华盛顿一军势必无人得脱。

大陆军形势危殆，华盛顿虽知敌军强势，但也没料到精心部署的防御体系半天之间全告瓦解，士兵也多成惊弓之鸟。想坚守布鲁克林，实在没有把握，但要放弃这个苦心经营的阵地又有点不甘，加上军中各将领对是守是退也意见不一，华盛顿一时踌躇难决。

此时对英军来说，是大好机会。但27日上午的战事太过顺利，豪将军心下有些松懈，同时出于一贯的辉格党立场和绅士风度，他也不想赶尽杀绝，更不希望逼得美军做困兽之斗，再来一次邦克山那样的惨烈攻坚战。他希望用围困之策迫使华盛顿投降。英军占领美军丢弃的阵地后，一连两天都没有发动大规模进攻，给了华盛顿更多的思考时间。

在29日的军事会议上,华盛顿终于做出决定:弃守布鲁克林,转入曼哈顿。很多将领反对,表示过河之际必会被英军赶上来击于半渡,但痛感开战以来数次犹豫误事,华盛顿这次决心力排众议。

从28日起,纽约一带就连降大雨,仲夏时节天气竟让人冷得瑟瑟发抖。大战过后的路面被雨水一浇更是泥泞难行,但这对大陆军来说也是难得的机会,他们趁着敌军的侦察兵行动不便,紧急部署撤退。曼哈顿方面调动了一切船只来接应,29日晚上10时,全军接到命令,即刻整理行装,分批撤退。

负责掩护的部队仍守在阵地上,全神贯注,谨防英军哨探,就在此时,大陆军获得了上天之助,一阵浓雾慢慢地自东河上腾起。说来奇怪,本来这个季节的风多是东南风,这天风却从西北吹来,推着这团浓雾,向布鲁克林高地漫卷过来,不多时大雾又蔓延到英军营地,进而笼罩了整个长岛西段,不用说相隔1英里的美英两军,就是邻近的两个人,2米以外也难看清彼此。大陆军趁着雾色掩护赶到东河边,乘上渡船,整整一夜,大半兵士以及一切能携带走的武器给养都抵达曼哈顿。天明时分,长岛的雾气还没退去,一河之隔的曼哈顿却已雾散天光。最终,直到华盛顿和最后的掩护部队也平安登舟,英军才发觉,赶来时已追赶不及。

多年后,参与这次奇迹般撤退的随军牧师乔治·戈登回忆道:"如果不是天意改变风向,包括将军(华盛顿)在内的许多要人和全部重武器都将落入敌手,如果不是神派来使者掩护撤离行动,美国人肯定会遭遇无可估量的损失。"

欧文在《华盛顿传》中将这次幸运的撤退视为华盛顿的成功,然而,即便是成功,也仅仅是成功地逃命而已,长岛战役以英军完胜而告终。美军400人阵亡,1.2万人被俘,一战减员近半,英军伤亡则只有370人。更糟糕的是,失去了长岛的护卫,曼哈顿直接暴露在英军的枪炮口下,更严峻的考验,转眼就将来临。

26
火烧曼哈顿

大陆军退入曼哈顿，华盛顿和他的将军们继续加固阵地，但他们都深知，曼哈顿的防御力量并不比长岛强，绝难支撑一场长期防守战。为了将风险降到最低，华盛顿命令将伤员和曼哈顿囤积的大批给养都转运离岛，送往内陆，同时疏散平民，自己则率精兵继续驻守，以期尽量消耗敌方兵力。

另一边，豪将军虽不为已甚，但忍耐也终是有限度的。8月29日控制了长岛全境，豪将军休整了近10天。此间他的兄长理查·豪爵士再次联系富兰克林，试图劝降，但并未如愿，曼哈顿岛上的美军更在备战，完全没有投降的意思，那也只好继续进剿。9月中，豪爵士的舰队已在曼哈顿西南水域，哈得孙河与东河岔口一带集结。

英军引而不发的态势，让华盛顿大伤脑筋。由于大陆军情报系统一塌糊涂，对敌军的行动他只能全凭自己猜测。美军最怕对方从哈得孙河一线攻击，因为一旦哈得孙河河道被控制，大陆军将被困死在曼哈顿岛上，因此华盛顿也不自觉地将防守重心放在这一侧。

而在这个回合的心理战中，豪氏兄弟完胜了他们的对手。华盛顿的担忧被他们准确地猜到，从9月15日起，英国舰队在哈得孙河河口一带发起数次试探性攻击。当大陆军的注意力彻底被吸引到这一侧时，9月17日，真正的进攻开始了。这一回，老天转而偏向英军，河水忽然涨潮，此前两天埋伏在东河入口处的强大的护卫舰队乘势直插进河道，在曼哈顿中南部的普基湾防线处排成一排。两个月前造成纽约大恐慌的"凤凰"号再次出动，而这次又有更多类似吨位的舰只，侧舷炮对准岸上仓促搭就的阵地齐声鸣放。敌方先声夺人的攻势下，岸上的守军完全吓呆，少数的在用步枪做着徒劳的还击。英军的炮弹雨点般倾泻，足足2500发，大陆军的防线被夷为平地，幸免于死的士兵已完全被恐惧占据，本能地逃命，一位士兵事后回忆，"我当时想的只是我身体的哪个部分会先被炸飞"。

随后，早已准备好的登陆艇从普基湾对面，长岛的新镇河口出击，迅速抢滩，向曼哈顿岛北部进军，将岛南端居民区与岛北华盛顿堡的守军从中截断。岛南端的守军发现了敌军意图，没命地放弃阵地，试图逃往岛北部的堡垒。此前华盛顿在岛北部的哈莱姆高地，得知英军登陆后即刻赶来，途中正遇到溃逃的大陆军，但此时他的命令也已失效，一向沉稳的华盛顿也气得将帽子摔在地上，怒骂："我怎么得到了这样一支军队！"

好容易身边的众军官才劝住华盛顿离开险地。这一天英军的攻势停止之后，大陆军基本都被逼到曼哈顿北端的哈莱姆高地和华盛顿堡等几处，依托险要地势防守，另有一部分留在岛南端的城区，两地之间的主路已被黑森军切断，只有他们尚未发现的小道连接。城南驻守的军队归帕特南指挥（他本人并不在那里），华盛顿派传令兵通知他组织撒离。随后的军事会议上，好几位将领劝他焚毁曼哈顿城区，以免资敌，华盛顿迟迟下不了决心。不过在20日夜间，当大陆军撤出曼哈顿的时候，城区忽然燃起大火，当时南风劲吹，风助火势，很快席卷全城，木质结构的建筑都烧成了一个个火窟，浓烟弥漫，许多还滞留城中的居民惶恐地尖叫乱窜，惨不忍睹。大火最终烧毁了城区60%的房屋，大批居民沦为难民，无家可归，这是纽约建城以来遭受的最严重的蹂躏，此后几个世纪，除了在灾难片里，这座城市没再遭过这么大的劫难，直到2001年9月11日。起火原因美方此后一直避而不谈，而英军宣称抓获了13名纵火疑犯，都是美军人员，但这批人都被立即处决了，死无对证。

9月21日，曼哈顿南部的抵抗力量已化为乌有，英军开始收紧口袋，向岛北部进逼。连战连捷之下，本就不太把大陆军放在眼里的英国红衫军更加傲慢，轻佻地向美军阵地进发，当时在场的华盛顿副官里德回忆，英军"好像平常追逐狐狸一样吹着他们的军号"。从华盛顿到军官、士兵，都被英国佬的盛气凌人激怒，士兵依托着灌木和栅栏，猛烈还击，给英军造成很大伤亡。不过当红衫军打起精神认真对待之后，终于又占得上风。他们冲破了大陆军的防线，欺近身来展开白刃战，英军枪头上寒光闪闪的刺刀是大陆军的噩梦，尤其是新兵。远距离开枪是一回事，面对面地肉搏则完全不同。当他们看见同伴的肚腹被英军的刺刀挑破，内脏流满地，这种震撼是难以言喻的，而他们没有这种装备，也没练习过近身拼杀的战法，抵挡了片刻就纷纷逃走，总算英军知道再往北就是美军防线，也没有追赶。

22日，曼哈顿局势已趋明朗，岛北部高地仍在大陆军控制下，中部和南部则已落入英军之手。战事暂歇，美方此时仅剩了1.4万人，比之开战时损失了一半。情报系统已完全瘫痪，全不知英军部署和下一步打算，华盛顿无奈地要求手下将领们设法打探敌军动态，就在此时，一位日后家喻户晓的美国烈士出场了，他就是内森·黑尔。

这是一个丹麦裔的青年，年仅21岁，康涅狄格人，耶鲁大学生。黑尔是个爱国青年，铁杆辉格党人，此前是抗议组织中的积极分子，大陆军成立后投军并成为上尉。不过，他从未受过特工培训，毫无侦察与反侦察技能。黑尔自告奋勇扮成平民，去打探英军动静，结果他轻率地相信了在美英之间贩卖情报的双面间谍，被出卖给英军。22日当天他就被押解到豪将军面前，身上的文件被搜出。由于他穿的是便装，根据当时的战争法则，间谍身份坐实，豪将军也没多审就吩咐吊死，以儆效尤。

当天，黑尔就被押赴刑场，他是个文艺青年，临刑吟诗一首，这是17世纪英国辉格党诗人约瑟夫·艾狄森名剧《加图》中的句子，大约可以译为：

死亡多美丽！当它与美德相伴。
谁不想做那样的青年？
舍身报国只能一次，这才堪称遗憾。

黑尔从容赴死的气度，让英军都为之动容，他的故事很快在英美两军之间传开，华盛顿深悔派了他去执行他不能胜任的任务。后来随着黑尔事迹的流传，他就义前所吟诗文被简化为一句更加通俗易懂的：我唯一遗憾的是，我只有一条生命可以献给我的祖国。虽少了原文的风雅情怀，但更增了以身死国的豪壮，也激励很多美洲热血青年起而效仿。

黑尔事件之后，豪将军按照一贯的风格，继续在曼哈顿周边调遣兵力，一步步蚕食大陆军的空间，但并不发动正面进攻。被围的华盛顿则紧急写信给大陆会议，不但眼下局势危殆，而且一年前的麻烦又要重演：接近年关，这批大陆军又要复员，而他们还连起码的薪饷都保证不了。华盛顿要求大陆会议尽快给予政策支持，稳定军心。经过再三争取，大陆会议终于出台法令，要求各州扩军，将兵力扩充为88个营，同时提高军官薪酬。对士兵也承诺，如果在整个战争期间服役，除了每年20美元的军饷和一套军服，还将在战后获得100英亩的土地；只服役1年或3年的，只有军饷没有土地。待遇激励政策下，大陆军总算稍有振作。

然而华盛顿也明白，说重整旗鼓，那是后话，眼下曼哈顿难以守住，必须先离险地再说。10月18日，他开始组织军队离岛，渡过哈得孙河，撤往纽约州内陆的白原市。英军此时已占领了曼哈顿东北侧的哈莱姆河，试图从那里驶入哈得孙河阻击大陆军，但被华盛顿堡和对岸的李将军堡的交叉火力击退。

陆上方面，豪将军虽占有相当优势，但他还没从邦克山后遗症中恢复过来，仍在避免强攻敌人据守的高地，直到10月中旬美军主力已撤退到大陆上。10月底，康华利率舰队横扫了哈得孙河对岸新泽西一侧的防线，除了李将军堡，美军阵地大多失守。11月，华盛顿堡已陷入重围。本来华盛顿准备命令堡垒守将罗伯特·马戈上校在适当时候弃守撤离，但华盛顿堡的主持修筑者，此时在李堡养病的格林将军对自己的杰作无比信任，力劝华盛顿命马戈死守，华盛顿终于采纳了他的建议。

华盛顿堡所在的高地海拔800米，是曼哈顿制高点，河面上的炮舰也难奈何，堡垒修筑得格外坚实，几乎没有火力死角，内部的弹药粮食储备也很充足，2800名美军驻守此地，英军不付出惨重代价绝难拿下。然而，这座堡垒遭到了内部的出卖。11月2日，马戈上校的副手威廉·德蒙悄悄溜出，跑到豪将军面前将堡垒结构图以及大陆军计划和盘托出。豪将军更加胸有成竹。

由于豪氏兄弟始终存有的劝降幻想，英军的总攻拖延到11月15日才开始，而在此前3天，华盛顿才撤走。这天，他正与从南方赶回来的李将军等人一起在哈得孙河新泽西一侧的高崖上查看敌情，英军的进攻就在他的注视下开始了。英军尽遣精锐，包括黑森军和英国陆军中最勇猛的苏格兰人组成的皇家高地团，总兵力1.3万，4倍于华盛顿堡守军。堡垒的各条防线部署，都已被英军掌握，外无援兵，内有叛徒，马戈虽然恪守军令率部死战，但次日堡垒终于陷落，守军或死或擒。此战黑森军也损失不小，以至于战后被俘的美军很多都被他们用刺刀挑死泄愤，而这一切，华盛顿在对岸看得真真切切，他再度垂泪，深感自责。

华盛顿堡陷落后，整个纽约城被英军控制。参与曼哈顿登陆战的英国军官珀西勋爵曾在日记中得意地写道："他们再也不会在战场上站在我们面前了，关于他们的一切都结束了，我要恭维我自己了，这场战役将完全结束这场战争。"然而他的得意言之尚早，陷入绝境的华盛顿与大陆军也正酝酿着置之死地而后生。

27
美国危机

华盛顿堡陷落，纽约城全境落入英军之手，哈得孙河的控制权也随之易主，因此，河西岸的李将军堡已失去防守价值。华盛顿在此短暂停留后，即命守军将全部战备物资移走，放弃堡垒撤往内陆。随后，英将康华利展开扫荡，克林顿拿下罗得岛后从东北面包抄，试图在哈得孙河及其支流哈肯萨克河之间将大陆军困住。华盛顿只好带着败绩之师一退再退，在新泽西与宾夕法尼亚交界地带不断游移，闻警即逃，有时连架在营火上烧水的壶都来不及取下，重武器和给养丢弃无数。队伍中不断出现逃兵，最惨的时候华盛顿身边只剩下不到3000人，较之纽约战役开始时，损兵什九。华盛顿沿途征调一切可能的部队来援，此时他已判断出，英军的下一个目标必是大陆会议所在地——费城。

在华盛顿极尽所能重整队伍的时候，还发生了一件令人啼笑皆非的意外。当华盛顿命李将军到南方调集他的部队来增援时，后者由于刚愎自用的性格，屡屡"君命有所不受"。他在给华盛顿的信中表示，鉴于他吸引了英军主力的追赶，所以自己所部应当绕到深入内陆的英军身后断其归路，等华盛顿攒足力量反击时，与之前后合围。华盛顿知道这个计划只是纸上谈兵，不断写信说明，敦促李来援，但老李不愿意，磨磨蹭蹭，直到12月4日才进入新泽西。又走了一个多星期，也不知怎么想的，他将大部队交给手下的约翰·沙利文将军带领，去与华盛顿会合，自己则带着少量卫兵，在途中找了个舒适的小镇住了下来。

过于自我感觉良好的李将军没发现，他的行踪早已被保皇党发现，报知英军。豪将军派了一队龙骑兵疾驰而来。12月13日，李将军一觉醒来发现已身陷重围，气急败坏地提着单发手枪和指挥刀在旅馆房间里叫骂，说要跟胆敢闯进来的英军拼命。但英军喊话要他投降，否则放火烧屋，僵持了几分钟，老李只好扔了武器，穿着睡衣拖鞋出来投降。这位大陆军的三号人物就以这种滑稽的方式落网。

李将军的被俘让大陆会议乃至整个美洲的爱国者大感震惊。在战争开始前，他和帕特南是美洲名头最响亮的军官，很多人甚至将打赢战争的希望寄托在他身上，此刻他竟变成了这样一个丑角，民心士气为之大衰。

但真正的麻烦在于，又到了年底，很快又会有一批士兵服役期满，这意味着华盛顿手下的士兵将再次减员，极端情况下，可能只剩1400人，包括伤员。眼下独立战争前景黯淡，要想留住人，最可行也最有效的办法，只有物质刺激。

英军瞄准费城的态势越来越明显，以他们在纽约所向披靡的表现来看，如果集中兵力进攻费城，这座"叛乱之都"也绝难守住。在华盛顿的一再警告下，大陆会议于12月11日撤离费城，迁往马里兰州的巴尔的摩。临行前的最后一次会议上，终于做出明智决定：授予华盛顿全权——"可以在一切与他所辖部门，或与军事行动有关的问题上发布命令和指示"。获得授权后，华盛顿立刻签署命令，所有士兵一律加薪25%，即将服役期满的士兵如果愿意留队，立赏10美元。

12月20日，沙利文将李交给的2000名士兵带到了宾夕法尼亚州的亚历山大城，与华盛顿会合。此前李和华盛顿之间，彼此都颇有微词，李虽有将才，但难为华盛顿所用，从这个意义上说他的被俘也不完全是坏事。几乎同时，又有当初华盛顿就职时钦点的霍雷肖·盖茨（此时已由上校晋升少将）带着一支新英格兰军队前来会师，可惜不久后就与华盛顿决裂。

得到增援后，华盛顿兵力达到五六千人。这些人都知道了华盛顿新颁布的薪酬政策，涨工资固然皆大欢喜，但眼下的局势，很多人也会担心有命赚没命花。因此光靠这一招还不够，就在此时，以一本《常识》名动北美的"常识先生"托马斯·潘恩紧急关头再度出手，挽救了美国革命。

战争爆发后，潘恩一直作为志愿兵效力军前，但由于他文名广播，包括华盛顿在内的军官和战友对他都十分敬重，安排给他的都是文职工作。潘恩的角色更接近战地记者，在华盛顿撤出纽约后，潘恩一直给他曾供职的宾夕法尼亚媒体撰稿，报道军情的同时，以"正面视角"，积极挖掘负面新闻中的亮点，比如队伍撤退井然有序、历经挫折斗志仍在等……眼看年关将近，潘恩也知道又到了士兵复员的时候，情势危急，伟大的国际主义战士潘恩，又拿起最擅长的武器鹅毛笔，撰写檄文为美洲加油鼓劲。12月23日起，他的新作陆续发表，总题目为《危机》，潘恩开篇写道：

> 这是考验人们灵魂的时刻，那些岁寒不经霜的士兵和只能见阳光不能见阴霾的爱国者们，在这场危机中将会动摇退缩，而不敢再为国效命了，但那些坚持下来的人们，现在理应得到人们的爱戴和感激。暴政就像地狱一样不易被战胜，然而我们慰藉自己：斗争愈是艰难，胜利就愈加光荣；获得的愈廉价，我们也就愈加轻视，恰恰是昂贵才赋予每一件事物以价值。上天知道该怎样赋予它的造物以适当的价格，而像自由这样一件天赐无伦的物品，倘若不能被很高地定价，那才真是离奇。（托马斯·潘恩《危机》第一篇，柯岚译）

《危机》在军中广为传阅，华盛顿慷慨解囊，潘恩慷慨陈词，一个关照物质，一个关照灵魂。他们的合力果然撩起了大陆军的激情，残兵败将重焕斗志，许多士兵发誓，决不离开他们的总司令。然而华盛顿明白，这还不够，要想真正振奋军心，他还需要一件东西——一场实实在在的胜利。

另一方面，拿下纽约之后，豪将军又表现出了他习惯性的不思进取。一方面是他们兄弟作为辉格党，对美洲始终存着一念之仁，仍盼望他们降服，而没把"消灭"作为主要追求；另一方面，更主要的原因在于，北美洲大陆的纵深度庇护了她的子民。在城市攻坚战中，英军从数量到质量都占有绝对优势，但当他们拿下这些城市，向内陆推进时，他们的优势就被广袤的土地稀释了，追剿华盛顿的大陆军主力、进攻大城市、保证每个占领处的驯服，以他们的兵力，这些战略目标无力兼顾，加上英军诸位将领之间意见也不甚统一，最终的决议就是——等过完冬天再说。

英军此前在新泽西的一些活动，引起了当地居民的强烈不满，起义行动时有发生，因此英国军队在新泽西境内多处驻兵以备不测。战线铺得太广，每一处的人数也就有限，这样的战略部署和已有些大意轻敌的心态，给了暗中蓄力的大陆军机会。华盛顿筹划着，在一个敌人绝对意料不到的日子，发动一次奇袭，狠狠地让敌军领教一下美洲人的厉害。

28
冰河夜渡

华盛顿选定的日子，就是1776年的12月25日，圣诞节。他盯上的猎物是驻守在新泽西州特伦顿的3个黑森团，准备以这些美洲人又恨又怕的雇佣军作为给自己的圣诞礼物。

特伦顿是今天的新泽西首府，在当时是个只有100栋房子和两条主要街道的小镇，不过处在通往费城的要道上，地理位置重要。华盛顿撤出纽约后也曾在这里短暂驻足，但很快在敌军逼迫下弃城而走。此时驻守特伦顿的千余名黑森军，以乔纳·拉尔上校为首，分为3个团。

华盛顿的大陆军在宾夕法尼亚州东部一带游动作战，与特伦顿之间隔着特拉华河。这是新泽西地区最主要的河流，流经几个州，流量很大，湍急难渡，尤其隆冬时节，河上满是冰凌，更增艰险。但也正因此，华盛顿判断黑森军可能会疏于防范，尤其是在圣诞之夜里。

12月24日早上，华盛顿召集身边的将领，纳撒尼尔·格林、亨利·诺克斯、约翰·沙利文等人商讨进攻方略，最终拟定的计划是兵分三路。由华盛顿亲自率领主力2400名大陆军士兵，绕到特伦顿以北9英里处，由约翰逊渡口和麦肯基渡口两处过河，然后向东移动，进入丛林后再向南，借助树木的掩护，秘密靠近特伦顿。第二路，800名宾夕法尼亚民兵，由他们的指挥官詹姆斯·尤因上校带领，沿特拉华河向南移动，在特伦顿以南1英里处渡河，控制该处的特拉华河支流阿森平克溪的桥梁，防止特伦顿的黑森军从那里逃走。第三路，也是800人，包括费城联队200人和刚从北线赶来增援的新英格兰团600人，他们的任务是在特拉华河下游渡河，向另一个黑森军据点柏林顿发动佯攻，牵制他们使其无法增援特伦顿。此外，还急令驻守费城的帕特南将军组织一支部队待命，随时增援。华盛顿设想的攻击时间是在圣诞之夜，黎明之前，也就是12月

26日的清晨5时，天最寒冷人也最困顿的时候。为此，他们需要在25日天黑之际启程。

计划很完美，但执行起来，华盛顿才发现此次的行动实在是一波三折。

转眼间一天过去，12月25日16时左右，太阳快落山，既定的出发时间到了。大陆军士兵当天下午才被通知收拾行李，带好3天的干粮，准备出动。截至此时，行动的目标还是高度机密，士兵不知总司令要带他们去往何处。许多人的鞋子早已穿坏，又没有可供替换的，仓促间只能扯块布包在脚上，几乎相当于赤脚蹚雪地。

时间紧迫，华盛顿也顾不得体恤士卒，只能就这么上路。走不多远，很多士兵的脚都在冰凌上磨破，血印拖了一路，行军速度被大大拖慢。接近渡河点时，又有更糟糕的消息，霍雷肖·盖茨手下的少校詹姆斯·威尔金森骑马赶上华盛顿，交给他一封盖茨的信。据威尔金森后来回忆，华盛顿读着信件，忽地勃然变色，掷信于地，怒骂盖茨。威尔金森很惊讶，这位一向斯文稳重甚至有些木讷的总司令，竟会如此失态地暴怒。他不知信上具体所写，但隐约猜得到内容。原来，华盛顿一手提携的盖茨，此时已对屡战屡败的华盛顿完全失望，拒绝接受他的调令，非但如此，更赶赴巴尔的摩去向大陆会议建议解除华盛顿的军职，这封信中想必写的就是这些。盖茨还曾要威尔金森追随他一道，总算威尔金森选择了华盛顿，他对愤怒的华盛顿表示，愿意作为一个士兵加入他的队伍。

很快队伍抵达约翰逊渡口，华盛顿怒火稍歇，部署渡河，但这时他才遇到真正的麻烦。河面的情况远比想象糟糕，到处是漂浮的冰块，渡船根本无法下水，大陆军只好转向下一个渡河点，麦肯基渡口。此刻天已全黑，日落之后又下起雨来，很快就变成冻雨，士兵们被淋得浑身又湿又凉，冷风一吹，寒入骨髓，众人咬着牙艰难跋涉，到达麦肯基渡口时，已经入夜。

最近刚招募的水兵团已备好船只，在此待命。这伙人多是附近渔民出身，熟悉操船之法，但即便他们，此时也十分为难，因为这里的情况并不比前一个渡口理想。此处河宽超过240米，河道上也不时有上游漂下来的冰块，岸边也堆积着碎冰，可供停船之处很少，士兵们只能分批上船。到了河上，水手需要一边躲避难测的暗流，一边用桨荡开旁边的冰块，其时风雪正紧，月色昏暗，稍有不慎，落进3米深的冰河，就是九死一生。

更难的是大炮，诺克斯将军负责的炮队携带了20门炮，要将之运上船，几乎是不可能的任务。好在，历经磨难的军旅此时还保持着难得的乐观，并不想半途而废，终于，在诺克斯洪钟般的呼喝鼓劲声中，水兵和炮兵通力协作，将20门炮中的18门都弄上了船，不过这个过程耗去了几乎一整夜的时间。

华盛顿也是在这种艰险的条件下乘船过河的，他的坐骑也和其他战马一道被运过河，将这些受惊的牲口拉上船同样颇费周折，但比起大炮，就算是小意思了。当华盛顿与大陆军一干人马全部到达对岸，已是12月26日的凌晨4时，已不可能按照原定的时间发起进攻。苦不堪言的大陆军战士们原地休息，大家瑟瑟发抖地守着火堆围坐一团啃食干粮，火烤胸前暖，风吹背后寒。

旁边的一段木桩上，华盛顿满心沮丧地裹着毯子坐在那儿，双手抱头，陷入沉思。现在是真正的进退两难，按照设定的路程，此处距特伦顿大约9英里，等赶到那儿，天也该亮了，设想的"夜间奇袭"已难奏效，自己这支疲惫之师面对凶猛的黑森军，搞不好还要吃大亏。华盛顿本人事后回忆，在那一刻里，他想过撤退，放弃进攻，但是，这一回轮到了之前无数次被他所鼓励的士兵来为他激发斗志。华盛顿看见他的战士们虽然狼狈，但士气未堕，仍跃跃欲试地准备继续前进——如果经历了这样一番痛苦的征程却无功而返，那才是他们无法接受的。士兵的乐观情绪，反过来鼓舞了华盛顿，终于他站起身来下令，向着特伦顿，继续进发。

又向南走了一个多小时，大陆军来到一个名为伯明翰的小村，马上就要进入攻击距离了，需要在这里分派具体任务。已是早上6时，天边隐隐放亮，再不能耽搁。华盛顿命令格林和沙利文各领一军，分道出击，沙利文带一支偏师沿河进发，扫除黑森军的哨兵，格林带主力，从东北方向包抄，接近城区再分兵进攻几处要地。此时已再不容任何的犹疑，沙利文发现手下好多没经验的新兵渡河时不小心弄湿了火药，枪打不响。他请示华盛顿，总司令只给了他一句话："用刀子解决问题！"

华盛顿也率领着骑兵队伍进发，准备随时接应战事吃紧处，此时在他身边跟随的有一名年仅18岁的弗吉尼亚骑兵中尉，名叫詹姆斯·门罗，也就是未来的美国第五任总统。一路上，门罗负责带人控制住遇到的每个行人，以防其中有人向黑森军报信。而这些当地居民中有不少发现来的是大陆军，兴奋地要求火线参军，其中有个医生，名叫约翰·拉克，正好可以出任大陆军紧缺的军医。

早上7时30分，距离特伦顿不到2英里，再往前走随时可能碰上敌人，华盛顿正拔剑在手，准备下令出击时，忽然特伦顿方向传来一阵零星的枪声，不出片刻，就见一小群人向大陆军所在的这片树林跑来，到了近前，看得出都是美洲人。华盛顿惊讶地问他们是哪个部分的，怎么不等命令就提前抢攻，这伙人的回答让他气得差点从马上掉下来。原来这些人是当地民兵，完全不知道华盛顿的计划，他们的兄弟几天前被黑森军打死，他们打算复仇，没想到正和华盛顿选了同一个日子。

一时间华盛顿只觉头晕目眩气炸肺腑，这一趟千辛万苦，哪想到竟被这几个帮倒忙的家伙打草惊蛇，完全搅乱了部署，这真叫功亏一篑。但事已至此，气也无用，只能孤注一掷，按原计划进攻，成败如何就听天由命了。

此时的华盛顿把这个插曲视为这趟诸事不顺的行军中的又一个霉运，殊不知，他的霉运已经过去，这伙民兵的冒失行动，实是上天之助。原来，华盛顿的队伍中早已混进了奸细，他的特伦顿计划一经提出，就被细作得知，并报于特伦顿的黑森军官拉尔上校，后者虽不怎么把手下败将大陆军放在眼里，倒也做了准备。圣诞之夜他们根本没像华盛顿预料的那样纵酒狂欢，而是枕戈待旦，等着敌人来袭。就在华盛顿动手之前，偏有这么一伙民兵出来一搅，黑森军以为这就是谍报中警告的"美洲人的偷袭"，三两下打发走，尽管有点意犹未尽，但绷了一夜的精神这一来也松懈下来了，此刻正是放松无备的时候。而华盛顿误以为情况紧迫，全军又鼓起了拼死一搏的心气，正是此消彼长。

稍定了定神，华盛顿命令各部出击，沙利文所部在当地向导指引下很快解决了哨兵。诺克斯指挥的炮队推进到有效射程，瞄准插着黑森军旗的房舍，众炮齐鸣，很快格林的人马也进入攻击点，杀进小镇。

刚松了一口气准备休息的黑森军这次真的是猝不及防，拉尔从设在教堂里的指挥部跑出来，问部下怎么回事，后者向他大喊："难道您没听见枪炮声吗？"

大陆军先声夺人，越战越勇，而黑森军虽然训练和装备水平都在他们之上，但仓促应战，尽落下风。华盛顿的堂弟威廉·华盛顿上尉和门罗率领弗吉尼亚分队飞速冲到黑森军的炮兵跟前，后者还来不及装填炮弹，两门炮都被夺下。门罗在战斗中挨了一枪，受伤不轻，救护他的正是这天早上刚通过他加入大陆军队伍的当地医生约翰·拉克。那时门罗一定想不到，自己招纳了救命恩人，而拉克医生一定更想不到，自己挽救了未来的总统。紧跟着诺克斯的炮兵部队也冲进来，直接用缴获的炮轰击敌军，黑森人的火力完全被压制。

特伦顿的三个黑森团分驻三处，被大陆军分割包围，彼此难以呼应。拉尔的主力团眼见战事不利，准备从南面逃出特伦顿，遁向阿森平克溪。那是一条生路，因为华盛顿派往那里的詹姆斯·尤因部队，在前一天夜里两次尝试渡河都没能成功，只好放弃，所以那个方向没有美军驻守，拉尔完全有机会逃出生天。但是，这位骄傲的德国军官跑到城南一座废弃的果园里，又改变了主意，命令身边的部队就地布防抵抗，同时派出传令兵将军情急报邻近的友军，让他们赶来支援，一举围歼敌人。可惜，拉尔勇敢的计划没能得逞，命令刚传下去他就中枪落马，身受重伤，手下的士兵无心恋战，隔着果园篱笆与大陆军对射了一会儿，竖起了降旗。

跟着，特伦顿的另外两个黑森团眼见大势已去，也都停止了抵抗。战役上午就结束了，黑森军阵亡22人，被俘896人，包括32名军官，俘虏中还有百来人伤势严重。黑森军在特伦顿的全部军火和给养都被缴获，包括大批美军此前缺乏的刺刀，还有6门大炮，都是德国制造。拉尔上校是个音乐发烧友，随军带着他心爱的乐器，现在也都落入美军之手，相比之下美军方面只有2人受伤（其中一个就是门罗，另有两名士兵渡河时冻伤，几天后病故），损失几可忽略不计。

奄奄一息的拉尔被抬到华盛顿面前，他伤在胸口，已自知不治，请求华盛顿善待他被俘的士兵。华盛顿很绅士地予以保证后，拉尔闭上了眼睛。在长岛战役中曾向黑森军投降的大陆军将军斯特林去安抚黑森军官，保证会报答他们当初的礼遇，华盛顿则向黑森士兵做动员，希望将他们编入大陆军编制。这群德国兵反正是拿人钱财替人消灾，为谁卖命区别不大，很多人就答应倒戈，华盛顿将他们和马里兰等州说德语的军团编在一起。

至此特伦顿战役结束，虽然战事进程与华盛顿事先规划的不尽相同，但这场难得而适时的胜利，还是让他十分满意。这是收复波士顿之后美国人的第一场胜利，大陆军赢得了急需的补给，更重要的是，赢得了信心。

比起战斗，特伦顿战役中更艰难的是渡过特拉华河的旅程，而这段旅程也颇具象征意义：渡过冰河，撑过寒夜，在黎明时赢得胜利，简直是绝佳的革命宣传题材。以至于半个世纪后，一位德国画家伊曼纽尔·洛伊茨，用一幅油画《华盛顿横渡特拉华河》将这个传奇的夜晚呈现出来。画面上，一艘小艇在布满浮冰的河中艰难前行，华盛顿戎装佩剑立于船头，目视前方神色坚毅，身后是手擎星条旗的詹姆斯·门罗。同一条小船上连他们二人在内，共计13人（有一人完全被遮挡只露出枪管），衣着肤色各异，各自奋力荡桨，暗喻北美十三州团结一致同舟共济。远处背景是更多的渡船，一望无边，似是象征革命队伍浩浩荡荡不可阻挡。

画作与史实颇多出入，比如：门罗渡河时并未与华盛顿在同一条船上；当时大陆军的旗帜也还不是星条旗；甚至画上彩霞映天，似是日出时分，寓意良好却弄错了基本的渡河时间……尽管如此，画面呈现的精神还是十分传神精到，华盛顿横渡特拉华河也成为美国独立战争中"美国精神"的具象化代表。

29
狐狸与猎人

特伦顿战役让华盛顿与大陆军一扫阴霾，却也让在纽约越冬的豪将军心中一寒。叛军似乎要缓过精神，英军必须有所反应，他找来了也在纽约休养的康华利。

扫荡了新泽西之后，康华利也给自己放了个寒假。他回到纽约，本来还想回英国的家中，来年春天再重返战场，但现在，他不得不满怀惆怅地提前结束了惬意的假期。接到豪将军命令，他立刻赶往新泽西的普林斯顿，准备从那里南下，对付占据特伦顿的华盛顿。

康华利的速度快得惊人，1777年元旦这天，他就带领集结完毕的大队人马从普林斯顿出发了。这样的效率超出了华盛顿的想象，他来不及调配足够的人手，只能选择撤走，放弃刚刚夺来的特伦顿。华盛顿率军沿着特拉华河南撤，撤过阿森平克溪，以溪流上的石桥为主要阻击点，在溪对岸部署防御阵地，严阵以待。但这条小溪比不得特拉华河，水面又窄又浅，有好几处不用船只桥梁就可以涉水而过，因此这样布防并不牢靠。

元旦当天，英军就进入特伦顿。次日，康华利攻势不减，继续向南挺进，大有一举歼灭大陆军之势。总算格林带着一支精兵沿途多处设卡伏击，才拖住了康华利一个下午，英军抵达阿森平克溪时，已是1月2日的黄昏时分。一入战区，英军立即发起冲锋准备夺取石桥，对岸华盛顿指挥的美军以逸待劳，奋力还击，毕竟他们以逸待劳，缠斗了一下午的英军有些不支，打了一会儿就退下扎营，准备来日再战。

两下罢斗各自休息，营帐隔着溪水，夜幕里彼此灯火遥遥在望。看着敌营的规模，华盛顿已知英军人数占优，明天不论是守是逃，都凶多吉少，苦无良策之际，忽然一个灵感闪光：既然守不住也逃不掉，何不兵行险招？敌军大举而来，后方必然空虚，加之康华利明日一战志在必得，此刻必然心无旁骛，更不会分心顾及后方，这简直是偷袭的天赐良机。华盛顿立刻叫来诸将，他的计划获得一致赞同，当下整队准备出发，偷袭康华利的基地，普林斯顿。

此刻两军对垒，想偷袭敌人后方，如果光有大胆计划，而无具体的行军路线，那还是空谈。此时，大陆军主场作战的优势体现了出来，他们真的就掌握着这样一条不为英人所知的秘径，这条林间小路是宾州的教友派僧侣不久前开辟出来的，称为教友之路。华盛顿命令各营灯火不熄，同时派出一队工兵在营地之前挖战壕，故意弄出很大响动让溪对岸的英国人听见，使其误以为美军在抢修工事，准备明天死守。他自己则率领着精锐部队，蹑手蹑脚从营寨后面出发向东绕行，在英军岗哨视线之外，踏冰蹚水过了阿森平克溪，悄无声息上了教友之路，一路向北疾行。

这次奔袭，距离比上回夜袭特伦顿还要远，但好在不用经历渡河的折磨。日出时分，美军已赶到普林斯顿城南3英里处。华盛顿调配了一下人手，人马分成几路，发动袭击。此时天色已明，英军及时发现了敌情，架炮还击，火力凶猛。大陆军方面指挥正面进攻的军官莫塞尔少将中弹落马，又被冲上来的英国龙骑兵砍了数刀，伤势致命。

形势危急，华盛顿纵马冲到队伍最前面，挥动佩刀指挥部下冲锋。此时他距离敌军大炮只有百十来米，早在射程之内，英军开炮，炸得战场上白烟弥漫。大陆军眼看着总司令被烟瘴吞没，以为非死即伤，烟尘散去，却见华盛顿仍坐在马背上，竟毫发未损，简直如有神助。一时间美军士气大振欢声雷动，华盛顿也挥舞着帽子高叫："冲啊！我的勇士们！"大陆军个个奋勇。此时其他从侧面包抄的部队也已到位，斜刺里杀向英军阵地。英军溃败，逃向北边的据点不伦瑞克，普林斯顿城里的守军躲进普林斯顿大学，但美军用刚缴获的大炮轰击，他们很快投降。华盛顿兴奋地大喊："这是一场完美的猎狐！"

大陆军士气高涨，华盛顿也打得兴起，下令追击，准备赶到不伦瑞克端掉英军的粮仓。但刚追出不远，他忽然意识到此时康华利应该已经获知了普林斯顿的战事，必会回援不伦瑞克，于是果断命令停止进攻，带着缴获的物资向西撤退。他的判断果然没错，康华利正带着英军从阿森平克溪一线火速赶来，大陆军及时撤走，避免了遭遇，一场胜利落袋为安。

从1776年圣诞到1777年元月，特伦顿和普林斯顿两场战役是华盛顿和大陆军送给自己的绝佳礼物。也被视为美国独立战争早期的重要转折点。富勒的《西洋世界军事史》中评价华盛顿的这两场胜利："虽然是两次小胜利，却如变魔术一样，使整个战事的情势为之一变。"

奇袭普林斯顿之役，英军阵亡百余人，被俘近300人，包括14名军官；美军方面阵亡25人，也包括数名军官，莫塞尔少将几天后伤重不治。对华盛顿来说，此战胜果虽不算太大，却堪称开战以来最体现他军事才华的一仗。他大胆决策攻敌不备，化被动为主动，不但成功脱险，还反守为攻，挫敌锐气，打得十分潇洒写意。如果说特伦顿战役主要靠的是士兵们的意志力以及一点运气，则普林斯顿战役，华盛顿的作用当记首功。经此一役，华盛顿也名声大振，不但让此前怀疑他能力的盖茨等辈闭嘴，也令欧洲的军事观察家刮目相看。他们将华盛顿誉为当年以柔克刚与汉尼拔周旋的古罗马战略家费边，连当时欧洲最顶尖的军事统帅腓特烈大帝都赞叹不已，后来还曾给华盛顿题词致敬，"当世最年长的将军致最杰出的将军"。

但此时华盛顿非常清楚，他的实力还不足以与康华利决战。撤离普林斯顿后，他带队再渡特拉华河，辗转入驻费城东北的莫里斯顿休整队伍。这里距离哈得孙河、费城等战略要地都很近，位置机动灵活，足以对英军构成牵制。华盛顿凭借该处的险要地形御敌，同时筹措薪饷，用以兑现他此前的承诺，一段时间内没再发动主动进攻。经过在莫里斯顿历时近半年的训练与整饬，一度处在崩盘边缘的大陆军逐渐缓过精神。至于康华利，经过这几回合的较量，也已不敢小觑华盛顿，他很快将部队收缩在不伦瑞克等几个据点中，后来因为给养难以为继，就带着主力部队退回了纽约。

再说在纽约城里，豪将军对下一步的行动还是举棋不定，1776年底他提交给英国议会的作战计划包括3个要点：第一，夺回波士顿，以便欧洲援军从那里登陆；第二，沿哈得孙河北上，占领纽约州通往新英格兰以及加拿大的重要枢纽奥尔巴尼，进而与在加拿大的英军一起，隔断新英格兰与中南部的联系；第三，在执行前两个步骤的时候，以少量兵力将华盛顿牵制在新泽西，待前两步完成，再集中兵力一举拿下费城，结束战斗。但到了1777年，新英格兰相对平静，反倒是华盛顿活动频繁，豪又觉得收复波士顿似乎不是那么急迫，他转而考虑先进攻费城，迫使华盛顿来援，与之展开主力决战。于是豪又将一份新的计划报呈报英国方面，他的前后两份计划，可以概括为"挖心之计"，要点都是在费城。根据豪的设想，只要拿下这座"叛逆之都"，其他一切就都将迎刃而解。

而就在豪的第一份计划已获首肯，第二份修正稿寄出未到的当口，又有一位将军向英国决策层提交了另一份作战计划，此人就是英军在加拿大方面的主将之一，约翰·伯戈因。

伯戈因1775年和豪同时来到波士顿，后来被派到加拿大战线。1775年底挫败阿诺德等人的远征后，加拿大接下来一年比较平静，有点不甘寂寞的伯戈因于1776年12月中返回伦敦，面见了乔治三世和英国陆军大臣乔治·日耳曼尼勋爵，向他们提议，从加拿大南下，控制新英格兰通往内陆的路径，同时由豪自哈得孙河出兵北上，与自己会师，对新英格兰形成南北合围，以铁钳之势掐断这里与中部和南部殖民地的联系，迫其降服。伯戈因的思路接近于豪的第一版计划，可概括为"断臂"，试图将新英格兰从北美切割出来，逐个击破，如能收复这个动乱策源地，则本就有相当部分保皇党的南方各州，也就不在话下。

应该说，不论豪还是伯戈因的计划，倘能贯彻如一，都有望成功，但英国方面出了令人难以置信的纰漏。国王在与日耳曼尼和伯戈因的面谈中，欣然批准了后者的计划，让他回美洲后就着手准备；而另一边，日耳曼尼此前已批准了豪的第一个版本的计划，并授权他便宜行事，现在计划有变，他命手下发公函给豪告知，自己却没有签字，这就是说，豪始终没有得到英国高层方面手续完备的批复。

于是令人啼笑皆非的尴尬局面出现了：作为豪将军名义上的下属，伯戈因回到加拿大后接连写信给他，以王命之名要他出兵北上奥尔巴尼与自己会合；然而另一方面，身为北美总司令的豪并没得到英国方面的知会，不能确认伯戈因的计划就是国王和陆军大臣的意思。同时，他认准了南下费城才是破敌良策，固执己见，对伯戈因置之不理。

丘吉尔的《英语民族史》中评价，"英国的战略方针从来没有如此漏洞百出，每一条军事原则和信条都遭到违反或忽视"。而随着英国人自乱阵脚，美国的机会也就来了。

30
萨拉托加

　　55岁的约翰·伯戈因将军，在伦敦的上流社交圈子里，人称"绅士约翰尼"，其实论出身，他远比不上同侪的豪氏兄弟或亨利·克林顿，这个雅号，说的是他一贯的拿腔作调的绅士派头，带着点戏谑意味。这位将军还算是个儒将，他的另一个身份是戏剧作家，大概也因为此，比较喜欢营造戏剧效果。1777年初，他带着国王的首肯返回加拿大之前，与一位议员福克斯打赌，自己在圣诞节之前就将扫平美洲，得胜归来。据说这笔赌注的金额很高，但也有说法称，不过10英镑。

　　从伦敦踌躇满志地回到魁北克后，伯戈因立刻给豪将军写信，要他配合自己的计划，同时要求蒙特利尔总督卡尔顿帮忙筹集后勤物资，此时已是1777年5月。根据伯戈因的计划，他准备带领8000人的精锐部队出征。卡尔顿十分尽职帮助他，但加拿大开发未久，交通条件很差，到了6月，指定的出征日期，伯戈因要求的500辆运军需的马车，连牛车都算上也只凑了不到200辆，远征军只能在这样的条件下上路。

　　英军在加拿大蒙特利尔东北部，圣劳伦斯河与黎塞留河（以17世纪法国著名的红衣主教黎塞留命名）的交汇处集结出发。此时伯戈因手下的兵力为：英军8个步兵团、3个掷弹兵团，共3724人；来自德意志诸邦的雇佣军3016人；炮兵357人；在加拿大招募的当地兵，新老合计302人；印第安向导及辅助部队500人，加上军官，战斗人员总数8200人。一身红衫的英国兵、深蓝军服的德意志雇佣军，还有服色混杂的民兵、身上涂着油彩的印第安人，整支队伍五彩斑斓。由于运输车量不足，士兵不得不自己背着所需物资，英军的负载量达到30千克，德国雇佣军的全部家什更是重达难以置信的60千克。伯戈因还十分人性化地允许军官带女眷随行，甚至一些营妓也混杂其间，再加上脚夫、随军商人，整个队伍接近万人，浩浩荡荡，其行军速度可想而知。

远征军的第一个目标是尚普兰湖（以16世纪率先勘探加拿大的法国探险家塞缪尔·尚普兰命名），这是一个南北走向的细长湖泊，位于当时的美国和加拿大边境，可以连通圣劳伦斯河和哈得孙河的支流水系。控制了这个湖，意味着打通哈得孙河流域的水上运输线路。在纽约州境内的尚普兰湖南段最窄处有一座要塞，名为提康德罗加堡，通过浮桥与湖中小岛相连，扼守着水道，被称为"美洲的直布罗陀"。1775年第二次大陆会议召开前夕，这座要塞被活跃于纽约与宾夕法尼亚两州西部的民兵团"绿山青年军"袭取，1775年底大陆军北伐加拿大，也是以此为基地。此时，驻守在提康德罗加的是大陆军上校巴里·圣克莱尔，他听命于华盛顿最近派来的将军菲利普·斯凯勒，后者在职务上又归整个北方战区的最高指挥官，也就是此前与华盛顿闹意见的盖茨领导。

提康德罗加三面环山，本来有很多合适的阻击点可以作为要塞屏障，但当时圣克莱尔手下只有2500人，抽不出人手构筑防御纵深，只能将兵力收缩在要塞里。7月3日，伯戈因的先头部队抵达要塞以北4英里处，发起进攻，很快占领了提康德罗加周围的数处要地。次日，伯戈因抵达，指挥夺取了要塞旁边的一处制高点，架设大炮。这种情况下圣克莱尔只能率军弃城而走，他们带着一切能带走的物资，乘船逃往尚普兰湖东南岸。

伯戈因没费太大力气就占领了提康德罗加，十分得意，但过分容易的胜利，也降低了他的判断力。尚普兰湖的水路在提康德罗加分岔，其中西南侧的一片水域被称为乔治湖，湖南岸有要塞乔治堡，从那里再往南不远，就能进入哈得孙河，接近他设想中的会师点奥尔巴尼。但伯戈因放弃了这条路，他选择沿着尚普兰湖东南方向的另一个分叉，从陆地上进军，追击圣克莱尔，同时扫荡这一路上的美军据点，直抵距离哈得孙河更近的爱德华堡。富勒在《西洋世界军事史》中认为，这是伯戈因最大的败笔。以他军队的负重量走水路显然会快得多，可惜，伯戈因最终的决定是，"投入这个几乎是无路的荒野"。

英军的迟缓给了美洲人反应的时间。正在中部与豪相持的华盛顿得知了北方敌军的动向，看出英军的战略必是在哈得孙河上会师，包围新英格兰。华盛顿不可能料到豪将军竟会另有打算，英军的铁壁合围之势让他高度紧张。7月16日，华盛顿从自己并不宽裕的军中拨出一支特种部队，火速驰援。这就是丹尼尔·摩根上校带领的500人来复枪队。摩根当年曾与华盛顿同在布雷多克将军手下"共事",不过那时他还不是军人,只是个车夫。后来他参加了大陆军远征加拿大之战,失败后一度回乡赋闲,直到这年上半年才来投华盛顿重新归队。让他惊喜的是,华盛顿提升他为上校,并委以来复枪队之重任。如前所述,来复枪的射程远超正规军的滑膛枪,是狙击的绝佳武器。摩根的手下个个枪法精准,不但是神枪手,还是飞行军。他们3个星期内可以徒步越野行军600英里,在大陆军的所有步兵兵种中机动性第一,加之很多人来自北方林地,十分擅长丛林伏击战,这次任务对他们来说是建功良机。

就在摩根带队出发的同一天,伯戈因已陷入了更大的麻烦。他们启程向爱德华堡进发,一路披荆斩棘,到达时已是7月30日。人困马乏的英军扎营休息,此时,本就不充足的运输车辆又在林中损毁了不少,伯戈因也深感运力不足,命部下就近征集牛马等牲畜。

结果这一次,伯戈因的识人之明又大出问题。他先是听信了一个保皇党的美洲军官之言,误以为附近居民都是"顺民",愿意帮助英军,于是只派出了少量的征收人员,而且他派的队伍还是以德国雇佣军为主力,他们的队长德国人鲍姆中校根本不会说英语,无法跟当地居民沟通。而更要命的是,这支队伍里还有200名印第安人。印第安人与定居美洲的白人之间争端一直严重,英国出兵镇压美洲,对他们来说是报仇的良机,因此很多土著部落都站到英方,这从他们的民族感情上可以理解,但从政治大局上看殊非明智,因为这导致他们被美洲人视为"英国帮凶",日后的处境更加不利,这是后话。伯戈因军中的印第安人多是来自美加边境的绿山地区(即今美国佛蒙特州,佛蒙特在法语中就是"绿山"之意),与这一带的白人仇恨深重。出征前伯戈因为了激发他们的斗志,特别许可他们按照印第安作战习惯,在战场上割取敌人的头皮,甚至可以以同样的手段对付本方的逃兵,这更刺激了他们的野性,被派出执行任务时经常趁机滥杀,这也使得美洲人对雇佣他们参战的伯戈因深恶痛绝。此番征收牲畜,这群印第安战士往往杀得兴起,连要抢的牛都宰了,还得意地晃着牛铃回来邀功,这让伯戈因也十分头疼。

8月11日,伯戈因又接到一个错误情报,称东南方向哈得孙河畔的本宁顿有个大牧场,可以提供必要的牲畜,便派鲍姆向那里进发。这段路程很难走,鲍姆接近本宁顿时,已是8月13日,此时他发现这是一个致命的错误:本宁顿不是什么牧场,而是大陆军重兵驻守的据点。鲍姆急忙派人回去求援,而早就探知他们行踪的美军此时已将他们包围。8月16日，1500名美军从三个方向向鲍姆所部发起进攻，指挥者是参加过邦克山战役的大陆军传奇人物约翰·斯塔克。他率领的新罕布什尔兵团经过两小时激战，全歼了鲍姆的队伍，击毙599人，另有少量俘虏。不久后伯戈因派的增援部队携带大炮赶到，斯塔克早已从容撤离。

本宁顿战役让伯戈因损失了将近1/10的兵力，也没能解决最紧要的运输问题，这几乎使他的南征计划宣告破产。但伯戈因不甘心就此罢休，他还指望着豪将军从南面开来支援。8月22日，又有情报传来，豪将军的主力部队已向南边的特拉华方向推进，这意味着他不可能与自己会师，这回情报是真的，伯戈因懊恼无比。与此同时，他安排的接应部队，从西路的莫霍克河谷一线南下的英军也进展不利，不得不退回加拿大，这就意味着伯戈因的部队已成孤军。

如果此时掉头，放弃这次远征，虽然徒劳往返，总算还能保留实力，但伯戈因身为英国大将的骄傲，使他无法接受败于美洲乌合之众的结局，当然，也许他还想着那笔赌注。偏偏就在进退失据之时，日耳曼尼的信函从伦敦经魁北克转寄到军前，这位陆军大臣再次肯定伯戈因的方略，这使后者又萌生了不合时宜的信心，他决定再争取一下南方的友军。这次伯戈因不再理会豪将军，而是直接寄信给留守纽约的亨利·克林顿将军，敦请他溯哈得孙河进兵奥尔巴尼，如果这样，自己的计划就还有救。

从本宁顿战役的失败到9月上旬，伯戈因一直驻兵哈得孙河畔的萨拉托加，等待援军以及正从魁北克紧急征调的军粮，但他先等来的是摩根的来复枪队。这支奇兵已进入战区，在林间展开最拿手的狙击战术，伯戈因派出的侦察兵碰上他们，都有来无回。摩根的枪手先挑英军中的印第安向导下手，消灭他们后，陷在密林里的英军就更如同盲目，任人宰割。来复枪队行动的联络暗号是模仿松鸡叫声，英军在林中，往往听见一阵鸡鸣，随之就有子弹从草丛里、树顶上射来。鸡叫成了催命符，让英军一听就头皮发麻神经紧张，直至"风声鸡唳"，草木皆兵。

此时北部各州的大陆军和民兵也纷纷赶来增援，截至9月中旬，战役总指挥盖茨手下聚集的兵力已达1.2万人，在通往奥尔巴尼的必经之路比米斯高地摆开阵势，拦住英军去路。另一边，伯戈因为了保障魁北克方面的增援路线畅通，不得不分兵回去把守途中的据点，再除去战斗减员，此时他手上只剩了6000多人，只及美军一半。

美军方面的增援还在源源不断地聚拢过来，伯戈因明白再耗下去他的劣势只会越来越明显，同时他看出盖茨态度好像比较消极，始终没有大举进攻的意思，伯戈因决定趁此机会发动一次主力进攻。9月15日，伯戈因率部挺进，更接近美军，19日，他将部队分成三路，由手下最得力的三名将领分别指挥，分别进攻美军左中右三线。

英军在林间行进，醒目的红衣是理想的靶子，然而美军方面盖茨令人费解地按兵不动，似乎是想以逸待劳，等英军接近自己坚固的掩体再打，他并没有派兵去增援在林间打游击的摩根等部。此时他手下却有一员将官按捺不住，不理盖茨的军令，率领本部人马杀出去迎敌，此人就是本尼迪克特·阿诺德。阿诺德生性勇猛果决，深受华盛顿赏识，1776年初他败走加拿大后，华盛顿仍对他信任有加。伯戈因南下之初，华盛顿接到斯凯勒将军求援，便派阿诺德来助阵，认为阻止敌军南北会师，非阿诺德莫属。后来盖茨接替了斯凯勒，阿诺德也就留在他的麾下听用，但他对盖茨的消极战略十分不以为然，这次终于发作，不待主帅命令就自行出击。

事实证明，阿诺德是正确的，他赶到了英军攻势最猛的右翼战线弗里曼农场，英军最出色的轻步兵和掷弹兵指挥官西蒙·弗雷泽少将正在猛攻摩根防守的阵地。这群来福枪手游击战如鱼得水，阵地战就吃了装弹速度慢的大亏，被英军火力压制。正左支右绌间，阿诺德斜刺里杀到，直冲弗雷泽的侧肋，后者猝不及防，向后退却。接着阿诺德又去攻打英军的中路分队，搅乱了伯戈因的部署。英军三路人马都向弗里曼农场聚拢，阿诺德和摩根合力与之交火，战斗一连打了4个小时，直到英军的炮兵指挥官菲利普少将带队用斧子在林中砍出一条路，把大炮运上阵地，美军才撤退。

这一场激战，英军伤亡600余人，美军方面只有336人，占了上风，而且从场面上看，如果盖茨在英军炮兵到达前及时增援，战果还有望进一步扩大，甚至可能迫使伯戈因就此掉头撤军，提前结束这场战役。可惜这位总指挥官迟疑不决，错失了机会。

弗里曼农场战役结束后，英军退回萨拉托加，此时局面对伯戈因更加不利，但他战斗力仍在，还想勉力一搏。就在此时，一好一坏两个消息接踵而至：好消息是，纽约的克林顿答应出兵来援；坏消息是，此前斯凯勒将军部署在佛蒙特东部作为疑兵的美军本杰明·林肯所部，趁着伯戈因后方空虚，又夺回了提康德罗加，还截获了从魁北克来的一支补给船队。9月20日又有消息说，约翰·斯塔克已率新罕布什尔团攻取了爱德华堡。这意味着伯戈因的退路已被截断。

形势发生了戏剧性的倒转，前方出现了期盼已久的光明，后退反倒变得不安全。摆在伯戈因面前的只剩了一个选择，那就是破釜沉舟，继续向南。对他来说，这场赌局，现在想下桌已然迟了。

此时在盖茨的阵地以南，克林顿也确实在行动，不过由于豪已带大军南征，克林顿不得不留下5000名英军驻守纽约，以防华盛顿乘虚来袭。他身边带了3000人，后来总算得到英国本土的增援，也只有7000人，并不足以扭转战局。10月6日，已接到伯戈因数次告急的克林顿攻克了盖茨阵地以南的两处要塞，但他们也已到了强弩之末，再无力推进。克林顿派人给伯戈因送信，请他务必使上最后一把力气，突破盖茨防线，并保证届时自己会全力接应。

友军已近，这个消息仿佛给陷于绝境的伯戈因打了一针吗啡，他召开作战会议，准备全力南下突围，军官们普遍反对，但终于还是服从了命令。

10月7日上午，英军再次出击，具体战略意图与上一次大致相同，仍是分为三路进兵。而盖茨得知敌军进攻，还是不做反应，只派出几支小股部队沿途邀击。摩根再次在弗里曼农场碰上了老对手弗雷泽少将。这一回，摩根的兵力增至1500人，他们在林地边缘戒备，弗雷泽则率领英军的第24步兵团，列队于对面开阔地，等待伯戈因的命令。摩根叫他的一名弟兄悄悄爬上树顶，此人名叫蒂姆西·墨菲，是26岁的爱尔兰移民后裔，没受过什么教育，几乎是个文盲，但练得一手好枪法。根据当时欧洲战场上不成文的规则，双方交战时通常不会主动射击对方的指挥官——除非他们自己冲得太靠前——因为一旦一支军队失去指挥，会变得混乱，给双方都带来无法预料的后果。但摩根和他的人不管这些，墨菲悄无声息地爬上树顶后，将枪口瞄准了弗雷泽。

这位将军正坐在马背上，指挥英军排成战斗队形，忽然一声枪响，接着就觉有一颗子弹破空，擦身而过。弗雷泽一惊，抬头张望，但他自觉处在美军射程之外，还没意识到危险。很快又一声响，又一颗子弹射在他战马的脚边，那马受惊，嘶鸣跳跃。弗雷泽还来不及控住坐骑，第三颗子弹到了，这一回，结结实实打中他的胸膛，弗雷泽一头栽下马来。

英军当时慌乱，护着弗雷泽退进弗里曼农场。摩根立刻指挥部下掩杀上来，将英军围困在农场里，两军隔着篱笆展开枪战。

在上一次的战役中，阿诺德违令出击却大获全胜出尽风头，让盖茨很是难堪，他下令解除了阿诺德的军职。这回的战斗一打响，闲在营中的阿诺德又瘾头发作，再次无视盖茨之命，冲上前线，他对看管他的卫兵说："不让我指挥，我就做个士兵冲锋陷阵，反正今天谁也别想拦着我！"很快阿诺德出现在战场上，美军大受鼓舞，几条战线都发起冲锋，人数本就处于劣势的英军只好撤退。傍晚时分，战斗基本结束，兵力只及对方1/3的英军尽了最大努力，力战整整一下午，终于寡不敌众，败退下来。弗雷泽和炮兵上校布莱曼战死，英军有超过600人伤亡与被俘，美军方面只有200人，但阿诺德冲得太猛，腿上中了一枪，就此落下残疾。

伯戈因突围失败，南下会师的计划彻底破灭。10月9日天降大雨，英军丢弃了重武器，在雨水掩护下试图向北撤走。此时，连迟钝的盖茨也看出胜局已定，派兵追赶。10月10日美军追上英军后卫队，发起进攻，伯戈因被咬住，只好又停下来，勉力迎战，随后盖茨全军赶到，总兵力超过1.5万人，英军被困在萨拉托加以北的荒野中，全仗着几门轻型火炮的支持，才免于被围歼。两天后，斯塔克等部也从伯戈因背后赶到，形成合围，大势已去，走投无路的伯戈因只好联系盖茨，打算投降。

最终经过磋商，盖茨答允英军放下武器后可以回国，伯戈因终于认命。10月16日，他在《萨拉托加协定》上签字，向美军投降。次日协议生效，在缴械仪式上，盖茨很有风度地要求美军回避，免增战败者之难堪。然而他的条件并没能兑现，投降的英军中伯戈因等军官获释，其他的5700名士兵（据欧文《华盛顿传》、莫里斯《美国陆军史》等书。富勒《西洋世界军事史》中写为3500人），则一直被关押到战争结束。

至此萨拉托加战役落幕，伯戈因这位剧作家不幸地成为这出大戏中的悲情角色。回到英国后，尽管他身处逆境仍奋战到最后一刻的表现获得英王认可，但朝野上下，尤其是负有重责的日耳曼尼勋爵，还是将他当作替罪羊，以至于十余年后他去世时，虽获得了下葬威斯敏斯特教堂的荣誉，但送葬的马车只来了一辆。

对美军来说，这是开战以来获得的第一次大胜，对民心士气的振奋，自不待言。这一战缴获了7000支枪、十余门大小火炮，外加大批军服，为军需匮乏的大陆军解了燃眉之急。而且伯戈因失败之后，北方的威胁基本解除，新英格兰的形势大大好转，可以说北美的整个战局从防守转入相持，因此后世论者认为萨拉托加大捷在整个美国独立战争中的转折意义，等同于滑铁卢战役之于拿破仑战争。这场胜利还有第三重收效，那就是美军在萨拉托加的表现成了美国绝佳的宣传名片，一些大英帝国宿敌渐渐意识到了扶助这个新生国家有利可图，比如法国。

但这一切还都是远期收益，不可能立即体现出来。1777年美国人欢庆北方大捷的同时，中南部的华盛顿并没有因此而轻松，相反，他即将迎来比1776年还要艰难的一段日子。

31
熔炉里的冬天

伯戈因被困在萨拉托加苦盼豪将军时，大概不会想到，后者此刻正在享受一场胜利。

1777年上半年，康华利在新泽西地面上几次攻击华盛顿的大陆军，都没占到便宜。夏天，在纽约的豪将军亲率主力出动，在新泽西乡间肆虐，试图将华盛顿引出莫里斯顿，但也没能成功。此时，由于伦敦方面的指示混乱，豪只能自己判断战局，终于他决定进攻费城。

豪回到纽约整队自水路南下，似乎瞄准费城，而当时华盛顿已收到了伯戈因自加拿大出征的消息。依据常理，他判断豪的调度是障眼法，真实意图必是将自己的注意力吸引到南方而他则北上接应伯戈因，故而他也一直保持观望，没有向费城方面移动。直到8月，豪的运兵船进入特拉华河，华盛顿才意识到他真的意在费城。一年前大陆会议避走巴尔的摩，随后费城局势缓和，他们又搬了回来。此时费城面临重大威胁，华盛顿不能像在纽约时那样轻易放弃首都，只好又匆忙调动兵力回援。

9月11日，华盛顿与豪的主力部队在费城东南的布兰迪万河展开会战，双方的兵力分别是1.1万、1.5万。此役，豪将军尽展名将本色，派康华利率奇兵绕道渡河，突然出现在大陆军侧面，以一招大迂回打垮了华盛顿的部队。大陆军逃走，费城失了屏障，在追击穷寇和直捣敌巢之间，豪将军经过权衡，选择了后者。他的大军向费城进发，以为一旦攻克，则美军的抵抗意志就会瓦解。结果，这个如意算盘再次给了华盛顿和他的大陆军喘息之机。

9月26日，豪将军的大军趾高气扬开进费城，此前大陆会议又已撤离，转入宾州内陆，先在兰开斯特，后又转到约克镇。城中居民也已逃去大半，剩下的基本都是保皇党，箪食壶浆欢迎王师，其中包括曾在第一次大陆会议上提出和解方案的绅士约瑟夫·盖洛韦。从他当年所提的议案来看，此人也是美洲利益的呼吁者，不过他坚持认为最符合美洲利益的莫过于留在英帝国框架内。虽然这样的见解与后世的主流史观有所偏差，但不得不承认，盖洛韦的思想不乏灼见。比如他对独立派的"爱国"口号持有审慎态度，认为这种盲目而激越的群众运动式"爱国"终将变为"祸国"；美国独立后流亡海外的盖洛韦还基于对美国北方与南方在奴隶制上不可调和的矛盾的认识，准确地预言了未来的南北战争。他的例子可以说明，历史的发展似乎并无绝对正确的方向。

再说华盛顿。费城失陷早在他意料之中，不久后他先后几次袭击豪将军部署在费城周围的日耳曼镇等几处守卫据点，都没有得手。此时已是10月，眼看秋去冬来，华盛顿只能暂且罢兵休养，他选择的越冬地，是费城西北的福吉谷。

11月19日，华盛顿率军1.2万抵达福吉谷扎营。这是一处荒山野岭中的峡谷，距离费城34千米，地形复杂，有林地也有草场，峡谷群山环抱，北面有又一条河流护卫，是极佳的防守阵地。

美军暂时安全了，但新的麻烦也随即出现。因为福吉谷的地形过于险僻，周遭人迹稀少，仅有的几座小村，完全无力提供大军所需的给养。华盛顿携带的军粮也不多，每人每天只能吃上一个烤面包，另外两餐就靠面粉和着凉水囫囵充饥，伙食标准惨不忍睹，"食无肉"的抱怨很快在军中流传。除了吃，住也成问题。虽然华盛顿此前已派先遣队入谷伐木盖房，但人手不足，工程进度十分缓慢。大军抵达时已是初冬，大半的营房仍没着落，还穿着单衣的士兵们只好自己动手，搭建简易营房。木料不足，很多士兵就住在帆布帐篷里，四面透风，较之露宿也好不了太多，每座帐篷里的12名士兵只能挤在一起相互取暖。饥寒交迫，随后疫病流行。那年的冬天天气很糟，雪时下时化，福吉谷长时间阴冷潮湿，特别易于病菌繁殖，伤寒、黄疸病、肺炎、痢疾、天花，各种疾病交相肆虐，军中缺医少药，染病致死致残者不在少数。

这个冬天虽无战斗，大陆军所遭苦楚却丝毫不亚于一年前在新泽西打游击之时。华盛顿后来回忆，"就算最乐观的人，看到我们当时的境况也会感到凄凉"。华盛顿不停地写信向大陆会议告急，可惜后者撤出费城之后已成"流亡政府"，自身难保，爱莫能助，只能让华盛顿艰苦奋斗，自力更生。

也正是这样的绝境，逼出了华盛顿的最大才能。作为将军，他此前此后的战阵之功，放到世界军事史中衡量，其实并不太抢眼，无法与同时代稍早的腓特烈大帝以及稍后的拿破仑相比；但作为统帅，华盛顿的组织、领导之能，以及高尚的人格感召力，则堪称世界顶级，直堪比肩任何古今名将。他运用一切手段，包括精神上的激励、物质上的许诺。他亲自监督伐木造屋；冒险让缺乏设备与经验的军医用土法为士兵"种痘"，控制疫病传播；他委任格林为军需官筹集粮草，袭击小股的英军运输队，同时想尽办法朝宾州的爱国士绅借贷粮食，也采取了一些极端措施，包括向邻近村镇的居民强行"征收"。后来华盛顿回忆称，这是整个战争期间最让他有愧的事。华盛顿还将夫人也接来谷中，同甘共苦，士兵们也效仿，一些人的家属陆续到来，帮助照料病人、打扫卫生，更重要的是提供情感上的支持与慰藉。与此同时，华盛顿也强调纪律，严厉惩处一切破坏团队的行为。总之，在华盛顿与所有的战士及军属的协力坚持下，尽管有将近4000人死于疾病冻饿，加上若干支撑不住溜走的，这个冬天里大陆军减员1/3，但值得骄傲的是，更多的人挺过了福吉谷最艰难的严冬，罗雀掘鼠，军心不乱。他们战胜了自然与自我，而这场胜利的荣誉，不逊色于独立战争中的任何一次战役。

1778年2月，春风送暖，最难熬的日子就要过去，华盛顿不但成功地维系了大陆军使其免于瓦解，也挫败了大陆会议内部试图颠覆取代他的"阴谋集团"。现在他有了十足的信心，准备给自己的队伍以更严格的历练。此前的若干次战役，尽管大陆军也不乏胜绩，但凭的多是出奇制胜的谋划以及战士的一股血勇之气。若论战术素养，无论基本功还是执行力，美军较之英军都还有不小的差距。华盛顿一直打算用系统、专业的训练，把大陆军打造成和英军一样的职业军人，但他的手下连他本人在内其实都是半路出家，没受过正规的欧洲军事教育。此时，他物色的一位外教，正好派上用场，这个人就是腓特烈·威廉·冯·施托伊本"男爵"。

这是一位47岁的普鲁士职业军人，参加过七年战争，此前在本国之外寂寂无闻，而即便是在普鲁士，他仅有的一点名声也不太好。他喜欢夸夸其谈，比如他的"男爵"爵位就是凭他父亲伪造的一份文书自封的，他还自称是腓特烈大帝手下大将，其实他只是在七年战争期间作为下级军官在普军总参谋部服过役。施托伊本并无太显赫的战功，却算是个出色的教官，在练兵方面很有心得。七年战争之后，普鲁士休养生息，军官也没了用武之地，施托伊本先是在腓特烈大帝宫中谋了个差事，不久又去法国等地，想以杜撰的身份筹资做点事业，没能得逞，反而负债累累。1774年施托伊本回到普鲁士军队当上了征兵官，但次年就陷入丑闻：被指控同性恋，更被传借职务之便与应征的新兵发生不正当关系——这在当时被认为是严重的污点。虽然这个指控始终未见真凭实据，但施托伊本在普鲁士军界已混不下去，接下来几年间辗转奥地利、巴登、法国等几处，担任雇佣军军官，都不太如意。如果没有接下来的际遇，他的人生角色可能也就定格于此了，但几年后他迎来了这个使他名垂青史的机会。1777年，施托伊本在巴黎，正落拓之际，遇到了成就他的贵人——富兰克林。

早在1776年，美国就派出外交使节赴欧洲大陆寻求援助，但进展不大。1777年战事吃紧，大陆会议加大外交力度，再遣使团，由富兰克林领衔，第一站就是英国的头号大敌法国。美国使团抵达巴黎时，刚巧赋闲的施托伊本也正浪迹此间，他在法国军界的朋友通过法国国防大臣将他介绍给富兰克林。富兰克林有识人之明，当即就看出这位普鲁士军人正是大陆军急需的教官，修书一封将他举荐给大陆会议，并许以重酬。施托伊本也很支持美洲人的独立事业，加上与富兰克林谈得投机，就决定去美国一试身手。结果，当他到达美国，并于10月拿着富兰克林的介绍信找到华盛顿时，大陆军已正在撤往福吉谷，大陆会议也被撵出了费城，行踪不定。富兰克林之前许给他的报酬全都无法兑现，此时，施托伊本不知怎么萌发了激情，主动放弃报酬，愿意义务为华盛顿效力，这也让后者十分感动，将他留在身边加以礼遇。

1778年春天，华盛顿着手安排训练士兵，施托伊本有了用武之地。华盛顿用人不疑，将练兵事宜全权交托给他，施托伊本潜在的才华也就此被全部激发出来。此前大陆军来自各州的分队都按照自己习惯的方式训练，有的用英式，有的用法式，更多的用自创的"土式"，杂乱无章。施托伊本编写了统一的训练手册，采用在欧洲都算很先进的普鲁士陆军的教程。他先挑选基层士兵中的精英，授予尉官级的军衔，集中起来突击培训，同时给他们以和校官甚至将官一样级别的尊重，培养他们的荣誉感，等他们出师之后再分派到下级，训练更多的士兵。这种重点选拔全面培养的传帮带式推广训练使效率大增。施托伊本还一手操办军营中的卫生、后勤事宜，重建营房的食堂、盥洗处与厕所（以前这几处距离很近），要求士兵衣着保持整洁，通过强化军容来加强自信。

施托伊本平时爱吹牛，但在训练方面有着德国人标志性的严肃认真。生性散漫的美国人经常不能按照他的标准执行命令，让他十分头疼。他的日记中写道,"在欧洲,吩咐士兵做什么他们就会去照做,但在这里,我必须向他们解释为什么要这样做"。施托伊本不太会说英语,与华盛顿交流时也只能说法语,再通过汉密尔顿或格林翻译,训练过程中碰到顽劣之辈,经常气得他冲着翻译怒吼:"过来替我骂他!"

通过施托伊本卓有成效的训练,大陆军进步神速。拼刺刀是美军此前最大的短板,在长岛之战中暴露无遗。帕特南曾说,如果给美军一堵墙,他们可以躲在后面射击敌人一整天不后退,但如果和敌人短兵相接,他们往往就会溃败。有鉴于此,施托伊本训练的一个重点就是刺刀战,他不但传授刺刀的使用技法,还将勇敢精神灌输给士兵。经过他的悉心锤炼以及不久后刺刀装备在大陆军中的普及,美国人逐渐可以在白刃战中与敌军匹敌。

福吉谷的名字Forge,有熔炉之意,对大陆军来说,福吉谷的这段艰难岁月也确是一次灵与肉的熔铸,坚持下来的人终于百炼成钢。1778年暮春时节,大陆军已恢复生气,施托伊本的训练也初见成效,华盛顿准备带着面貌一新的军队告别福吉谷,与英军再决高下。

另一边,豪将军进入费城后再无进展,并且他的不配合导致伯戈因兵败投降,英国北方战略破产,这些都使得伦敦方面非常不满。本就对镇压美洲没什么热情的豪将军上疏请辞,很快获准。他返回英国后,亨利·克林顿接任了英军总指挥之职,康华利则担任他的副手。1778年5月11日,克林顿在费城正式接任,他此前一直驻在纽约,认为那里才是英军最合适的战略重心,而占领费城并无实际意义。

克林顿打算撤出费城回纽约,这个消息被华盛顿获知,他认为这是个良机,可以出兵袭击英军的辎重队,如果运气好甚至可望将英军堵在途中歼灭。

6月18日深夜,克林顿率领英军以及费城的保皇党武装约1.2万人,悄悄出城撤往纽约。虽然克林顿的撤军"诡秘而迅速",但这么大一支队伍的行军,立刻就被大陆军的眼线发觉。华盛顿闻讯,立即决定派兵袭击,率领先头部队的任务,交给了查尔斯·李将军。这位将军在英国人的号房里蹲了一年多,一个月前刚刚归队,美军方面用在罗得岛擒获的英军准将理查·普雷斯科特将他交换了回来(有意思的是这个普雷斯科特已是第二次被擒,上次大陆军用他换回了在长岛战役中被俘的沙利文将军)。华盛顿不计前嫌,让李将军复任原职。

李将军还和从前一样,对华盛顿的决策很不以为然,他认为袭击不会成功,磨磨蹭蹭不想领命，直到华盛顿准备换将，他才同意出战。华盛顿派给李精兵5000人（一说6000人），选定的进攻点在新泽西的蒙茅斯。华盛顿要求赶在英军后卫队之前抢占蒙茅斯的高地发动袭击，迫使已脱节的英军前部返身救援，美军主力再赶来从外围围而歼之。当时，华盛顿在福吉谷的兵力已恢复到万人规模，加上能调集的新泽西民兵，总兵力超过英军，如能包围其后卫队，迫使其主力来援，再以围点打援之策对付，胜算不小。

可惜华盛顿这一次所用非人。李将军于6月27日在蒙茅斯赶上康华利率领的英军后队，但他的指挥十分糟糕，刚一接触就撤退，当康华利继续赶路时他又再命令追击。如是几个来回，在烈日下跑来跑去的大陆军已筋疲力尽，康华利此时发动反攻，美军大溃。

华盛顿在率主力赶来的途中听闻此事，惊怒交加，简直不敢相信。次日，他见到李将军后询问缘由，李却跟他吵了起来，说他的计划根本行不通。华盛顿一怒当场免了李的职务，然后亲自率军去战康华利。此时康华利占到便宜，也转守为攻，正碰上华盛顿整编了李的残部掉转头杀回来，双方就在蒙茅斯展开激战。康华利人数虽少但火器犀利，美军也占住高地架炮还击。此时有一位炮兵受伤，他的妻子茉莉·皮奇本来带着一队军属为大陆军战士们运水，此时立刻跑来接替她的丈夫搬运炮弹。此事后来传为佳话，"水罐茉莉"成了美国女英雄的典范。

蒙茅斯战役打了一个下午，不分胜负。炎热的天气下战事十分辛苦，入夜各自休息，华盛顿也在一棵树下席地而卧睡着了。次日凌晨他被叫醒，英军已经趁夜撤走，追赶不及了。

战役以这样的结局收场，双方损失基本持平，美军没能如愿消灭英军后卫队，但这一战中他们的表现，已堪与英军在正面战场上匹敌，这正是福吉谷艰苦磨炼的最大成效。李将军因指挥不力，一度被送上军事法庭，虽然最终判定无罪，但他的军职被解除，政治生命也就此结束，两年后他在费城病故。

克林顿在特拉华半岛凭借理查·豪勋爵的海军接应，撤回纽约。本来他考虑过重拾伯戈因控制哈得孙河、将美洲南北分割开的战略，但此时的形势下，他知道在北方已难有作为，只能改变初衷。随后，英军的战略重心由北部和中部转移到了南部。

32

南国烽烟

此前，英美的主要战事基本都发生在中北部地区，南方相对平静。通过富兰克林等外交使节的争取，法国已于1778年5月承认美国，并与之订立盟约，对付英国。法国人的参战，部分抵消了英国的海上优势，这种情况下，英国在美洲大陆的战略布局也不得不做出调整。日耳曼尼向克林顿传达英王的指令：务必保全南部。于是，克林顿将目标锁定在了十三州中最南端的佐治亚。

佐治亚创立年头最短，人口也最少，只有4万多，还有一半是黑人奴隶，大都聚居在沿海的几座港口城市里。英军的目标是该州的主要城市萨凡纳。回到纽约后不久，克林顿就派中校坎贝尔率领3500人乘船赶往佐治亚，同时通知此前豪将军派驻佛罗里达的英军出兵助战。

佐治亚的大陆军力量薄弱，州总督和前敌指挥对用兵意见又颇多分歧，防务部署十分不力。1778年11月3日，坎贝尔从纽约出征，29日，在萨凡纳城南郊登陆，英军向驻守在滩头阵地的大陆军发起冲锋，后者在工事后面放了一阵枪打倒几人，英军只管端着刺刀冲锋，悍不畏死的劲头震慑了美军，他们放弃阵地逃跑了。随后坎贝尔向内陆挺进，与罗伯特·豪少校率领的当地美军的主力会战，他用英军屡试不爽的侧翼迂回战术打垮了经验不足的美军，直抵萨凡纳城发起进攻，最终以7死17伤的代价破城而入。接下来英军用一个月多一点的时间，完成了对佐治亚全境的控制。

次年秋天，法国援军赶到，与美军派来重组佐治亚抵抗力量的本杰明·林肯将军一道，从海陆两面对萨凡纳发起猛攻。萨凡纳半城变为焦土，但英军守将奥古斯汀·普雷沃硬是顶住了美法联军的轮番进攻，法军指挥艾斯坦也在攻城时负伤。随后法国舰队里传染病流行，无力再战，剩下的林肯也只好带着美军撤围而走。这一回合的萨凡纳争夺战，美法联军伤亡873人，6倍于英军，战事结束于1779年10月17日，正是伯戈因在萨拉托加投降两周年的日子，而这一回的较量，英方坚持到最后。

在这一年中，北方战场仍以相持为主，克林顿数度试图诱使华盛顿进行主力决战，始终没能得逞。到了年底，克林顿决定在南方扩大战果。12月26日，刚过完圣诞节，克林顿和康华利一同率领8500名英军士兵，乘坐90艘运兵船自纽约起航，在14艘军舰护卫下浩浩荡荡杀向南部第一大港，南卡罗来纳的查尔斯顿。由于途中遭遇风暴，舰队最终抵达了佐治亚的泰比岛。当时已是1780年1月下旬，稍作休整之后，英军在查尔斯顿以南登陆，2月11日，展开围城。

此时英军方面算上南卡为数众多的保皇党，总兵力已达1.4万人。查尔斯顿城的美军人数不及对手一半，为首的就是从萨凡纳撤下来的本杰明·林肯将军，他只能将兵力收缩在城中坚守待援。英军的围困持续了3个月，查尔斯顿的一切补给都被断绝。5月12日，林肯终于无奈投降，全部被俘人员多达5449人，其中290人是军官，这是长岛战役以来美军遭遇的最大损失。

此战过后，克林顿觉得南卡大势已定，便将南线指挥权交给康华利，他自己于6月乘船返回纽约，此后英军在南部的战事就由康华利一手主持。

从佐治亚到南卡罗来纳，美国在南线连遭挫折，情急之下，大陆会议调萨拉托加战役之后被视为民族英雄的霍雷肖·盖茨将军去南线担任总指挥。这项任命事先又没有征求华盛顿的意见。

盖茨只身赴任，于1780年7月15日进入南卡罗来纳，此时康华利已基本巩固了南卡的沿海地区，正向内陆推进。盖茨与败退的美军残部会合，不久后从北卡以及马里兰、特拉华等处奉命前来的援军以及弗吉尼亚的民兵也相继赶到，盖茨手中总共凑了约4100人。他的第一个攻击目标，选在了在南北卡边境附近的卡姆登。

在查尔斯顿，接到卡姆登守将罗登勋爵的求救后，康华利立刻率领3000名精兵火速驰援。此时是8月的天气，南卡罗来纳骄阳似火，顶着烈日急行军的英国兵没到战场就有800余人中暑倒下，但康华利仍然带着剩余的部队疾行，8月13日凌晨，赶到目的地。8月16日，康华利出动手下全部的2200名英军士兵向盖茨的阵地发起总攻，而盖茨的排兵布阵一塌糊涂，他的军队人数较之康华利至少有3:2的优势，但他将700名弗吉尼亚民兵排在中路的核心位置，这些人从未上过战场。英军刚到达的那天夜里，这些民兵曾与之交火，当时天黑，还并不觉得怎样，而此刻看着步履整齐的红衫军径直开来，不禁气为之夺，不待英军进入射程就胡乱放枪。之后英军开火，民兵们惊慌奔逃，恐惧情绪马上传染到其他各部，大家竞相逃命。英军立刻发动冲锋，龙骑兵也从侧翼冲上来，马踏刀劈，民兵阵线溃不成军。

慌乱中，美军的精锐特拉华团和马里兰师（都未达到满额人数）也被自己人搅乱，损失惨重。盖茨见战局不力，扔下部队飞马而逃，这终于让美军最后的一点抵抗意志瓦解。美军的巴伐利亚军官约翰尼·卡波勋爵勉力奋战，他试图追上盖茨让他回来继续指挥战斗，但自己被英军擒获，被抓时身上负伤达11处之多。

最终，卡姆登战役中参战的美军3000多人，阵亡1000人，被俘1000人，全部弹药、给养、马匹落入英军之手。卡波被俘3天后，在英军营中伤重不治，他的勇敢赢得了康华利的敬意，算是美军在这场惨败中为数不多的亮点。同一天，英军的塔尔顿中校又偷袭美军在钓鱼溪的营地，杀伤擒获美军450人，英军则只付出6死9伤的代价。至此，美军在南卡罗来纳的力量全军覆没。

卡姆登之败对美军来说不只是军事意义上的惨败，不战自溃的丢人表现更是对美国人抵抗意志的沉重打击。盖茨因其拙劣指挥导致了这场大败，更因其狼狈逃窜，成为英美两军共同的笑柄，汉密尔顿都忍不住讥讽他，"4天逃出200英里，能跑这么快真是难得"。然而盖茨本人毫无愧意，认为失败都是士兵作战不力所致。次年，他因在战场上胜负未定之际率先逃走，被军事法庭起诉，虽然最终被判无罪，但此前在萨拉托加侥幸获得的名声也一朝扫地，盖茨的军事生涯就此结束，回弗吉尼亚乡下务农去了。

对美国的独立战争来说，发生在1780年的另一个重大的挫折，就是本尼迪克特·阿诺德的变节。

如果说盖茨在萨拉托加的声名是侥幸得来，阿诺德则堪称是真刀真枪拼来的，论功劳他绝对应该居于盖茨之前。但那场战役当中他被盖茨解除了指挥权，虽然后来在华盛顿干预下复职，但得到的回报与付出也不太相称，难免心中不平。阿诺德在那一战中左腿中弹致残，很难再像以前那样驰骋沙场了，于是接下来他更多地参与后勤工作，此时他的心态也渐起变化。落寞、膨胀、愤懑，种种不良情绪交相作用，阿诺德变得目无法纪。他开始追求声色享乐，为此大笔开销，负债累累。此时又有大陆会议的议员指控他贪污，虽然指控未能查实，阿诺德也没受到处理，但经过此事他怨望已达顶点，决定反水。

1780年春天，阿诺德向华盛顿讨令，去镇守哈得孙河上的战略要地西点（今西点军校所在地）。到任后不久，阿诺德写匿名信给纽约的克林顿接洽，为英军提供了几次重要情报赢得了对方信任之后，阿诺德提出将西点卖给克林顿，开价1万英镑。

克林顿接受这个条件，派自己的秘书，一直与阿诺德接头的约翰·安德烈少校去与之密谈。安德烈身穿便服出发，本来约见的地点是在英美占领区的交错之地，结果他在该地被三个意外出现的美国民兵拦住。安德烈又犯了致命的错误，他凭服装误认为对方是保皇党，就将自己的身份说出，许以重酬，请求他们放行。这一下却给他招来大祸，他被三人抓住搜身，从靴子里找到了密函。

阿诺德的投敌阴谋败露，他得知安德烈被俘后火速出逃，甚至没来得及带上新婚不久的年轻妻子（据说阿诺德就是为了娶她而债台高筑）以及出生不久的儿子。总算赶在来抓他的人到来之前，阿诺德逃到了英国军舰"秃鹫"号上。不过献城一事失败，克林顿对他的兴趣也大大降低，之前许给他的待遇大多没有兑现，他只获得了准将军衔。

阿诺德自知已不可能被美国原谅，只好写信给华盛顿为自己辩白，同时请他保护自己的妻小。阿诺德一直是华盛顿深为信赖的爱将，听说了他的变节，华盛顿惊怒痛惜，但他看过书信，还是下令对阿诺德夫人及其幼子善加保护，先将她们安顿在当地豪绅家里，后来又亲发手令护送她们母子迁往费城，与其娘家团聚。

再说落网的安德烈少校，他出发前克林顿曾给他3条忠告，不要接近美军控制区；不要携带能证明自己身份的文件；最重要的，不要穿便服。因为根据当时的战争法则，携带文件者如果穿制服，将被视为通信兵，即便被敌方捕获，通常也只会关押；而如果穿便装，则将被视为间谍，一旦被擒只有死路一条。在押期间，安德烈曾问看守他的美军上尉陶马奇，美国人会怎么处置自己，陶马奇回答："你记得内森·黑尔吗？你们的行为很像，结局也会如此。"

安德烈其人长相十分英俊，此前经常抛头露面，公众形象也很好，竟至许多美国民众都替他求情，尤其是妇女。克林顿和已在英军阵营的阿诺德都给华盛顿写信，警告他处死安德烈的严重后果，但或许是阿诺德的变节让华盛顿心情极差，最终他不理一切劝阻，命令将安德烈吊死。倒是安德烈本人比较泰然，在押期间他也曾写信给华盛顿，但不为乞命，只要求给他一个有尊严的死法，这也让他在身后更添声望。不过，他还是被吊死了。

此后阿诺德跟随英军的政工队，在乡间四处宣传《独立宣言》未经全民表决实属非法，斥责大陆会议与宿敌法国结盟，向美国人呼吁重回英王旗下，不过这样的呼吁当然不会有效。他也曾参与英军的军事行动，在新泽西和弗吉尼亚乡间肆虐，甚至包括在他的家乡康涅狄格，这更让他遭人唾弃鄙夷。

整个美国独立战争期间，美方有多位将领曾战败被俘或力竭而降，但主动变节投敌的将军，就只有阿诺德一人。良禽择木本无可厚非，况且对阿诺德来说是大陆会议亏负他在先，但他怨愤之下倒向正在交战的敌国，不但自己倒戈，还想把具有重要意义的战略要地献给敌人，这就做得超出底线了。投敌之后，阿诺德替英军蛊惑人心招降纳叛，这也罢了，毕竟食了英君之禄，也就得忠君之事，但他亲自参与英军对自己同胞的烧杀抢掠，性质就不同了。这些行为使他此前的功绩蒙羞，也使他堕落为叛徒败类。有一次阿诺德问一名美军俘虏："如果你们抓住了我会把我怎么样？"对方回答："我们会把你在萨拉托加为国负伤的那条腿切下来隆重礼葬，再把你剩下的部分挂到绞刑架上。"

战争结束后，阿诺德去了伦敦，并于1801年在那里病故，美国人没能吊死他解恨，不过他们真的在萨拉托加的阿诺德负伤地立碑留念，碑上的浮雕就是半条穿着军靴的腿，此外别无一字。

1780年，美国的独立事业再次陷入低谷。这一回出手拯救美国前途的，不是别人，真的就是美国人民。在南卡罗来纳，平民中的保皇党与爱国者一直是水火不容的，双方都有武装组织。英军节节获胜，保皇党也随之气焰嚣张，积极配合镇压爱国者民兵。10月2日，保皇党精明强干的民兵上校弗格森带队进剿退到山区的爱国者民兵组织，由于弗格森大意轻敌，加上他之前傲慢的投降通牒激怒了已无路可退的爱国者们，双方展开死战。这次战役的战场位于夏洛特附近，名字很有意味：国王山。爱国者一方，虽无组织也没受过正规训练，但这群骁勇的山民个个枪法了得，又占了居高防守的便宜，一场血战下来，竟击退了人数占优的保皇党。

弗格森一方损失惨重，他本人也被打死，残兵败将们在这场败仗后解散，一直作为英军辅助力量兼向导的南卡保皇党民兵，就此瓦解。这不但让英军损失了重要的本地支持，更激励了南卡乃至整个南方的民间抵抗力量。各地纷揭竿而起，遭遇惨败的保皇党无力再与之抗衡，失去了重要的群众基础，康华利也感觉陷入了人民战争的汪洋大海。

美国的军队困顿之际，人民接手了战争，国王山战役的失败，预示着英国国王在北美大陆的统治进入倒计时。

1780年12月4日，华盛顿派来接替盖茨署理南方军事的纳撒尼尔·格林和副手施托伊本到达南卡罗来纳的夏洛特。他们清点人数，发现全部兵力只有2300人，还包括800名伤员，剩下的健康士兵中，还有600多人缺乏必要装备，按格林写给华盛顿的信中描述，许多战士衣不遮体，甚至是在"裸体作战"。这样的局面是令人绝望的，但初来乍到的格林和施托伊本还没意识到，局势正在悄然倒向他们这一边。

此时，坐镇查尔斯顿的康华利已感到了局势的变化。国王山战役之后，民间的抵抗声势空前高涨，他知道这种民意是无法直接弹压的，唯有打击其士气，摧垮其信心，才能使之归于平静。格林的到来，让康华利看到了重振帝国声威的机会，若能像击溃盖茨那样击溃这个新任的美军司令，则有望重新慑服蠢蠢欲动的南卡罗来纳人。

但格林比盖茨聪明的地方就在于知己知彼，他明白以自己的力量如果与康华利决战，只会重蹈卡姆登战役的覆辙，更明智的办法是避其锋芒，化整为零，以"打了就跑"的游击战术让英军疲于奔命。后来格林得意地回忆称，"很少有将军能比我更频繁、更精力充沛地'逃跑'……但我注意不跑得太远，通常向前向后跑都一样快，以使我们的敌人相信，我们就是能到处乱跑的螃蟹"。

萨拉托加战役的功臣丹尼尔·摩根此时也来到南卡，向格林报到，他此前因病休养了近一年，刚刚复出。格林委派摩根带600人到南北卡边境一带建立根据地，招揽南卡及佐治亚的抗英民兵力量。

再说康华利，他寻求与格林主力会战而不得，于是带主力部队1.1万人北上，准备征服抵抗力量相对薄弱的北卡罗来纳，切断大陆军重要兵源弗吉尼亚与南卡之间的通道，将格林所部困死在南方。1780年12月底，康华利主力已在北卡境内，这时他听说摩根已活动到了他的左侧后方，于是派出手下年轻的得力干将塔尔顿中校率一支精兵，消灭摩根。

塔尔顿时年只有26岁，却堪称英军名将，尤其擅长小规模的特种作战，俘获李将军、奇袭钓鱼溪，都是他的杰作，在攻克查尔斯顿等大型战役中也有出色表现。但此人生性冷酷，美国人普遍相信他曾不止一次下令处决投降的战俘，以至于他们也会对英方的俘虏施以同样的报复，并将这称为"塔尔顿的人道"。

此次塔尔顿率领了1200名士兵，包括精锐的龙骑兵，以及英国陆军的王牌：苏格兰士兵组成的皇家高地团。对同样是游击战起家的摩根来说，这是棋逢对手，他知道敌军战斗力占优，不可力敌，便使出游击战的看家本领，撤退诱敌。1781年1月12日至16日，摩根连续5天向西部内陆撤退，吸引英军追击。此时，塔尔顿奉命出击已有半个月，一无所获，急欲决战建功，同时摩根的表现也让他认定对方实力弱小，不堪一击。1月17日清晨，塔尔顿追到了距离国王山不远的康彭斯牧场，此时，摩根已不再逃跑，他一天前到达此地，并与南卡方面赶来的大批民兵会师，现在已摆好阵势，迎候着塔尔顿。

康彭斯战役爆发，摩根十分明智地吸取了盖茨卡姆登战役的教训，他让民兵排成三道防线，自己的主力精兵放在最后一道，前两条防线的民兵，两轮射击后就可以撤退，以此消耗敌人，当英军冲破两条防线之后，真正的战斗才打响。英军精锐尽出，但毕竟寡不敌众，架不住美军一层层的狙击，战斗从清晨持续到上午，英军被分割包围，最终塔尔顿带着百余骑突围逃走，余者700余人投降，200余人战死，英军损失接近九成。美军方面只有12死60伤。（梅尔·吉布森的电影《爱国者》，背景就取材于康彭斯战役。）

据说，康华利从逃回来的塔尔顿口中得知康彭斯战役的惨败，气得拔剑击地，这场战役几乎让他此前在南卡的胜利化为乌有。对康华利来说，现在真正是进退两难，他可以返回查尔斯顿，也可以前往北卡的主要城市威尔明顿，但无论怎样选择，他都会面临同一个境况，即可以控制一个州的大城市，却无力控制该州乡村地区源源不断的敌对力量，并且在无休止的作战中，他的军事优势终将被消耗掉。3月15日，康华利与赶来的格林主力在北卡的吉尔福德再战一场，英军以1900人力敌美军的5000人，打退了对方，但自己也损失了1/4的兵力，这样的惨胜验证了康华利的判断。

同时，在纽约的克林顿也面临着类似的局面。他的部队被封锁在纽约城里，活动空间狭小，与外界的联系，全靠海上运输，但法国参战之后，他们的海军力量也随时能对纽约的补给线构成威胁。一旦这样，则已控制了新泽西并在纽约周边跃跃欲试的华盛顿，就可能对纽约发动总攻。

此时，克林顿和康华利，乃至英国本土的战略家们都认为，应该在纽约之外另建一个安全可靠的海军基地,以便英国的海军和补给能有效地到达美洲战场。他们都选中了弗吉尼亚沿海的切萨皮克湾与切萨皮克半岛一带,准备在此建立可与海上力量联系的基地。

但分歧在于,康华利通过此前一年中在南北卡的征战已经明白,弗吉尼亚是南部抵抗力量的总后方。南部大陆军的正规军力量相对薄弱,但总能得到来自弗吉尼亚以及北方各州的人力物力支持,并从而吸引南卡的民兵投效。只有在南北卡两州的抗英力量整合成型之前征服弗吉尼亚,断绝南北卡的外部支持,才可望瓦解他们的抵抗,真正使其驯服。因此,他希望克林顿全力增援他,将战事向弗州推进,征服弗吉尼亚,甚至不惜放弃纽约。

而克林顿,虽然也认同在切萨皮克开辟战场的想法,但他的战略重心还是在纽约,他先后派了阿诺德和此前曾在伯戈因手下服役的菲利浦少将,带领千余人规模的部队到切萨皮克,配合康华利的计划,但都由于美军的阻击没能实现会师,菲利浦还感染热病死在军中。康华利要求更大力度的增援,但克林顿拒绝,他表示除非华盛顿的主力也南下弗吉尼亚,他才会全军出动。并且克林顿对康华利带主力北上而导致在查尔斯顿等地守备薄弱也感到担心,二人之间始终不能达成一致。而英国海军方面,豪勋爵已于1778年辞职,先后两位继任者阿巴思诺特中将和托马斯·格拉维斯勋爵,与陆军方面的合作也都很不顺畅,英国的日耳曼尼等又不断发来遥控指挥,英军在美洲的战略决策已十分混乱。

7月,经过在北卡罗来纳和弗吉尼亚的数次辗转作战,康华利所部抵达了弗吉尼亚沿海,约克河河口的约克镇。此处是一个只有60户人家的小村,但位于海陆交会之处,位置重要。康华利在这里修筑工事,准备建立可供海军停泊的基地,同时他还占领了河对岸的格劳斯特村,以为呼应。此时他手里的兵力有7000多人,此前设想的征服弗吉尼亚已不现实,但驻兵约克镇,也算能给隔在自己和纽约之间的华盛顿主力构成一定威胁。若克林顿大军攻击华盛顿则可出击配合,如美军来攻则可凭险据守,事有不济还可以从海上逃跑,能攻能守又能溜,在当时的情况下,也算是不错的选择。不过康华利的这个盘算也很快落空,他的海上退路被切断了。因为,法国舰队来了。

33

浪漫复仇

从13世纪的金雀花王朝算起，这五六百年间英国和法国没少打仗，堪称世仇。最近的一次，也就是七年战争，法国在美洲输得倾家荡产，一直愤恨难平。北美乱起，法国人名义上保持中立，暗地里为美国革命者提供了不少军需物资，心中充满了隔岸观火的快意。1776年，美国方面派了商业代表塞拉斯·迪恩赴法国，秘密进口军火。本来迪恩的工作卓有成效，还和法王路易十六身边的文学侍臣、大剧作家博马舍建立了关系，通过后者向法王施加影响，使其支持美洲人的独立斗争，但不久后，迪恩被同事诬告贪污，愤然辞职。大陆会议只好另派使节，当此重任的就是所有美洲人中在欧洲最富声望的本杰明·富兰克林。

肩负重任的富兰克林于1776年9月率团启程。这个外交团队星光熠熠，杰斐逊和约翰·亚当斯是富兰克林的左膀右臂，此外还有富兰克林的两个孙子随行。一行人经过艰辛的航程，于1776年12月登陆法兰西。

次年，富兰克林等人在法国各界展开游说。此时的法国处在君主政体下，人民自由度远不如英国，但法国人天性浪漫激越，美国人为自由而战的故事让他们无比神往，竟然有了点"思天下有饥者犹己饥之"的国际主义情怀，加上富兰克林的名头与风度让法兰西举国倾倒。他身着便装，头戴海狸皮帽子，出现在路易十六的宫廷中，和蔼质朴、不疾不徐的智者气度让法王的华贵排场相形失色，法国刮起"富兰克林旋风"。他的画像与半身雕像成为最紧俏的工艺品，已处在自己生命最后一年的法国文化泰斗伏尔泰，也见了富兰克林，并"当着所有法国名流的面拥抱他"。房龙感叹，"对于他（富兰克林）这样一个真正的哲学家来说，这样的奖赏已经足够了"。在富兰克林的努力下，朝野上下援美之呼声高涨，更有不少法国乃至欧洲的志士，在法王表态之前就赶奔新大陆，万里赴戎机，比如前面提到的普鲁士人施托伊本、巴伐利亚人约翰尼·卡波，还有大陆军中重要的骑兵指挥官波兰人普拉斯基伯爵，以及在萨拉托加战役中为盖茨修筑工事的工程师塔德乌什·科斯丘什科。但这些人当中，最杰出的代表当属法国的吉尔伯特·莫蒂勒·拉法耶特侯爵。

这位小侯爵出身将门，世代显贵，其光荣的族谱据说能追溯到古罗马时代。拉法耶特的父亲在七年战争中与英军交战阵亡，1777年，拉法耶特年方弱冠，少年心性血气方刚，此前他就对法国启蒙思想家宣传的自由平等理念十分倾心，当看到大洋彼岸的美国人正在为这个目标奋斗，而对手又偏巧是有杀父之仇的英国人，他情不自禁地想要拔刀相助。1777年4月他自筹军资，招募了一小队人马前往美国，于当年6月，他20岁生日之际登陆。当时正值战事间隙，华盛顿在弗农山庄的家中隆重接待了拉法耶特，不过华盛顿按当时的情势如实相告，说明前景不乐观，薪饷待遇也难有保障。不料拉法耶特当即宣布，自己分文不取，也不在乎军衔，愿作为普通士兵参战，豪情让华盛顿都颇为动容。后来拉法耶特真在华盛顿军前听用，1777年布拉迪万河会战中他掩护撤退，还负了伤。大陆军军需紧张之时，拉法耶特这位不领饷的外籍军官反而时常拿出自己的积蓄犒赏士卒，随手挥洒毫不吝惜，少年豪侠之风令美军上下交口称赞。后来拉法耶特又屡次参加重要战役，凭借勇敢的表现，被大陆会议破格授予少将军衔。

后来华盛顿退入福吉谷，遣拉法耶特回法国动员国王提供更大规模的援助。拉法耶特在新大陆的声名早已传回欧洲，英国方面以此指责法国，以至于拉法耶特回国之后还被路易十六关了一阵禁闭，但很快，法国决定放弃骑墙立场，索性旗帜鲜明地支持美国独立。原来，就在拉法耶特回国的同时，大陆会议派出的信使也抵达了，带着萨拉托加消灭、俘虏伯戈因全军的捷报，这下富兰克林等人说话更可以挺直腰杆。此前，法国暗中援助的美国，不过是一个"假设存在的国家"，而美国人在萨拉托加战役中爆发出的能量使法国人相信了，这个假设必定成立。法国的决策层认为，援助这个新生国家是打击英国宿敌的绝佳手段，终于，1778年2月6日，法美缔盟，法国正式承认美国，并承诺施以援助。富兰克林不辱使命，为正处在稚弱时期的美国拉来了所能找到的最强的外援，堪称功德圆满。

法国承认美利坚合众国，英国大为光火，要法王收回成命，法国方面拒绝，英国报之以宣战，美法联盟从政治层面上升到军事层面，反英统一战线形成。次年，荷兰也加入联盟，接着是西班牙。被英国欺负过的欧洲次级列强，有仇的报仇，有怨的报怨。甚至1780年，与美洲利益关系很小的俄国女沙皇叶卡捷琳娜二世也牵头组织了"武装中立联盟"，拉拢丹麦、瑞典等北欧国家，不卷入美英冲突，这在事实上进一步孤立了英国。

从1778年开始，法国和英国已经兵戎相见，但起初并不成功，如前所述，他们1779年配合美军围攻萨凡纳之役就以失败告终。但法国和英国一样，是世界性的帝国，除了美国，他们还可以在很多战场对英国发难，比如西印度群岛。该处是重要的蔗糖产地，英法西势力交错。驻守当地保护英国商船的，是皇家海军的名将乔治·罗德尼，1779年至1780年他在加勒比海域数败法西两国舰队。但他要守的不只是这片海疆，还有加勒比到英国的航线，因此时常要分兵为商船护航，也难有足够的力量扩大胜果。1780年，法国先后派三路大军出征美洲，由罗尚博中将率领的6000名陆军，准备登陆后与华盛顿会合；还有一支小规模的舰队驶往罗得岛，威胁纽约的海上补给线；第三支，也是海军主力，在上将弗朗西斯·德·格拉塞伯爵率领下，目标就是加勒比海，显然法国虽是为美国盟友作战，但还是更希望借机扩大在西印度群岛的势力范围。

1781年，英法海军在加勒比地区展开拉锯战，互有胜负，英军略占上风。本来海军是英国的绝对强项，但美洲革命以来，英国失去了最重要的造船原料基地新英格兰，导致海军舰船扩充缓慢，此时面对七年战争后一直厚积薄发的法国海军，也只能打到这个局面。到了夏天，罗德尼已接到命令北上切萨皮克湾，与格拉维斯指挥的舰队协同作战，此时他手中有21艘战舰，同时也有一大批急于返回英国的商船需要护航。最终罗德尼决定将14艘船拨给手下的塞缪尔·胡德勋爵，命他北上，他自己率领另外的7艘战舰，护送商船回国，顺便调养最近染上的热带病。

胡德于是赶赴切萨皮克。罗德尼这样布置，一方面是出于对胡德能力的信任，同时也是收到情报称，格拉塞的法国舰队也要分兵护送商船回国，他觉得以胡德加上格拉维斯的兵力，对付手下败将法国人，即便舰只数量稍处下风，也没什么大不了。但这一次他失算了。格拉塞手中有27艘战船，他确实分了兵力用于护航，但派出的船只有3艘，他自己率领24艘北上切萨皮克湾。更要命的是，由于英军中的意见不统一，格拉维斯并没带全部主力赶来，他的舰队只有5艘船，加上胡德，也只有19艘，少于对方5艘，这就不算是个小差距了。

9月5日，双方海军在切萨皮克湾对阵开打。英军率先进入战区，法国舰队列阵之际，他们已做好准备，担任前锋的胡德打旗语请求趁敌人立足未稳抢先进攻，但英军的舰队司令格拉维斯生性刻板，自恃经验丰富，不理睬胡德的建议，命令继续观望。没想到这一下心高气傲的胡德竟索性撂挑子，不再琢磨眼前战机，完全机械执行格拉维斯的命令。随后格拉维斯变阵，他统领的几艘船变为前队，胡德变为后队，格拉维斯到任后废除了前任的旗语，改用自己的一套，时间尚短，舰队操练未熟，尤其胡德的船员们不熟悉，两军开战之后格拉维斯与法舰前队激烈交火，胡德却理解错了信号，没有及时跟进支援，直到格拉维斯撤下信号。此时战事已打了一下午，英军自乱阵脚，损失惨重，90死246伤，5艘战船受创，其中1艘报废，法军方面伤亡合计220人，只有2艘船受伤。得益于英军内部的协作不力甚至意气用事，法国人竟能在海战上以己之短，克敌之长，漂亮地报了几世纪来的数箭之仇。

接下来几天海上无风，两军只好休战。到了9月9日夜里，罗得岛方面的法国舰队也赶来增援，共有8艘船，装载着大量用于攻城的枪炮弹药，显然是冲着切萨皮克湾里据守约克镇的康华利。

在这样的局面下，格拉维斯和胡德都明白取胜已无希望。9月13日，他们起航撤往纽约，切萨皮克海战以英军失败而告终。这也就意味着，康华利已经被彻底遗弃了。

34
帝国解剑

面对英军异常的动态，华盛顿又和1777年时一样，觉得摸不着头脑。此时罗尚博率领的法国远征军已经与大陆军会师，华盛顿原计划由拉法耶特指挥弗吉尼亚方面的军事力量牵制康华利，从而将克林顿从纽约吸引出来，自己的美法联军主力乘机收复纽约。但康华利和克林顿各行其是的表现让人觉得他们并没有一个清晰的整体战略，他们都死守据点，似乎都等着对方来增援自己，将主动权完全放弃给美军。英国人的僵化与迟缓鼓励了华盛顿，他决定索性放弃纽约计划，大军主力南下，围猎康华利。

进军途中，他得知了切萨皮克海战英舰败绩的消息，更增振奋。9月17日，华盛顿见到了格拉塞伯爵，加上罗尚博，三人共同商定，水陆合围约克镇，拿下康华利。9月25日，有情报传来，2000名黑森雇佣军在纽约登陆，格拉塞兴奋地想开赴纽约与之交手，被华盛顿劝住。两天后，联军主力兵抵威廉斯堡，这里正是当年华盛顿军事生涯的起步之处。此时大陆军和民兵以及法军总数超过1.6万人，海军还不计在内，比之康华利，占有绝对优势。华盛顿将美军兵力分成三个师，由林肯、拉法耶特、施托伊本分别率领，从正南和东南两面包围约克镇，西北方面则由罗尚博的法军负责。

此时的康华利，仍没做出反应。他手中的兵力在8000人以上，包括从南卡带来的7000人以及当地的千余英军，前者都是经验丰富的老兵，战斗力很强。但天不佑大英，康华利所部在南卡的时候正值当地蚊子肆虐，疟疾泛滥，而他的军中又有1/3的人来自从没有过疟疾病症的苏格兰，毫无免疫力，几乎全军中招，机动性大打折扣，错失战机。

等好容易从疫病中缓过劲来，战事局面已变，英国切萨皮克海战失利，从海路撤回纽约已不可能。不过在华盛顿的主力赶来之前，康华利的对手只有拉法耶特率领的5000人，那时他本有机会抓住这个时间差，向南撤回查尔斯顿，但他选择了留守。一方面是因为他毕竟是克林顿的副手，需要服从对方的整体安排；另一方面大概也和当年的伯戈因一样，作为帝国将军，他不能只考虑自身安危，一旦他撤走，则美法联军可以不受牵制地围攻更重要的纽约，这是他不愿看到也无法负责的。

克林顿在9月初还曾写信给康华利，称自己会派兵支持，然而出兵日期一拖再拖，直到约克镇陷入重围，他还没有动身。康华利能依仗的只有自己了，此前他早在约克镇周围修筑了工事，塔尔顿对此有记载：

> 约克：右翼依托在沼泽之上，这个沼泽掩护着该镇的右方。沼泽之外建有一个巨大的堡垒，靠近从威廉斯堡来的沿河的道路，用栅栏和拒马使其连成一体。"卡隆"号、"瓜达罗普"号和其他的武装船只，都停泊在沼泽的对面。而这个阵中的炮兵阵地也可以控制一切道路和栈桥。右边，在沼泽的头上，又有两个堡垒，位置分别在威廉斯堡道路的两侧。中央有一个稀薄森林的保护，其正面已经砍倒，树都倒向外侧。在中央的左方，又有一个野战工事，设有炮位，以控制汉普顿路。一个深的峡谷和一个溪流，一直流向约克河，掩护着左方。对于认为最危险的地点，都已经砍去了树木，设立棱堡和建筑炮位，从沼泽头部到溪流之间的距离，不超过半英里。在这一线的前方，大致在中央附近，地面为一个沼泽所切断。此外，地面都一律平坦展开到2000码附近。
>
> 格劳斯特：这个村落位置在约克河北面的一个点上，这时所有者约为10家房屋。右面为一条沼泽性的溪流。正前方为一个平原，约1英里宽。其前面是一片森林。因为左有河川右有溪流，所以所占的空间极为狭窄。（富勒《西洋世界军事史》）

这样的布防，康华利可以说已在力所能及的范围内做了最大努力。9月底，美法联军的各路人马基本就位，在约克镇工事以外两英里处构筑了包围圈。10月1日夜里，他们发起第一轮试探性的进攻。美军搭建碉堡，想以此为依托向英军防线步步推进，英军奋力还击，炮火连连，美军的尝试失败，3人阵亡，英军的子弹直射到在第一线视察的华盛顿脚前。

接下来联军试图从约克河东北岸的格劳斯特村方向发起进攻。10月3日，康华利派塔尔顿渡河增援，后者的骑兵在与法军交战中落败，但英军还是守住了防线，没让联军得手。

通过这一回合较量，康华利应该能看出，此时联军的主力还都在约克镇一侧，格劳斯特方面的包围尚未构筑完成，如果他趁夜渡河从北岸突围，或许还有生机，但克林顿的信件给了他极不合时宜的信心——9月24日克林顿曾写信给康华利，表示自己将于10月5日派出5000人的兵力赶来支援。康华利想咬牙挺到援兵到来，甚至届时里外合击，还有大破敌军的可能。这样的念头，使他决定收缩防线，保存实力，死守待援。

随着英军主动放弃了一些阵地，联军的网又向内线收紧。10月6日，施托伊本所部奉命向前推进，在距离英军阵线左翼600码处修筑战壕，在另一边的林肯所部以及法军的攻势掩护下，施托伊本出色地完成了任务，一夜之间挖掘了一条总长达两英里的堑壕，并架设好炮位。次日，美法联军在两翼大炮齐鸣，连续六七个小时中，将炮火倾泻在英军阵地上。此时，原来居住在镇上的弗吉尼亚州长纳尔逊来给华盛顿献策，建议他集中火力瞄准镇中的一座豪宅猛轰，他说那是康华利指挥部所在之处。华盛顿依言而行，而他后来才知道原来那座房子正是纳尔逊本人的私宅，这位州长的"向我开炮"，令华盛顿十分钦佩。

联军的炮击持续了5天，英军的火力完全被压制，他们修建的防御工事大多已在炮轰下土崩瓦解，停泊在河上提供火力支持的军舰"卡隆"号也于10日被击沉。而且不出纳尔逊所料，康华利确实栖身于他的家中，这栋建筑已被炸毁，英军的指挥部被迫不断转移，更增混乱。10月11日，又经过一天的狂轰滥炸，入夜之后战事稍歇，林肯和施托伊本分别率部又向前推进了300码修筑工事，构筑第二道包围圈，加在约克镇守军脖颈上的套索又收紧了一圈。

此时约克镇外英军手里的主要工事，就只剩下9号与10号两座多面堡，这两座堡垒火力凶猛构造坚固，是约克镇最后的守卫者。联军连续几日的进攻受阻于这两座堡垒，14日，华盛顿下决心将之拔除。这天联军早早停止轰击，故意给精神疲劳已达极限的英军一个意外的平静，而天黑之后，美军和法军的两个精锐小队，各400人，悄无声息地在距离两座堡垒最近的战壕里集结完毕。其中美军负责解决10号堡，先头小分队由拉法耶特委派的马吉中校指挥，整个奇袭由亚历山大·汉密尔顿负责。20时之后，美军阵地忽然一颗信号弹射上天空，光焰四散，这是进攻信号。一直翘首期待的美军全速跃出战壕，此时来不及安排工兵清除路障，他们就用手推开英军的栅栏，搭起人梯翻越障碍，英军未及反应，他们已突进堡垒的围墙。敌兵有如天降，堡垒里的英军惊慌中仓促应战，双方白刃相向。而此时他们面对的早已不是长岛战役中那些看见刺刀就魂飞胆丧的美洲乡民，经过施托伊本在福吉谷的严格锤炼，美军已掌握了刺刀战所需的技术，还有更重要的胆略。此前的炮战中曾被诺克斯讥笑胆小的汉密尔顿，这一夜身先士卒，端着刺刀冲杀在前。美军也都明白，克敌制胜一战功成的机会就在今夜，人人戮力厮杀奋不顾身，终于他们的斗志压倒了英军，虽然付出9死32伤的代价，还是将堡垒的控制权夺下，毙敌8名，俘获17人。

另一边，法军也成功占领了9号堡。次日联军将自己的大炮架在英军的堡垒中猛轰约克镇，康华利虽然开炮还击，力战不屈，但此时整个约克镇都已在联军火力覆盖下，负隅顽抗的英军损失惨重。

此时的约克镇中，伤兵满营，给养也已耗尽，几天前已开始宰杀战马充饥。更要命的是，克林顿最近的一次通信中还在说，"如果条件允许"，他将最早于15日出兵来援。如果按这个进度，即便这一回他言而有信，等赶到时也只能给康华利等人收尸了。从康华利到他手下的军官个个都明白，为今之计，只有渡河撤往格劳斯特村。康华利终于下了迟来的决心，安排渡河。约克河宽达400米，不过英军手中有不少渡船，根据塔尔顿推算，一次可以渡1200名士兵，在黑夜的掩护之下，一夜之间有望全军转移。

然而，当真是皇天不佑。16日入夜，英军渡河之际，第一批的小船划过对岸之后，忽然暴风雨大作，原本平静的约克河河水陡然暴涨，波涛如怒，第二批下水的渡船被大水裹挟漂向下游，英军奋力控住船回到岸上，筋疲力尽。渡河已不可能，康华利只好待水势稍缓，又命令已渡过对岸的英军再返回来。一夜空忙，天色渐明，联军也察觉了英军遁逃之意，又鸣枪放炮发动攻势，懊恼失望的康华利不由得拔剑哀叹时不我与。

此时已是10月17日，4年之前，正是这一天，走投无路的伯戈因在萨拉托加缴械投降。天意冥冥，又到了这个英军的劫难之日，康华利大概已能体会到伯戈因当时的心情。这位在美洲纵横捭阖的帝国悍将，想到自己竟败于此前并不放在眼里的乌合之众，感到难以接受，但这并非他一人之败，约克镇之役的结局，岂非整场战争的缩影？这场战役固然有太多的偶然因素：如果克林顿能果断来援，如果格拉维斯的舰队能再坚持，如果罗德尼能亲自率舰队而非派胡德前来，甚至于，如果这天夜里没有这场搅局的暴风雨……然而，太多的"如果"背后，却是英军的上下不协令出多门，不断错失良机，正是帝国官场事态的投射。美国有法国、西班牙、荷兰之助，英国却只能孤军奋战，说这是失道寡助也好，堆出于岸也罢，总之一个过于强大的帝国，是很难让人心生亲近的，这也是英国雄霸世界的代价。而在这场战争中，原本为数不少的美国保皇党以及更多的观望者在逐年减少，这也说明英国镇压美洲的战争，让这片土地上越来越多的人遭遇不幸，破坏力不分派别地作用于几乎全体的美洲人，对英王和母国的忠爱只能换来这样的结果，逐渐导致帝国统治的土壤流失，这又进一步说明，所谓民心，经不起权力者不加珍惜的挥霍。

另一方面，美国军民虽不能说不看重物质层面的利益诉求，但他们同时也以"自由"为号召，更以"自由"为追求。在此感召下，越挫越勇、屡败屡战，并且对自己主宰命运的信心，也随着战争与日俱增，终能水滴石穿以弱胜强，蚍蜉竟真的撼倒大树，更可堪为后世追求自由者之明鉴。

或许此时的康华利，转念之间也悟到了战争之成败，人心之向背。他不再抵抗，派出军中的鼓手，打着白旗登上高处，敲击出请求谈判的鼓点。有人称赞他的见识，此刻已认识到了"美国的叛乱事实上已获成功"，倘果如此，投降之辱想必也伴随了如释重负的解脱。随后谈判展开，其实英军手里也已没有什么谈资，最终他们无条件投降。

1781年10月19日14时，在约克镇以南不远一处英军几天前弃守的阵地上，受降仪式举行。两军仪仗各自列队，自感无面目见人的康华利称病不出，委派副将查尔斯·奥哈拉代为出席，后者耐着难堪的落寞，来到阵前。对面，华盛顿与罗尚博各乘骏马，并辔而立，奥哈拉手中持着象征英军指挥权的康华利的佩剑，挪动脚步挨到二人面前。直至此刻，他们心中仍以华盛顿等辈为反贼逆首，相形之下，毕竟法国是百年宿敌，英法之间胜败是兵家常事，向法国人投降，还算稍存体面。念及于此，奥哈拉走向罗尚博，微微躬身，将宝剑双手递上，不想法国统帅却不卖这个面子，摇手示意，让他交给此间正主华盛顿。大感下不了台的奥哈拉只好又转向华盛顿，行礼缴械，然而他万没想到，所蒙羞辱还不止于此，华盛顿举手还礼，但以他身为副将与自己军职不对等为由，拒绝接受。他唤本杰明·林肯将军上前，接过奥哈拉手中剑，以示受降，这更令后者颜面扫地。不过这也并非华盛顿有意刁难，林肯此前曾在查尔斯顿兵败投降，也受了英军折辱，华盛顿因此特意安排他一雪前耻。

接着英军走出营帐，林肯乘马持剑，从他们的队列前走过，命令他们"放下武器"，英军依照命令，将手中的枪支堆放在美国人指定处。沮丧之下，不少人哭出声来，但冷峻的英国式幽默仍在这个场合出现，英方的军乐团吹奏起一支曲子，《世界翻转了》。乐声响起，美军中也爆出笑声，不少士兵和着旋律哼唱，喜上眉梢，畅快已极。他们配得上这样的骄傲，正如这首曲名，这群农夫商贩组成的乌合之众，居然扭转乾坤，战胜了大英帝国，真堪天翻地覆慨而慷。

约克镇战役结束，英方7073人投降，包含了此前攻克堡垒时俘获的，其中5950人是普通士兵，余者为各级军官，这些人中也包括若干来自黑森等国的德意志雇佣军，此前阵亡与失踪者552人，同时他们缴出了214门大炮，数千支滑膛枪，以及马匹车辆等一应军需。美法联军方面，阵亡约300人，其中2/3是法军。（数字据《华盛顿传》，作者欧文转引自霍姆斯《编年史》，富勒《西洋世界军事史》等书与之有出入。）

十分具有讽刺意味的是，这个时候纽约的克林顿将军才刚刚率军上船离港，很快他就听到了康华利投降的消息，连忙又返回纽约。

不过此时他已不用再担心华盛顿的袭击，约克镇战役之后，英国方面接到败报，议院如同开锅，反战派压倒了强硬派。此前固持强硬立场的国王乔治三世也明白大势已去，感到无地自容，懊丧之下一度提出要退位回汉诺威（丘吉尔《英语民族史》），辉格党人借机动议，又削弱了国王的权限。英国提出与美国停火，准备议和，提议得到美方响应，此后除了在西部边境偶有零星冲突，双方在接下来的一年多时间里罢兵休战，斗争的主战场又转回谈判桌上。

1782年，英国朝野都已接受了失去美洲殖民地的事实，战争期间的首相诺思勋爵引咎辞职，在一个凄风苦雨的午后乘坐马车驶离了国会下院。

1782年11月，富兰克林、约翰·亚当斯、约翰·杰伊等人带领的美国使团与英方的外交代表大卫·哈特莱在巴黎展开谈判。次年9月30日，美英签约缔和，核心条款计有10条，依次为：

1. 确认北美十三个殖民地是自由独立之主权国家，英王室放弃其所有权与继承权；

2. 美英勘定在北美的边界；
3. 美国获得在纽芬兰渔场捕鱼之权；
4. 双方都承认此前的合法债务，并申明偿还之义务；
5. 美国承诺由未来的国会建议各州议会，偿还战争期间没收的美国保皇党分子的土地等合法财产；
6. 美国承诺未来不没收保皇党财产；
7. 交换战俘，美国返还英国军人的个人财产；
8. 美英共享进入美洲密西西比河之权利；
9. 美国归还占领的英国土地（加拿大边境地区等）；
10. 6个月内批准该条约。

此后，法国和西班牙也分别与英国缔约，法国收回七年战争后转交给西班牙的路易斯安纳，西班牙则从英国手中重获佛罗里达，和约也划分了几个殖民帝国在亚洲和非洲的一些势力范围。

至此，美国独立战争，或曰北美革命，告一段落。驻留纽约等地的英军撤离返国，华盛顿以胜利者的姿态重返纽约，居民万人空巷夹道欢迎，争睹其风采。此后，大陆军解散，华盛顿也解甲归田，根据上任时的约定，他向大陆会议提交了他任大陆军总司令7年来的开销明细账：为了独立战争，这位不领饷的总司令为军需事务总共垫付了个人财产1.45万英镑。

单纯从军事角度来说，美国独立战争的规模不大，无法和之前的七年战争或之后的拿破仑战争相比，在法国参战之前，战事都仅限于北美洲东部边缘地带，也称不上一次"洲际争霸"。不过从结果来看，这场造就了美国的战争堪称近代以来影响最深远的战争之一。美国的独立，使美洲这块由欧洲人开发的新大陆自此走出母国的卵翼，并在此后至今的两百年间，发展成全球势力格局中的一极，使世界更趋多元，更从制度、文化、科技等方面，对源自欧洲的西方文明加以完善，其中的精华部分，进而超越了民族与文化的界限，惠及全球。

美国成功地赢得了独立与自由，对他们来说，值得骄傲的是，他们是大英帝国历史上诸多殖民地中唯一一个通过直接的武力反抗获得独立的。这份光荣代价高昂，从1775年莱克星顿的惊世一枪，到1781年约克镇的天地翻覆，美国人在独立战争中付出了超过2.5万条生命,其中直接死于战场的士兵有4435人,其他则是在缺医少药中死于伤病,或是在恶劣的自然环境里冻饿而死,也包括罹于战乱的平民,最惨的当属在英军黑牢里瘐毙的战俘。当时英军对待俘虏毫无人道。在波士顿和纽约他们都曾把牢房设在船上,12名囚犯挤一间仓房,狭小潮湿暗无天日,时常有人病死,而尸体通常十几天后才得到处理,瘟疫又会因之蔓延到更多人身上。在长岛战役中被俘的大陆军,曼哈顿战役时还被英军套上牲口的笼头,逼令拖运大炮。

同样不能忘记保皇党的牺牲。他们因支持英方而备受鄙夷,甚至与父母亲友变为对立(富兰克林的一个儿子就是保皇党,还曾在新泽西站在英军一方作战)。虽然他们通常也有自己的圈子,但战争期间尤其到了后期英军失势,他们被视为卖国贼,人身与财产都受到侵犯,而巴黎和约中英国帮他们争取到的权益,也有很多最终没有落实。铁杆的王党分子停战之后抛弃了在美国的一切,移居加拿大和西印度群岛的英国属地,继续他们坚守的信念。这样的人也有数万之众,他们的坚持与牺牲同样值得尊敬。

更大的牺牲品是黑人和印第安人。战争期间美英双方都有人提出解放黑奴,但着眼点都是希望将他们编入己方军队充当兵源甚至炮灰。在"自由"的诱惑下真有不少黑人投身战场,为两军效力的都不乏其人,可惜,英美双方权衡之下,都没有认真地推行废奴。战后黑人的福祉更无人问津,在1787年著名的费城制宪会议上,黑人的公民权被核定为白人的3/5,也就是说,在法律上他们只能算是多半个人。在宣称自由之光普照的美国,黑人仍将继续在黑暗中煎熬近一个世纪。

至于印第安人,美国的独立对他们来说,意味着更大更惨痛的民族浩劫就要开始了。

英国方面,战争的失败使他们失去了北美洲最好的地段,但势力遍全球的大英帝国并没伤筋动骨。他们之所以同意停战放弃美洲,更主要是出于理智的计较,不想再为这样一场已日渐不得人心的战争继续耗费国力,而非真的实力不足以弹压。并且堤内损失堤外补,志在四海的英国人此后加紧了在亚非等地的扩张,吞并印度,瓜分非洲,殖民澳大利亚,还在半个世纪后将手伸向了沉睡在天朝迷梦中的大清帝国。以英国人的立场而言,也算是失之东隅,收之桑榆。败军之将克林顿、康华利等人归国后,虽然各自出书推诿责任互相指斥,但他们"没有功劳有苦劳"的表现，也算简在帝心，英王给了他们应有的礼待。康华利还被封爵，此后又去了印度任职，还算风光。

其他卷入这场战争的国家，则多可称得不偿失。尤其是法国，在波旁王朝已严重腐化的末期，路易十六远征美洲的义举兼壮举，超出了他的王国的承受能力，并且在美英媾和之后仍在加勒比和印度等殖民地与英国缠斗不休，过度消耗了国力。而所谓国力者，都是底层人民的血汗膏脂转换而成（当时法国贵族和教士是免税的）。同时，这趟远征带回的战利品中，最引人注目的"自由平等民主"这类光鲜的字眼，又刺激得法国人渴望效仿他们的美国朋友。终于，几年之后法国大革命爆发，血流成河。

荷兰作为第一个承认美国的国家，为圣尤斯特歇斯岛的"第一声礼炮"付出了沉重代价。1778年，理查·豪就率英国海军把圣尤斯特歇斯岛夷为平地，下令鸣放礼炮的那位荷兰总督，被抓回英国受审。到1780年，英国又以"私通美国乱民"为由，攻打荷兰的海外殖民地，是为第四次荷兰战争。美英停战后，余怒未消的英国人仍把荷兰作为重点清算对象狠命敲打，更借战争之机，赖掉了自光荣革命以来积欠荷兰银行家们的巨额债务，让荷兰赔了血本。直到1784年英美媾和，英国没有理由再跟"从犯"荷兰过不去，这才罢手。但倒霉的是，随后拿破仑崛起，荷兰一度被法国吞并，虽然拿破仑征俄兵败失势后荷兰得以复国，但就此沦为二线列强，不复当年叱咤四海的风光。

衰迈的殖民祖宗西班牙，虽然在巴黎和约中捞回了佛罗里达，但他们在美洲的古老殖民地体系也受到了美国独立的鼓励，在下个世纪，玻利瓦尔、圣马丁等南美英豪将起而摧毁这个帝国。届时，美国人也将趁乱把佛罗里达收入囊中。

最后，还要交代一下美国独立战争中帮助大陆军的一干国际主义战士的结局。

战争结束后，施托伊本解纳兵柄，但仍选择留在了美国，先后被宾州和纽约州授予公民资格。他本人定居曼哈顿，寄身于德国移民的教会，因其勋绩广受尊敬。1790年，美国政府偿还了战争期间一直拖欠施托伊本的酬劳，并发给他一笔养老金，每年2500美元。他凭此安享晚年，后来搬到纽约州的小城尤蒂卡，于1794年在那里病故。

波兰人塔德乌什·科斯丘什科在阿诺德叛变后，受命接管西点要塞防务，后又被调往南部，主持修建防御工事。1783年独立战争胜利后，他被授予准将军衔及美国国籍，次年回国。彼时俄普奥三国对波兰虎视眈眈，1793年三国再度瓜分波兰（奥地利没有实际参与），科氏遂于1794年在故都克拉科夫发动农民起义，试图拯救祖国于危亡。起义者装备简陋，几乎是以镰刀对抗敌军的枪炮，因此尽管一度声势浩大，奈何终究实力悬殊，不到一年即被镇压。波兰于1795年被俄普奥第三次也是最后一次瓜分，16世纪时还曾是欧洲第一大国的波兰惨遭肢解，寸土不余，就此陷入长达123年的沦亡期，直至"一战"后才得以复国。科斯丘什科流亡瑞士，1817年感染伤寒，病故于瑞士索洛图恩。

罗尚博和拉法耶特都荣归法国故里，备受景仰。尤其拉法耶特，他的经历成为传奇，让他浪漫的同胞们无比神往，不久后的法国大革命中他再次成为风云人物，一度被选为国民军总司令，但随着大革命陷入失控，拉法耶特也因其同情王室的立场，得咎于狂热的雅各宾派，险些丧命。到了拿破仑时代，拉法耶特被委以一些崇高的虚衔，逐渐淡出政治舞台中心。1824年他应邀重返美国，逗留一年有余，受到热烈欢迎，并被授予美国荣誉公民头衔以及金钱土地，不过拉法耶特还是返回了法国，1834年病故于巴黎。

拉法耶特一生，功在新旧大陆，被誉为"两个世界的英雄"。后来第一次世界大战，羽翼初丰的美国第一次跨过大西洋涉足欧洲，助英法打击德国。当时率军东征的美国司令约翰·潘兴（后来成为美军史上唯一的特级上将），抵法后专程去拜祭了拉法耶特之墓，留下一句："拉法耶特，我们来了！"（现在巴黎著名的商场拉法耶特百货公司，就是以拉法耶特之名命名，不过华人留学生及游客都喜欢称其为"老佛爷"，按这个译法，潘兴此言就变成了"老佛爷，我们来了"。）

罗尚博的命运与拉法耶特大抵相似，他也在雅各宾派掌权期间被投进监狱，总算因名声在外，免于一死，后来于1807年病故。

至于功绩不下于上述几位的英国人托马斯·潘恩，此人更是一位真正将自由奉为圭臬的国际主义战士。《常识》一书有批判没建设，亚当斯读罢也作此评价，而潘恩本人也无意于此。1788年美国前景混沌未定之际，由于对包括华盛顿在内的美洲上层社会感到失望，潘恩回到了英国。富兰克林曾有名言云，"哪里有自由，哪里就是我的祖国"，胸怀天下的潘恩将之改为"哪里没有自由，哪里就是我的祖国"。并且他切实践行，美国自由了，潘恩很快又转而关注法国人民的自由事业，热情地为之鼓呼。当他看到此前的朋友埃德蒙·柏克对法国革命有微词时，著文与之激烈论战，潘恩还曾亲赴法国革命第一线，被授予法国荣誉国民称号，可惜随后很快就在失去理性的革命动乱中遭遇不测，幸得时任美国驻法大使的詹姆斯·门罗斡旋，才保无恙。后来潘恩回到美国，1809年病故于纽约格林尼治，晚景潦倒。

1819年潘恩逝世10周年之际，有人计划将他的遗骨运回英国老家安葬，却不慎在途中散失。有人评价，"从好的一方面说，潘恩无处不在"，这位生前自称为世界公民的自由斗士，果真于身后将遗骸撒在了全世界。1960年代，有人写了首很有名的歌，据说歌词含有纪念潘恩的意思，这个人叫鲍勃·迪伦，这首歌叫《答案在风中飘扬》。

35

他的国

　　1789年4月30日，纽约。经过了1776年仓皇无奈的撤离和1783年万众欢腾的凯旋之后，淡出公众视线数年之久的乔治·华盛顿再一次在万众瞩目下出现在这座城市里，宣誓就任总统。在主持仪式的大法官罗伯特·李文斯顿（《独立宣言》起草小组成员之一）引领下，庄严宣誓"将忠实履行美国总统的职责并竭尽全力保持、保护和捍卫《美国宪法》"。礼成之后，礼炮轰响，教堂钟鸣，星条旗飘扬，人群山呼海啸。

　　在约克镇战役结束至今的8年里，美国经历了最黑暗混乱的一段无政府岁月，境况比之英统时期还要不堪。国乱而思强人，此间有人写劝进信给归隐弗农山庄的华盛顿，建议他出任"美国国王"，以领导国民走出乱局。

　　某种意义上说，这也可算是一次"美国危机"，毕竟当时国体未决，人心不靖，而华盛顿的名声尤其是在军中的声望也确有登高一呼的实力。要知道，民众领袖凭借军功与军权而黄袍加身的，远有屋大维，近有克伦威尔，而当时世界上的共和国大概比今日的君主国还少。即便美国人，不到10年前也还在以英王臣民自居，断言他们不适应君主政体，也未必尽然。

　　但劝进者可能没有想到，最大的阻力正来自于华盛顿本人，他几乎是惊怒交加地断然回绝。华盛顿不肯当国王，固然有一个可能的原因是他没有亲生的子嗣，本人也年事已高，当了君主若是不能世袭，也就没多大的趣味；不过除了这个客观因素，华盛顿能抵挡国王权杖的诱惑，也是他本人一贯的思想使然。早在1777年被大陆会议授予军事全权的时候，华盛顿就曾在复函中明言心志："我决不认为，由于大陆会议这样信任我，我就可以不履行公民义务。相反我会牢记，由于刀剑是维护我们自由权利的不得已的手段，一旦我们的自由权利得以确立，首先要丢到一边的就是刀剑。"

劝进事件更让华盛顿以及美国的开国群英认识到，在他们缔造的国家里，决不能容许一个新的头戴王冠者出现。

1787年，决定美国未来走向的制宪会议在费城召开。主张加强中央集权的约翰·亚当斯、亚历山大·汉密尔顿等联邦党人与主张分权的州权主义者反复博弈，《美国宪法》终于于1788年通过，规定了三权分立彼此制衡的政治架构，以及兼顾了中央与地方权利的联邦制国体。这是一个伟大的实验，此前世界上的国家有的强大而专制，有的民主却弱小，不是大国寡民（权）就是小国寡民（力），民主与强大竟似不可得兼（英国的民主政体在当时也只能限于不列颠本岛内，而无法推及于庞大殖民系统构成的整个大英帝国），但美国人为之提供了可行性范例。汉密尔顿因出力最巨，被后世誉为"美国宪法之父"。后来该部宪法又通过修正案的形式加以完善，更关注了人的权利。并且本乎宪法的精神与原则，以民主自由博爱为追求的上层建筑日臻完善，直接泽及的群体和间接影响启发的其他国家，范围也越来越广。

在这部宪法的基础上，华盛顿被选为总统。虽然此时他更向往林泉之乐，但就像当年接过大陆军总司令一职时一样，他还是肩负起了这个重任。与以前一样，他照例放弃工资——总统一职的年薪是2.5万美元。担任了两届美国总统之后，华盛顿于1796年12月挂冠归隐（并于1799年病逝），开了一个不成文的先例，即一个人担任美国总统，最多只能两届。时至今日，除了富兰克林·罗斯福因为接连赶上经济大萧条和"二战"这些极端情况，在四个任期中连任（死在最后一任上）之外，这个惯例无人打破。这在很大程度上可以归功于华盛顿之垂范。

晚清之季，初闻华盛顿事迹的中国知识分子忍不住赞叹：

>华盛顿，异人也。起事勇于胜广，割据雄于曹刘。既已提三尺剑，开疆万里，乃不僭位号，不传子孙，而创为推举之法，几于天下为公，骎骎乎三代之遗意。其治国崇让善俗，不尚武功，亦迥与诸国异。余尝见其画像，气貌雄毅绝伦。呜呼！可不谓人杰矣哉。……米利坚合众国以为国，幅员万里，不设王侯之号，不循世及之规，公器付之公论，创古今未有之局，一何奇也！泰西古今人物，能不以华盛顿为称首哉！

后来的华盛顿纪念馆中有世界各国赠予的碑石，其中中国（清朝）所赠，就题写有以上这段出自徐继畬《瀛寰志略》的碑文。当然这样东方视角的评价看上去有些错位的滑稽感，但也正说明华盛顿功成身退，其智其勇，超越了文化背景的差异，令人仰止。1903年梁启超游历新大陆，在华府见了此碑也曾大发感慨，并发现了自华盛顿等人手中开创的美国式体制，成功地使一国家一民族之运势，可不仰赖政治伟人而自存。

> 大统领之在平时，不过一奉行成法之长吏而已，与寻常公司一总办，其职务正相当。故谦谨敏直之人，即可当此职而有余；而远虑博识、雄才大略，非所必需也。（梁启超《新大陆游记》）

华盛顿卸任后，继之以他的副手约翰·亚当斯，然后是托马斯·杰斐逊、詹姆斯·麦迪逊、詹姆斯·门罗……而当这些群星闪耀的开国元勋作别历史舞台，一些资质平庸的人继而上位后，美国的上升势头并没放缓，这正是因为他们宪法至上的原则、三权分立的框架已逐渐成形，国家逐渐摆脱了对"英雄""伟人""大救星"的依靠。

不能否认，领导独立战争和出任美国总统都为华盛顿及其所在的利益阶层带来了王权和工资之外层面的收益，但他面对权力的冷静与谦退仍足堪风世。华盛顿、杰斐逊、汉密尔顿等美利坚先贤，通过以宪法为基石的制度建设，最大程度地扼制了人类天性中渴望权力的黑暗面，防范了权力对自由的侵害。本内特《美国通史》中称赞华盛顿："此举永久性地终结了美国的王权。美国已经有了43位总统（该书成书于小布什任总统期间），其中有说谎者、无用者和失败者，但我们永远不会有独裁者，为此我要感谢华盛顿。"

这就是华盛顿的国。

附表1

西班牙征服美洲大事年表

年份	西方世界	东方世界
1200年（？）	**美洲**：传说中的印加人始祖曼科·卡帕克夫妇从的的喀喀湖来到库斯科，创建城市。曼科·卡帕克被尊为印加人第一代君主"萨帕·印加"。	南宋庆元六年，理学家朱熹卒。
1325年（？）	**美洲**：阿兹特克人的前身墨西卡人迁徙到特斯科科湖一带定居，修筑特诺奇蒂特兰。	元泰定二年，西南边地多处叛乱，全国多水患。
1415年	**美洲**：墨西卡人依附特斯科科湖强大部落库尔华坎人，扩充实力，后逃归特诺奇蒂特兰，取得独立地位。 **欧洲**：葡萄牙国王若昂一世与其子"航海家亨利"夺取北非港口休达，控制直布罗陀海峡，后以此为基地南下探索大西洋，欧洲大航海时代自此开始。	明永乐十三年，郑和自西洋还，俘获苏门答腊王弟献囚。
1428年（？）	**美洲**：墨西卡人在首领伊特斯科亚特尔带领下夺取大湖地区霸权，组建三族同盟，后逐渐被改称为阿兹特克人。	明宣德三年，越南黎氏政权释放明朝战俘，请求册封。
1438年（？）	**美洲**：第十代印加王帕恰库提·印加·尤潘基继位，印加帝国进入扩张期。	明正统三年，北京地震；瓦剌部酋长脱欢立北元脱脱不花为主。
1440年	**美洲**：阿兹特克首领伊特斯科亚特尔卒，蒙特祖马一世即位，任内征服众多周边部落，大兴以活人为祭品的祭祀。	明正统五年，大修北京宫殿。
1469年	**美洲**：阿兹特克首领蒙特祖马卒，其子阿萨亚卡特尔即位，任内继续扩张，造阿兹特克文化之重要文物"太阳石"。 **欧洲**：西班牙卡斯蒂王国继承人伊莎贝拉公主与阿拉贡王子费迪南结婚。	明成化五年，无特别重大事件。
1471年	**美洲**：印加王帕恰库提卒，其子图帕克·印加·尤潘基继位，继续扩张。	明成化七年，安南（越南北部）黎氏灭占城（越南南部），遣使告知明朝。
1479年	**美洲**：阿兹特克首领阿萨亚卡特尔卒，其弟蒂索克即位，任内专注于建设，扩张放缓。 **欧洲**：阿拉贡王若昂二世卒，费迪南即位，卡斯蒂与阿拉贡事实上合为一体，伊莎贝拉与费迪南共治。	明成化十五年，两广饥荒；宦官汪直巡边大同，后又至辽东，为邀功擅杀番部，激变当地。
1486年	**美洲**：蒂索克遇刺身亡，其弟阿维索特尔即位，任内加紧抓捕俘虏祭神的"荣冠战争"，将阿兹特克人势力范围一直推广到今危地马拉一带。 **欧洲**：哥伦布持其航海计划觐见伊莎贝拉与费迪南，请求资助，未果。此前一年，赫尔南多·科尔特斯诞生。	明成化二十二年，鞑靼屡次犯边。
1488年	**美洲**：阿兹特克首领阿维索特尔举行献祭大典，一次杀死2万人作为祭品，是美洲历史上已知的杀人最多的一次祭典。 **欧洲**：西班牙与神圣罗马帝国及英格兰组成反法同盟，试图阻止法王兼并布列塔尼。同年，葡萄牙航海家达伽马发现非洲大陆最南端好望角，打开大西洋通往印度洋之门。	明弘治元年。成化帝朱见深崩后（1487年），其子朱祐樘即位，是为明孝宗，是年改元弘治。同年，蒙古"小王子"巴图蒙克称达延汗（大元汗），后统一漠南漠北诸部，为蒙古一代中兴之主。
1490年（？）	**美洲**：印加王储瓦伊纳·卡帕克率印加军经过5年围困，征服基多王国，后娶基多公主，生下阿塔瓦尔帕。	明弘治三年，无特别重大事件。

(续表)

年份	西方世界	东方世界
1492年	**美洲**：印加王图帕克退居幕后，王储瓦伊纳主政。 **欧洲**：卡斯蒂与阿拉贡军征服摩尔人在伊比利亚半岛的最后据点格林纳达，西班牙全境回到基督徒手中，长达7个世纪的"复地运动"胜利。年底，哥伦布在西班牙王室资助下出航，航行至美洲今巴哈马群岛。	明弘治五年，广西、贵州等地壮族、苗族发动起义，旋被平定。
1493年	**美洲**：印加王子瓦伊纳·卡帕克继位，任内印加帝国达到鼎盛。 **欧洲**：哥伦布携美洲土人土产返航欧洲，抵达塞维利亚，其发现轰动欧洲，自此欧洲人始知新大陆之确切存在。教皇亚历山大六世划定"教皇子午线"，将世界分别分配给西班牙人与葡萄牙人。	明弘治六年，弘治帝批准修缮辽东长城。
1499年	**欧洲**：航海家亚美利哥·维斯普奇抵达美洲，发现此处是一全新大陆，而非哥伦布所宣称之印度，遂以自己的名字为其命名为"亚美利哥"，美洲由此得名。	明弘治十二年，达延汗犯河套。
1503年	**美洲**：阿兹特克首领阿维索特尔遇刺身亡，其子蒙特祖马即位，是为蒙特祖马二世。 **欧洲**：西班牙设商务委员会于塞维利亚，专管海外贸易。同年，西班牙海军打败法国，占领那不勒斯，次年协议瓜分意大利，西班牙得那不勒斯、西西里，法国得意北部米兰等地。辍学闲居几年的科尔特斯准备离开西班牙，去新大陆探险，并于次年抵达海地。	明弘治十六年，全国大灾，开仓赈济，救助灾民160万之多。
1506年	**美洲**：西班牙在南北美洲交界处设黄金卡斯蒂、新安达卢西亚两处定居点，是为美洲大陆上最早的殖民地。 **欧洲**：哥伦布卒。	明正德元年，弘治帝去年崩，子朱厚照即位，是年改元正德。
1508年	**美洲**：西班牙人抓捕西非黑人奴隶运抵西印度群岛，自此美洲有"黑奴"。	明正德三年，宦官刘瑾设内厂。
1511年	**美洲**：西班牙人入侵古巴，科尔特斯投军参战。至1515年，西班牙人征服古巴全岛，建哈瓦那城。	明正德六年，刘六刘七农民军攻掠鲁豫诸地，蒙古达延汗犯大同、宣府。
1513年	**美洲**：西班牙人殖民今美国之佛罗里达；任命海地总督；探险家巴尔沃亚穿越巴拿马地峡，发现通往"南海"即太平洋之路。	明正德八年，蒙古达延汗再犯大同。
1516年	**欧洲**：费迪南卒，外孙卡洛斯一世即位，西班牙哈布斯堡王朝开始。	明正德十一年，正德帝出居庸关抗击达延汗，自称"威武大将军"。王阳明平定多处匪患。
1518年	**美洲**：西班牙古巴总督贝拉斯科斯遣探险队探索中美洲尤卡坦半岛，寻找此前风闻的"阿兹特克黄金国"，历时五个月，未果而返。贝拉斯科斯改派科尔特斯再组织探险。	明正德十三年，正德帝再巡幸大同、榆林等地，并自封镇国公。是岁葡萄牙商人抵达中国。
1519年	**美洲**：蒙特祖马统治期间，关于白人出现在境内的传言流传于特诺奇蒂特兰，传说其为羽蛇神归来，全城恐慌，出现多次不祥征兆。科尔特斯2月自古巴启程赴大陆寻找"黄金国"，11月，在蒙特祖马欢迎下进入特诺奇蒂特兰，随后密谋囚禁了蒙特祖马，进而掌控阿兹特克人最高权力。同年，西班牙驻巴拿马总督阿维亚以叛罪处死巴尔沃亚。 **欧洲**：西班牙王卡洛斯一世当选神圣罗马帝国皇帝，称查理五世。同年，麦哲伦率领5艘帆船从西班牙桑卢卡尔港起航，开始人类历史上首次环球航行。	明正德十四年，正德帝欲自封大师，百官ების谏。宁王朱宸濠在江西造反，旋被平定。是岁淮扬大饥，人相食。
1520年	**美洲**：科尔特斯打败古巴总督贝拉斯科斯派来捉拿他的纳瓦埃斯，兼并其部众；科尔特斯留守特诺奇蒂特兰的部将阿尔瓦拉多在当地节庆典礼上杀人引发全城反抗；科尔特斯返回后被包围，被囚的蒙特祖马试图平息局势，被民众杀死；科尔特斯率部雨夜突围，死伤700余；特诺奇蒂特兰天花流行，阿兹特克人死伤惨重。 **欧洲**：卡洛斯一世在西班牙加强君权。麦哲伦船队驶过南美洲南端进入太平洋，将该海域命名为麦哲伦海峡。	明正德十五年，处死叛乱的宁王朱宸濠。

附表1 西班牙征服美洲大事年表

(续表)

年份	西方世界	东方世界
1521年	美洲：科尔特斯重整旗鼓，在中美洲土著中组织反阿兹特克统一阵线，网聚诸多部落，率西班牙—土著联军数万包围特诺奇蒂特兰，并攻克之。科尔特斯拆毁城市，擒获末代阿兹特克王夸特莫克。至此阿兹特克人在中美洲的统治瓦解，该民族从兴起到灭亡历时近200年。	明正德十六年，武宗正德帝朱厚照崩于豹房，无子，宗亲兴献王世子朱厚熜即位，明年改元，是为明世宗嘉靖皇帝。
1523年	美洲：科尔特斯处死夸特莫克，他及其部下征服墨西哥南部以及危地马拉、洪都拉斯等地，将整个中美洲变为"新西班牙"。	明嘉靖二年，文化名人唐伯虎卒。
1524年	美洲：皮萨罗组织第一次对秘鲁的探险，无功而返。 欧洲：西班牙设立殖民机构"印度会议"。	明嘉靖三年，"大礼议"事件爆发，群臣伏阙痛哭，要求嘉靖帝以伯父明孝宗弘治帝为父。华北多处地震，淮扬大饥，人相食。
1526年	美洲：皮萨罗组织第二次对秘鲁的探险无果。 加勒比地区爆发的天花疫情传入印加境内，印加王瓦伊纳染病亡，生前未及立储，嫡长子瓦斯卡尔在首都库斯科即位，阿塔瓦尔帕为基多藩王。 欧洲：西班牙要求境内残留的摩尔人以金钱"赎罪"。	明嘉靖五年，嘉靖帝追尊生父兴献王为皇帝，供入皇家宗庙。
1527年	美洲：皮萨罗组织第三次对秘鲁的探险，发现通贝斯港。	明嘉靖六年，王守仁平定广西田州叛乱；文化名人祝允明卒（江南四大才子之一）。
1529年	美洲：科尔特斯被召回西班牙封侯，离开了赖以成名的美洲；同年，皮萨罗受封秘鲁总督，准备征服印加帝国。	明嘉靖八年，嘉靖帝以"风化"为由禁京师佛会。
1531年	美洲：皮萨罗率探险队向秘鲁进发。同年秘鲁内战爆发，印加王瓦斯卡尔的中央军进攻控制基多的异母弟阿塔瓦尔帕。	明嘉靖十年，无特别重大事件。
1532年	美洲：阿塔瓦尔帕打赢内战，俘获瓦斯卡尔，自任新印加王，命部下在库斯科大杀印加皇室成员。 11月皮萨罗与阿塔瓦尔帕在卡哈马卡会面，并发动突然袭击俘获后者，勒索巨额赎金。	明嘉靖十一年，无特别重大事件。
1533年	美洲：8月29日皮萨罗处死阿塔瓦尔帕，随后数次打败印加军队，11月15日进入库斯科，拥立阿塔瓦尔帕异母兄长曼科·卡帕克二世为傀儡王。 同年，另一西班牙殖民者建新城布宜诺斯艾利斯，后为阿根廷首都。	明嘉靖十二年，大同兵变。
1535年	美洲：皮萨罗在印加沿海修建新城利马，后成为秘鲁首都。 欧洲：神圣罗马帝国皇帝查理五世攻陷北非突尼斯。他统治的神圣罗马帝国以及西班牙加上海外殖民地遍布五大洲，时人谓之"日不落帝国"。	明嘉靖十四年，嘉靖帝初期宠臣张璁致仕。
1536年	美洲：曼科·卡帕克二世逃离西班牙人控制，发动印加人大起义，历时近一年，先后围困利马和库斯科，最终都告失败，曼科与少量部下退守北部深山中的据点维卡邦巴，组织流亡政府。	明嘉靖十五年，拆毁紫禁城中元代遗留的佛教建筑，以道士邵元节为礼部尚书。
1538年	美洲：征服印加的西班牙人爆发内战，皮萨罗打败昔日盟友阿尔马格罗，以叛国罪将之处死。	明嘉靖十七年，嘉靖帝生父兴献帝称宗祔庙，定庙号"睿宗"。
1541年	美洲：皮萨罗死于阿尔马格罗余党组织的暗杀。皮萨罗部将佩德罗·德·巴尔迪维亚征服智利中部，建圣地亚哥城。 欧洲：查理五世率舰队进攻阿尔及利亚，因飓风受阻返航。科尔特斯参与此役。	明嘉靖二十年，与日本贸易谈判不顺，明政府要求沿海防备倭寇。
1544年	美洲：曼科·卡帕克被他收容的西班牙人刺杀身亡，此后他的三个儿子先后继承王位。	明嘉靖二十三年，倭寇开始袭扰浙江。
1547年	欧洲：科尔特斯卒。	明嘉靖二十六年，曾铣于河套地区击败蒙古俺答汗。

(续表)

年份	西方世界	东方世界
1571年	**美洲**：曼科·卡帕克幼子图帕克·阿马鲁继承兄长为王，同年，新到任的西班牙驻秘鲁总督弗朗西斯科·托莱多决定征剿维卡邦巴，消灭印加残余势力。 **欧洲**：西班牙、奥地利与威尼斯之联军在勒班陀战役中大败土耳其海军，巩固欧洲人在地中海东段制海权。同年，西班牙殖民者在菲律宾建马尼拉城。	明隆庆五年，封蒙古土默特部酋长俺答为顺义王。
1572年	**美洲**：弗朗西斯科·托雷多攻取印加帝国王室的最后据点维卡邦巴，擒获末代印加王图帕克·阿马鲁，于印加旧都库斯科处斩，印加帝国彻底灭亡。 **欧洲**：奥地利将领约翰占领突尼斯，将统治权归于西班牙。同年，反对西班牙统治的尼德兰起义军占领勃艮第，推举奥兰治亲王威廉为北方联盟领袖。	明隆庆六年，隆庆帝卒，太子朱翊钧即位，次年改元万历。

笔者按：年份一栏中标注（？）处，表示时间尚无最终定论；"西方世界"一栏所列内容，涉及欧洲部分主要选取与西班牙及葡萄牙有关之历史事件，其他国家地区史事从略；欧洲殖民者在美洲的作为，列在"美洲"栏下。

附表2

美国从草创到独立大事年表

年份	西方世界	东方世界
1585年	英国爵士沃尔特·雷利组织移民在北美沿岸的罗阿诺克岛建立定居点,此为英国人移民北美之始。	明万历十三年,廉政官员海瑞出任南京金都御史,旋改南京吏部侍郎。
1588年	英国打败西班牙无敌舰队入侵,基本摆脱后者威胁,为拓殖海外扫清道路。	明万历十六年,水利专家潘季驯上疏言治河八法,万历帝命筹议实施方法。
1603年	英国女王伊丽莎白一世逝世,远房侄孙苏格兰王詹姆斯继位,是为詹姆斯一世,斯图亚特王朝建立。	明万历三十一年,明末四大案之"妖书案"发生;已兼并了诸多女真部落的努尔哈赤迁居赫图阿拉。
1607年	一年前获得英王特许状的弗吉尼亚公司组织移民赴美洲,建立了詹姆斯敦殖民地,由于准备不足,居民艰苦度日,死亡率极高。	明万历三十五年,京师大雨成灾;徐光启译古希腊数学家欧几里得《几何原本》;努尔哈赤吞并叶赫四大部之辉发部,击破乌拉部。
1610年（?）	英国移民约翰·罗尔夫携烟草种子抵达詹姆斯敦种植,此后几年间种烟成功,也扭转了詹姆斯敦殖民地的命运。	明万历三十八年,钦天监官员参考传教士传入之天文知识重修历法;"东林党"渐渐形成。
1614年	约翰·罗尔夫娶土著酋长之女波卡洪塔斯,并首次将烟草贩回英国本土,获巨利。同年,前詹姆斯敦殖民地长官探险家约翰·史密斯探索弗吉尼亚以北的"新英格兰"地区。	明万历四十二年,万历帝"争国本"失败,遭溺爱之子福王朱常洵赴河南封国,划割山东湖北江苏等多处田地并入福王封国,"耗天下以肥福王"自此始。
1620年	英国清教徒躲避宗教迫害,乘"五月花"号赴北美,在新英格兰地区登陆,建立普利茅斯殖民地。登陆前乘客签订《五月花号公约》,被视为美洲自治原则与契约精神之源头。	明万历四十八年,万历帝崩,太子朱常洛即位,是为泰昌帝,一月而卒,此前后"红丸""移宫"两案发。后常洛长子朱由校即位,是为天启帝。
1621年	普利茅斯移民在当地土著帮助下,习得农业知识,在当地站稳脚跟,秋天移民邀请土著部落联欢,此为北美"感恩节"之源头。	明天启元年,天启帝乳母客氏得势;起复熊廷弼赴辽东抵御女真。
1630年	英国清教徒"大迁徙",数千人抵达普利茅斯以北的马萨诸塞,后建立海港城市波士顿。清教信仰渐成马萨诸塞之主流。	明崇祯三年,后金汗皇太极破长城,蹂躏京畿,撤兵后崇祯帝处死袁崇焕;张献忠起事,号八大王。
1634年	信奉天主教的英国巴尔的摩男爵家族一年前获英王赐予北美土地,于是年抵达北美,建立马里兰殖民地。	明崇祯七年,晋陕大饥,人相食;李自成诈降脱困车厢峡,死里逃生。
1636年	主张宗教宽容的牧师罗杰·威廉姆斯被逐出马萨诸塞,他与支持者后建立罗得岛殖民地;同年,"剑桥学院"在波士顿创立,两年后易名"哈佛学院";普利茅斯殖民者与印第安人皮克特部落的战争爆发,次年殖民者获胜,皮克特部落不复存在。	明崇祯九年,各地起义愈烈,孙传庭擒杀高迎祥,李自成被推戴继任闯王;后金改国号为清,改元崇德,清帝皇太极入侵朝鲜。
1642年	英国内战爆发,至1649年以议会军打败王军并处死国王查理一世告终,英国建立短暂共和政体,内战中打败王军的英雄奥利弗·克伦威尔任护国公。	明崇祯十五年,李自成围开封数月不克,决黄河灌之,溺毙无数。崇祯帝秘密与清议和,败露未果。

368　　逐陆记3:美洲文明的毁灭与美利坚的崛起

(续表)

年份	西方世界	东方世界
1652年	英国一年前颁行之《航海条例》，激化与荷兰矛盾，是年两国开战，是为第一次英荷战争，1654年结束，英国获胜。	清顺治九年，郑成功在东南沿海、张献忠旧部孙可望和李定国在西南抵抗清军；五世达赖喇嘛赴北京朝觐清帝。
1663年	（复辟的斯图亚特王朝）英王查理二世颁发特许状，8名业主据此建立了卡罗来纳殖民地。同年，从马萨诸塞出走并已在罗得岛一带定居的罗杰·威廉斯追随者也获得特许状。	清康熙二年，清军攻克郑成功之子郑经所据之厦门、金门，郑氏退守台湾；郑氏及李定国、李自成之余部皆投降或被剿灭，抗清大势已去。
1664年	第二次英荷战争爆发，英王查理二世之弟约克公爵詹姆斯（后来的詹姆斯二世）远征北美，夺荷兰殖民地新阿姆斯特丹，改名纽约（新约克），后成英国纽约殖民地。战事于1667年结束，荷兰占上风，但纽约再没能回到荷兰人手中。此次战争中英国还从荷兰获得了新泽西、特拉华两处殖民地。	清康熙三年，抗清的明末尚书张煌言被俘，不屈死节；大儒钱谦益卒；以施琅为镇海侯筹划攻台湾。
1665年	从马萨诸塞分裂出的纽黑文、康涅狄格两地正式合并为康涅狄格殖民地。	清康熙四年，传教士汤若望讲授西洋历法；清搜集明天启崇祯事，以备修明史。
1672年	第三次英荷战争爆发，1674年结束，英国占上风。	清康熙十一年，准噶尔汗噶尔丹遣使入朝；减免赋税。
1675年	马萨诸塞居民与帮助过他们先辈的印第安波卡诺基部落开战，称"菲利普王战争"，历时一年，波卡诺基领袖"菲利普王"被擒处决，波卡诺基部落被逐出祖居之地，白人方面亦损失惨重。	清康熙十四年，三藩之乱进行中，清军与吴三桂、耿精忠部混战。
1679年	部分马萨诸塞居民出走，建立新罕布什尔殖民地。	清康熙十八年，组织编修明史；俘获伪"朱三太子"朱慈灿。
1681年	不堪马萨诸塞清教徒压迫的贵格派教徒，在其领袖威廉·佩恩带领下西迁，在内陆建立宾夕法尼亚殖民地（意为"佩恩的森林"），并于是年获英国承认。	清康熙二十年，清军攻破云南，三藩之乱平；台湾郑经卒，子郑克塽继任延平郡王。
1688年	英国光荣革命爆发，英王詹姆斯二世流亡法国，其女婿荷兰执政威廉入主英国，称威廉三世。革命影响此后几年间波及北美，一些由英国委任的总督被驱逐，此前各教派共存的局面被打破，清教再获绝对优势地位。	清康熙二十七年，噶尔丹与喀尔喀起争端，清廷调停。
1689年	英国议会颁布《权利法案》，为君主立宪制奠基。同年，英法与各自的印第安盟友在北美开战，称"威廉王之战"，战事至1697年结束，英法在北美不分胜负，但法国战后承认威廉三世为英王，英国赢得战略胜利，为双方作战的印第安土著死伤惨重。	清康熙二十八年，康熙帝南巡至会稽，准噶尔与喀尔喀争端愈烈；康熙帝遣使调停，同时派索额图与沙俄谈判，签订《尼布楚条约》。
1691年	普利茅斯殖民地并入马萨诸塞。	清康熙三十年，噶尔丹入侵喀尔喀，康熙帝出巡喀尔喀南部。
1702年	英国从荷兰处取得的东、西新泽西合并为新泽西殖民地；西班牙王位继承战争爆发，战火波及北美，又称安妮女王战争，1713年交战各方签订《乌德勒支和约》，法国兼并西班牙王位企图落空，英国等战略目的达成。	清康熙四十一年，无特别重大事件。
1707年	英格兰与苏格兰正式合并，称大不列颠王国，简称联合王国，两国共戴一君，统一议会，苏格兰贵族与自由民阶层代表分别进入英国议会上下院。此前一年，本杰明·富兰克林诞生。	清康熙四十六年，康熙帝第六次南巡，至杭州。
1711年	卡罗来纳殖民地分裂为南北卡罗来纳，两地分别于1720年（南卡）、1729年（北卡）成为王室殖民地。	清康熙五十年，江南科场舞弊案发生，戴名世《南山集》获罪文字狱。"永不加赋"政策次年颁布实施，以1711年人口为基数，新添人口不再征收钱粮。
1714年	英国女王安妮逝世，无子嗣，议会根据《权利法案》之继承权法则，选德国汉诺威选帝侯乔治继任英王（其母是詹姆斯一世外孙女），斯图亚特王朝终结，汉诺威王朝开创。	清康熙五十三年，查禁民间淫秽小说。

附表2 美国从草创到独立大事年表　　369

(续表)

年份	西方世界	东方世界
1732年	本杰明·富兰克林出版《穷理查历书》大获成功，不久后走上仕途；佐治亚殖民地筹建，并于次年正式建立，成美国独立前英属十三个殖民地中最后一处。同年，乔治·华盛顿诞生。	清雍正十年，准噶尔部首领噶尔丹策零进犯哈密，败走；吕留良文字狱结案，吕留良戮尸，其子处斩，家人充军。
1739年	奥地利王位继承战爆发，波及北美，又称乔治王战争，1748年交战各方签订《亚琛和约》，英法在北美基本打成平手。	清乾隆四年，与准噶尔部噶尔丹策零议定边界。
1743年	富兰克林在费城参与创建"美利坚科学研究会"；同年，托马斯·杰斐逊诞生。	清乾隆八年，朝廷禁止民间种烟草。
1753年	英法在北美因俄亥俄地区归属权问题发生争端，华盛顿作为代表出使法占区，次年返回，声名鹊起。	清乾隆十八年，准噶尔部陷入内讧，辖下的杜尔伯特部内附。
1754年	华盛顿带游击队与法国殖民军及其土著盟友作战，起先小有斩获，后被围投降。英法冲突率先在北美爆发，1756年欧洲大混战，称"七年战争"，英法北美冲突被视为战争一部分，又称"法印战争"。	清乾隆十九年，外蒙西北之唐努乌梁海内附；准噶尔部辖下辉特部首领阿睦尔撒纳降清，受封多亲王，在日后消灭准噶尔之战中发挥重要作用。《儒林外史》作者吴敬梓卒。
1763年	七年战争交战各方缔结《巴黎和约》，战事结束，英国大胜，从法国获取加拿大，从西班牙获取东西佛罗里达，法国自此退出北美大陆之角逐。英国颁布《皇室宣言》，禁止原有十三个殖民地居民翻越阿巴拉契亚山脉西迁，引发北美不满。同年，原法国盟友印第安首领庞蒂亚克在俄亥俄地区起兵反英，1766年被镇压。	清乾隆二十八年，无特别重大事件。
1764年	英国出台《美洲岁入法》，俗称《糖法案》，对北美进口之食糖、糖浆、甜酒增税一倍以上，引起不满。	清乾隆二十九年，弛禁蚕丝出口；《红楼梦》作者曹雪芹卒。
1765年	英国格伦维尔内阁出台《印花税法案》，拟对北美征收印花税，引起北美强烈抗议，美洲人以"无代表不纳税"原则为由抵制，"自由之子"等抗议组织成立，格伦维尔内阁下台，英国被迫于次年取消《印花税法案》。	清乾隆三十年，乾隆帝南巡至海宁（第四次下江南）；与缅甸发生冲突，战事不利。
1767年	英国财政大臣汤申推出《汤申法案》，拟对茶叶、颜料等英国对美专营品提高关税，引起北美新一轮大抗议。	清乾隆三十二年，明瑞任督师进攻缅甸，攻入其境内。
1770年	驻波士顿英军与当地人摩擦导致开火，5死8伤，称"波士顿血案"，轰动北美，此后迫于舆论压力英国废除《汤申法案》。	清乾隆三十五年，制定《平定准噶尔方略》。
1772年	罗得岛人焚毁英国海关缉私船"加斯比"号。激怒英方，杰斐逊等人筹建"通讯委员会"，联络美洲各地的抵抗组织。	清乾隆三十六年，平定小金川土司叛乱之战进行中，双方都损失惨重。
1773年	英国出台《茶法案》，对出口往北美之茶叶征收3便士/磅之税款，再度引起北美抗议，12月16日波士顿抵抗组织化装成莫霍克族印第安人，将港口内英国运茶船所载茶叶倾倒入海中，史称"波士顿倾茶事件"，英国震怒。	清乾隆三十八年，小金川之役，主帅温福战死，阿桂代之。
1774年	英国出台《强制法案》，以一系列严厉措施对波士顿与整个马萨诸塞殖民地实施制裁，北美各殖民地代表在费城召开第一次大陆会议，商讨对策，会议发布《权利宣言》，宣示殖民地之权益，民间抵抗组织募兵筹集武器，准备武力抵抗。	清乾隆三十九年，无特别重大事件。
1775年	受命收缴抵抗组织武器的驻美英军于4月9日，与美洲民兵在波士顿附近的莱克星顿、康科德两地交火，史称"莱克星顿枪声"，美洲武力反英之战正式开始；随后北美民兵围困波士顿，引发邦克山战役，英军惨胜；第二次大陆会议在费城召开，6月15日华盛顿受命出任大陆军总司令；大陆军受领蒙哥马利与阿诺德远征加拿大，后失败。	清乾隆四十年，查禁民间鸟枪。

（续表）

年份	西方世界	东方世界
1776年	7月4日，第二次大陆会议发表由托马斯·杰斐逊等人起草的《独立宣言》，正式宣告脱离英国，独立建国。同年稍早，作家托马斯·潘恩出版《常识》，风行美洲，推广独立意识，年底，英国经济学家亚当·斯密出版《国富论》，提出私有财产神圣不可侵犯，客观上为美洲革命提供理论支持。 英军撤出波士顿，随后进攻纽约，先取长岛又克曼哈顿；华盛顿从纽约撤退，年底渡特拉华河发动奇袭，攻取特伦顿与普林斯顿；南卡罗来纳大陆军击退英军对查尔斯顿的进攻。	清乾隆四十一年，大小金川之乱历时六年，至是年平定。乾隆帝颁旨在国史中设《贰臣传》，后清初投降的前明重臣洪承畴等都被收录其中。
1777年	10月，大陆军在萨拉托加系列战役中获胜，英军统帅伯戈因投降，此战被视为美国独立战争重要转折点。同年，英军攻占"叛乱之都"费城，华盛顿率1.2万大陆军进入福吉谷，艰难越冬。	清乾隆四十二年，大儒戴震卒。
1778年	英军在南线先后攻陷佐治亚的萨凡纳、南卡罗来纳之查尔斯顿，占据至1780年。同年，法国与美国结盟对付英军。	清乾隆四十三年，徐述夔文字狱兴起。
1779年	美法联军在佐治亚进攻英军据守的萨凡纳，血战不克撤走，双方都损失惨重。	清乾隆四十四年，无特别重大事件。
1780年	8月，南卡罗来纳卡姆登战役中，盖茨指挥的大陆军惨败，10月，国王山战役中，南卡独立派民兵大败保皇党的北美民兵，南方亲英势力消解，各地揭竿而起，英军将领康华利只得放弃此前胜果北进，试图与纽约等处英军会合。同年，法国远征军开赴美洲，与大陆军协同作战，荷兰、西班牙不久后也加入美法联盟。	清乾隆四十五年，乾隆帝南巡至海宁（第五次下江南），并赴南京拜谒朱元璋陵；班禅喇嘛赴北京朝觐。
1781年	法国海军在切萨皮克海战中打败英国舰队，康华利在弗吉尼亚约克镇被大陆军与法国舰队海陆合围，投降，至此，美国独立战争基本结束。	清乾隆四十六年，《四库全书总目提要》进呈。
1783年	9月3日，美英在巴黎签订和议，英国承认美国独立。	清乾隆四十八年，无特别重大事件。
1787年	美国各州在费城召开制宪会议，9月，《美国宪法》经讨论通过，至次年，各州相继签署，在该宪法基础上美利坚合众国正式创建。	清乾隆五十三年，台湾天地会首领林爽文于此前一年起事，本年攻台湾数府县不克，次年兵败身死。
1789年	华盛顿就任美利坚合众国首任总统，于1796年卸任，1799年去世。	清乾隆五十五年，越南阮光平打败清军后纳降请封，乾隆帝同意册封其为安南国王；清勘定西藏边界。

按：年份一栏中标注（？）处，表示时间尚无最终定论；"西方世界"一栏所列内容，主要选取与英国及其北美殖民地相关之历史事件，其他国家地区史事除从略。"东方世界"一栏，明与清（后金）并立时代，以明年号纪年，清（后金）年号从略；清入主中原后，以清年号纪年，南明年号从略。

参考书目

日记回忆录及资料汇编

埃德蒙·柏克著，缪哲译：《美洲三书》，北京：商务印书馆，2012年。

艾捷尔编，赵一凡、郭国良主译：《美国赖以立国的文本》，海口：海南出版社，2000年。

巴托洛梅·德拉斯·卡萨斯著，孙家堃译：《西印度毁灭述略》，北京：商务印书馆，1988年。

贝尔纳尔·迪亚斯·德尔·卡斯蒂略著，江禾、林光译：《新西班牙征服信史》，北京：商务印书馆，1988年。

本杰明·富兰克林著，唐长孺译：《富兰克林自传：中英文双语版》，北京：国际文化出版公司，2010年。

克里斯托瓦尔·哥伦布著，孙家堃译：《航海日记》，南京：译林出版社，2011年。

米格尔·雷昂-波尔蒂利亚著，孙家堃、黎妮译：《战败者见闻录》，北京：商务印书馆，2017年。

托马斯·杰斐逊著，张洪译：《杰斐逊美国独立战争回忆录》，上海：东方出版社，2015年。

托马斯·杰斐逊著，朱增汶译：《杰斐逊选集》，北京：商务印书馆，2011年。

托马斯·潘恩著，柯岚编译：《美国危机》，上海：上海三联书店，2007年。

托马斯·潘恩著，田素雷、常凤艳译：《常识：英汉对照》，北京：中国对外翻译出版有限公司，2011年。

威廉·布拉福德著，吴丹青译：《普利茅斯开拓史》，南昌：江西人民出版社，2010年。

印卡·加西拉索·德拉维加著，杨衍永等译：《印卡王室述评》，北京：商务印书馆，2018年。

当代研究

William H. Prescott, *History of the Conquest of Mexico*, Modern Library, 2001.

阿彻·琼斯著，刘克俭译：《西方战争艺术》，北京：中国青年出版社，2001年。

埃里克·方纳著，王希译：《给我自由！一部美国人的历史》，北京：商务印书馆，2011年。

安德鲁·兰伯特著，郑振清、向静译：《风帆时代的海上战争》，上海：上海人民出版社，2005年。

安格斯·康斯塔姆著，杨宇杰等译：《世界海盗全史》，北京：解放军出版社，2010年。

巴巴拉·W.塔奇曼著，万里新译：《第一声礼炮》，北京：中信出版社，2016年。

保罗·肯尼迪著，陈景彪等译：《大国的兴衰》，北京：国际文化出版公司，2006年。

彼得·里尔巴克著，黄建波、高民贵译：《自由钟与美国精神》，南昌：江西人民出版社，2010年。

波尔著，张聚国译：《美国平等的历程》，北京：商务印书馆，2007年。

伯恩斯坦著，黄磊译：《黄金简史》，上海：上海财经大学出版社，2013年。

查尔斯·A.比尔德、玛丽·R.比尔德著，许亚芬、于干译：《美国文明的兴起》，北京：商务印书馆，2016年。

查尔斯·卡尔顿·科芬著，李洁、李晓霞译：《自由乐土》，北京：当代中国出版社，2014年。

查尔斯·曼恩著，胡亦南译：《1491：前哥伦布时代美洲启示录》，北京：中信出版社，2014年。

查尔斯·曼恩著，朱非、王原等译：《1493：物种大交换开创的世界史》，北京：中信出版社，2016年。

茨维坦·托多罗夫著，卢苏燕等译：《征服美洲：他人的问题》，北京：北京大学出版社，2013年。

大卫·哈克特·菲什尔著，苏文君、耿丹译：《美利坚开国生死战：华盛顿横渡特拉华河》，北京：当代世界出版社，2007年。

戴尔·布朗主编，陈雪松译：《安第斯之谜：寻找黄金国》，北京：华夏出版社，2002年。

戴尔·布朗主编，段长城译：《印加人：黄金和荣耀的主人》，北京：华夏出版社，2002年。

戴尔·布朗主编，万锋译：《灿烂而血腥的阿兹特克文明》，北京：华夏出版社，2002年。

丹尼尔·J.布尔斯廷著，时殷弘等译：《美国人——殖民地历程》，上海：上海译文出版社，2012年。

丹尼尔·J.布尔斯廷著，谢延光等译：《美国人——建国的历程》，上海：上海译文出版社，2012年。

恩格斯著，中共中央马克思恩格斯列宁斯大林著作编译局译：《家庭、私有制和国家的起源》，北京：人民出版社，2018年。

房龙著，刘北成等译：《美国的故事》，北京：西苑出版社，2009年

房龙著，张文等译：《美洲精神》，北京：北京出版社，2011年。

富勒著，钮先钟译：《西洋世界军事史》，桂林：广西师范大学出版社，2004年。

何顺果著：《美利坚文明论》，北京：北京大学出版社，2008年。

华盛顿·欧文著，张今等译：《华盛顿》，北京：国际文化出版公司，2003年。

加里·纳什等编著，刘德斌等译：《美国人民》，北京：北京大学出版社，2018年。

贾雷德·戴蒙德著，江莹、叶臻译：《崩溃：社会如何选择成败兴亡》，上海：上海译文出版社，2018年。

贾雷德·戴蒙德著，谢延光译：《枪炮、病菌与钢铁》，上海：上海世纪出版集团，2006年。

杰弗里·帕克著，时殷弘、周桂银译：《腓力二世的大战略》，北京：商务印书馆，2010年。

杰克·特纳著，周子平译：《香料传奇：一部由诱惑衍生的历史》，北京：生活·读书·新知三联书店，2015年。

卡尔·贝克尔著，彭刚译：《论<独立宣言>》，南京：江苏教育出版社，2004年。

雷蒙德·卡尔著，潘诚译：《西班牙史》，上海：东方出版中心，2009年。

李剑鸣著：《美国的奠基时代（1585—1775）》，北京：中国人民大学出版社，2011年。

里顿·斯特拉奇著，郑海娟译：《伊丽莎白一世》，北京：国际文化出版公司，2005年。

理查德·霍夫施塔特著，崔永禄、王忠和译：《美国政治传统及其缔造者》，北京：商务印书馆，2011年。

梁启超著：《梁启超游记：欧游心影录 新大陆游记》，北京：东方出版社，2012年。

刘祚昌著：《刘祚昌美国史讲义》，天津：天津古籍出版社，2008年。

路易斯·亨利·摩尔根著，杨东莼等译：《古代社会》，北京：商务印书馆，1977年。

罗伯特·L.奥康奈尔著，卿劼、金马译：《兵器史》，海口：海南出版社，2009年。

罗伯特·卡根著，袁胜育等译：《危险的国家：美国从起源到20世纪初的世界地位》，北京：社会科学文献出版社，2011年。

罗荣渠著：《美洲史论》，北京：商务印书馆，2009年。

马丁、瓦塞尔曼著，黄磷译：《拉丁美洲史》，海口：海南出版社，2007年。

马克斯·布特著，石祥译：《战争改变历史——1500年以来的军事技术、战争及历史进程》，上海：上海科学技术文献出版社，2011年。

玛丽·莫斯特著，刘永艳、宁春辉译：《美国建国简史》，北京：中共党史出版社，2006年。

梅特兰著，李红海译：《英格兰宪政史》，北京：中国政法大学出版社，2010年。

米尔奇斯、尼尔森著，朱全红译：《美国总统制：起源与发展》，上海：华东师范大学出版社，2008年。

纳撒尼尔·菲尔布里克著，李玉瑶、胡雅倩译：《五月花号：关于勇气、社群和战争的故事》，北京：新星出版社，2006年。

尼尔·弗格森著，丁进译：《未曾发生的历史》，南京：江苏人民出版社，2001年。

普雷斯科特著，周叶谦等译：《秘鲁征服史》，北京：商务印书馆，2011年。

乔恩·米查姆著，王聪译：《美国福音：上帝、开国先贤及美国之建立》，北京：华夏出版社，2009年。

乔治·C.瓦伦特著，朱伦、徐世澄译：《阿兹特克文明》，北京：商务印书馆，1999年。

琼斯、莫里努著，余世燕译：《美洲神话》，太原：希望出版社，2007年。

桑迪著，郑元者译：《神圣的饥饿——作为文化系统的食人俗》，北京：中央编译出版社，2003年。

史蒂芬·茨威格著，吴秀杰译：《人类的群星闪耀时》，桂林：广西师范大学出版社，2016年。

斯塔夫里阿诺斯著，吴象婴、梁赤民译：《全球通史——1500年以后的世界》，上海：上海社会科学院出版社，1999年。

斯塔夫里阿诺斯著，吴象婴、梁赤民译：《全球通史——1500年以前的世界》，上海：上海社会科学院出版社，1999年。

索飒著：《丰饶的苦难：拉丁美洲笔记》，桂林：广西师范大学出版社，2003年。

唐纳德·霍普金斯著，沈跃明、蒋广宁译：《天国之花：瘟疫的文化史》上海：上海人民出版社，2006年。

托克维尔著，董国良译：《论美国的民主》，北京：商务印书馆，2017年。

托克维尔著，倪玉珍译：《美国游记》，上海：上海三联书店，2010年。

王兆春著：《世界火器史》，北京：军事科学出版社，2007年。

威廉·J.本内特著，刘军等译：《美国通史》，南昌：江西人民出版社，2009年。

温斯顿·丘吉尔著，薛力敏、林林译：《英语民族史》，海口：南方出版社，2004年。

希尔顿著，王聪译：《五月花号：一次改变世界的航行》，北京：华夏出版社，2006年。

许昌财编著：《西班牙通史》，北京：世界知识出版社，2009年。

雅克·索雷著，黄艳红译：《18世纪美洲和欧洲的革命》，长春：吉林出版集团有限责任公司，2008年。

易中天著：《费城风云》，桂林：广西师范大学出版社，2008年。

约·彼·马吉多维奇著，屈瑞、云海译：《世界探险史》，海口：海南出版社，2006年。

约翰·基根著，时殷弘译：《战争史》，北京：商务印书馆，2010年。

詹姆斯·M.莫里斯著，靳绮雯等译：《美国海军史》，长沙：湖南人民出版社，2010年。

詹姆斯·M.莫里斯著，靳绮雯等译：《美国陆军史》，长沙：湖南人民出版社，2010年。

詹姆斯·洛温著，马万利译：《老师的谎言：美国历史教科书中的错误》，2015年。

论文

李剑鸣、杨令侠编：《美国历史的多重面相——庆贺历史学家张友伦教授八十华诞论文集》，北京：北京大学出版社，2010年。

工具书

翦伯赞主编，齐思和等编：《中外历史年表（校订本）》，北京：中华书局，2008年。

马丁·吉尔伯特著，王玉菡译：《美国历史地图》，北京：中国青年出版社，2012年。

© 民主与建设出版社，2022

图书在版编目（CIP）数据

逐陆记 . 3，美洲文明的毁灭与美利坚的崛起 / 曲飞著 . -- 北京：民主与建设出版社，2022.10
ISBN 978-7-5139-3829-7

Ⅰ . ①逐… Ⅱ . ①曲… Ⅲ . ①战争史—世界—近代—通俗读物 Ⅳ . ① E19-49

中国版本图书馆 CIP 数据核字（2022）第 090000 号

审图号：GS（2022）5261

逐陆记 3：美洲文明的毁灭与美利坚的崛起
ZHULUJI 3 MEIZHOU WENMING DE HUIMIE YU MEILIJIAN DE JUEQI

著　　者	曲　飞
责任编辑	王　颂
特约编辑	张宇帆　林立扬
封面设计	墨白空间·杨和唐
出版发行	民主与建设出版社有限责任公司
电　　话	（010）59417747　59419778
社　　址	北京市海淀区西三环中路 10 号望海楼 E 座 7 层
邮　　编	100142
印　　刷	嘉业印刷（天津）有限公司
版　　次	2022 年 10 月第 1 版
印　　次	2023 年 1 月第 1 次印刷
开　　本	720 毫米 ×1000 毫米　1/16
印　　张	24　　插页 12
字　　数	392 千字
书　　号	ISBN 978-7-5139-3829-7
定　　价	70.00 元

注：如有印、装质量问题，请与出版社联系。